개정판

SOCIAL WELFARE POLICY

사회복지
정책론

김 구 저

어가 語歌

개정판 머리말

현 정부가 들어선 지 2년이 조금 넘었습니다. 정권 교체에 따른 새로운 정부가 들어오면 정부 정책의 변화들이 여러 곳에서 나타나겠지요. 사회복지정책은 지난 2년 동안 보기에 따라서는 큰 변화가 없는 듯하지만, 정부의 복지철학이나 복지를 바라보는 관점에서는 다름이 보입니다. 대표적으로 이전 정부가 '포용복지'를 강조하였다면, 현 정부는 '약자복지'를 강조한다는 것입니다. 복잡한 철학과 가치를 반영한 정책을 이분화하는 것은 위험이 따르지만 포용복지가 보편복지, 약자복지가 선별복지라는 복지계의 이분법 논쟁의 또 다른 버전처럼 느껴지는 것이 비단 저만은 아닐 것이라 생각합니다.

복지는 사람들의 일상의 삶을 안정화시키는 것과 관련됩니다. 많은 국가들이 개인이나 시장에서 해결하기 어려운 다양한 사회적 위험이나 문제들을 해결하고자 복지(사회)정책들을 펼쳐 왔습니다. 현대 사회에서 국가의 역할이 커지는 것도 이와 관련한 것일 테지요.

우리 사회가 세계 어느 국가보다 빠르게 경제성장을 이루었고, 여러 지표에서 선진국의 지위에 올라와 있다고 할 수 있지만, 2024년 현재, 어느 연령대든 그 어느 때보다 경쟁과 불안이 높은 시대를 살아가고 있는 것 같습니다. '사다리 걷어차기'와 같이 계층의 이동성은 점점 약화되어 가고 있어 현대 사회의 새로운 계급론들이 회자되고 있는 시대를 살고 있습니다. 어렸을 때 누구나 한 번씩 해봤음직한 '의자앉기 게임'처럼 동시대를 살아가는 옆의 누군가와 끊임없는 경쟁에 내몰리고 내가 앉을 의자가 빠르게 없어질 수 있다는 불안함이 우리 모두를 짓누르고 있다고 느끼고 있습니다. 저출산(생)도 어떻게 보면 지금 시대의 사람들의 합리적 선택일 수 있어서 이러한 원초적인 불안을 국가가 해결하지 못한다면 우리의 미래가 어두울 수밖에 없을 것입니다. 자산이 더 많은 자산을 낳고, 좋은 일자리는 계속 사라지면서 노동의 미래 예측성은 점점 나빠진다면 노동을 하면서 살아야 하는 다수의 다음 세대의 불안은 점점 커지겠지요.

20세기와는 다른 새로운 사회적 위험과 불안을 해결하기 위해서 기존의 불평등과 계층이동성의 단절성을 회복하고, 더욱 빠르게 좋은 일자리가 줄어드는 시대에서 의자에 어떻게 먼저 앉을 수 있는지를 가르치기보다는 어떻게 의자를 덜 빼고 늘려갈 수 있는지를 함께 고민해야 하는 시대입니다. 그러기 위해서 어느 시대보다 지금이 복지(사회)정책의 방향을 고민하고 변화시켜야 하는 중요한 시기라고 생각합니다.

1년 반 만에 개정판을 내게 되었습니다. 매년 변화되는 제도들을 중심으로 내용을 부분 개정하였습니다. 이 과목에서 함께 고민해야 할 것들을 많이 논의하면 좋겠습니다. 정책의 변화는 제도가 변화하는 것입니다. 우리 공동체의 삶이 조금은 나아지는 방향으로 제도가 변화되어 가야 합니다. 다만, 제도의 변화만으로는 부족합니다. 현재를 살아가는 우리의 삶에서 다수의 시민들이 느끼는 삶의 고민과 불안을 해소해 나가는 공감대가 만들어져야 합니다. 복지를 공부하는 우리가 먼저 많은 논의를 해야 하는 이유이기도 합니다. 해결의 방향은 서로 다를 수 있지만 충분한 토론 속에 최선의 실마리를 찾을 수 있을 거라 기대합니다.

복지정책이 변화하려면 복지에 대한 생각도 변화해야 합니다. 더 이상 복지가 전통적인 20세기 어느 때의 사회적 약자와 관련한 것이라 생각하지 않기를 바랍니다. 현재를 살아가는 우리 모두의 삶과 관련한 것에서 복지(정책)가 출발한다는 것을 이해하는 시간이 되기를 바라며….

2024년 7월

김 구

초판 머리말

정책은 함께 고민하고 논의하면서 올바르다고 합의한 방향으로 나아가는 것이라 생각합니다. 소통의 장이 늘 정답을 찾아가는 것은 아님에도 그 과정의 경험은 중요합니다. 그리고 사람과 관련된 정책에서 시간과 장소에 따라 정답이 다를 수도 있습니다. 그때는 틀렸지만 지금은 맞을 수 있는 것이 정책입니다. 그래서 정책은 정답을 찾아 도출된 결과물로서의 중요함보다 서로 다른 의견들의 충돌 과정에서 설득하고 설명하고 다듬어지는 과정이 중요하다고 생각합니다.

2004년 대구 동구에서 5세 아동의 아사 사건을 계기로 긴급복지 지원제도가 마련되었고, 2014년 2월 서울 송파 세 모녀 사건을 계기로 사회복지 전달체계와 사회복지 정보망을 재편하기도 하였습니다. 그럼에도 우리 사회의 사각지대는 여전히 존재하고 유사한 사건들이 계속 나타나고 있습니다. 팀을 이뤄 지역의 위기가구를 발굴해 내고, 위기가구에 대한 복지 정보의 종류를 확대하기만 하면 이러한 복지사각지대를 해결할 수 있는지 고민해 보아야 합니다.

우리 사회가 아주 빠르게 늙어 가고 있다고 말합니다. 고령화 속도가 유례없이 빠른 것에는 저출산(생)과도 연관됩니다. 복잡한 인구구조의 변화를 해결해 보고자 많은 정책들이 나왔지만 그렇게 성공적이지는 못한 것 같습니다. 그럼에도 기존의 정책이 잘못되었다고 얘기하기는 쉽지 않습니다. 복잡한 사회구조에서 출산과 양육이 왜 이렇게 힘든 사회가 되었는지 되돌아보아야 합니다.

위의 두 가지 큰 이슈만 봐도 정책이 얼마나 복잡하고 어려운지 알 수 있습니다. 그럼에도 끊임없이 자료와 정보를 찾고 사람들에게 확인하고 함께 숙고하는 과정에서 우리 사회가 어디로 나가야 하는지에 대한 방향을 잡을 수 있다고 봅니다.

이 교재는 사회복지정책에서 다루어야 할 내용을 크게 3부로 나누었습니다. 1부인 사회복지정책의 기초 이해에서는 정책의 개념과 영역, 역사, 가치와 사상, 발달이론과 같이 구체적인 정책이 나오기까지의 구조와 역사를 이해하고자 구성하였습니다. 2부는 정책분석으로, 정책의 내용분석과 형성과정으로 구성하였습니다. 3부는 한국의 주요 사회복지제도에 대해 이해하기 위해 구성된 것으로, 주로 사회보험제도와 공공부조제도를 중심으로 구성하였습니다.

이제는 고인이 되신 신영복 선생의 글귀 중 일부를 소개합니다. "공부란 삶을 통하여 터득하는 세계와 인간에 대한 인식입니다. 그리고 세계와 인간의 변화입니다." 공부는 무언가를 받아들이고 나와 사람들이 모인 세계가 변화하는 것입니다. 보다 성숙한 내가 되고 그런 우리가 모인다면 세계도 좀 더 나은 방향으로 움직이는 것입니다. 때론 강물이 굽이치더라도 드넓은 바다로 향해 나아가는 것처럼 사회복지정책이 때론 방향성이 왔다 갔다 할지라도 우리의 삶을 더 안정되게 하고 인간의 존엄성을 보장하는 데 앞장설 것이라고 봅니다.

한 끼의 식사도 주어진 것을 그대로 삼키지 않듯이, 정책의 내용들을 그대로 받아들이지 않기를 바라며….

2023년 2월

김 구

차례

01 Part 사회복지정책 기초 이해

01 Part

사회복지정책 기초 이해

사회복지정책론

SOCIAL WELFARE POLICY

Chapter 01

사회복지정책의 개념 및 영역

학습목표

1. 사회복지의 기본 개념에 대해 이해할 수 있다.
2. 주요 국가별 사회복지정책의 흐름을 비교할 수 있다.
3. 사회복지정책의 주요 영역을 이해할 수 있다.

1 사회복지정책의 개념

1) 사회복지정책의 개념과 기능

사회복지정책(social welfare policy)의 개념은 단순하게 정의하기에는 쉽지 않고, 모호한 측면이 있다. 어의적인 측면에서 보면 사회복지정책은 '사회복지'와 '정책'의 합성어이다. '사회복지'는 사람들이 인간다운 생활을 할 수 있도록 기본적 욕구(need)를 충족시키거나 사회문제를 해결하기 위한 제반 사회적 활동의 총화라고 할 수 있다. '정책'은 특정 목적을 달성하기 위한 행동들의 원칙, 지침, 일정한 계획, 조직화된 노력이라고 할 수 있다.

그러므로 사회복지정책이란 사회문제의 해결 또는 사회적 욕구 충족과 같은 주요한 기능들을 수행하는 사회제도로서, 국민의 복지를 달성하기 위한 제도, 프로그램, 서비스 등의 원칙, 지침, 일정한 계획, 조직화된 국가의 노력이라고 할 수 있다. 보다 넓게 정의하면, 국민의 복지라는 사회적 과제를 달성하기 위한 목적으로 이루어지는 국가의 정책이라고 할 수 있다.

사회복지정책은 가족, 시장 등 민간 영역에서 이루어지는 것까지 포함하는 사회복지에 비해 공공의 영역이 상대적으로 강조되는 개념이라고 할 수 있다.

모든 사회는 그 사회가 수행해야 할 필수적인 여러 기능들이 있다. 일반적으로 사회는 가족, 종교, 작업장, 시장, 시민사회, 정부의 여섯 가지 기본적인 사회제도가 있어서 사회생활의 주요 활동들은 이러한 제도 내에서 이루어진다(Gilbert & Terrell, 2020, pp. 16-31). 각각은 기본적 기능을 담당하고, 현대 사회에서도 중요한 사회복지적 기능을 수행하고 있다. 그중에서도 공적 목적에 따라 자원을 동원하고 배분하는 역할을 수행하는 정부는 사회복지에 대해서도 역할이 더욱 커지고 중요시되고 있다. 정부(국가)는 삶의 위험으로부터 시민을 보호하고 사회적 안정을 보장하기 위해 사회복지정책이라는 이름으로 그 기능을 담당하고 있는 것이다.

표 1-1 주요 사회제도와 그 조직화 형태 및 기능

사회제도	주요 조직화 형태	일차적 기능	사회복지적 기능
친족	가족	출산, 사회화, 보호와 양육, 친밀감, 정서적 지지	돌봄이 필요한 가족구성원에 대한 돌봄의 제공, 가족 간의 재정적 지원
종교	교회 등	영적 계발	신앙에 기반한 보건·교육·사회서비스의 제공
작업장	기업, 공장, 농장	재화 및 서비스 생산	기업복지
시장	생산자(기업)와 소비자(가계)	화폐를 대가로 한 재화 및 서비스 교환	상업적 목적에 의거한 사회복지 재화 및 서비스 제공
시민사회	자발적 조직, 재단, 노동조합, 사회단체 등	시민적·정치적 참여의 증진, 민주주의의 강화	사회서비스 제공, 상호지지의 제공
정부	중앙정부, 지방정부	공적 목적을 위한 자원의 동원 및 배분	빈곤 대체, 경제적 보장, 교육·보건·사회서비스 제공 등

출처: Gilbert, N., & Terrell, P. (2020). 사회복지정책론: 분석틀과 선택의 차원(남찬섭 외 옮김), p. 17.

자본주의체제가 성숙되기 이전에는 사회복지적 기능 면에서 가족(친족)이나 종교, 시장의 역할이 중요하기도 하였으나 현대 사회로 오면서 점차 정부의 역할이 복잡해지고 커지면서 동시에 사회복지적 기능을 담당하는 영역도 넓어지게 되어 다른 사회제도와의 연계도 중요

하게 되었다.

또한, 사회복지를 전통적인 구분으로 잔여적 관점과 제도적 관점으로 나누어 볼 수 있다(오정수 외, 2020, pp. 17-18). 이 두 관점은 철학적으로 복지를 바라보는 입장에서 차이가 있기도 하고, 역사적으로는 잔여적 개념에서 제도적 개념으로 사회복지가 발전해 왔다고 볼 수 있다.

잔여적 개념(residual concept)은 가족 또는 시장과 같은 영역에서 욕구 충족이 제대로 되지 않을 때 사회복지제도가 일시적으로 그 기능을 대신하는 것을 의미한다. 예를 들어, 공공부조제도와 같이 생존권이 위협을 받을 때에만 국가가 개입함을 의미한다.

제도적 개념(institutional concept)은 현대 사회의 사회복지정책이 개인의 사회적 욕구를 충족시키기 위한 기본적인 역할을 수행하기 위해 제도화되어 있는 것을 의미한다. 예를 들어, 사회보험, 사회수당 등 기본적 욕구 충족이 필요할 때 국가가 예방적이고 보편적으로 개입함을 의미한다.

잔여적 개념과 제도적 개념에 따른 사회복지를 비교하면 다음과 같다.

표 1-2 잔여적·제도적 개념 비교

구분	잔여적 개념	제도적 개념
대상	• 제한적(취약계층 중심)	• 포괄적(전체 사회구성원)
욕구를 바라보는 관점	• 개인의 욕구는 비정상적인 것으로 간주	• 개인의 욕구는 산업화로 인해 필연적으로 발생
문제를 바라보는 관점	• 문제가 되는 상황은 긴급상황 또는 위기상황	• 문제상황은 일상적으로 나타남
문제 발생 원인	• 개인 책임 강조	• 사회구조적 책임 강조
국가의 역할	• 국가 역할은 최소화 • 개인이 가진 자원을 소진한 이후에 복지 제공	• 국가의 적극적 역할 • 복지는 문제가 심각해지기 전에 제공
낙인	• 낙인이 뒤따름	• 낙인은 없음
사회복지 기능	• 임시적, 보충적 • 복지는 일시적으로 제공	• 상부상조 기능의 제도화 • 복지는 항구적으로 제공

출처: 원석조(2017). 사회복지정책론, p. 27; 오정수 외(2020). 사회복지학개론, p. 18 재구성.

2) 사회복지정책의 의미

사회복지정책은 앞에서 살펴본 바와 같이 '국민들의 기본적 욕구나 사회문제를 해결하기 위한 국가(사회)의 대응'이라고 할 수 있다. 여기에서 사회복지정책의 개념에 따른 의미를 살펴보면 다음과 같다(윤홍식 외, 2019, pp. 23-24).

첫째, 사회복지정책은 모든 시민의 복지증진을 위한 정부(중앙정부, 지방정부)의 다양한 활동과 관련된다. 즉, 정책 구현의 기본적 주체로 정부를 명시함으로써 적극적 국가 개입의 필요성을 강조하고 있다.

둘째, 기본적 욕구에 포함되는 내용과 누구의 욕구를 포함할 것인지, 즉 사회복지정책에 포함되는 범주와 유형을 규정하는 것은 정치적인 것과 관련이 깊다. 빈곤층과 중산층, 젠더, 지역, 연령 등에 따른 대상별 욕구 중 우선순위를 어디에 두느냐의 과정이 정치적이면서 현대 정당정치의 경쟁과도 관련된다.

셋째, 사회복지정책은 사회문제를 해결하기 위한 의도적 활동과 관련되기 때문에 '사회적 목적', 즉 사회개혁과 사회구조의 변화와 관련된다. 단순히 사회복지정책이 시장경제와 관련한 노동문제 등에서 출발하였지만 현대 사회로 오면서 공공정책(전기, 수도, 통신, 교통 등)과 사회정책(교육, 건강, 노동, 돌봄, 주거, 조세, 환경 등)의 영역에서 국가의 역할이 확장되면서 구성원들의 전반적인 삶에 영향을 주는 것과 관련된다.

2 사회복지정책의 흐름

1) 영국: 사회서비스(사회행정)로서의 사회복지정책

영국은 국가가 처음으로 빈민들의 문제에 개입하면서 제정하였던 일련의 빈민 관련 법에서 사회복지정책이 출발하였다. 이후 영국의 사회복지정책은 1900년대 자유당 정부의 일련의 사회개혁 입법들(1907년 「노동자보상법」, 1908년 「노령연금법」, 「아동법」)과 1911년의 「국민보험법」(의료보험과 실업보험)이 제정되면서 확장되어 왔다. 또한 영국은 1·2차 세계대전을 거치면서 자유주의적이고 진보적인 사회서비스 정책으로 발전하였고, 1942년 『베버리지 보고서』는 2차 세계대전이 끝난 후 영국을 재건하는 데 있어 많은 영향을 끼쳤다.

영국의 사회복지정책은 개인의 의식주와 관련된 생활문제와 개인의 욕구를 해결하기 위한 서비스에 중점을 둠으로써 사회서비스(social service)나 사회행정(social administration)으로 불리는 경향이 강하였다(김영화 외, 2005, pp. 23-24). 영국의 사회복지정책은 시민들에게 소득이나 서비스를 제공함으로써 그들의 복지를 향상시키기 위한 정부의 정책이라고 할 수 있다. 사회서비스정책은 소득, 보건, 주택, 교육, 고용 및 개인서비스 등을 포함하고 있다.

2) 독일: 노동(분배)정책으로서의 사회복지정책

독일의 사회복지정책은 영국에 비해 후발 자본주의체제가 발전하면서 나타난 노동운동과 사회주의체제와의 이념갈등에 따라 프롤레타리아(Proletarier) 노동계급을 국가의 체제 내로 끌어들이기 위한 정책으로 출발하였다. 독일은 사회복지정책이라는 용어보다는 사회정책(Sozialpolitik)이라는 용어를 사용하면서 기본적으로 사회정책을 분배과정의 조정을 위한 윤리적 조치로서 계급 간 갈등을 완화하여 상호 간 협조를 유도하기 위한 국가정책으로 활용하였다(원석조, 2017, pp. 29-30). 독일에서도 초기 자본주의에서 나타나는 노동시간, 임금문제 등에 따른 노동문제, 계급 간 갈등을 해결하기 위한 수단으로 이러한 사회정책을 활용한 것이다.

1880년대 비스마르크(Bismarck)는 독일 노동자들을 위한 당근정책의 일환으로 사회보험 관련 입법(1883년 질병보험, 1884년 재해보험, 1889년 노령폐질연금)을 세계 최초로 도입하였다.

이러한 독일의 사회(복지)정책은 자본주의체제에서 나타나는 불평등을 완화하는 재분배과정의 조정을 위한 조치로서, 계급 대립을 완화시켜 자본을 가진 계급(부르주아, bourgeois)과 가지지 못한 계급(프롤레타리아) 간의 협조를 유도하기 위한 국가정책으로 나타났다고 볼 수 있다. 이러한 독일은 20세기에 와서도 사회복지정책의 핵심인 고용과 관련한 사회보험정책과 노동법을 중심으로 발전해 왔다.

3) 미국: 사회보장으로서의 사회복지정책

미국의 사회복지정책은 유럽에 비해 자유주의와 개인주의 이념이 상대적으로 강해서 비교적 유럽대륙에 비해 늦게 나타나고 발전했다. 미국은 1929년 경제대공황으로 인해 실업자가 증가하고 그로 인한 빈곤층이 늘어나면서 유럽처럼 국가 개입의 필요성을 인식하게 되었다(김영화 외, 2005, p. 25). 이러한 사회문제를 해결하기 위해 나온 것이 1935년 「루스벨트 사회보장법(사회보험, 공공부조와 사회복지서비스 포함)」과 대규모 공공일자리 정책 등이다. 다만, 사회보험 중에서 의료보험은 보험회사와 의사단체 등 이해관계자들의 반대로 제외되면서 국가 주도의 건강보험은 도입하지 못하였다.

미국의 사회보장은 시민의 생활보장, 즉 생활곤란에 빠진 시민들을 위한 고용기회와 생활변동에 대한 대비책이라는 의미가 강하다고 할 수 있다.

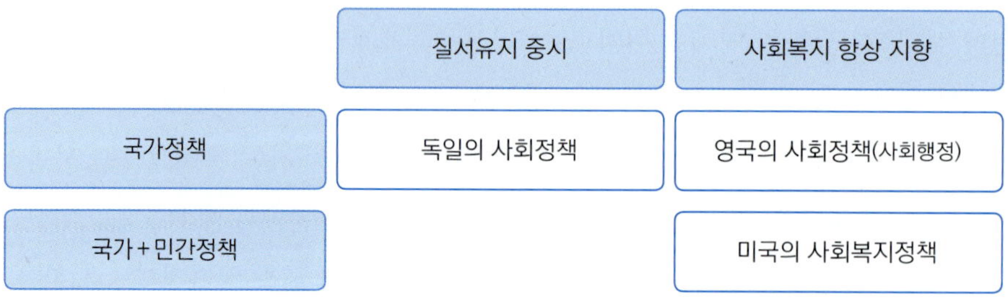

그림 1-1 독일, 영국, 미국의 사회복지정책의 특징

출처: 원석조(2017). 사회복지정책론, p. 36.

독일과 영국의 사회복지정책은 국가정책과 관련한 공공영역이 강조된다면, 미국의 사회복지정책은 국가 개입은 최소화하면서 동시에 민간의 복지를 포함하는 특징을 가진다.

4) 스칸디나비아 국가들: 보편주의적 사회복지정책

스칸디나비아반도에는 스웨덴, 노르웨이, 덴마크 등 주로 북유럽 복지국가라고 일컫는 나라들이 있다. 덴마크는 1891년 무갹출연금제도인 노령자 부양법, 스웨덴은 1913년 적립방식의 전 국민연금제도 도입을 시작으로 사회복지정책이 발전해 왔다.

스칸디나비아 국가의 사회복지정책은 모든 국민을 포함하고 보장하는 보편주의적 정책들(교육, 의료, 사회수당 등)로 확대됨으로써 평등주의적이고 연대성의 원칙을 반영한 제도를 구축하여 최고 수준의 복지국가들이라고 불린다. 즉, 스칸디나비아 국가의 사회복지정책은 모든 시민을 대상으로 하고, 재정의 많은 부분을 조세로 마련하여 시민들의 기본적 욕구에 대응하는 보편주의 제도들을 발전시켜 왔다.

5) 한국: 우리나라의 사회복지정책

우리나라의 사회복지정책은 사회보장의 특징을 가지는 있는 미국적 개념과 유사한 성격을 지니고 있고, 최근에 와서는 실제적 개념이 확장되면서 영국적 개념과 유사한 성격을 지닌다. 우리나라의 사회복지정책은 학문적으로는 광의의 개념으로 소득, 의료, 주택, 교육, 고용 및 개인적 서비스 등을 포함하고 있다. 그러나 실제 제도상으로는 주로 사회보험과 공공부조, 사회(복지)서비스를 중심으로 이루어져 있어 미국의 사회보장의 개념과도 유사한 구조를 가지고 있다.

1997년 IMF 외환위기 이후 사회안전망(social safety net)[1]을 구축하기 위해 실직자 지원, 공공근로사업, 일자리 지원 정책들이 강화되었다. 2012년 「사회보장기본법」에서 사회보장의 개념이 사회보험과 공공부조, 사회복지서비스, 관련 복지제도에서 사회보험과 공공부조, 사회서비스로 확대되면서 복지, 보건의료를 포함하여 교육, 고용, 주거, 문화, 환경 등의 영역으로 확대되었다. 그리고, 사회복지정책의 대상도 점차 빈곤층 및 사회적 취약계층 중심의 선별주의적 제도들에서 중산층, 대상별 시민을 포함하는 보편주의적 제도들로 확대되고 있다.

3 사회복지정책의 영역

사회복지정책의 영역을 좁게 본다면, 주로 빈곤층이나 사회적 취약계층을 대상으로 소득보

1 사회안전망은 한국사회에서 IMF 외환위기 이후 용어가 널리 사용되기 시작하였다. 사회안전망은 모든 국민을 실업, 빈곤, 재해, 노령, 질병 등의 사회적 위험으로부터 보호하기 위한 제도적 장치로, 기존의 사회보험, 공공부조뿐만 아니라 공공근로사업, 취업훈련, 일자리 지원 정책 등이 이 시기에 확대되었다.

장정책, 건강보장정책, 주거보장정책, 대인적 서비스 등으로 한정할 수 있다. 즉, 협의의 사회복지정책은 주로 빈곤층, 사회적 취약계층과 같이 사회생활에 어려움을 가진 사람들에 대한 기본적 삶의 보장을 위한 정책이라고 할 수 있다. 보호가 필요한 아동, 장애 정도가 심한 장애인, 지원이 필요한 독거노인, 경제적 어려움이 있는 여성, 노숙인 등을 위한 보호, 육성, 지도, 치료 및 재활 등의 서비스가 중심이 된다. 정책의 영역별로는 공공부조 중심의 소득보장정책과 건강보장정책, 주거보장정책과 연계될 수 있고, 특별한 욕구가 있는 대상자를 중심으로 하는 대인적 서비스가 주를 이루고 있다.

넓은 의미의 사회복지정책은 정부가 기본적 욕구가 충족되지 않는 모든 시민을 대상으로 지원하고 보장하는 정책이라고 할 수 있다. 주로 빈곤층이나 사회적 취약계층을 포함하여 가능한 한 욕구가 있는 모든 시민을 포함하려는 정책과 연결되고, 소득보장, 건강보장, 주거보장, 대인적 서비스를 포함하여 교육정책, 조세정책, 노동정책 등 시민들의 일상적 삶과 관련된 주요 사회정책의 영역이 포함된다.

표 1-3 사회복지정책의 주요 영역

영역		사회복지정책의 내용
협의의 영역	소득보장정책	•사회보험, 공공부조(생계급여 등), 각종 수당제도(기초연금, 부모급여, 아동수당 등), 장애인연금 등 급여(현금) 지원제도, 기본소득 등
	건강보장정책	•건강보험, 의료급여, 노인장기요양보험, 보건의료서비스 등
	주거보장정책	•공공임대주택(영구임대, 행복주택, 청년·신혼부부임대), 최저주거기준, 주거급여, 에너지바우처 등
	대인적 서비스	•영유아 보육, 아동·청소년복지, 노인복지, 여성복지, 장애인복지, 노숙인(홈리스)복지, 한부모가족복지, 다문화가족복지 등
광의의 영역	교육(복지)정책	•의무교육제도, 저소득층 교육급여 지원, 학교급식, 교복 등 지원, 대학생 국가장학금제도, 학자금대출 지원 등
	조세정책	•근로장려금제도(Earned Income Tax Credit: EITC), 자녀장려금제도, 소득공제제도, 조세감면제도 등
	노동정책	•최저임금제, 생활임금, 고용정책, 기업복지, 적극적 노동시장정책(교육·훈련정책) 등

1) 소득보장(income maintenance)정책

소득보장정책은 다양한 사회적 위험에 따라 소득원이 일시 중단되거나 장기간 상실되었을 때 그 소득을 유지하여 삶을 이어 나갈 수 있도록 지원해 주는 정책이다. 즉, 소득보장정책은 노령(노동능력의 상실), 실업(노동 기회의 상실), 질병과 사고(노동능력의 일시적·영구적 상실), 저임금 위험 등에 의하여 생활이 곤란할 때 소득을 보장해 주는 제도인 것이다. 예를 들어, 공적 연금제도(노령급여), 기초연금, 장애인연금, 아동수당, 실업 관련 제도(실업급여), 상병수당, 산재보험(휴업급여, 장해급여), 사망에 따른 유족급여 등이 있다.

표 1-4 사회적 위험에 따른 주요 소득보장제도

사회적 위험	주요 소득보장제도
빈곤 위험	공공부조제도
노령, 장애, 유족(사망)	공적 연금 및 기초연금제도
(업무상) 사고, 장해, 사망 위험	산재보험제도
(일반) 사고, 질병 위험	건강보험제도(상병수당)
실업 위험	고용보험제도
저임금 위험	최저임금제도, 생활임금
기본 삶의 위험	기본소득, 사회적 지분 급여[2]

2) 건강보장정책

건강보장정책은 우리가 살아가면서 발생할 수 있는 질병이나 사고로 비용을 지급해야 하는 의료비로 인해 개인 또는 가계에 과도한 부담이 되는 것을 방지하기 위한 정책이다. 이를 위해 국민들이 조세나 보험료를 내고 필요시 지원을 받음으로써 국민 상호 간 위험을 분담하고 필요한 의료서비스를 받을 수 있도록 하는 정책이다.

2 일정한 나이가 되어 부모로부터 독립을 하게 될 때, 부모의 경제적 능력에 따라 부모로부터 차등의 지분을 증여받게 되는데, 이로 인해 독립된 성인으로의 출발선이 불평등하게 된다. 사회적 지분 급여는 부모의 경제적 능력에 따른 차등적인 배분방식과 별개로 국가가 일정한 나이가 되어 독립을 해야 하는 모든 성인에게 기본 자산을 평등하게 지원하는 것을 의미한다. 보다 자세한 내용은 Ackeman 등(2010)의 『분배의 재구성』 2장을 참고하기 바란다.

영국은 국가보건서비스(National Health Service: NHS) 방식, 즉 조세로 재정을 마련하여 영국 시민의 의료서비스를 지원하고 있고, 독일이나 우리나라는 국가의료보험(National Health Insurance: NHI) 방식, 즉 사회보험료로 재정을 마련하여 의료서비스를 지원하고 있다. 또한, 보험료를 내기 어려운 빈곤층 등을 위해 사회보험제도가 아닌 공공부조제도의 일환으로, 의료급여제도를 두어 조세를 통해 의료서비스를 지원받을 수 있도록 하고 있다.

고령인구의 증가로 노인들을 대상으로 지속적인 의료서비스와 요양서비스를 결합한 노인장기요양보험도 있다.

3) 주거보장정책

주거보장정책은 저소득층 및 일반 주민들의 주거생활 안정을 위해 최저주거기준을 마련하고 공공부문에서 주택공급, 임대주택 제공 등을 지원하는 제도이다. 또한, 주거복지란 쾌적하고 안정적인 주거환경에서 인간다운 주거생활을 할 권리의 실현을 목표로, 시민들이 부담 가능한 비용으로 일정 수준 이상의 주거환경을 누릴 수 있도록 제공하는 공공에서의 지원을 의미한다.

이러한 주거보장정책에서 주거권은 물리적·사회적 위험으로부터 벗어나 쾌적하고 안정적인 주거환경에서 인간다운 주거생활을 할 권리를 갖는 것이다. 우리가 살아가는 데 있어서 주거는 기본 삶에서 매우 중요한 요소로 기존에는 주거문제는 시장의 영역에서 해결하는 대표적인 영역이었으나 국가의 역할이 점차 확대되고 있다.

우리나라는 「주거기본법」 제17조(최저주거기준의 설정)제1항에서 "국토교통부장관은 국민이 쾌적하고 살기 좋은 생활을 하기 위하여 필요한 최소한의 주거수준에 관한 지표로서 최저주거기준[3]을 설정·공고"하도록 규정하고 있다.

3 최저주거기준은 2011년 이후 개정 없이 유지되어 이후의 변화된 사회·경제적 상황을 반영하지 못하고 있다. 최근에는 1~2인 가구 등 소규모 1세대 가구의 증대 등 각 가구들의 특성을 고려한 최저주거기준의 반영이 필요하다.

표 1-5 가구구성별 최소 주거면적 및 용도별 방의 개수

가구원 수(인)	표준 가구구성[1]	실(방) 구성[2]	총주거면적(㎡)
1	1인 가구	1 K	14
2	부부	1 DK	26
3	부부+자녀 1	2 DK	36
4	부부+자녀 2	3 DK	43
5	부부+자녀 3	3 DK	46
6	노부모+부부+자녀 2	4 DK	55

주 1: 3인 가구의 자녀 1인은 6세 이상 기준
4인 가구의 자녀 2인은 8세 이상 자녀(남 1, 여 1) 기준
5인 가구의 자녀 3인은 8세 이상 자녀(남 2, 여 1 또는 남 1, 여 2) 기준
6인 가구의 자녀 2인은 8세 이상 자녀(남 1, 여 1) 기준
주 2: K는 부엌, DK는 식사실 겸 부엌을 의미하며, 숫자는 침실(거실 겸용 포함) 또는 침실로 활용이 가능한 방의 수를 말함

출처: 국토해양부(2011). 최저주거기준 공고 제2011-490호.

Point

최저주거기준 미달가구

(단위: %)

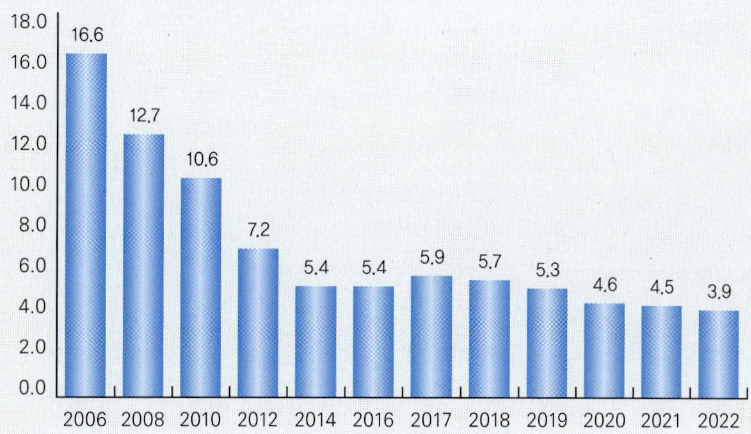

출처: 국토교통부(2023. 12. 22.). 2022년도 주거실태조사 결과, p. 5.

주거보장정책에서 주거급여는 국민기초생활보장제도와 「주거급여법」에 따라 소득·주거형태·주거비 부담수준 등을 종합적으로 고려하여 저소득층의 주거비를 지원하는 제도이다. 주거급여는 기준 중위소득의 47% 이하(2023년 기준) 계층을 대상으로 하고 있고, 부양의무자 기준은 2018년 10월부터는 폐지되었다.

주거급여는 크게 임차급여와 수선유지 급여 등이 있다. 임차급여는 다른 사람의 주택 등에 거주하는 사람에게 임대료를 차등 지원하는 제도이고, 수선유지 급여는 주택 등을 소유하고 그 주택에 거주하는 사람에게 가구규모, 소득인정액, 수선유지비 소요액, 주택의 노후도 등을 고려해서 주택 개·보수를 지원하는 제도이다.

그리고 주택 지원과 관련한 정책으로는 영구임대주택(주로 소득분위 1~2분위), 국민임대주택(소득분위 3~4분위), 매입임대주택, 장기전세주택, 공공임대주택, 전세임대주택, 행복주택(대학생, 신혼부부, 청년 등 지원), 대학생 공공기숙사 지원 등이 있다.

표 1-6 주택지원사업의 유형 비교

구분	영구임대주택	매입임대주택	국민임대	행복주택
공급 목적	최저소득 계층의 주거 안정	저소득계층 등에게 기존 주택을 매입하여 지원	저소득층의 주거 안정	젊은 세대의 주거 안정 및 주거복지 향상
공급 대상	생계급여 또는 의료급여 수급자 등 최저소득 계층	기초생활수급자 등 주거 취약계층	소득 4분위 이하 가구의 저소득 계층	대학생, 신혼부부, 청년 등
주택 규모	40㎡ 이하	다가구주택 및 85㎡ 이하 공동주택	60㎡ 이하	60㎡ 이하

출처: 마이홈(https://www.myhome.go.kr). 내게 맞는 주거복지(주택지원) 재정리.

그 외에도 여름·겨울철 냉난방비 지원과 관련한 에너지 바우처제도, 위기상황에 따른 긴급주거 지원제도, 주거취약계층(쪽방, 노숙인 등) 주거 지원도 있다.

Point

주요 주거복지제도

주거복지정책은
주거복지를 구현하기 위한 정책수단

목표

주거 안전성 확보 + 주거의 질 향상 + 주거비 부담의 적정화

수단

정책지원방법	정책수단	효과
현물보조	주택공급, 택지공급	주택공급 증대
현금보조	주택수당, 임대료 보조, 임대료 규제, 임대료 융자	주거비 경감

유형

생산자 지원(object subsidy)	수요자 지원(subsidy)
• 주택의 공급과 관련된 지원(보조금, 금융, 세제) • 택지의 공급	• 임대료 등 주거비 현금 지원 • 저리자금 융자(주택구입자금, 전세자금 대출 등) • 주택개량 지원

1~2분위	3~4분위	5~6분위	7분위 이상
임대료 부담능력 취약계층	자가구입 능력 취약계층	정부 지원 시 자가구입 가능 계층	자력으로 자가구입 가능 계층
• 영구임대주택 • 다가구 등 기존주택 매입임대 • 기존주택 전세임대 • 소형 국민임대주택 공급 • 주거급여 지원 확대	• 국민임대주택 집중 공급 • 불량주택 정비 활성화 • 전·월세자금 지원 확대	• 중소형주택 저가 공급 • 주택구입자금 지원 강화	• 시장기능에 일임 • 모기지론 등 금융 지원

출처: 마이홈(https://www.myhome.go.kr). 주거복지란?

Point

2024년 에너지바우처제도

1. 에너지바우처란?

- 국민 모두가 시원한 여름, 따뜻한 겨울을 보낼 수 있도록 에너지 취약계층을 위해 에너지바우처(이용권)를 지급하여 전기, 도시가스, 지역난방, 등유, LPG, 연탄을 구입할 수 있도록 지원하는 제도
- 신청대상: 소득기준과 세대원 특성기준을 모두 충족하는 가구

구분	내용
소득기준	1. 「국민기초생활 보장법」에 따른 생계급여/의료급여/주거급여/교육급여 수급자
세대원 특성기준	2. 주민등록표 등본상 기초생활수급자(본인) 또는 세대원이 다음 어느 하나에 해당 • 노인: 주민등록기준 1959. 12. 31 이전 출생자 • 영유아: 주민등록기준 2017. 01. 01 이후 출생자 • 장애인: 「장애인복지법」에 따라 등록한 장애인 • 임산부: 임신 중이거나 분만 후 6개월 미만인 여성 • 중증질환자, 희귀질환자, 중증난치질환자: 「국민건강보험법」에 따른 관련 사람 • 한부모가족: 「한부모가족지원법」에 따른 "모" 또는 "부"로서 아동인 자녀를 양육하는 사람 • 소년소녀가정: 보건복지부에서 정한 아동 분야 지원대상에 해당하는 사람(「아동복지법」에 의한 가정위탁보호 아동 포함)

2. 지원 제외 대상

- 세대원 모두가 보장시설 수급자

3. 다음의 경우, 동절기 에너지바우처 중복 지원 불가

- 「긴급복지지원법」에 따라 동절기 연료비('24년 10월 ~)를 지원받은 자(세대)
- 한국에너지공단의 '24년도 등유바우처를 발급받은 자(세대)
- 한국광해광업공단의 '24년 연탄쿠폰을 발급받은 자(세대)

4. 바우처 지원 금액(2024~2025년 기준)

구분	1인 세대	2인 세대	3인 세대	4인 이상 세대
하절기	40,700원	58,800원	75,800원	102,000원
동절기	254,500원	348,700원	456,900원	599,300원
총액	295,200원	407,500원	532,700원	701,300원

※ 본 지원금은 현금 지급이 아니며, 요금 차감(여름은 전기, 겨울은 전기, 도시가스, 지역난방 사용 금액 요금 차감)과 국민행복카드(겨울철 등유, LPG, 연탄, 전기, 도시가스 비용 지원) 중 한 가지를 선택하여 사용

출처: 에너지바우처(http://energyv.or.kr). 에너지바우처란?

4) 대인적 사회(복지)서비스

대인적 사회(복지)서비스는 중앙정부, 지방정부 및 민간부문에서 지원을 필요로 하는 시민들에게 상담, 재활, 돌봄, 생활 지원, 사회복지시설 이용 등을 제공하여 일상적인 사회생활이 가능하도록 보장하는 제도이다. 사회보험, 공공부조가 소득보장과 같은 경제적 보장의 성격이 강한 반면, 대인적 사회서비스는 비경제적 보장과 관련된 상담, 재활, 돌봄, 요양, 시설 보호 등의 성격이 강하다.

표 1-7 주요 영역별 사회(복지)서비스정책

대인 서비스	주요 정책
영유아복지정책	법정 보육료/유아교육비 지원, 아이돌봄 지원, 방과 후 보육, 첫 만남 이용권 지원 등
아동복지정책	입양, 위탁보호, 시설보호, 방과 후 지도, 아동권리보장 등
청소년복지정책	청소년 방과 후 아카데미, 운영 지원, 학교 밖 청소년 지원, 청소년한부모 자립 지원, Wee 클래스 지원 등
노인복지정책	노인요양서비스, 경로우대제도, 노인 일자리 지원, 재가복지서비스 등
장애인복지정책	장애인의무고용제도, 특수교육, 장애인 활동 지원, 직업재활 등
여성복지정책	저소득 한부모가족 지원, 가정폭력, 성폭력 피해자 상담 및 보호, 건강가정 관련 사업 등
다양성 복지정책	결혼이민자, 북한이탈주민(새터민), 다문화가족, 노숙인 등

5) 교육(복지)정책

교육(복지)정책은 모든 사람이 기본적인 삶을 영위하는 데 필요한 역량을 일정 기준 이상이 되도록 보장하기 위해 제공하는 모든 공적 교육 지원 정책이라고 할 수 있다. 즉, 교육을 통해 적정한 인적 자본의 확보, 시민들의 잠재력을 발휘할 수 있도록 지원하는 것과 관련된다.

이러한 교육(복지)정책에 국가가 적극적으로 지원해야 하는 것은 질높은 노동력 확보, 시민 개인의 지적 수준을 보편적으로 증진시켜 사회통합에 기여, 그리고 계층적 수직이동을 가능하게 하여 사회적 평등에 기여하는 긍정적 효과를 가져올 수 있다.

주요 교육복지제도에는 중등교육까지 무상교육, 학교급식, 특수교육 활성화, 유아원비 지원, 교육급여(교육활동지원비), 저소득층 재학생 교육비 지원, 교복 등 교육용품 지원, 국가장학급 제도, 학자금대출 지원제도 등이 있다.

6) 조세정책

조세정책은 조세의 규모와 방식을 조절하여 국가의 재원을 확보하고, 국가정책의 안정성 확보, 불평등 완화를 위한 수단 등을 목적으로 하는 정책이다. 사회복지정책과 연관된 조세정책은 빈곤선 이하의 소득자는 면세가 되도록 하거나 다양한 감면제도를 통해 빈곤선 이하로 떨어지지 않도록 하고, 차상위층과 같이 바로 위에 있는 계층은 소득에 대해 과세 후 빈곤선 이하로 떨어지지 않도록 하는 정책과 관련된다.

주요 제도로는 세액공제제도(부양가족 등 인적 공제, 교육비, 의료비 등), 조세 감면제도(저소득층 공공요금 감면 등), 근로장려금 제도(EITC, 근로소득이 일정 수준 이하인 가구에 대해서 현금급여 제공), 자녀장려금 제도 등이 있다.

7) 노동정책

노동은 사람의 생존·생활을 위한 모든 활동, 즉 삶을 살아가는 데 필요한 화폐를 얻기 위해 정신적, 육체적으로 행하는 모든 활동을 의미한다. 노동은 시민 개개인들이 자신이 주체가 되어 삶을 영위해 나가는 데 있어 중요하다. 이러한 노동 영역에서 시민들이 보다 안전하고 공정하게 활동할 수 있도록 국가가 여러 제도를 마련하는 것을 '노동정책'이라고 할 수 있다. 즉, 노동정책은 노동을 해야 하는 시민을 대상으로 노동시장과 관련하여 발생하는 각종 불이익을 해소하고 노동을 통해 자신의 삶을 안정적으로 살아갈 수 있도록 지원하는 정책이다.

주요 노동(복지)정책으로는 청년, 여성, 고령자 등 고용지원제도, 노동쟁의 조정, 노사협의, 부당노동행위 등 노사관계정책, 최저임금제, 노동시간 단축 지원, 직장 내 괴롭힘 금지 지원, 비정규직 차별 시정제도, 퇴직연금제도 등 노동조건 및 노동복지 등이 있다.

Point

근로장려금(EITC) 제도

1. 근로장려금 제도란?

- 일은 하지만 소득이 적어 생활이 어려운 노동자 또는 사업자(전문직 제외) 가구에 대하여 가구원 구성과 총급여액 등에 따라 산정된 근로장려금을 지급함으로써 근로를 장려하고 실질소득을 지원하는 근로연계형 소득지원제도

2. 가구유형에 따른 근로장려금 지급 가능액(2024년도 기준)

구분	단독가구	홑벌이가구	맞벌이가구
총소득기준 금액	2,200만 원 미만	3,200만 원 미만	3,800만 원 미만
최대지급액	165만 원	285만 원	330만 원

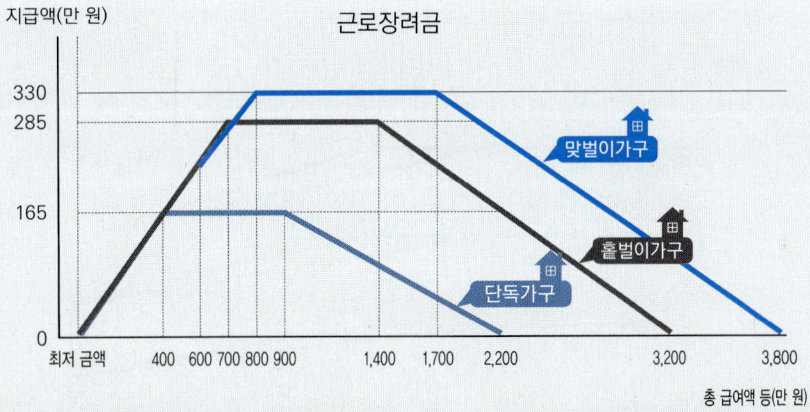

3. 기대효과

- 저소득 노동자 또는 자영업자 가구에 근로장려금을 지급하여 실질소득을 증가시킴으로써 조세제도를 통한 근로의욕을 높이고 소득재분배 효과를 기대

출처: 국세청(https://www.nts.go.kr). 국세정책/제도-국세정책/제도-근로·자녀장려금-근로장려금 소개.

Point

자녀장려금 제도

1. 자녀장려금

- 저소득 가구의 자녀양육 부담을 경감하기 위해 총소득 4,000만 원 미만이면서 부양자녀(18세 미만)가 있는 경우 1명당 최대 100만 원(최소 50만 원)을 지급하는 제도로, 총소득 기준을 제외한 나머지 수급요건은 근로장려금과 동일

2. 가구유형에 따른 자녀장려금 지급 가능액(2024년도 기준)

구분	단독가구	홑벌이가구	맞벌이가구
총소득기준 금액	해당 없음	7,000만 원 미만	
최대지급액		자녀 1인당 100만 원(최소 50만 원)	

3. 가구원 구성에 따른 총급여액 등 및 자녀장려금 지급액

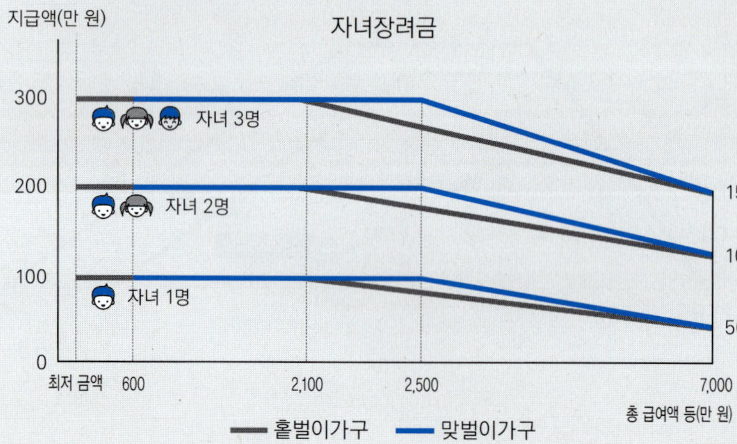

출처: 국세청(https://www.nts.go.kr). 국세정책/제도-근로·자녀장려금-자녀장려금 소개.

표 1-8 주요 영역별 노동(복지)정책

주요 영역	주요 제도
고용지원정책	청년지원(청년채용특별장려금, 청년내일채움공제 등), 경력단절여성 지원, 고령자 취업 지원(계속고용장려금, 고용지원금 등), 장애인(고용장려금, 직업능력개발 지원 등), 국민취업 지원제도, 고용복지센터 운영, 취약계층취업 지원 등
노사관계정책	노동쟁의 조정, 노사협의, 노사협력 지원, 부당노동행위·부당해고 등 구제지원 등
노동조건 및 노동복지	최저임금제,[4] 체불임금 지원제도, 법정 노동시간 및 노동시간 단축 지원, 직장 내 괴롭힘 금지 제도, 비정규직 차별 시정제도, 퇴직연금제도, 노동자 생활안정자금 융자 등

Point

최저임금제도

1. 개요

- 최저임금제도는 국가가 노·사 간의 임금결정 과정에 개입하여 임금의 최저수준을 정하고, 사용자에게 이 수준 이상의 임금을 지급하도록 법으로 강제함으로써 저임금 노동자를 보호하는 제도이다.

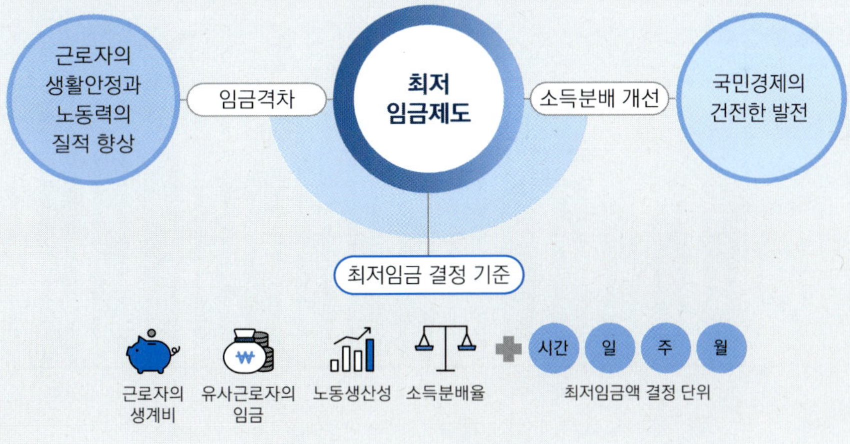

---

4 자본주의 사회에서 소득불평등을 해결하기 위한 방법 중 하나로 최저임금제뿐만 아니라 '최고임금제'도 도입되어야 한다는 입장도 있다(Pizzigati, 2018, pp. 14-15). 소득불평등, 격차를 줄이는 방법에 대해 몇 가지를 살펴보면, 첫째, 최하위층의 소득을 상향 평준화한다. 최저임금제도가 있다면 이에 대한 상향 폭을 높이면 된다. 둘째, 최상위층의 소득을 하향 평준화하면 된다. 이게 바로 최고임금제도의 도입과 관련된다. 최저임금제는 인간의 기본적 품위를 지켜 주고, 노동자의 경제적 안정과 존엄을 누릴 수 있을 만큼의 소득을 보장해 주는 제도이다. 이러한 최저임금과 최고임금을 연동하면, 즉 최저임금의 몇 배 이상으로 최고임금의 상한선을 설정한다면 현대 사회에서 어떤 일들이 일어날 수 있을까?

2. 최저임금제도 목적

• 최저임금제도는 '근로자에 대하여 임금의 최저수준을 보장하여 근로자의 생활안정과 노동력의 질적 향상을 꾀함으로써 국민경제의 건전한 발전에 이바지하게 함을 목적으로 한다(「최저임금법」 제1조)'.

3. 최저임금제도 효과

• 저임금 해소로 임금격차가 완화되고 소득분배 개선에 기여
• 노동자에게 일정한 수준 이상의 생계를 보장해 줌으로써 노동자의 생활을 안정시키고 노동자의 사기를 올려 주어 노동생산성이 향상
• 저임금을 바탕으로 한 경쟁방식을 지양하고 적정한 임금을 지급하도록 하여 공정한 경쟁을 촉진하고 경영합리화에 기여

4. 적용대상

• 노동자를 사용하는 모든 사업 또는 사업장

5. 결정방법

• 노·사·공익위원 각 9명으로 구성된 최저임금위원회에서 매년 최저임금안 의결 후 정부에 제출하면 고용노동부장관이 결정·고시한다.

6. 최저임금 현황

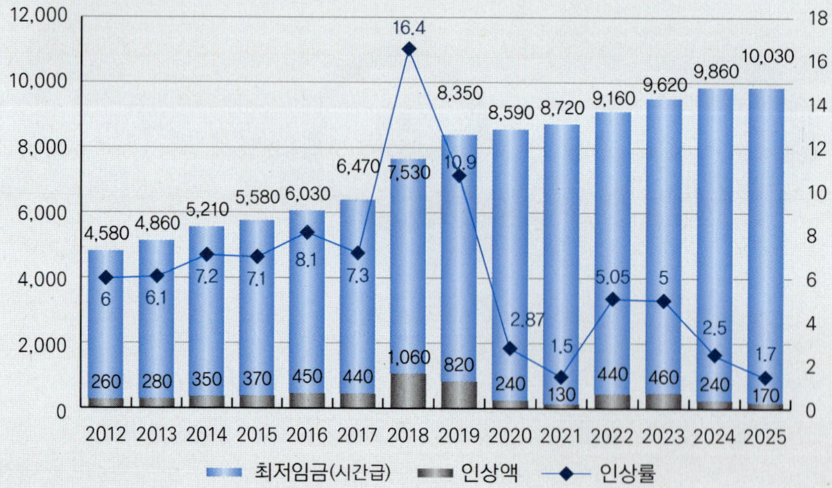

7. 산정범위

• 「근로기준법」 제2조의 규정에 의한 임금(사용자가 근로의 대상으로 노동자에게 임금·봉급 기타 어떠한 명칭으로든지 지급하는 일체의 금품)
• 매월 1회 정기적으로 지급하는 임금 외의 임금, 소정 근로시간에 대해 지급하는 임금 외의 임금, 생활보조적·복리후생적 수당 등 제외

출처: 최저임금위원회(http://www.minimumwage.go.kr). 최저임금제도.

읽을 거리

2023 보건복지부 업무추진 방향

비전: 미래 도약을 위한 튼실한 복지국가

목표
- ◆ 약자복지 및 필수의료 확대
- ◆ 미래 대비 개혁과제 중점 추진

촘촘하고 두터운 약자복지 확대	생명·건강 지키는 필수의료 강화
•촘촘한 위기가구 발굴 •두터운 취약계층 보호 •새로운 복지수요 적극 대응 •수요자 맞춤형 사회서비스 고도화	•보건의료의 약자복지 실현, 필수의료 강화 •생애주기·스마트 건강투자 확대 •대규모 재난 대응의료체계 마련 •신종감염병 대응체계 혁신
지속 가능한 복지개혁 추진	**보다 나은 미래 준비**
•건강보험 개혁 통한 지속 가능성 확보 •지속 가능한 상생의 국민연금 개혁 •체감할 수 있는 복지지출 혁신	•인구정책 패러다임 전환 •저출산완화 위한 일-육아 병행 지원 •천만 노인 시대, 전방위적 대비 •첨단기술로 보건안보 및 신시장 선도 •바이오헬스 육성·수출 총력 지원

출처: 보건복지부(2023c). 2023년 주요 업무 추진계획, p. 3

2024 보건복지부 업무추진 방향

비전: 미래를 여는 의료개혁과 약자복지

목표
- ◆ 의료개혁 본격 추진
- ◆ 약자복지 강화
- ◆ 미래 성장동력 확보

핵심과제

생명과 지역을 살리는 의료개혁	더욱 촘촘하고 두터운 약자복지 2.0
•의료개혁 4대 과제 •의료기반 강화	•약자 발굴체계 고도화 •두터운 약자 보호 •사회적 고립 예방체계 구축
가족의 부담을 줄이는 간병·돌봄 확충	**보건복지 혁신을 통한 미래 성장동력 확보**
•간병비 부담 경감체계 구축 •국민돌봄 통합지원	•출산·양육 부담 경감 •연금개혁 지속 추진 •과감한 바이오헬스 투자

출처: 보건복지부(2024d). 2024년 주요 업무 추진계획, p. 3.

읽을 거리 제3차 사회보장 기본계획(2024-2028) 사회보장정책 비전 및 전략 체계도

비전	약자부터 촘촘하게, 지속가능한 복지국가		
목적	**국민 삶의 질 향상, 사회통합 증진**		
핵심 목표	누구도 소외되지 않는 약자복지	누구나 누리는 양질의 사회서비스	다음 세대와 상생하는 사회보장
전략	약자부터 두터운 복지	전생애 사회서비스 고도화	사회보장체계 혁신
중점 과제	**1 위기 직면한 사회적 약자 보호** ❶ 취약계층 생활안정 지원 ❷ 노인 빈곤완화 지원 ❸ 장애인 소득·돌봄 보장 강화 **2 새로운 취약계층의 복지수요 발굴·지원** ❶ 취약 청년 사회안정망 구축 ❷ 사회적 고립으로 인한 새로운 복지수요 발굴·지원 ❸ 소외된 약자 권익 보호·지원 강화 **3 변화하는 사회적 위험 대응 강화** ❶ 노동시장 지속 참여 촉진 ❷ 노후소득체계 내실화 ❸ 복지 사각지대 발굴 및 신속 지원 강화	**4 수요맞춤형 사회서비스 실현** ❶ 맞춤형 돌봄서비스 확충 ❷ 건강·의료보장 강화 ❸ 안전한 일상 구현 및 교육·생활서비스 제공 **5 공급 기반 혁신으로 사회서비스 품질 제고** ❶ 사회서비스 품질관리 체계 구축 ❷ 양질의 공급자 육성 기반 마련 ❸ 이용자 선택권 강화하는 규제 합리화 **6 이용자 중심 사회서비스 전달체계 구축** ❶ 통합적 사회서비스 제공을 위한 연계·협력 활성화 ❷ 사회서비스 지역 격차·불균형 완화 ❸ 사회보장 전달체계 개선	**7 지속가능한 사회보험 개혁** ❶ 국민연금 제도 개혁 ❷ 고용보험의 합리적 운영 ❸ 건강보험·장기요양보험 운용체계 개혁 **8 사회보장제도 통합 관리** ❶ 사회보장제도 통합관리 체계 구축 ❷ 제도 全주기 관리 강화 ❸ 중앙·지방 협력적 역할 분담 **9 기술 기반 서비스 행정체계 도입** ❶ 체감도 높은 스마트 서비스 개발·확산 ❷ 스마트 서비스 활성화 인프라 구축 ❸ 사회보장 형성체계 고도화

출처: 관계부처합동(2023. 12. 19.). 제3차 사회보장 기본계획(2024-2028), p. 9.

읽을 거리 제3차 사회보장 기본계획(2024-2028) 사회보장정책 성과지표(안)

목적

국민 삶의 질 향상, 사회통합 증진

삶의 만족도: 6.5점('22) → **7.0점('28)**

* 통계청, 국민 삶의 질 조사, 현재 삶에 어느 정도 만족하는지 응답(10점 척도)

1 약자부터 두터운 복지

누구도 소외되지 않는 약자복지

상대빈곤율: 15.1%('21) → **11.3점('28)**

* 통계청, 가계금융복지조사, 전체 가구 중 중위소득 50% 이하 비율

〈세부지표〉

지표	기준		목표
소득 5분위 배율(배)	6.0('21)	→	5.5('28)
사회적 고립도(%)	23.8('21)	→	18.8('28)

2 전생애 사회복지서비스 고도화

누구나 누리는 양질의 사회서비스

사회서비스 이용률: 33.1%('21) → **40.0%('28)**

* 복지부, 사회서비스 수요 실태조사, 응답한 가구 중 실제 사회서비스를 이용한 가구 비율

〈세부지표〉

지표	기준		목표
인구 천 명당 사회서비스 종사자 수(명)	45.6('21)	→	55.0('28)
장기요양 재가수급자 비율(%)	8.1('21)	→	10.2('28)
건강수명(세)	70.9('22)	→	73.3('28)

3 사회보장체계 혁신

다음 세대와 상생하는 사회보장

복지국가 체감률: 53.6%('21) → **56.1%('28)**

* 복지부, 사회보장 인식조사, 우리나라가 복지국가인 것에 동의하는 비율

〈세부지표〉

지표	기준		목표
정부신뢰도(%)	48.4('22)	→	51.5('28)
온라인 공공서비스 이용률(%)	37.5('22)	→	40.0('28)

출처: 관계부처합동(2023. 12. 19.). 제3차 사회보장 기본계획(2024-2028), p. 10.

논의거리

1. '사회복지'와 '사회복지정책'은 개념상 어떤 차이가 나타나는지 생각해 봅시다.
2. 한국사회에서 '사회안전망'이라는 용어가 확대되는 시대적 배경이 된 때는 언제인가요?
3. 한국의 사회복지정책에서 주거보장정책은 국가의 역할이 어느 정도인지 알아봅시다.

Quiz

1. 사회생활을 영위해 나가는 데 필요한 인간의 기본적 (   )를 충족시키거나 사회문제를 해결하기 위한 국가의 조직적인 활동을 사회복지정책이라 한다.

2. 공공부조제도는 (① 잔여적, ② 제도적) 개념에 보다 가깝다고 할 수 있다.

3. 사회복지정책이 노동정책으로서의 특징을 지니면서 최초로 사회보험제도를 도입한 국가는 (   )이다.

4. 사회복지정책의 대상자에서 협의의 영역에서는 주로 생활이 어려운 계층을 주요 대상으로 하지만, 광의의 영역에서는 (① 사회적 취약계층, ② 전체 시민)을 그 대상으로 한다.

5. 다음 중 상대적으로 협의의 사회복지정책의 영역에는 포함된다고 보기 어려운 제도는?
   ① 국민연금제도　② 의료급여제도　③ 국민기초생활보장제도
   ④ 최저임금제도　⑤ 아동복지제도

6. 저소득층의 세금부담을 경감시켜 주는 동시에 근로소득이 일정 수준 이하인 가구에 대하여 현금급여를 제공할 수 있는 제도는 (① 근로장려금제도, ② 에너지바우처제도, ③ 최저임금제도)이다.

7. (   )은 모든 국민을 실업, 빈곤, 노령 등의 사회적 위험으로부터 보호하고 적극적 노동정책을 포함하는 용어로 IMF 이후 많이 사용되고 있다.

Chapter 02

사회복지정책의 역사

학습목표

1. 사회복지정책의 주요 역사적 흐름을 이해할 수 있다.
2. 현대 사회의 복지정책의 재편을 비교할 수 있다.
3. 한국사회의 복지정책의 변화를 예측할 수 있다.

1 자본주의 전개와 사회복지정책의 형성

전통적 농경사회 중심의 사회에서는 개인의 욕구 충족을 주로 가족과 지역공동체 내에서 해결하였다. 그러나 농경사회에서 서서히 상업과 공업 중심의 산업사회로 전환되어 가면서 새로운 사회문제가 나타나기 시작하였다. 특히 일자리를 찾아 도시로 나온 사람들은 장시간의 노동에도 임금이 낮아 생활이 어려웠다. 또한, 부의 축적이 일부 계층에게만 집중되면서 경제적 불평등이 확대되고, 이전 농경사회에서는 문제가 되지 않았던 실업이나 산업재해로 인한 노동력 상실과 같은 새로운 사회적 위험(social risk)이 나타났다.

사회복지정책은 산업화와 자본주의 발달, 그리고 정치·사회적 변동에 따라 나타난 새로운 사회문제를 해결하기 위해 형성되고 발전한 것이라 할 수 있다. 즉, 사회복지정책은 자본주의 사회에서 새로운 사회문제가 나타나고 그에 대한 대응으로 발전해 온 정책 영역인 것이다.

2 빈민법 시대

1) 엘리자베스 빈민법(1601)

「엘리자베스 빈민법(Elizabethan Poor Law)」은 빈민구제를 최초로 정부가 책임진 법이라고 할 수 있다. 이 빈민법은 노동능력의 유무에 따라 빈민을 구분하였는데, 노동능력이 있는 빈민은 구제 가치가 없는 빈민으로, 교정원이나 작업장에서 강제로 노동을 하게 하였고 이들에 대한 자선을 금지하였으며 이주도 제한하였다. 노동능력이 없는 빈민은 구제 가치가 있는 빈민으로, 구빈원이나 자선원에 수용되어 보호를 받도록 하였고 가족이 있을 경우에는 구제의 대상에서 제외되었다. 또한, 부모의 양육을 받을 수 없는 빈곤아동은 시민에게 무료 위탁보호를 시키거나 유료로 위탁할 경우에는 도제(apprentice)제도를 활용하도록 하면서 보호하였다.

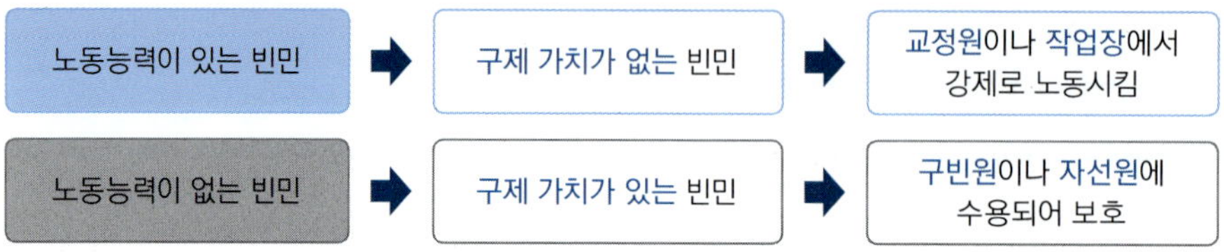

그림 2-1 노동능력의 유무에 따라 빈민을 구분

「엘리자베스 빈민법」은 빈곤 문제에 대해 국가책임을 인정한 측면이 있지만, 빈민을 억압하고 통제·관리를 위한 제도의 측면이 있다(Rimlinger, 1997, pp. 38-39). 그럼에도 불구하고 「엘리자베스 빈민법」은 오늘날 공공부조정책의 효시로 볼 수 있다는 점에서 사회복지정책의 흐름에서는 중요한 의미를 가진다.

2) 길버트법(1782)

「길버트법(Gilbert's Act)」은 작업장에서 나타난 빈민의 비참한 생활과 착취를 개선할 목적으로 제정되었다. 「길버트법」은 노동능력이 있는 빈민이라도 자신의 집에서 공공부조를 받을 수 있는 원외구제(outdoor relief) 제도를 인정함으로써 시설 외 구제방식을 적극 채용하였다(감정기 외, 2002, pp. 136-137). 이에 「길버트법」은 「엘리자베스 빈민법」보다는 인도주의적인 빈민제도를 실시한 법이라는 평가를 받으면서 거택보호제도의 효시가 되었다.

3) 스핀햄랜드 제도(1795)

「스핀햄랜드 제도(Speenhamland system)」는 구빈세 재정으로 저임금을 보충해 주려는 제도로서 출발하였다. 버크셔 교구의 스핀햄랜드에서 식품의 가격과 자녀의 수에 따라 등급화하여 저임금을 보충해 주기로 결정한 것이 계기가 되어 붙여졌다(감정기 외, 2002, pp. 137-138).

「스핀햄랜드 제도」는 물가 수준과 가족 수에 비해 일정 수준 이하의 모든 저임금 노동자에게 공공재원으로 임금보조금을 지급하였다는 점에서 의미가 있지만, 이 제도로 인해 노동자의 노동 동기가 저하되고 고용주에게는 저임금 고용을 장기화하는 결과를 초래하였다(Rimlinger, 1997, p. 44).

4) 신빈민법(1834)

「신빈민법(New Poor Law)」은 구빈비용의 절감을 위해 노동이 가능한 빈민은 원외구호를 금지(작업장 활용의 원칙)하고, 교구 단위의 구호 행정을 통일(균일처우의 원칙)하며, 구빈 수혜자의 생활조건은 최하급 노동자의 생활조건보다 높지 않도록 처우(열등처우의 원칙)하는 등의 내용을 담고 있다.

「신빈민법」은 빈곤구제의 책임이 국가에 있다고 인정하지만 근본적으로는 빈곤의 원인을 주로 개인적인 차원으로 접근하였기 때문에, 보다 통제적이고 억압적인 빈민법이었다고 할 수 있다.

3 사회보험 시대

1) 공제조합

17세기부터 자생적인 공제조합이 나타나기 시작하였다. 공제조합은 조합원 상호 간의 부조와 복지를 목적으로 하는 것으로, 조합원이 갹출한 일정한 금액을 재원으로 해서 조합원의 노령, 재해, 실업, 질병, 사망 등의 사고를 당했을 경우 급여를 지급하는 활동을 하였다(원석조, 2017). 이러한 공제조합은 이후 사회보험제도의 기원이 된다.

2) 사회조사 활동

19세기 이후 영국에서는 다양한 사회조사가 이루어졌다. 1842년 채드윅(Chadwick)의 『영국 노동인구의 위생상태 보고서』, 1851년 발간된 메이휴(Henry Mayhew)의 인터뷰 자료집인 『런던의 노동자와 런던의 빈민』, 1886년 찰스 부스(Charles Booth)의 런던 빈민 및 노동자 가족 조사, 1890년 구세군 창시자 윌리엄 부스(William Booth)의 『극빈지역 연구』, 1901년 로운트리(Rowntree)의 요크시 빈곤조사 등이 있었다(감정기 외, 2002, pp. 149-152). 이러한 조사들은 통해 빈곤이 단순히 개인의 결함과 같은 도덕적 차원의 문제가 아닌 사회경제적 구조와 관련한 문제로 점차 인식되게 되었다.

3) 독일의 사회보험법

독일의 「사회보험법」은 산업발전이 영국에 비해 지체되었던 후발국 독일에서 사회주의 확산을 막고 노동계급을 포섭하기 위해 당근의 정책으로서 제정되었다. 비스마르크는 질병보험(1883), 재해보험(1884), 노령폐질보험(1889) 등을 제정하여 최초의 사회보험제도를 도입하였다(김영화 외, 2015, pp. 52-53).

이러한 일련의 사회보험정책은 1878년 「사회주의자탄압법」을 제정하여 사회주의운동 세력을 진압하기 위한 채찍으로 활용하고 사회주의운동에 참여하지 않는 노동자를 회유하기 위한 당근정책으로 활용한 측면도 있다.

4) 왕립위원회 구성(1905)과 빈민법 보고서

1905년 발족된 '빈민법과 실업자에 관한 왕립위원회'는 빈곤 및 실업문제를 해결할 방안에 대한 연구를 진행하였다. 이 위원회는 구빈 관련 제도들의 빈민구제 효과와 심각한 산업 불황기의 고용부족 현상으로 나타나는 문제를 해결하기 위한 방안들을 검토하고 보고하는 것이 주된 일이었다(감정기 외, 2002, pp. 145-147).

다수파 보고서는 빈곤의 원인과 책임을 기존 인식의 연장에서 개인적 특성과 연관시켰다. 즉, 만성적 빈곤상태에 놓여 있는 사람들은 빈곤으로부터 벗어나는 것에 대해 회의적인 입장을 가지고 있었다. 그들의 성격상의 결함이 빈곤을 탈출하는 것을 어렵게 만들고 있어서 기존의 작업장을 각 분야별로 전문화한 서비스를 제공하는 시설로 전환하도록 제안하였다.

소수파 보고서는 보다 급진적인 내용으로, 빈곤의 원인을 사회적 요인에서 찾으려 하였기 때문에 기존의 빈민 관련 법률들을 전면 폐지하고 빈곤의 예방이 중심이 되는 정책으로 전환하는 근본적 대응책이 필요하다고 보았다.

다수파와 소수파의 입장의 차이에도 불구하고 몇 가지 공통점으로는 기존 「신빈민법」 제도를 전면 개혁해야 하는 것과 통제적이고 억압적 수단이 강한 「빈민법」 개념을 폐기하여야 한다고 보았다. 작업장의 혼합수용의 폐지, 빈민에 대한 열등처우의 원칙의 부적절함, 빈곤의 예방과 치료를 위한 비용은 공공지출로 충당하는 것이 바람직하다고 보았고, 의료적 지원이 필요한 대상자들에 대한 처우가 개선되어야 함을 제시하였다. 「빈민법 보고서」는 이후 나온 노령연금제도와 실업보험의 도입에 영향을 주었다.

5) 노령연금법(1908)

「노령연금법(Old Age Pension Act)」은 영국에 거주한 지 20년 이상이면서 70세 이상의 빈곤층에게 지원한 무갹출 연금제도이다. 소득에 따라 차등 지원하였고, 전과가 있는 사람은 대상자에서 제외하였다.

6) 국민보험법(1911)

「국민보험법(National Insurance Act)」은 영국의 자유당 정부에서 추진한 사회보험정책이다. 자유당 정부는 국민보험(건강보험+실업보험) 제도를 도입하여 당시의 사회주의에 대한 방파제 역할과 부자와 빈자 사이의 양극화를 막아 주는 역할을 할 수 있다고 보았다. 또한, 「국민보험법」은 질병과 실업 문제를 해결하기 위하여 당사자들이 보험료를 내고 해당되는 상황이 발생했을 때 지원받는 자조의 원리에도 부합한다고 보았다.

표 2-1 주요 사회보장제도의 최초 도입기

주요 제도	첫 번째	두 번째	세 번째
산재보험	독일(1871)	스위스(1881)	오스트리아(1887)
건강보험	독일(1883)	이탈리아(1886)	오스트리아(1888)
연금보험	독일(1889)	덴마크(1891)	프랑스(1895)
실업보험	프랑스(1905)	노르웨이(1906)	덴마크(1907)
가족수당	오스트리아(1921)	뉴질랜드(1926)	벨기에(1930)

* 최초 도입기에는 임의적 사회보험제도가 도입된 시기를 포함함

출처: Pierson, C. (2007). 전환기의 복지국가(현외성·강욱모 옮김), p. 152 재구성.

7) 미국의 사회보장법(1935)

1920년대 말에 나타난 경제공황으로 인해 자유주의적 성향이 강한 미국에서 국가의 적극적인 개입이 필요하게 되었다. 그에 따라 국가의 책임을 강화하는 사회보장 입법들이 나타났다.

대공황으로 인한 실업과 빈곤이 큰 사회문제로 등장하자 개인주의적 전통이 강함에도 불구하고 루스벨트(Roosevelt) 대통령은 경제공황을 극복하기 위해 일자리를 지원하는 강력한 경제회복정책인 뉴딜정책을 시행하였고, 그 일환으로 「사회보장법(Social Security Act)」을 제정하였다(감정기 외, 2002, pp. 202-203).

「사회보장법」은 미국 최초로 연방정부 차원의 복지정책을 담고 있는데, 사회보험, 공공부조, 사회복지서비스 등으로 구성하였다. 연방정부가 관리하는 연금보험, 주 정부가 관리하고 연방정부가 재정을 보조하는 실업보험, 주 정부가 관리하고 연방정부가 재정을 지원하는 공공부조와 사회복지서비스로 역할을 분담하여 운영하도록 하였다.

8) 영국의 베버리지 보고서(1942)

1941년 제2차 세계대전이 진행되는 과정에서 영국의 사회서비스에 대한 개혁을 실시하기 위해 '사회보험과 관련 서비스에 관한 위원회'가 구성된다. 이 위원회에 베버리지(William Beveridge)가 위원장으로 임명되면서 기존의 복지프로그램을 전면 검토하여 새로운 포괄적이고 통합적인 사회보험 시스템을 설계하는 제안을 1942년 발표하게 되는데, 이를 『베버리지 보고서(사회보험과 관련 서비스: Social insurance and allied services)』라 한다. 베버리지는 당시 영국 사회가 발전하기 위해서는 해결해야 할 문제를 크게 다섯 가지로 나누었는데, 이른바 5대 사회악(five giants)이라 일컬어지는 결핍(want), 질병(disease), 무지(ignorance), 불결(squalor), 나태(idleness)로 규정하고 이를 해결하기 위한 종합적인 사회정책이 필요하다고 보았다(감정기 외, 2002, pp. 212-214). 이러한 5대 악 중에서 특히 결핍에 대한 대응책으로서 사회보장 프로그램을 제시하였다. 이러한 사회보장 프로그램의 성공을 위해 아동수당, 포괄적 의료 및 재활 서비스, 완전고용 세 가지 전제가 필요하다고 보았다.

표 2-2 베버리지의 '5대 악'과 현대의 복지 기둥들

5대 악	핵심 쟁점	복지 기둥
결핍(궁핍)	불충분한 수입	사회보장(소득보장)
질병	보건의료에 대한 제한된 접근	보건의료
무지	부적합한 교육 기회	교육
불결	열악한 주거	주거
나태	불충분한 일할 기회	고용

출처: Hudson et al. (2010). 복지국가를 향한 짧은 안내서(김보영 옮김), p. 33.

베버리지 보고서의 핵심 이념은 보편주의(universalism)와 국민최저선(national minimum) 보장이다. 보편주의는 모든 시민을 포함하고 동일한 급여를 제공하여 빈민에 대한 낙인을 없애고자 하는 것이고, 국민최저선 보장은 국가가 시민들의 최소한의 삶을 보장하는 것이다.

베버리지 보고서를 근거로 하여 영국은 전후 재건을 위해 1944년 사회보장청을 설치하였으며, 긴 역사를 지녔던 빈민법을 폐지하고, 권리성이 강화된 「국민부조법(1948)」 등을 도입하

면서 영국 사회를 '요람에서 무덤까지'라는 시민의 기본적 삶을 국가가 책임지는 복지국가를 세우는 계기가 되었다.

4 복지국가 시대

두 차례의 세계대전 이후 복지는 점차 그 이전 시기에 바라보던 자선이나 시혜가 아니라 하나의 시민의 권리로 인정되기 시작하였다. 국가의 역할에서 사회복지정책이 확대되기 시작하면서 복지제도가 포괄적으로 발전하고, 대상자도 전 국민으로 확대되기 시작하였다.

1) 가족수당법(1945)

「가족수당법(Family Allowances Act)」은 15세 미만의 부양아동이나 재학 중인 15~18세의 아동, 15세 이상의 근로하지 않는 아동이 있는 경우 가족수당과 아동소득공제를 제공하는 법이다. 이 정책은 제2차 세계대전 중에 나온 베버리지 보고서의 주요 내용을 구체화한 정책 중 하나라고 할 수 있다.

2) 국민보건서비스법(1946)

「국민보건서비스법(National Health Service Act)」은 병원을 국영화하고 의료서비스를 무료로 제공하도록 하였다. 재원의 대부분을 조세로 조달하고 의료공급체계를 국가 책임하에 조직화하여 전 국민이 혜택을 받을 수 있도록 하였다. 「국민보건서비스법」도 베버리지 보고서의 내용을 기반으로 하여 전 국민이 의료서비스를 무상으로 받을 수 있도록 함으로써 의료의 사회화를 이룩하였다는 데 의미가 있다.

3) 국민부조법(1948)

「국민부조법(National Assistance Act)」이 제정되면서 「빈민법」은 실질적으로 폐지되었다. 이

법은 '국민최저선은 국가가 책임진다.'는 이념에 기초한 법으로, 통제적인 성격을 지녔던 「빈민법」보다 사회권의 권리가 강화된 진일보한 공공부조법이라는 점에서 의미가 있다.

사회복지정책의 주요 단계를 3단계로 구분하여 보면, 첫 번째는 「빈민법」 시대이다. 「빈민법」은 유럽 절대왕정시대의 국가정책으로, 주로 대상자는 걸인과 부랑자 및 구제 가치가 있는 빈민(노동능력이 없는 사람)에 대한 최소한의 생존을 위해 국가가 지원하는 공공부조제도가 중심이 되었다(원석조, 2017, pp. 127-129).

두 번째 단계는 사회보험 시대로, 1880년대 독일의 비스마르크 사회입법을 시작으로 주로 일하고 있는 노동자계급이 그 대상이고, 새로운 산업사회로 전환하면서 노동자들이 부딪힐 수 있는 실업과 노령, 산재 등과 같은 사회적 위험으로 일의 중단에 따른 소득 중단을 지원하는 정책과 연결된다.

세 번째 단계는 복지국가 시대로, 영국의 베버리지 보고서를 기반으로 2차 세계대전이 끝나고 새로운 시민의 삶에서 기본적 욕구를 국가가 일정한 수준을 책임지는 시스템을 구축하게 되는데, 그것을 복지국가라고 불렀다.

표 2-3 사회복지정책의 주요 단계 비교

구분	빈민법 시대	사회보험시대	복지국가 시대
대상자	걸인, 부랑자, 구제 가치가 있는 빈민	노동자 계급	시민, 개인
복지 주체	국가, 교회, 봉건 영주	국가, 노동조합	국가, 시민단체
대상 욕구	최소한의 생존	산업화·도시화로 인한 사회적 위험에 대한 최소한의 지원	국민최저 이상, 직업보장(완전고용)과 복지와의 관련성 중시
주요 제도	시설 및 거택보호, 공공부조	사회보험, 공중보건·교육·주택 복지의 시작	확대된 사회보장, 시장을 보완하기 위한 사회정책 확대
권리 수준	무(無) 권리, 정책 당국의 재량	사회보험에 입각한 권리(구입한 권리)	시민권
경제와의 관계	주변적, 사회문제를 경제와 무관한 것으로 인식	경제에 종속, 잔여적 복지정책	경제와 거의 대등한 파트너 관계

출처: 원석조(2017). 사회복지정책론, p. 128.

4) 복지국가 황금시대

2차 세계대전 이후 사회복지정책을 발전시켜 왔던 영국, 독일(서독), 미국 등 주요 OECD 국가들은 1970년대 초반까지 유례없는 호황으로 경제적 도약을 이루었고, 이를 보통 복지국가 황금시대(golden age)라고 부른다.

주요 OECD 국가의 연평균 경제성장률을 보면 1960~1973년도 제1차 오일쇼크가 오기 전까지는 평균 5.5%의 높은 경제성장을 하였고, 그 시기에 사회적 지출(복지 지출)은 1960년의 평균 12.3%에서 1975년 21.9%로 크게 증가하였음을 알 수 있다. 2차 세계대전 이후 30여 년간 경제성장을 기반으로 주요 국가들이 지속적으로 복지 지출을 증대시키면서 복지국가로 불리는 시대를 맞이하게 된 것이다.

표 2-4 주요 OECD(G7) 국가의 경제성장률과 사회적 지출 추이

구분	연평균 GNP 성장률(%)			사회적 지출(GDP 대비 %)	
	1950~1960	1960~1973	1973~1981	1960	1975
캐나다	4.0	5.6	2.8	11.2	20.1
프랑스	4.5	5.6	2.6	14.4	26.3
독일(서독)	7.8	4.5	2.0	17.1	27.8
이탈리아	5.8	5.2	2.4	13.7	20.6
일본	10.9	10.4	3.6	7.6	13.7
영국	2.3	3.1	0.5	12.4	19.6
미국	3.3	4.2	2.3	9.9	18.7
평균	4.4	5.5	2.3	12.3	21.9

출처: Pierson, C. (2007). 전환기의 복지국가(현외성·강욱모 옮김), pp. 174-175 재구성.

5 복지국가 재편 시대

1) 1970년대 이후 주요 흐름

1970년대 2차례의 오일쇼크 등으로 인해 세계경제가 침체되기 시작하면서 각 국가들의 새로운 대응들이 나타나게 되고, 복지국가가 재편되기 시작하였다.

경제성장률이 떨어지기 시작하고 물가상승률은 높아지면서 실업률이 상승하였다. 이러한 경제위기에 따라 기존 사민주의 정치세력에 대한 국민들의 반감이 커지면서 보다 오른쪽으로 선회하는 우파정부들이 집권하게 되었다(윤홍식 외, 2019, pp. 78-79). 석유파동 등으로 IMF 구제금융을 받게 된 영국은 1979년 마거릿 대처(Margaret Hilda Thatcher)가 이끄는 보수당이 들어서면서 대대적인 복지 변화를 시행한다. 과도한 국가개입에 따른 부작용을 줄이기 위해 시장에 대한 적극적 규제를 완화하고 노동시장의 유연성을 확대하였다. 세금 인하, 공공부문을 민영화하기 시작하고 복지제도를 축소하기 시작하였다. 즉, 2차 세계대전 이후 비대해진 복지국가를 줄여서 시장의 자유를 확대하면서 '작은 국가'를 지향하게 되는데 이러한 흐름을 '대처리즘(Thatcherism)'[5]이라고 한다. 대처정부는 국가의 부채를 줄이기 위해 복지 축소와 공공부문 민영화를 주도하였는데, 통신, 가스, 수도, 전력, 철도 등에 대한 민영화 추진과 노동조합에 대한 강력한 대응, 그리고 공공주택, 공공교육의 축소, 기초연금, 실업급여, 공공부조 등 현금급여의 삭감 등을 추진하였다.

미국은 비슷한 시기인 1981년 집권하게 된 공화당 정부인 레이건정부가 들어서면서 대처정부와 유사한 정책방향을 잡게 된다. 시장경제에 대한 규제를 완화하고 정부의 지출을 축소하기 시작하였다.

다음은 주요 복지국가들의 복지 축소의 사례들이다. 자격조건을 강화(퇴직 연령 상향, 소득심

5 대처리즘은 1979년 마거릿 대처가 이끄는 보수당 정부가 추진한 신자유주의 정책의 흐름을 지칭한다. 대처는 2차 세계대전 이후 베버리지 보고서를 기반으로 한 영국 복지국가의 틀을 근본적으로 뒤바꾸는 정책을 추진하였는데, 경제에 대한 국가의 과도한 개입이 경제의 활력을 떨어뜨린다는 논리하에서 자유경쟁의 원리와 시장의 자유를 강화하였다. 또한, 국영기업의 민영화와 각종 규제정책의 완화, 세금 인하 등을 통한 '작은 국가'와 이런 국가정책에 반대하는 집단들을 강하게 억누르기 위한 법과 질서의 강화를 통한 '강한 국가'를 내세웠다. 복지국가 황금시대의 전제가 되었던 완전고용 정책을 폐기하고 노동시장의 유연화를 추진하면서, 복지프로그램에 대한 지출을 줄이거나 지방정부로 이양, 공공이 담당하던 복지서비스의 일부를 민영화하면서 국가의 부담을 줄이려고 하였다.

사 강화 등)하거나 급여기간 또는 급여액을 줄임으로써 복지 지출의 총량을 줄이려고 하였다.

표 2-5 OECD 주요 국가의 급여 삭감

급여 형태	변경 사항	예
노령연금	퇴직 연령을 높임	영국, 뉴질랜드, 이탈리아, 일본
	완전연금 수혜자격 기간의 증가	프랑스, 포르투갈, 아일랜드, 핀란드
	인플레이션에 맞춰 급여를 인상시키는 근거를 낮춤	영국, 프랑스, 스페인
	연금의 소득 심사	오스트리아, 덴마크, 호주
장애	능력 없음에 대한 보다 엄격한 심사	영국, 미국, 네덜란드, 노르웨이
	새로운 기간 제한, 급여 축소	영국, 미국, 네덜란드
실업	급여 기간의 축소	벨기에, 영국, 덴마크, 미국
	급여수준의 감소	독일, 아일랜드, 뉴질랜드, 스위스
	자격 축소	네덜란드, 영국, 벨기에
가족수당	실질 가치를 내리거나 자격을 축소	영국, 스페인, 네덜란드

출처: Pierson, C. (2007). 전환기의 복지국가(현외성·강욱모 옮김), p. 225 재구성.

2) 세계화 시대의 복지 변화

구소련이 해체되면서 냉전의 종식과 함께 전 세계가 연결되기 시작하면서 세계화라는 용어가 1990년대 이후 널리 사용되기 시작하였다. 세계화 과정의 주요 특징을 살펴보면 다음과 같다.

세계화 과정의 주요 흐름들

- 세계 곳곳에 있는 사회 간의 관계가 증대하고 심화하는 상호연결
- 세계 도처에서의 뉴스와 문화적 이미지, 금융자본의 거의 통제 불가능한 흐름
- 다국적 기업(Multinational Companies: MNCs)들의 권력과 활동의 증대
- 많은 국가에서의 불평등 증가에 의해 수반되는 경제성장의 증대
- 형성 중에 있는 지구촌 소비문화
- 더 많은 국가들에서부터 더 많은 국가들로의 보다 많은 사람들에 의한 보다 많은 여행과 이주, 즉 운송수단과 전자의사소통이 더 빨라짐으로써 시간과 공간이 점점 압축되고 있음
- 세계에서 어떤 사건들이 발생하고 있으며, 자국에 어떤 영향을 미칠 것인지에 대한 대중들의 더 많은 관심
- 국민-국가의 활동들을 보충·대체·지원하기 위한 초국가적인 정부기관과 비정부기관의 급격한 성장

출처: George, V., & Wilding, P. (2004). 세계화와 인간복지(김영화 외 옮김). p. 26.

1980년대 영국과 미국으로 대표되는 신자유주의적 흐름이 강했다면 1990년 이후에는 다시 중도좌파정부가 집권하게 되면서 우파정부들이 과도하게 추진한 민영화, 탈규제, 복지 축소의 기조들에서 변화가 나타났다.

영국은 '제3의 길'이라는 노선을 지향하는 토니 블레어(Tony Blair)가 이끄는 새로운 노동당 정부가 1997년 들어서면서 이전과는 다른 정책 방향으로 조정되기 시작하였다. 기존의 사민주의(사회민주주의)와 신자유주의 사이에서 '새로운 중도'를 모색하면서 '비효율적인 사민주의 복지정책'과 '야만적인 신자유주의 정책'도 아닌 제3의 정책노선을 추구하였다(윤홍식 외, 2019, p. 80-81).

표 2-6 사민주의, 신자유주의, 제3의 길 비교

사회민주주의(구좌파)	신자유주의	제3의 길
사회적·경제적 생활에서 평범한 국가 개입	최소한의 정부	급진적 중도
시민사회에 대한 국가 지배	자율적 시민사회	새로운 민주국가 (적이 없는 국가)
집산주의(collectivism)	시장 근본주의	활발한 시민사회

사회민주주의(구좌파)	신자유주의	제3의 길
케인스주의적 수요관리와 코포라티즘	도덕적 권위주의와 강한 정치적 개인주의	민주적 가족
시장의 제한적 역할: 혼합적 또는 사회적 경제	다른 시장과 마찬가지로 노동시장 개방	신혼합경제
완전고용	전통적 민족주의	통합으로서의 평등
강한 평등주의	불평등의 수용	적극적 복지
시민을 '요람에서 무덤까지' 보호하는 포괄적 복지국가	안전망으로서의 복지국가	사회투자국가
단선적 근대화	단선적 근대화	세계주의적 민족
생태계에 대한 낮은 수준의 의식	생태계에 대한 낮은 수준의 의식	세계적 민주주의

출처: 현외성(2016). 사회복지정책강론, p. 462 재구성.

미국의 클린턴 민주당 정부, 독일 슈뢰더 총리의 사민당 정부도 변화된 시대에서 이전 시기와는 다른 새로운 방향의 정책들로 전환하였다. 복지국가 황금시대처럼 안정적인 경제성장의 시대가 아니기 때문에 사회정책에서도 국가의 역할뿐만 아니라 민간의 역할도 강조하는 복지혼합(welfare mix) 혹은 복지다원주의(welfare pluralism)를 강조하고 있다. 복지혼합은 복잡해진 세계 속에서 국가만이 개별국가의 복지 주체의 중심이 되기가 점차 어려워지고 있기 때문에 국가복지뿐만 아니라 시장부문, 시민단체, 사회적 경제, 제3섹터 등으로 불리는 자원복지(voluntary welfare) 부문, 가족과 친구, 이웃 등이 지원과 같은 비공식복지(informal welfare) 부문 등이 중요한 요소로 구성된다(Powell et al., 2011, pp. 31-33).

또한, 사회권(복지권)의 보장도 중요하지만 80년대 이후부터 복지제공의 전제조건으로 노동할 것을 요구하는 노동연계복지(workfare, 복지수급권+노동의 의무참여)가 확대되었고, '복지에서 노동으로' 전환하는 적극적 복지를 강조하였다. 이는 성장과 복지의 동시 추구, 복지국가를 넘어 생산적 복지라는 개념과 연계된 사회투자국가로 나아가는 일련의 흐름이 나타난다.

21세기에 와서는 자본주의의 세계화, 복잡하고 불안해진 시장체제, 노동빈곤층의 증가, 불평등의 확대, 핵가족화, 인구고령화 등 사회경제적 환경의 변화로 인해 사회(복지)정책도 변화가 불가피하게 된 것이다.

표 2-7 변화를 압박하는 사회·경제적 압력: 네 가지 영향

구분	내용
인구학적 변화	• 저출산·고령화 • 이혼의 증가, 다양한 가족 형태의 증가
경제의 지구화	• 생산비용이 낮은 곳으로의 자본의 이동 • 임금이 높은 곳으로의 노동의 이동
예상치 못한 영향	• 노동동기 저하 • 의존성의 덫(빈곤함정)
자본주의에 대한 신뢰	• 시장경제에 대한 신뢰의 증가 • 민영화

출처: Gilbert, N., & Terrell, P. (2020). 사회복지정책론: 분석틀과 선택의 차원(남찬섭 외 옮김), p. 468.

이러한 제3의 길이라는 새로운 변화를 국가 모델로 연결한 것이 사회투자국가이다. 이러한 사회투자국가가 제기된 사회경제적 배경으로는, 첫째, 고용구조의 변화로 인한 비경제활동인구의 증대와 일자리 양극화, 둘째, 가족구조의 변화와 가족구성원의 역할 변화(특히 한부모가구의 증가와 빈곤화), 셋째, 인구고령화로 인한 재정적 지속 가능성의 문제와 노인빈곤의 문제 등이 거론되면서 전통적 복지국가 시대와 구분되는 사회투자국가론이 나타나게 되었다. 사회투자국가는 개인과 공동체의 균형을 중요시하면서 사회투자의 핵심은 인적 자본 및 사회적 자본에 투자하는 것이다. 인적 자본은 아동에 대한 투자를 강조하고, 사회적 자본은 좋은 인적 자본을 창출하는 사회적 맥락과 경제활동의 포괄적 기반으로서 중요함을 가진다. 또한, 사회투자국가는 시민권의 권리와 의무의 균형을 강조하고, 경제적 기회의 제공, 복지 제공이 국가의 의무라면, 노동을 통한 기본적 삶의 책임도 시민의 의무라고 본다.

사회투자국가에서 여섯 가지 복지전략 및 원칙은 다음과 같다(임채원, 2007, p. 61).

첫째, 빈곤으로부터 자유는 사회정의의 토대이다. 그리고 빈곤에서 벗어나는 최선의 길은 공정한 임금의 좋은 일자리이다.

둘째, 국가는 경제성장과 공정한 부의 분배를 지원해야 한다. 좋은 사회정책이 효과적 경제정책을 낳는다.

셋째, 불안정은 주기적 실업과 가족구조의 변화와 같은 위험에서 오고, 안정은 재취업과 같

은 변화 관리의 능력에서 온다. 새로운 시대의 복지국가에서는 사람들이 필요한 사회·경제적 변화를 모색하는데, 교육훈련과 같은 서비스는 현금과 같은 복지급여만큼이나 중요하다.

넷째, 가족은 현대 사회에서도 필수불가결한 사회제도이다. 아동양육, 가족 간병, 노인부양 등의 무급노동은 직장에서 유급노동자가 받는 임금만큼 국가로부터 지원을 받아야 한다.

다섯째, 사회(복지)정책은 개인과 가족의 자율성과 선택을 촉진하기 위해 필요하다.

여섯째, 사람들의 생애주기와 삶의 형태의 변화에 따라 국가의 역할도 재설계되어야 한다.

표 2-8 국가 운영 모델 비교

구분		박정희 체제	사민주의	신자유주의	사회투자국가
가치		국가, 국부	평등, 연대	자유, 개인	사회정의(개인+공동체)
국가 모델		발전국가	복지국가	최소정부(작은 정부)	사회투자국가(제3의 길)
경제	이론	국가주도형 케인스 경제학	전통적 케인스 경제학	신고전파 경제학 통화주의	신케인스주의
	전략	불균형 성장론	-	자유방임주의	혼합경제
국제경제		소규모 개방경제	국민경제론	개방화	세계화

출처: 임채원(2007). 사회투자국가, p. 18 재구성.

21세기를 살아가는 시대에 복지국가는 다음과 같이 몇 가지 변화에 직면해 있다(Garland, 2022, pp. 191-207). 20세기와는 다른 세계경제의 변화, 경제적·사회적 관계의 통합을 의미하는 지구화(globalization)의 촉진과 새로운 서비스산업, IT 기반 산업 등의 확장, 고령화의 인구문제, 젠더와 다양한 유형의 가족의 확장, 노동시장의 이중화와 불안전성의 증대와 같은 새로운 사회의 위험이 커지고 있다. 새로운 시대에 사회복지정책도 국가들마다 다양하게 변화되고 조정되고 있다.

Point

한국 복지체제와 사회복지정책 시기 구분

시기		사회복지정책의 특성
전근대적 분배체계와 자본주의 복지체제로의 이행기	조선 후기 18세기~1910년	• 환곡을 중심으로 국가적 분배제도의 성장과 해체 • 정치경제적 변화에 조응하지 못하는 소농 중심의 분배체계
	일제강점기 1910~1945년	• 자본주의 분배제도로서 사적 소유권 확립 • 지주 중심의 세금정책과 전근대적 구휼제도
원조 복지체제	미군 점령시기 1945~1948년	• 자본주의 분배체계의 형성 • 외국 원조에 기초한 전근대적 구휼제도의 지속
	이승만 권위주의 정부 시기 1948~1961년	• 자본주의 분배체계의 확립 • 사회보장제도에 대한 논의와 공무원 연금제도 도입 • 원조에 의한 복지서비스 지원
개발국가 복지체제	박정희·전두환 권위주의 정부 시기 1961~1987년	• 경제성장과 낮은 세금을 통한 사적 자산축적이 국가복지를 대신하는 복지체제 확립 • 전두환 정부의 안정화 조치로 인한 공적 재원의 체계적 축소
	민주화 이후 보수 정부 (노태우·김영삼 정부) 1987~1997년	• 성장을 통한 불평등과 빈곤을 완화하는 개발국가 복지체제의 약화 • 노동과 숙련을 배제한 성장체제의 지속으로 공적 사회보장의 이중구조화 형성 • 건강보험 통합 논쟁을 계기로 한 복지정책의 태동
복지국가 복지체제 이행기	자유주의 정부 (김대중·노무현 정부) 1998~2007년	• 전통적 복지제도(사회보험과 공공부조)의 도입과 확대 • 공적 영역에서 한국 복지체제의 역진적 선별성 강화 • 민간 중심의 사회서비스 확장
	자유주의 신개발국가 (이명박·박근혜 정부) 2008~2016년	• 성장을 통한 분배를 실현하기 위해 개발국가 복지체제의 복원 시도와 실패 • 사회보험 중심과 민간 중심의 사회서비스를 확대하는 측면에서 자유주의 정부의 복지정책 계승 • 공공복지의 '확장성 제약'의 제도화

출처: 윤홍식 외(2019). 사회복지정책론, p. 88.

논의거리

1. 영국의 스핀햄랜드법에서 물가와 아동 수를 고려한 정책의 의미에 대해 논의해 봅시다.
2. 신빈민법의 열등처우의 원칙은 우리의 공공부조정책에 어떻게 연결되는지 논의해 봅시다.
3. 현대 복지정책에서의 '노동연계복지(workfare)'가 활성화되는 이유는 무엇일까요?

Quiz

1. 국가가 처음으로 빈곤에 대한 책임을 인정한 법은 영국의 「(　　　　　) 빈민법」이다.
2. 「신빈민법」에서 (　　　　)원칙은 국가의 원조를 받는 사람은 최저임금을 받는 사람보다 낮은 급여를 받아야 한다는 원칙이다.
3. 비스마르크 사회입법 중 세계 최초로 제정된 사회보험은 1883년 (　　　　)법이다.
4. 루스벨트 사회보장법은 (　　　　), 공공부조, 사회복지서비스로 구성되어 있다.
5. (　　　　) 보고서는 2차 세계대전 중에 영국을 재건하기 위한 종합계획을 담고 있다.
6. 복지제공의 전제조건으로 노동할 것을 요구하는 것을 (　　　　　　)라 한다.
7. 비스마르크 사회보험의 성격에 대한 설명으로 적합한 것은?

   > 가. 제도적 빈곤예방책으로 응급적 구빈법과는 차이가 있다.
   > 나. 자선의 측면보다는 사회적·권리적 측면이 나타났다.
   > 다. 사회적 위험에 대한 대비책으로서 소득보장에 중점을 두었다.
   > 라. 주된 사회보험 대상자는 근로능력이 없는 사람들이다.

   ① 가나다　② 가다　③ 나라　④ 라　⑤ 가나다라
8. 1980년대 복지국가의 축소 이유로 적절하지 않은 것은?

   ① 서구 복지국가의 경제성장률 둔화　② 석유파동 이후의 경제 불황
   ③ 정부의 재원 감소　④ 복지수급자의 대폭 감소　⑤ 지속되는 인플레이션

Chapter 03

사회복지정책의 목적과 가치

학습목표

1. 사회복지정책의 목적과 특성을 이해할 수 있다.
2. 사회복지정책의 주요 가치를 비교·설명할 수 있다.
3. 가치선호에 따라 사회복지정책이 달라질 수 있음을 논의할 수 있다.

1 사회복지정책의 목적과 특징

1) 사회복지정책의 목적

사회복지정책은 시민들의 삶에서 사회적 위험에 따른 기본적 욕구(필요)와 사회문제를 해결하기 위한 정부의 활동과 관련된다. 이러한 사회복지정책을 통해 달성해야 할 정책목표가 있고, 구성원들이 지향해야 할 바람직한 방향성과 관련한 가치나 목적이 있다. 국가가 사회복지정책을 통해 지향해야 하는 목적은 다음과 같다.

(1) 인간의 존엄성 보장

국가는 국민(시민)들의 기본적 인권을 확인하고 인간다운 삶을 보장하며 개개인의 성장을 위해 존재함으로써 개개인의 인간 존엄성을 보장해야 한다. 인간의 존엄성이란 한 개인의 인종, 민족, 종교, 연령, 성, 학력, 지역, 사회경제적 신분 등의 차이와 관계없이 그 자체로 존엄한 가치를 지닌 존재라는 것을 의미한다(현외성, 2019, pp. 27-28).

(2) 사회통합의 증진

국가는 사회복지정책을 통해 현대 사회에서 나타나는 다양한 차이와 차별을 극복하고 사회질서를 유지하여 공동체 형성에 기여하여야 한다. 이는 그 사회의 사회적 약자의 삶의 안정화와 기본적 욕구 충족을 지원함으로써 공동체를 유지하고 사회통합으로 나아가는 데 사회복지정책의 역할이 있는 것이다.

(3) 기본 삶의 보장

국가는 자본주의 사회에서 나타나는 빈곤을 해결하고 빈곤층의 기본적인 삶을 보장해야 한다. 사회복지정책을 통해 빈곤층을 포함한 시민들의 삶에 생활보장이 되어야 한다. 국가는 모든 시민의 삶의 전반에 걸쳐 소득과 건강 등의 영역에서 최소한의 기본적인 수준을 보장함으로써 시민들의 기본적 권리를 누릴 수 있도록 지원해야 한다(윤홍식 외, 2019, p. 31).

(4) 재분배를 통한 불평등 완화

국가는 재분배정책을 통해 그 사회의 빈부격차를 줄이고 불평등을 적극적으로 해결하여 계층 간 갈등을 완화하고 사회적 안정을 위해 역할을 해야 한다. 이러한 불평등과 빈부격차는 자본주의체제에서 나타나는 대표적인 어두운 측면으로, 국가가 사회복지정책 등 여러 형태의 정책들을 통해 적극적으로 해결해야 한다.

2) 사회복지정책의 특성

(1) 사회복지정책의 특징

사회복지정책이 가지고 있는 특징에는 어떤 요소들이 있는지 살펴보면 다음과 같다(송근원·김태성, 1995, pp. 23-29; 김태성, 2003, pp. 19-29).

사회복지정책은 사람들의 기본적인 필요(욕구)를 개별적(배타적), 직접적, 비시장적, 공식적인 조직이나 제도, 비영리적 부문을 통해 일방적 이전(transfer)의 방식으로 소비적인 필요부문을 해결하기 위해 존재한다고 할 수 있다.

첫째, 사회복지정책은 사람들의 기본적인 필요(욕구)를 '개별적(배타적)'으로 해결한다. 국민들의 생명과 안전과 관련한 국방정책이나 치안정책은 개별적으로 해결하지 않고 집합적(비배타적)으로 해결하고, 사회복지정책은 사람들의 개별적인 필요에 따라 서로 다르게 해결하는 특징이 있다.

둘째, 사회복지정책은 사람들의 기본적 필요를 '직접적'으로 해결한다. 사회복지정책은 소득이 없는 사람에게는 직접적으로 현금급여를 제공하여 해결하고, 의료서비스가 필요한 사람들에게 직접 의료서비스를 제공함으로써 해결하는 데 집중한다.

셋째, 사회복지정책은 사람들의 기본적 필요를 '비시장적'으로 해결한다. 시민들의 기본적 필요는 자본주의 사회에서는 시장(market)을 통해 일차적으로 해결하는 시스템이라고 할 수 있다. 그러나 시장을 통해 해결할 수 없는 사람들을 위해 이차적 지원(재분배)을 통해 이루어지는 것이 사회복지정책이라고 할 수 있다.

넷째, 사회복지정책은 사람들의 기본적 필요를 '공식적인 조직이나 제도'를 통해 해결한다. 사회복지정책은 기본적으로 공공의 정책을 강조하고 있어서 공식적(formal)으로 조직화된 조직이나 제도를 통해 해결하는 것에 초점을 두고 있다.

다섯째, 사회복지정책은 사람들의 기본적 필요를 '비영리적 부문'에서 해결한다. 사회복지의 주요한 특징 중 하나가 비영리성이다. 영리를 목적으로 하지 않는 비영리 사회복지조직을 통해 시민들의 기본적 필요를 지원하고 있다.

여섯째, 사회복지정책은 사람들의 기본적 필요를 '일방적 이전'의 형태로 해결한다. 일방적 이전이란 재화나 서비스에 대해 제공자가 대가를 바라지 않고 수급자에게 주는 것을 말하는데, 시장은 기본적으로 대가를 지불하고 교환하는 방식에 따라 작동을 하지만 사회복지정책은 대가 없이 일방적 이전의 형태를 띠는 특징을 가지고 있다.

일곱째, 사회복지정책은 사람들의 기본적 필요 가운데 '소비적인 필요'만을 해결한다. 사회복지정책은 기본적 필요의 부족을 지원하는 특징이 있다. 예를 들어, 다양한 소득보장정책을 통해 사회복지 대상자들의 삶에서 소득이 부족한 데 따른 어려움을 지원하여 소비능력을 높여 줌으로써 해결하는 특징을 가지고 있다.

(2) 사회복지정책의 특성

또 다른 측면에서 사회복지정책의 특성을 살펴보면 다음과 같다(현외성, 2016, pp. 39-41).

첫째, 사회복지정책은 변화하는 정책이다. 사회복지정책은 사회변동에 따라 발생하는 사회문제의 내용에 비교적 빠르게 대응하여 나오기 때문이다. 예를 들어, IMF 이후 대량 실업의 문제를 해결하기 위해 고용보험의 적용대상 기업을 단시간에 1인 이상 전체 사업장으로 확대하여 시행하였다.

둘째, 사회복지정책은 가치 개입적 정책이다. 많은 공공정책들이 가치 개입적 특성을 지닌다. 사회복지정책 역시 그 사회의 정치적·경제적·사회적 기반에 따라 달라지고, 다른 정책에 비해서도 상대적으로 가치와 이념에 강한 연관성을 지닌다. 예를 들어, 초장기 아동급식과 관련한 정책에서 모든 초등학생들에게 보편급식을 지원하는 것이 옳은지, 상대적으로 경제적 어려움이 있는 학생에게만 지원하는 것이 옳은지에 관한 논쟁과 아동수당을 상위 10% 부자 자녀에게도 지원하는 것이 옳으냐와 같이 어떤 정책을 실천하더라도 그 사회가 보다 중요하다고 생각하는 가치를 반영할 수밖에 없다.

셋째, 사회복지정책은 희소성의 원칙이 지배하는 정책이다. 사회복지정책은 충족되어야 할 욕구보다 사회적 자원이 적기 때문에 한정된 복지 자원을 어떻게 배분하느냐는 중요하다. 또한 복지예산의 한정된 자원을 동일 대상자에게 중복 지원하는 낭비요소를 줄이는 데도 많은 정책적 고려를 해야 한다.

넷째, 사회복지정책은 이익집단의 힘이 약한 정책이다. 사회복지대상자가 스스로 이익집단으로 활동하는 경우는 다른 영역에 비해 상대적으로 약한 편이다. 빈곤층이나 다문화가족, 노숙인 등은 스스로가 이익집단화되어 공공정책에 영향을 끼치는 정도가 약할 수밖에 없다. 예를 들어, 노숙인복지정책과 노인복지정책 중에서 각각의 정책대상자 중 어느 이익집단의 힘이 강할까?

다섯째, 사회복지정책은 내용포착이 어려운 정책이다. 사회복지정책은 계량화가 다른 공공정책에 비해 상대적으로 어렵다. 사회복지정책을 집행하고 효과성 등을 평가하는 데 있어 상대적으로 어려움이 따른다.

2 가치

가치(value)란 귀중함의 정도 혹은 중요함의 비중을 구분하는 것과 연관된다. 일반적으로 가치는 특정 행동이나 존재양식이 다른 행동이나 존재양식보다 '바람직하다'고 판단하는 것이다(윤홍식 외, 2019, p. 126). 또한 가치는 선(good)이나 바람직하다고 생각하는 삶의 방식이나 기준, 신념이라고도 할 수 있다(오세영, 2021, p. 42). 이러한 가치는 개인과 사회, 시대에 따라 달라질 수는 있다. 즉, 가치는 개인에 따라 또는 개개인이 모인 공동체가 생각하는 가치의 비중이 다르거나 사회경제적 여건에 따라 변화할 수 있다. 이러한 가치를 살펴보는 것은 그 사회가 중요시하는 가치가 사회복지정책의 방향과 내용에 영향을 주기 때문이다. 즉, 그 사회가 어떤 가치를 상대적으로 중요하게 생각하느냐에 따라 정책결정이 달라질 수 있는 것이다.

사회복지정책의 주요한 영향을 끼치는 가치인 평등, 자유, 효율, 사회적 효과성, 사회적 적절성 등을 중심으로 살펴보자.

1) 평등

사회복지정책에서 중요시하는 가치 중 하나는 재분배와 관련한 '평등(equality)'이다. 평등을 단순하게 정의하면 '동등하게 받는 것'을 의미한다. 사회복지정책의 목적 중 하나가 바로 '불평등의 완화', 즉 평등의 가치와 관련된다.

(1) 평등의 유형

평등을 보다 세분화하면 다양하게 나눌 수 있지만 일반적으로 세 가지로 나누어 볼 수 있다(송근원·김태성, 1995, pp. 209-211). 수량적 평등(numerical equality), 비례적 평등(proportional equality), 기회의 평등(equal opportunity)으로 구분해 볼 수 있다.

첫째, 수량적 평등은 모든 사람의 욕구나 능력, 기여의 차이에 관계없이 사회적 자원을 동등하게 분배하는 것으로서, 평등의 개념 가운데 가장 적극적인 개념으로, 결과의 평등(equality of result)이라고도 한다. 수량적 평등은 동등하게 분배하는 것과 관련이 있다. 하지만 현실 사회에서는 부분적인 결과의 평등은 있을 수 있지만 완전한 결과의 평등은 불가능하고 존재할 수 없다고 본다. 그럼에도 수량적 평등은 어느 사회나 불평등이 존재하지만 그 불평등을 완화하려는 국가의 적극적인 노력과 관련된 것이라고 볼 수 있다. 사회복지정책과 관련해서 보면, 정책의 목적 중 불평등 완화라는 목표를 달성하기 위해 빈곤층이나 저소득층에게 능력이나 기여에 상관없이 사회적 자원을 보다 집중적으로 배분함으로써 자원의 소유격차를 줄일 수 있다. 예를 들어, 공공부조제도의 현금급여를 빈곤층에게 집중해서 지원하거나 사회수당이나 기본소득처럼 균등급여를 모든 대상자들에게 지원하는 것이다.

둘째, 비례적 평등은 개인의 욕구, 노력, 능력, 기여에 따라 사회적 자원을 상이하게 배분하는 것과 관련된다. 이러한 비례적 평등은 흔히 공평, 형평으로 불리우기도 한다. 형평(equity)은 공평한 대우(fair treatment)라는 의미를 가지고 있고, 개념 속에 비례적 요소를 포함하고 있다(Gilbert & Terrell, 2020, p. 146). 예를 들어, 두 사람이 똑같은 일을 각각 2시간과 4시간 일했다면 4시간 일한 사람에게 자원을 2배 정도 배분하는 것이 비례적 평등, 형평이라고 본다는 것이다. 수량적 평등의 비현실성을 고려한다면 비례적 평등은 자본주의체제의 기본적 원리하고도 부합해서 널리 사용된다.

사회복지정책과 관련해서 보면, 공적 연금은 보험료에 대한 기여를 많이 한 사람이 연금급여(소득비례 부문)를 비례적으로 많이 받도록 설계되어 있다. 이러한 형태의 배분 방식이 형평의 가치를 반영한 비례적 평등이라고 할 수 있다.

셋째, 기회의 평등은 결과의 평등의 관심보다는 결과를 얻을 수 있는 과정상의 기회만을 똑같이 제공하는 것을 중요시하는 개념이다. 이러한 기회의 평등은 상대적으로 가장 소극적인 개념이 될 수 있고, 과정상의 기회만 평등하다면 그로 인한 결과의 불평등은 무시하여 결과적으로 불평등의 존재를 인정할 수 있다고 본다.

과정상 기회의 평등은 주로 교육이나 일자리와 관련한 영역에서 주로 많이 활용된다. 예를 들어, 도시 학생들에 비해 농어촌 학생들의 부족한 교육기회를 보완하기 위해 농어촌 학생들을 위한 대학특별전형제도를 도입하거나 노동시장에서 상대적으로 불리한 장애인들에게 고용기회를 제공하기 위한 장애인의무고용제도(할당제, quota system)를 도입하는 것과 관련된다.

기회의 평등은 상대적으로 불리한 집단에 특별한 할당제도를 도입해서 기회를 주는 것이라고 할 수 있는데, 이는 긍정적 차별(positive discrimination) 정책과도 관련된다. 긍정적 차별은 특정 집단이 직접차별 혹은 간접차별의 결과로 과거부터 불이익을 받아왔다면 사회는 이 집단에 대한 어떤 특별한 처우를 제공함으로써 그들에게 그동안 가해졌던 불의를 제거해야 할 의무를 져야 한다는 생각에 기초한 것이다(Fitzpatrick, 2013, p. 102). 예를 들어, 대학이나 기업으로 하여금 여성, 흑인, 장애인 등을 특정비율로 받아들이도록 강제할 수 있는 것이다.

(2) 사회복지정책과 평등

평등의 가치를 실현하기 위해 다양한 사회복지정책이 활용되고 있다. 예를 들어, 국민최저선의 보장이라는 정책목표를 통해 국민 모두가 어떤 기준선 이하로 생활수준이 떨어지지 않도록 보장하려는 것이 평등의 가치를 실현하는 것과 관련된다. 또한 사회복지정책의 주요 목적 중 하나가 불평등의 완화인데, 사회복지정책이 대표적인 재분배를 실현하는 정책수단으로 많이 활용된다. 세금은 상대적으로 빈자보다 부자들이 많이 내도록 설계되어 있고, 반대로 사회복지 대상과 관련한 자격은 우선적으로 부자보다는 빈자들에게 집중적으로 지원하는 정책들을 설계함으로써 평등의 가치를 실행하고 있다.

사회(복지)정책과 평등의 유형을 다음과 같이 구분할 수도 있다.

표 3-1 사회정책과 평등

구분	내용
공공지출의 평등	• 특정한 사회서비스를 제공하는 데 소요되는 공공지출은 모든 개인에게 평등하게 할당되어야 한다는 것을 의미 예 국립학교가 규모가 동일하다면 그 학교는 동일한 액수의 공공재정을 지원받아야 함
최종소득의 평등	• 부자로부터 빈자에게로 수직적 재분배를 의미
이용의 평등	• 각자가 이용하는 공공서비스의 양이 평등해야 함을 의미 예 동일한 질병으로 동일하게 아픈 사람은 동일한 의료서비스를 받아야 함
비용의 평등	• 서비스 이용자들은 개인적으로 모두 동일한 비용을 부담해야 함 예 갑은 병원에 가기 위해 유급휴가를 낼 수 있는 반면, 을은 유급휴가를 낼 수 없다면 비용의 불평등이 생김
결과의 평등	• 복지서비스가 그 이용자에게 초래하는 결과가 평등해야 함을 의미

출처: Fitzpatrick, T. (2013). 사회복지사를 위한 정치사회학(남찬섭·김병철 옮김), p. 98 재구성.

2) 자유

자유(freedom, liberty)는 일반적으로 스스로 의지에 따라 결정하고 선택할 수 있는 권리를 말한다. 물론, 자유가 원하는 것을 무엇이든 할 수 있음을 의미하지는 않는다. 타인과의 관계에서 자유의 충돌이 있을 수 있기 때문이다.

(1) 소극적 자유와 적극적 자유

자유는 보통 '소극적 자유(negative freedom)'와 '적극적 자유(positive freedom)'로 구분할 수 있는데, 소극적 자유는 타인의 권력이나 의지로부터 종속되지 않는 상태, 또는 간섭이나 강제가 없는 상태라고 할 수 있다(송근원·김태성, 1995, pp. 267-269). 이러한 소극적 자유는 '~로부터의 자유'를 강조하는 개념으로, 기회(opportunity)의 측면에서 주로 (신)자유주의자들이 상대적으로 강조하는 개념이라고 할 수 있다. 적극적 자유는 자신이 원하는 것을 할 수 있는 자유, 또는 원하는 바를 실현할 수 있는 상태라고 할 수 있다. 이러한 적극적 자유는 '~를 할 자유'를 강조하는 개념으로, 능력(capacity)의 측면에서 주로 사회민주주의자들이 상대적으로 강조하는 개념이라고 할 수 있다.

소극적 자유는 강제가 주어지지 않을 때 경험하는 자유로, 어떤 조그만 공간에 한 개인을 가두었다고 하면 그것이 합법적이든(교정시설의 공간) 비합법적이든 개인의 자유를 빼앗는 것인데 이때 빼앗긴 자유는 소극적 의미의 자유라고 할 수 있다(Fitzpatrick, 2013, pp. 139-141). 적극적 자유는 스스로 바람직하다고 생각하는 어떤 목적이나 활동을 추구할 능력을 가지고 있을 때 경험하는 자유로, 예를 들어 자동차를 살 능력과 자원이 없다면 이동의 자유는 자동차를 소유한 사람보다 작게 된다.

(2) 사회복지정책과 자유

사회복지정책은 자유라는 가치와 연관성이 있고, 자유를 제한할 수도 있고 증진시킬 수도 있다(송근원·김태성, 1995, pp. 272-276). 사회복지정책을 수행하기 위해서는 정부재정이 필요한데 이를 목적으로 국민들에게 여러 유형의 세금을 부과하는 것이 한편으로는 국민들의 재산권이라는 자유를 침해하는 것이기도 하다. 이러한 사유재산권, 소유권의 침해는 국민 개개인의 소극적 자유를 침해하는 것이기도 한 것이다. 반면, 사회복지정책이라는 공공 수단을 통해 그 사회의 사회적 약자들에게 자원을 제공하고 능력을 향상하도록 지원하는 것은 적극적 자유를 증진시키는 것이기도 하다. 공공부조정책을 운용하기 위해 세금으로 국민에게 납세의 의무를 부과하는 것은 소극적 자유가 침해되는 것이지만, 공공부조정책으로 생활의 어려움으로부터 생활의 자유를 확보하고 노동능력이 있는 대상자들에게 자활, 자립으로 지원하는 프로그램들을 통해 적극적 자유가 확대된다는 것이다.

또한 사회복지정책에서 제공되는 급여의 형태에 따라 선택의 자유가 제한될 수 있고 보장될 수도 있다. 예를 들어, 현금과 현물 중 어느 급여 형태로 사회복지 대상자에게 제공하였을 때 그 대상자의 선택의 자유가 상대적으로 보장되거나 제한될 수 있는 것이다. 일반적으로 현물(물품)보다는 현금의 급여 형태가 사회복지 대상자의 선택권의 자유를 보장한다고 할 수 있다.

사회복지정책은 사람들의 기본적 욕구를 해결함으로써 (적극적) 자유를 넓히기도 하지만 사회복지정책에 의존하게 함으로써 자유를 제한하기도 한다. 예를 들어, 노동능력이 있는 사람이 스스로 일을 통해 빈곤으로부터 벗어나려 하기보다는 사회복지급여에 의존하여 생활을 지속함으로써 결국 빈곤의 울타리를 벗어나지 않고 정체되어 버리는 현상을 빈곤함정(poverty trap)이라 하는데, 이는 스스로의 자율성, 자유를 제한하는 것과 같다. 이러한 빈곤함정에 빠지지 않도록 노동능력이 있는 대상자들에게는 무한정 복지급여을 주기보다는 궁극적으로는 자립, 자활로 연계하여 스스로 삶의 책임을 질 수 있도록 연계하는 노동연계복지와 같은 제도들이 확대되고 있다.

3) 효율

효율(efficiency)은 최소한의 자원을 투입하여 최대한의 결과(목표)를 얻는 것을 의미한다. 현대 사회에서 효율을 중요한 가치기준의 하나로 활용하는 것은 정부가 사용할 수 있는 자원이 한정되어 있기 때문이고, 사회복지정책에서도 효율이 중요하기 때문이다.

사회복지정책에서 효율성은 주로 목표효율성과 운영효율성으로 나눌 수 있다(송근원·김태성, 1995, pp. 230-238).

(1) 목표효율성

목표효율성(target efficiency)은 사회복지정책이 목표로 하는 대상들에게 그 정책에 사용되는 자원이 얼마나 집중적으로 배분(할당)되는가의 여부를 판단하는 기준이다. 따라서 목표효율성은 대상효율성이라고도 한다. 예를 들어, 저소득층의 소득보장을 목표로 하는 사회복지정책에 사회보험과 공공부조가 있다면 어느 정책의 목표효율성이 높을까? 사회보험정책은 대체로 소득에 비례해서 급여를 보장받고 있고, 공공부조정책은 저소득층 내에서 생활이 보다 어려운 계층에게 자원을 더 많이 할당하는 체계를 가지고 있다. 따라서 공공부조가 상대적으로 주어진 자원을 저소득층에게 보다 집중적으로 할당하기 때문에 사회보험보다 목표효율성이 높다고 할 수 있다.

(2) 운영효율성

운영효율성(administrative efficiency)은 사회복지정책을 운영하는 데 있어 얼마나 적은 비용을 사용하면서 그 제도를 운용할 수 있는가와 관련된다. 일반적으로 사회복지대상자를 선정할 때 자격기준이 단순할수록 판단이 쉬워져서 운영효율성이 높을 수 있고, 자격기준이 까다로울수록 운영효율성은 떨어질 수 있다. 예를 들어, 공적 연금제도는 소득만 파악하여 보험료를 납부하면 되지만 국민기초생활보장제도는 소득, 재산, 부양자조사 등을 거쳐야 대상을 선정할 수 있기 때문에 자격조건을 판단하는 데 있어 훨씬 복잡하다. 따라서 대체로 사회보험제도에 비해 공공부조제도가 운영효율성이 낮다고 할 수 있다.

표 3-2 제도에 따른 효율성 비교

구분	사회보험	공공부조
목표효율성	낮다	높다
운영효율성	높다	낮다

그렇지만 한편으로 효율적인 사회복지정책의 판단의 어려움이 있다. 사회구성원들이 중요하게 여기는 가치들이 상이할 뿐만 아니라 상대적인 중요성을 판단하기가 쉽지 않기 때문에 정책적 판단을 내리기가 어렵다. 예를 들어, 한정된 10억 원의 예산으로 저소득아동 1,000명

에게 방과 후 프로그램을 지원하는 것과 치매어르신 100명에게 주간보호프로그램을 지원하는 것 중 하나의 프로그램을 선택해야 할 때 어느 프로그램을 선택해야 하는가? 다른 예로, 장애인정책에서 100명의 장애 정도가 심한 장애인을 지원하는 데 있어 비슷한 예산이 든다고 할 때 규모가 큰 생활시설에서 체계적인 프로그램과 함께 생활을 하는 것이 나은 것인지, 아니면 자립생활 지원 프로그램을 통해 개별적으로 독립된 공간에서 각자의 필요에 따른 서비스를 지원받는 것이 나은 것인지에 관해서는 어떤 정책적 선택을 해야 할까?

4) 욕구

욕구(needs)는 사회복지에서 중요한 개념이다. 사회복지정책은 필요한 기본 욕구를 충족하기 어려운 사람을 우선적으로 지원하기 때문이다. 욕구는 객관적이고 보편적으로 인식된 것이라고 할 수 있는데, 예를 들어 물, 음식, 의복, 주거공간 등과 같이 기본 생활에 필요한 욕구가 충족되지 못하면 삶의 위기와 함께 사망에 이를 수 있다.

사회복지정책에서 욕구는 누구의 욕구를 대상에 포함시킬 것인가와 관련된다. 이러한 욕구의 대상은 누구의 욕구를 포함할 것인가와 관련되기 때문에 '자격'에 대한 조건을 다룰 수밖에 없다(송근원·김태성, 1995, pp. 263).

일반적으로 시장은 교환(trade)원리에 따라 재화나 서비스를 취득하기 위해서는 사람들은 책정된 비용을 지불해야 하는 데 반해, 사회복지는 이전 원리에 따라 많은 경우에 대가나 비용을 지불하지 않고도 받을 수 있다.

표 3-3 자격에 대한 비교

	시장 영역	사회복지 영역
자격의 특성	• 적극적 자격의 개념으로 목적을 가지고 대가(비용, 가격)를 지불해야 함	• 소극적 개념으로 일정한 조건만 갖추면 자격이 주어짐
자격의 원리	• 교환 원리(A ⇄ B)	• 이전 원리(A → B)
자격의 예시	• 갖고 싶은 재화(보고 싶은 영화)가 있다면 그 재화(서비스)의 가격을 지불하고 자격을 획득할 수 있음	• 아동수당은 나이의 조건, 공공부조는 일정 자산 이하의 조건만 갖추어지면 자격이 주어짐

출처: 송근원·김태성(1995). 사회복지정책론, p. 264 재구성.

5) 사회적 효과성

효과성(effectiveness)은 사회복지정책의 목표달성도와 관련된다(송근원·김태성, 1995, pp. 103-104). 효과성은 문제해결에 동원되는 자원(투입)에 상관없이 최대한으로 목표달성이라는 산출(결과)을 도출하는 것을 말한다. 자원의 유한함으로 효율성의 가치를 무시할 수 없지만 사회복지정책은 인간의 존엄성이라는 목적을 전제로 하고 있기 때문에 효과성도 중요할 수밖에 없다.

효과성은 흔히 사회적 효과성(social effectiveness)이라는 말을 더 많이 사용한다(오세영, 2021, p. 53). 사회적 효과성은 사회복지가 소비가 아니고 사람의 가능성과 역량을 지원하는 하나의 투자이며, 장기적으로는 사회통합을 이룸으로써 갈등과 사회비용을 줄이는 결과를 가져오는 것과 관련된다. 예를 들어, 의무교육을 통해 학생들이 비용의 문제를 고민하지 않고 학습기회를 누리고, 무상급식을 통해 학생들이 비용의 문제나 낙인효과로부터 벗어남으로써 이런 제도가 없을 때의 부정적 사회 비용을 사전에 예방하는 효과가 있다고 하는 인식이 사회적 효과의 가치이다. 또한 자립, 자활, 취약계층 일자리에 대한 복지지원은 결국 일차적 삶의 책임은 개인에게 있기 때문에 그 과정에 대한 투자와 지원이라고 할 수 있는 것이다.

6) 사회적 적절성

적절성(adequacy)은 현대 사회에서 신체적, 정신적으로 인간다운 삶을 누릴 수 있는 수준을 규정하는 것과 관련된다. 즉, 적절성은 우리의 삶에 지원하는 급여의 할당이 일정한 수준의 물질적·정신적 복리를 제공해야 하는 것을 의미한다(Gilbert & Terrell, 2020, p. 149). 적절성에 대한 기준은 시간과 환경에 따라 다양하다. 예를 들어, 주거비 지원을 한다고 할 때 서울을 포함한 수도권과 농어촌지역에서의 적절한 기준은 다를 수 있고, 한국에서 1960년대와 2020년대의 기본생활비와 생필품에 대한 요소들은 달라질 수 있는 것이다.

이러한 사회적 적절성은 기본적인 생존권과 관련되고, 이는 최저보장수준(「국민기초생활 보장법」: 국민의 소득·지출 수준과 수급권자의 가구 유형 등 생활실태, 물가상승률 등을 고려하여 급여의 종류별로 공표하는 금액이나 보장수준), 최저생계비(「국민기초생활 보장법」: 국민이 건강하고 문화적인 생활을 유지하기 위하여 필요한 최소한의 비용으로서 보건복지부장관이 계측하는 금액), 최저임금(「최저임금법」: 노동자의 생계비, 유사 노동자의 임금, 노동생산성 및 소득분배율 등을 고려하여 정함), 최저주거기준(「주거기본법」: 주거면적, 용도별 방의 개수, 주택의 구조·설비·성능 및 환경요소 등의 사항이 포함되어야 하며, 사회적·경제적인 여건의 변화에 따라 그 적정성이 유지되어야 함) 등에서 적절한 기준선을 구체화하여 제시하고 있다. 그러나 아직은 이러한 기준선들이 최저선을 규정하는 것이어서 현재를 살아가고 있는 시민들의 적절한 삶을 보장하는 것과는 차이가 있다. 사회적 적절성은 최소한의 기본적 삶을 넘어서서 삶의 질 향상과 인간다운 삶을 보장하는 사회복지정책의 목적과도 연결된다.

이러한 가치 외에도 사회복지정책에서 중요한 가치로 정의, 공공성, 연대 등도 있다.

논의거리

1. 긍정적 차별은 특정 집단이 직접차별 혹은 간접차별의 결과로 과거부터 불이익을 받아왔다면 사회는 이 집단에 대한 어떤 특별한 처우를 제공함으로써 그들에게 그동안 가해졌던 불의를 제거해야 할 의무를 져야 한다는 생각에 기초한 것으로, 평등의 종류 중 어떠한 것과 연결할 수 있는지 생각해 봅시다.
2. '빈곤함정'을 정책적으로 줄이려는 노력이 어떻게 나타날 수 있는지 생각해 봅시다.
3. 현물과 현금 중 어느 급여 형태가 '운영효율성'이 높을까요?

Quiz

1. 사회복지정책은 특정한 사회의 경제적·사회적 기반에 따라 달라지기 때문에 다른 정책에 비해 상대적으로 (　　　) 개입적 특징이 있다.
2. 비례적 평등은 사회적 자원을 욕구, 기여, 능력에 따라 상이하게 배분하는 (　　　)의 개념과 연결된다.
3. 기회의 평등과 연결되는 제도의 예로는 공공부조제도가 있다. (O, X)
4. 개개인의 기회의 측면, 즉 다른 사람의 간섭이나 의지로부터의 자유는 (① 소극적, ② 적극적) 자유의 개념이다.
5. 사회복지정책으로 인해 스스로의 힘으로 살아가기보다 급여에 의존하려는 현상을 (　　　)이라고 한다.
6. 사회보험제도와 공공부조제도 중에서 저소득층에게 자원을 집중함에 따라 목표효율성이 높은 제도는?

   ____
7. '여성할당제'나 '장애인의무고용제도'는 평등의 종류 중 (① 수량적, ② 비례적, ③ 기회의) 평등과 연결할 수 있다.

Chapter 04

사회복지의 모형과 사상

학습목표

1. 사회복지의 모형에 대해 이해할 수 있다.
2. 사회복지의 주요 사상을 비교할 수 있다.
3. 한국의 사회복지정책의 주요 모형을 비교할 수 있다.

1 사회복지의 모형

사회복지라는 일반적 개념에 해당하는 다양한 제도와 프로그램들은 모두 그 성격이 동일하지는 않다. 공공부조정책과 같이 소수의 생활이 어려운 계층을 지원하는 정책도 있지만, 아동수당과 같이 아동을 양육하는 다수의 사람들에게 보편적으로 급여를 제공하는 정책도 있다.

사회복지 모형은 사회복지(정책)이라는 복잡한 개념을 설명하는 데 있어 성격이 다른 사회복지 관련 정책들을 유형화하면서 사회복지의 다양한 범주를 이해하는 데 도움이 된다.

1) 윌렌스키와 르보의 2분 모형

윌렌스키와 르보(Wilensky & Lebeaux)는 초기 사회복지 유형화의 대표적인 학자로, 사회복지의 개념을 잔여적 개념과 제도적 개념으로 구분한 2분법을 제시하였다(원석조, 2017, pp. 26-

27). 이 모형은 가장 기본적인 모형으로 사회복지를 포괄하는 상반된 두 가지 입장을 비교하고 있다.

'잔여적 모형'은 사회복지의 욕구가 일차적으로 가족이나 시장에서 충족되고, 가족과 시장에서 충족이 제대로 되지 못하였을 때에는 일시적이고 제한적으로 국가가 사회복지라는 이름으로 지원하는 것이다.

'제도적 모형'은 사회복지의 욕구는 일차적으로 국가에 의해 충족된다는 것이다. 국가가 보편주의적 이념을 기반으로 사회복지를 제도화하여 일상적으로 기본적 욕구가 충족되도록 지원하는 것이다.

표 4-1 윌렌스키와 르보의 두 가지 모형 비교

구분	잔여적 모형	제도적 모형
이념	•선별주의	•보편주의
사회복지정책의 목표	•가족과 시장체계에서 제 기능을 하지 못하는 사람 또는 배제된 사람들을 일시적, 보완적으로 보호하고 지원	•사회복지제도는 항시적으로 소득의 재분배 기능을 수행하여 전체 국민들이 최적의 삶을 영위하도록 보장
대상	•사회적 취약계층(주로 빈곤층)	•모든 시민(전체 사회구성원)
실천 주체	•민간의 자발적인 활동 장려	•국가의 보다 많은 역할 강조
빈곤의 책임	•개인 책임	•사회의 책임
욕구 충족	•가족이나 시장 우선	•국가의 사회복지제도

출처: 원석조(2017). 사회복지정책론, p. 27 재구성.

2) 티트머스의 3분 모형

티트머스(Titmuss)는 사회복지 모형을 세 가지 유형으로 분류하고 제시하였는데, 윌렌스키와 르보의 2유형에 더하여 산업성취 모형이라는 새로운 유형을 추가하였다(김태성·성경륭, 2014, p. 194).

'보충적 모형'은 윌렌스키와 르보의 잔여적 모형과 유사한데, 시장과 가족을 통해 욕구를 충족하고 일차적 영역에서 욕구가 충족되지 못할 때만 국가가 개입한다. 주로 선별주의 이념을 바탕으로 하였는데, 제도로는 공공부조정책을 강조한다고 할 수 있다.

'산업성취(industrial achievement performance) 모형'은 욕구 충족 사회복지의 제공이 시장에서의 성과나 업적과 관계가 있음을 강조한다. 이 모형에 해당하는 주요 제도로 사회보험제도가 있다. 사회보험은 시장에서의 지위를 조정하는 것이 아니라 시장에서의 자신의 소득에 비례하여 유지시키는 기능을 하고 있다.

'제도적 재분배(institutional redistributive) 모형'은 사회복지를 사회가 유지되는 데 있어 주요한 제도로 인정한다. 이 모형에서는 국가가 시민들의 욕구를 충족시키는 주요 제도로서 복지를 보편적 프로그램으로 제공한다.

표 4-2 티트머스의 세 가지 모형 비교

보충적(잔여적) 모형	산업성취 모형	제도적 재분배 모형
• 시장을 통한 배분에 관심 • 빈민구제정책은 자립의지를 전제로 최저수준으로만 제공 • 국가는 가족과 시장이 복지욕구를 충족하지 못할 때만 개입 • 복지욕구는 일차적으로 가족과 시장을 통해 충족 • 선별주의 • 공공부조제도 강조	• 개인의 자유를 강조하면서 시장에서의 업적과 밀접한 분배정책을 강조함 • 국민생활수준과 기회의 평등에 관심 • 빈곤은 상대적 개념이므로 정부가 담당해야 함 • 사회복지급여는 시장에서의 직무수행, 생산성 정도에 따라 차등을 두어야 한다고 강조 • 사회보험제도 강조	• 개인의 자유는 인간다운 생활을 할 자유 • 분배정책은 개인의 능력이 아니라 욕구에 따라 이루어져야 함 • 평등과 재분배정책을 강조 • 빈곤을 완전히 퇴치할 수 있다고 봄 • 국가는 복지의 욕구를 충족시키는 주요 제도로서 복지급여는 보편적으로 제공 • 보편적 프로그램 강조

출처: 김태성·성경륭(2014). 복지국가론, pp. 194-195 재구성.

3) 미쉬라의 3분 모형

미쉬라(Mishra, 1981)는 기존 자본주의체제의 복지 모형에다가 20세기 중후반 사회주의체제에서 나타나는 사회복지정책을 분석하기 위해 구조형이라는 복지 모형을 추가하였다(Mishra, 1996, p. 32).

잔여형은 복지의 범위와 수준은 최소한으로 낮은 편이고 주로 빈곤층을 대상으로 지원한다. 제도형은 복지의 수준이 보다 높게, 적정한 수준과 다수 시민들을 포함하여 지원한다. 구조형은 이념적으로는 국가의 책임 수준이 전체적이고 범위와 대상자는 전 국민의 욕구를 모두 포괄하면서 높은 수준을 지향하려고 한다.

표 4-3 미쉬라의 사회복지 세 가지 모형 비교

주요 특징	잔여형	제도형	구조형
1. 욕구 충족에 대한 국가책임(국가 복지)	최소 수준	적정 수준	전체적
2. 가치로서의 욕구에 근거한 분배	주변적	이차적	일차적
3. 법적 서비스의 범위	제한적	광범위함	포괄적
4. 법적 서비스에 포함되는 대상자	소수	다수	전 국민
5. 급여 수준	낮음	보통	높음
6. 자산조사 활용 여부	일차적	이차적	주변적
7. 복지대상자의 성격	빈곤층	시민	집합체의 구성원

출처: Mishra, R. (1996). 복지국가의 사상과 이론(남찬섭 옮김), p. 157, p. 209.

2 사회복지 사상의 비교

사상(이념)은 자유, 평등과 같은 가치에 대한 입장이나 지향, 그리고 인간과 사회의 바람직한 존재방식에 대한 입장을 담고 있는 사고체계이다(윤홍식 외, 2019, p. 188). 즉, 인간을 어떻게 바라볼 것인가, 사회나 국가의 역할이 무엇인지, 인간의 필요를 충족시키는 바람직한 방식은 무엇인지에 대한 입장을 나타내는 것이 사상이라고 할 수 있다. 특히 근대 이후 사회사상은 자본주의를 어떻게 바라볼 것인가와 바람직한 사회변화의 방향은 어디로 가야 하는가와 관련되기도 한다.

사회복지의 사상(복지 이데올로기)은 복지를 국가와 사회 안에서 어떻게 바라볼 것인가와 관련된 것이다. 복지에 대한 관점 또는 입장은 다양한 기준으로 분류할 수 있는데, 전통적인 분류 방법 중에 하는 국가와 시장에 대한 관점, 복지국가에 대한 입장 등으로 구분하여 보는 것이다.

표 4-4 학자별 사회복지 사상의 구분

학자	우파		분류	좌파
조지와 윌딩(76)	반집합주의	소극적 집합주의	페이비언 사회주의	마르크스주의
퍼니스와 틸톤(79)	적극적 국가	사회보장국가		사회복지국가
미쉬라(81)	잔여주의	제도주의		구조주의
굳비와 데일(81)	개인주의	개혁주의	구조주의	마르크스주의
조지와 윌딩(94)	신우파	중도노선 (페미니즘 녹색주의)	사회민주주의	마르크스주의

조지와 윌딩(George & Wilding, 1994)은 『이데올로기와 사회복지(*Ideology and social welfare*)』에서 국가와 사회, 그리고 사회복지정책의 관계를 바라보는 사회복지 사상을 반집합주의, 소극적 집합주의, 페이비언 사회주의, 마르크스주의의 네 가지로 분류하였다.[6]

각각의 사상이 국가의 역할과 사회복지정책에 대해 어떠한 입장들이 있는지 살펴보자.

1) 반집합주의(우파, 자유주의)

반집합주의(anti-collectivism)는 자유주의 이념을 주요한 가치로 둔다. 자유주의는 개인의 자유와 선택, 시장의 자유라는 가치를 중요시한다.

국가의 역할은 시장의 자유를 침해하지 않는 선에서 국민의 생명과 안전을 지키는 야경국가처럼 최소한에 그쳐야 한다고 본다. 국가의 역할이 커질수록 시장과 개인의 자유를 침해하고, 개인의 선택을 제한할 수 있다고 보기 때문에 국가 개입에 부정적이라고 할 수 있다. 또한 반집합주의자들은 국가가 독점적 지위를 갖고 정책 결정에 대한 권한이 있어 자원의 낭비와 비효율성이 커지는 등 부정적 효과가 나타날 수 있다고 보았다.

반집합주의에서의 분배의 원칙은 시장을 통해 자유로운 경쟁의 배분에 따라 결정된다. 경쟁의 결과로 나타나는 불평등은 경제성장에 기여하기 때문에 정당화될 수 있다고 본다. 복지국가의 지향이나 사회복지정책의 확대에 대해서는 부정적이다. 복지국가는 결국 국가가 과도

6 이후 조지와 윌딩은 네 가지 분류를 신우파, 중도노선, 사회민주주의, 마르크스주의에 더하여 페미니즘, 녹색주의를 추가하였다(George & Wilding, 1999).

하게 커짐에 따라 시장과 개인의 자율성을 침해하게 되고, 이러한 중앙집권적 계획은 권위적 사회주의 국가의 또 다른 형태일 수 있기 때문에 부정적인 입장을 가지는 것이다. 또한 자본주의체제에서는 경제정책이 사회정책에 우선되어야 하고 그에 따른 시장의 자유가 강조된다.

반집합주의는 사회문제를 개인적 차원에서 접근한다. 즉, 개인의 실패나 부적응에 초점을 둔다. 따라서 해결의 주체도 개인에서 출발한다. 따라서 반집합주의는 빈곤문제도 경쟁에서의 승자와 패자처럼 필요악이라고 보았고, 국가가 이러한 빈자들에 대해 개입하기보다는 민간이나 종교의 역할로 놔두어야 한다고 보았다.

이러한 자유주의 가치에 따른 대표적인 학자가 하이에크와 프리드만이 있다. 하이에크와 프리드만은 시장의 가치, 즉 시장은 사람들의 선호와 비용이 가장 잘 드러나는 자원 배분의 공간이며, 각자가 시장에서 자유롭게 선택하도록 맡겨두는 것이 결국 최선의 결과를 낳는다고 보았다. 하이에크는 인류의 경제적 번영은 규제받지 않은 자유로운 시장이 결정적 역할을 담당한다고 보았고, 시장은 효율과 공정, 자유를 동시에 보장하는 경제적 공간이라고 보았다(박종현, 2016, p. 158). 프리드만은 복지를 통한 재분배정책이 경제적 자유를 침해한다고 보았고, 시장이 낳은 결과적 불평등이 정의의 원칙에 위배되지 않는다고 보았다(박종현, 2016, pp. 165-173). 또한 지나치게 커지고 관료화된 복지국가의 규모를 줄이고 복지서비스 제공에 민간주체의 참여를 유도하며 시장 원리를 강화해야 한다고 보았다. 복잡한 복지 프로그램들을 단순화하여 운영할 필요가 있고, 누진 소득세를 폐지하고 면세점 이상의 소득에 대해 일률적으로 세금을 부과하는 단일세 중심의 조세제도, 부의 소득세(negative income tax), 교육이나 보육, 간병과 같은 서비스들은 바우처 방식을 도입하여 개인의 일정한 선택권을 보장해야 한다고 보았다.

2) 소극적 집합주의(중도우파)

소극적 집합주의(reluctant collectivism)는 시장의 불안정성이나 실패를 보완하기 위해 국가의 적절한 개입이 필요하다고 보는 수정자본주의을 지향한다. 적절한 실용주의와 휴머니즘(인본주의)의 가치를 중요시한다.

국가의 역할은 시장의 실패를 보완하거나 조정하기 위해서 보다 조건적이고 적극적인 개입이 필요하다고 본다. 시장의 상황, 자본주의체제의 어두운 면을 보완하기 위해서 국가가 실용적 접근을 해야 한다고 보는 것이다. 즉, 국가의 중요한 역할 중 하나가 자본주의의 원활한 기능 및 시장체계의 약점 보완을 위해 존재한다고 보는 것이고 사회적 균형을 적절히 유지하는 것이 중요하다고 본다.

소극적 집합주의에서의 분배의 원칙은 보편주의와 선택주의의 절충이라고 할 수 있다. 소극적 집합주의자들은 자본주의체제에서 나타나는 부정적인 결과로 불평등과 빈곤이 존재할 수밖에 없다고 보았고, 이를 적절한 분배정책을 통해 조정해야 한다고 보았다. 복지국가나 사회복지정책의 필요성에 대해 긍정적이다. 시장의 조절기능이 작동되지 않을 때 국가가 이를 보완해야 한다고 본다. 즉, 사회정책이 경제정책을 보완하고 지원하여 적절한 성장과 균형을 이룰 수 있다고 보았다.

소극적 집합주의에서 사회문제는 개인적 실패와 경제의 역기능에서 원인을 찾는다. 따라서 빈곤의 원인과는 별개로 국민 최저 수준의 보장은 국가가 책임져야 한다고 보고 있다.

이러한 중도 우파적 가치에 따른 대표적인 학자는 베버리지와 케인스가 있다. 이들은 무조건적 시장의 신뢰와 정부 개입을 반대하는 고전적 자유방임을 반대하고, 정부의 시장 개입에 찬성하되 정부의 개입은 꼭 필요한 영역에 한정해야 하며 과도하게 이루어져서는 안 된다고 보았다. 베버리지와 케인스는 다음과 같은 공통점을 지닌다(이정우, 2016, pp. 34-35).

1. 사회생활의 어떤 기본 조건은 반드시 보장되어야 한다. 예를 들어, 빈곤과 경제적 불안정은 자본주의 질서에 반기능적이며, 그 존재 자체를 위협할 것이다.
2. 사회생활의 이런 조건을 유지하는 것은 엄격한 자유방임 정책이 추구되는 한 자유시장에서는 달성이 불가능하다. 예를 들어, 빈곤의 통제는 일정의 국가적 사회보장을 요구하며, 경제적 불안정을 해소하는 것도 마찬가지다.
3. 국가의 개입은 바람직하지 않은 것이 아니라 오히려 필수 불가결하다. 사회생활의 기본 조건에 관한 규범은 국가의 개입 없이는 불가능하기 때문이다.
4. 국가의 개입은 최소한이어야 하며, 반드시 필요한 것에 한정해야 한다.
5. 국가 개입은 자본주의의 기본적 자유를 최소한으로 억압하면서 효과적 기능을 재확립할 수 있어야 한다.

3) 페이비언 사회주의(중도좌파, 사회민주주의)

페이비언 사회주의(Fabian socialism)는 공동체적 선을 포함하는 평등, 연대, 사회적 조화와 같은 가치를 중요시한다.

국가의 역할은 앞의 두 우파 사상들에 비해 훨씬 커야 한다는 입장이다. 국가가 적극적으로 개입하여 자본주의체계가 갖고 있는 불안정성을 해결해 나가야 한다고 보는 것이다. 초기 페이비언 사회주의는 사회주의를 지향하는 사상으로, 자본주의에서의 자유시장은 필연적으로 실패한다고 보고 시장에 대한 적극적 수정, 보안 및 대리기능을 정부가 수행해야 한다고 보았다.

페이비언 사회주의에서 분배의 원칙은 사회적 위험과 보편적 욕구에 기초한다. 국가는 보편적인 정책을 통해 기본적 욕구와 삶의 안정성을 보장해야 하며 경제적 불평등에 관해서도 조정자로서 이를 보완할 수 있다고 보았다.

또한, 복지국가의 지향과 사회복지정책에 대해 적극적이고 긍정적이다. 사회정책의 확대로 자본주의의 개혁이 가능하고 경제정책을 보다 사회적으로 책임 있게 만들 수 있다고 보았다.

페이비언 사회주의는 사회문제의 원인을 개인보다는 자본주의의 역기능이나 잘못된 분배와 같은 사회구조에서 원인을 찾는다. 사회변화는 평등, 박애, 이타주의 등의 집합주의적 가치를 확장하는 데서 출발한다. 따라서 빈곤의 해결과 불평등 완화에 대해 점진적이고 지속적인 국가의 책임을 강조한다.

복지국가를 주도적으로 이끈 사상이 사회민주주의인데, 대표적 학자로 뮈르달과 에스핑-안데르센이 있다. 뮈르달은 복지정책이 단순히 재분배에 그치는 것이 아니라 국민경제를 발전시킬 수 있는 정책이라고 보고, 20세기 초중반의 인구문제와 관련해 가족의 안전과 여성의 사회활동을 가능하게 하는 사회정책의 확대가 필요하다고 보았다(신광영, 2016, pp. 46-52). 에스핑-안데르센은 시장의 위험으로부터 개인과 가족을 보호하는 장치로써 복지정책이 중요하다고 보았고, 복지를 통해 더 많은 여성들이 경제활동에 참여할 수 있게 되었으며, 건강하고 교육을 잘 받은 인력이 양성되기 때문에 복지는 경제성장에 기여한다고 본 것이다(신광영, 2016, pp. 58-64). 또한 복지국가 황금시대 이후 복지국가의 위기와 재편에서 에스핑-안데르센은 신자유주의의 복지국가 비판에 대해 복지국가가 경제성장에 기여하고 보다 풍요로운 사회를 만들어 나가는 핵심적 기능을 하는 제도로 여전히 중요하고, 변화된 시대에 정부와 가족, 시장의 역할을 어떻게 재조정하느냐의 문제라고 보았다. 1인 가구, 한부모가족, 동거가족 등 다양한 가족구조의 형태와 여성의 역할 변화, 인구구조에서의 고령화 문제, 고용구조의 변화 등에 맞춰 복지국가의 전략을 조정해 나가야 한다고 보았다.

4) 마르크스주의(좌파, 사회주의)

마르크스주의(Marxism)는 자본주의체제의 불평등을 넘어서 적극적인 평등과 사회화를 중요시한다. 국가의 역할은 모든 부분에 적극적으로 개입·관리해야 하므로 훨씬 커야 한다고 본다. 자본주의체제는 생산수단이 일부 계급에 의해 독점되기 때문에 계급갈등은 필연적으로 나타난다고 보았다. 이를 해결하기 위해 제시된 산업민주주의와 생산수단의 사회화는 경제적 평등을 실현시키는 것이며 계획경제체제가 자유시장경제에서 나타나는 실패를 줄여 생산력을 높일 수 있다고 보았다.

마르크스주의에서 분배의 원칙은 보편적 욕구에 기초한다. 즉, 능력에 따라 일하고 욕구(필요)에 따라 분배하는 것이다. 마르크스주의에서는 복지국가와 사회복지정책에 대해 부정적인 경향을 가지고 있다. 물론, 복지국가가 자본주의 사회체제에 대중이 정치적으로 동의하게 만들었고, 복지정책을 통해 불평등을 완화하여 자본주의의 경제적 모순을 완화시키며, 노동력 재생산의 비용을 사회가 함께 분담하게 하는 데 기여하였다고 보았다(윤홍식 외, 2019, p. 214). 그러나 이는 사회복지정책을 통해 자본계급의 노동계급에 대한 불가피한 최소한의 양보이고 현존하는 불평등을 눈감게 하는 일시적 효과일 수밖에 없다고 보는 것이다.

자본주의에서는 경제정책과 사회정책이 상충되고 충돌된다. 자본주의체제 내의 모순은 사회복지정책을 통해 해결할 수 없다고 보고 사회주의체제와 같은 새로운 시스템을 구축해야 한다고 보았다.

마르크스주의는 사회문제의 원인을 자본주의체제에서 자본계급과 노동계급의 이해관계의 대립이나 갈등에서 찾는다. 따라서 사회변화는 이러한 경제구조를 변혁하는 계급투쟁이 필요하다고 보았다. 자본주의체제가 존속되는 한 빈곤이나 불평등은 어떠한 형태의 국가 개입에 의해서도 해결이 쉽지 않기 때문에 새로운 사회체제로 전환하는 것이 필요하다고 보았다.

표 4-5 사회복지 사상 비교

구분	반집합주의	소극적 집합주의	페이비언 사회주의	마르크스주의
주요 가치	•개인주의 •개인의 자유(소극적 자유)와 선택 •시장의 자유	•실용주의 •인본주의 •합리주의	•평등 •사회적 조화 •연대 •적극적 자유	•평등 •사회화
사회 및 국가에 대한 관점	•불평등 인정 •경쟁 강조	•자본주의의 폐해와 비효율적 요소 인정	•적극적 수정자본주의 옹호	•자본주의는 생산수단이 일부계급에 집중
정부 개입에 대한 관점	•부정적 •정부개입은 최소화 •국가개입에 부정적 •경제적 비효율 •개인의 자유 침해	•긍정적 •중간, 실용적 혼합 •조건적 개입 •자본주의의 원활한 기능 및 시장체계의 약점 보완을 위해 적절한 개입 필요	•매우 긍정적 •국가개입 적극 인정 •자유시장체계는 필연적으로 실패함, 시장체계의 수정, 보완 및 대리기능을 정부가 수행	•매우 긍정적 •산업민주주의와 생산수단의 사회화는 경제적 평등을 실현시킬 수 있음 •정부가 계획경제체제를 주도
복지국가에 대한 관점	•반대 •복지국가는 권위적 사회주의 국가의 형태	•찬성 •자동조절능력이 없는 자본주의를 보완	•적극 찬성 •복지국가의 확대를 통해 자본주의 개혁 가능	•적극 반대 •복지국가는 자본계급의 노동계급에 대한 불가피한 최소한의 양보, 복지국가를 통한 사회주의 건설 불가능
빈곤에 대한 관점	•빈곤은 필요악 •민간 영역의 자선을 통한 해결이 우선	•국민 최저수준의 보장은 국가책임 인정	•점진적이고 지속적인 빈곤과 불평등의 완화에 대한 국가책임 강조	•자본주의체제가 존속되는 한 빈곤은 어떠한 국가개입에 의해서도 해결 불가능
대표적 인물	•하이에크 •프리드먼	•베버리지 •케인스	•웹 부부 •티트머스	•마르크스 •엥겔스

출처: George, V., & Wilding, P. (1994). 이데올로기와 사회복지(남찬섭 옮김), pp. 39-199; 박병현(2019). 사회복지정책론, p. 62 재구성.

사회복지정책과 관련한 가치와 모형, 사상을 연결하면 다음과 같다. 우파는 잔여적(보충적) 모형과 연결할 수 있고, 선별주의적 정책이 우선되는 편이며, 자유나 효율의 가치를 상대적으로 강조한다. 반대로 좌파는 제도적 모형과 연결되면서 보편주의 정책을 우선하면서 평등과 분배의 가치를 상대적으로 강조한다.

표 4-6 사회복지정책의 모형, 사상과 가치 비교

우파	중도우파	중도좌파	좌파
잔여적 모형	제도적 모형		(구조형)
보충적 모형	산업 성취 업적 모형	제도적 재분배 모형	
반집합주의	소극적 집합주의	페이비안 사회주의	마르크스 주의

개인주의 ↔ 집합주의

선별주의 ↔ 보편주의

자유/효율 ↔ 평등/분배

5) 신자유주의와 보수주의

자유주의의 길을 잇는 신자유주의는 보수주의와 함께 우파의 중요한 축이 되면서 비슷하지만 차이도 있다(박종현, 2016, pp. 174-175). 국가를 바라보는 관점에서 신자유주의는 국가의 개입이나 간섭에 대해 부정적이지만 보수주의는 '사회적 안정성의 길'이라며 상대적으로 국가의 역할을 중시한다. 시장과 관련해서는 신자유주의가 시장을 '자유로운 길'로 보았다면, 보수주의는 사회적 가치들, 특히 집단적 책임에 대한 잠재적 위협으로 보았다. 사회와 관련해서는 신자유주의가 개인을 뛰어넘는 사회와 같은 것은 없다고 믿었던 반면, 보수주의는 도덕과 전통에 대해서는 개인에 비해 사회에 우선순위를 두어야 한다고 보았다. 사회복지정책과 관련한 빈곤층을 지원하는 방식에 있어서도 신자유주의는 현금 지원을 선호했다면, 보수주의는 복지 수급과 노동의무 사이에 엄격한 연계의 필요성이 있다고 강조하였다.

신자유주의와 보수주의는 복지국가의 규모가 지나치게 커졌다는 데에는 비슷한 인식을 가진다. 그럼에도 보수주의는 신자유주의에 비해 복지국가(정확히는 국가의 적극적 역할)에 상대적으로 우호적인 기조를 보인다. 통제되지 않는 시장이 개인을 고립시키고 사회질서를 파괴할 위험이 있다고 보기 때문에 사장의 자유보다는 국가를 통한 공동체의 결속과 질서가 중요하다고 보는 것이다. 보수주의의 이러한 특징으로 중앙집중적인 강한 국가의 역할을 중요시하면서 시민사회도 통제하려 한다.

사회복지 사상을 자유주의, 보수주의, 사회주의로 구분해서 사회복지정책과 연결해 보면

다음과 같다(윤홍식 외, 2019, pp. 224-226). 자유주의는 봉건주의체제에서 자본주의체제로 넘어오면서 자본주의에 대해 긍정적이고 정당화하는 요소를 담고 있다. 그리고 개인과 시장의 자유의 가치를 상대적으로 중요시한다. 보수주의(conservatism)는 전통적인 가족, 종교, 지역공동체와 전통에 대한 존중, 권위에 대한 인정 같은 가치를 기반으로 그 사회의 안정성과 질서 유지를 중요시한다. 사회주의는 자본주의체제의 시장경제에 대한 적극적 국가 개입, 계급 갈등을 해결하기 위한 새로운 변혁을 지향하면서 그 과도기에서는 공공 중심의 사회정책 등이 필요함을 인정한다.

표 4-7 자유주의, 보수주의, 사회주의의 비교

구분	자유주의	보수주의	사회주의
우선적인 가치	• 개인의 자유	• 전통, 권위	• 평등, 연대
추구하는 사회	• 자유시장 자본주의 • 자유민주주의	• 권위주의적 엘리트 지배	• 자본주의 계급착취로부터의 해방 • 공산주의
국가	• 최소 국가	• 권위적 국가	• 점진적 철폐 대상 • 복지국가
사회복지정책의 의의	• 적극적 자유, 사회적 자유 증진 • 사회(노동력) 재생산	• 사회질서 유지 • 국가온정주의	• 노동자 정치참여의 기반 형성 • 자본주의의 효율성 제고 • 사회권의 강화
사회복지정책의 설계 원칙	• 최소구제: 열등처우, 선별주의 • 민영화, 시장화	• 보충성의 원칙 • 조합주의 • 복지 차등화	• 공공주도 복지공급 • 높은 급여 • 보편주의

출처: 윤홍식 외(2019). 사회복지정책론, p. 225.

6) 젠더와 녹색주의

조지와 윌딩(George & Wilding, 1999)은 『복지와 이데올로기(*Welfare and ideology*)』에서 사회복지 사상을 신우파, 중도노선, 사회민주주의, 마르크스주의, 페미니즘(feminism), 녹색주의(greenism)로 보다 세분화하였다.

페미니즘은 젠더(gender) 문제에 관심을 가진다. 페미니즘은 여성을 가족과 돌봄, 양육 등

사적 영역에서의 존재로만 보는 것이 아니라 그 내에서의 돌봄노동에 대한 가치를 인정하고, 공공 영역에서의 동등한 존재가치로 존중받는 사회를 지향한다. 복지국가에 대해 제한적으로 지지하면서 복지국가에서도 존재하는 성별 차별의 문제를 해결해야 하고 여성의 평등 지위 보장과 관련한 정책들의 개선이 필요하다고 보았다. 페미니즘은 여성 및 다양한 성에 대한 억압과 젠더 불평등의 근원으로 가부장제를 비판하고 젠더 평등과 해방을 추구한다.

녹색주의는 복지국가가 자본주의체제의 지속적 성장을 기반으로 하기 때문에 부정적으로 본다. 경제성장 중심의 시스템이 소비 확대를 부추기고, 지구환경을 파괴하고 오염을 증가시키면서 지구의 모든 생명체들을 위협한다고 보는 것이다. 이러한 성장 중심의 복지국가를 넘어서 환경과 생태주의를 반영한 지속 가능하고 재생 가능한 사회가 되어야 한다고 보고 있다.

페미니즘과 생태주의도 다양한 관점에 따라 지향하는 사회와 복지국가에 대한 입장이 달라진다.

표 4-8 페미니즘과 생태주의 비교

구분	자유주의 페미니즘	사회주의 페미니즘	급진주의 페미니즘	생태주의
핵심 이슈	•기회의 젠더 불평등	•자본주의와 얽힌 가부장제로 인한 여성 착취와 억압	•보편적·근본적 억압체계인 가부장제	•인간의 자연지배 •공동체 해체 •인간의 도구화
지향하는 사회	•동등한 기회와 권리	•탈자본주의, 탈가부장제	•가부장제 철폐	•공동체 사회 •인간-자연지배, 인간-인간지배 철폐
방법	•법, 제도 내 개혁	•사회주의 혁명	•여성의 성적 해방, 결혼, 가족, 모성애 종식	•노동시간 단축과 해방, 기본소득
복지국가에 대한 입장	•젠더 평등을 위한 의미 있는 도구	•근본적 변화를 막음	•복지정책이 여성을 자유롭게 하면서 동시에 체제를 유지	•비판적

출처: 윤홍식 외(2019). 사회복지정책론, p. 246 재정리.

논의거리

1. 한국은 윌렌스키와 르보의 2분 모형에 따라 어느 모형에 가깝다고 할 수 있을까요?
2. 복지국가에 긍정적인 주요 사상에 대해 논의해 봅시다.

	자본주의에 ________	자본주의에 ________
사회복지정책에 ________	국가개입주의	페이비언 사회주의
사회복지정책에 ________	신자유주의	마르크스주의

3. 한국의 주요 정당들은 주요 가치와 정책에 따라 사상적으로 어디에 위치하는지 논의해 봅시다.

Quiz

1. 윌렌스키와 르보의 잔여적 모형에서는 욕구 충족이 가족이나 (   )에서 우선된다.
2. 티트머스의 산업성취모형은 (① 공공부조, ② 사회보험) 제도를 강조한다.
3. 제도적 재분배 모형에서 분배정책은 개인의 능력보다 (   )에 따라 배분되어야 함을 강조한다.
4. 미쉬라는 사회주의 국가의 복지정책을 설명하기 위해 (① 잔여형, ② 제도형, ③ 구조형)을 제시하였다.
5. 복지국가의 입장을 찬성하는 이념으로는 소극적 집합주의와 (① 페이비언 사회주의, ② 마르크스주의)이다.
6. 우파는 상대적으로 (① 개인주의, ② 연대주의)를 강조한다.
7. 빈곤을 바라보는 관점에서 빈곤은 필요악일 수 있고, 민간 영역의 자선을 통한 해결이 우선되어야 한다고 보는 입장은?

   ① 반집합주의 ② 소극적 집합주의 ③ 페이비언 사회주의 ④ 마르크스주의
8. (① 자유주의, ② 보수주의)는 전통적인 가족, 종교적 신념, 전통에 대한 존중, 권위에 대한 인정 같은 가치를 기반으로 그 사회의 안정성과 질서유지를 중요시하는 편이다.

Chapter 05

사회복지정책의 발달이론

학습목표

1. 사회복지정책의 주요 발달이론에 대해 비교할 수 있다.
2. 사회복지정책에 정치적·경제적·사회적 요인의 중요성을 이해할 수 있다.
3. 한국에 적용할 수 있는 발달이론에 대해 논의할 수 있다.

1 사회복지정책의 발달이론이란

이론은 어떤 현상들 사이의 상호관계를 설명하는 사고체계라고 할 수 있다. 다시 말해 일반적으로 이론이란 '특정 사회현상을 설명하고 이해를 확장시키기 위한 목적으로 다양한 관찰과 경험적 방법을 활용하여 제시되는 종합적이고 체계적인 견해'를 의미한다(윤홍식 외, 2019, p. 249).

사회복지정책 발달이론이란 사회복지정책과 연관된 제반 현상과 사건을 통해 상호관계의 의미를 설명하는 것을 말한다. 다시 말해, 왜 사회복지정책이 특정 시기에 나타나고 발전 또는 후퇴하는가를 밝히는 작업과 관련된다. 사회복지정책 관련 발달이론은 경제적·정치적·사회적 측면을 중심으로 사회복지정책의 성장과 후퇴를 설명하려는 것이다. 특정 이론이 모든 사회복지 발달을 포괄적으로 설명한다기보다는 각각의 이론이 가지는 강점과 한계를 동시에 가진다고 할 수 있다.

2 주요 사회복지정책 발달이론

1) 사회양심론

사회양심론(social conscience theory)은 사회복지정책의 발달이 공동체의 어려움을 해결하려는 구성원들 개인의 이타주의적 양심이 모여 국가의 정책으로 나타나는 것이라고 보는 관점이다. 즉, 한 국가의 사회적 양심의 증대가 사회복지정책의 발달을 가져오는 원동력이 되었다고 보는 이론이다. 사회양심론은 사회복지정책을 인도주의(휴머니즘)에 바탕을 둔 국가의 선한 활동으로 간주한다. 인간 개개인과 그들이 모인 사회의 선함에 따라 사회복지정책에 대해 항상 낙관적일 수 있다고 본다. 결국 사회양심론은 그 사회의 이타주의와 사회적 책임감 등의 결과로 사회복지정책이 나타나고 발전한다고 보는 것이다.

사회양심론은 사회복지정책의 발달을 모두 설명할 수 없는 한계가 있다. 비판을 받는 몇 가지를 살펴보면, 첫째, 사회복지정책이 이타심의 발현으로 나타난다면 많은 사회에서 유사한 사회복지정책들이 나타나야 하지만 현실에서는 그렇지 못하다는 것이다(현외성, 2016, pp. 78-79). 둘째, 사회구성원들의 인도주의적 영향을 강조하다 보니 현대 사회에서의 이해관계집단들의 정책과정에서 생길 수 있는 정치적 맥락의 중요성을 간과하고 있다. 셋째, 사회복지정책의 발전에 대한 경제적 요인을 무시한다는 한계가 있다. 사회복지정책의 발전을 진화적, 낙관적으로 봄으로써 1970~1980년대 사회복지정책의 정체 또는 후퇴의 변화를 설명하는 데 어려움이 있다.

2) 음모이론

음모이론(conspiracy theory)은 사회복지정책은 사회양심론에서 바라보는 사회의 이타심에서가 아니라 국가가 사회 전체의 안정과 질서유지를 위한 목적으로 활용한다는 것이다. 다시 말해 사회복지정책은 국가가 인도주의적 관심으로부터 발생한 것이 아니라 사회적 무질서를 해결하기 위한 전략으로 나타난다고 보았다.

음모이론은 사회질서에 위협이 되는 잠재적인 계층을 관리·통제한다는 측면에서 '사회통제론'이라고도 한다. 예를 들어, 「빈민법」이 빈민에 대한 구제의 목적도 있지만, 도시의 걸인과 부랑인에 대한 통제적 측면도 있다고 보는 것이다.

이렇듯 음모이론은 정책의 숨겨진 의도에 초점을 둔다. 권위주의 정부의 정당성을 확보하기 위해서거나 정치권력의 재생산을 위해 사회복지정책을 활용한다는 것이다. 이러한 시각에서 정책목표의 다양성을 밝힐 수 있도록 하는 이론적 단서를 제공하는 측면이 있다(현외성, 2016, p. 83). 반면에 사회복지정책의 발달과 관련하여 숨겨진 목적에 초점을 두고 있어서 정책과 관련한 명확한 근거를 대기가 거의 불가능해지는 한계가 있다. 또한 정책결정권자의 의도를 너무 중시한 나머지 정책과정의 전반을 분석하지 못하는 측면이 있다.

3) 산업화이론

산업화이론(industrialization theory)은 사회복지정책의 발달을 사회경제적 요인, 즉 경제성장과 산업화의 부작용에 대한 정부의 대응으로 나오게 된 것이라고 설명한다. 자본주의가 발전하면서 새로이 발생하는 실업문제, 산업재해, 노후문제와 같은 사회적 욕구에 대응하기 위해 경제발전을 통해 이룩한 자원을 활용하는 사회복지정책이 나타난 것이라고 보았다. 경제성장에 따른 GDP의 확대로 정부의 재정규모가 커지게 되고 사회복지지출의 비중도 확대된다는 것이다(윤홍식 외, 2019, p. 251).

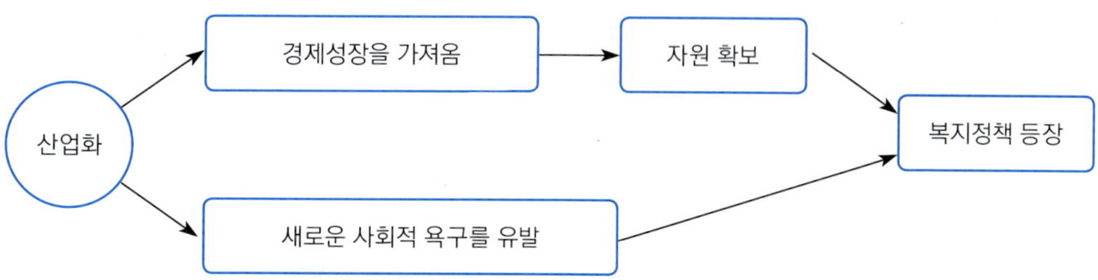

그림 5-1 산업화이론에 따른 복지정책 발생 경로

산업화이론은 산업화의 과정에서 도시화가 진행되고 농경사회의 대가족이 아닌 일에 따른 이동성이 많아지면서 핵가족화와 같은 사회변화가 나타나고 그에 따른 유사한 사회문제들이 나타나면서 사회복지정책이 유사하게 나타날 수밖에 없다고 본다는 점에서 '수렴이론(convergency theory)'이라고도 한다. 예를 들어, 산업화를 이루어 낸 자본주의체제의 국가들에서 대부분 새로운 연금제도를 도입하였다(원석조, 2017, p. 256).

이러한 산업화이론은 경제발전이 이루어지면 사회경제적으로 많은 변화들이 나타나는데, 도시화, 핵가족화, 이동성 증가 등으로 인해 가족의 기능이 약화되기 때문에 돌봄과 같은 새로운 사회복지 욕구에 대응하기 위해 국가의 역할이 증가해야 하는 이유에 대해 잘 설명한다. 즉, 아동양육, 노인부양, 돌봄 지원 등 가족에 대한 사회적 지원과 실업이나 산재, 노령과 같은 새로운 문제에 대응하기 위해서는 사회복지제도가 필요할 수밖에 없다는 것을 사회경제적 측면에서 잘 설명하고 있다. 산업화이론은 현대 사회의 변화를 사회경제적 요인으로 복지의 필요성을 확인하였다는 점에서 긍정적이나 반면에 집단과 계층, 계급 간의 갈등, 그 사회의 주요 가치와 이데올로기 갈등, 정치구조, 민주화와 같은 정치적 요인 등에 대해서는 고려하지 못한 한계가 있다.

4) 엘리트이론

엘리트이론(elite theory, elitism)은 국가의 주요 정책결정이 소수의 엘리트 집단에 의해 결정되고 집행된다고 보는 이론이다. 사회복지정책 역시 소수의 정책결정자들이 방향과 내용을 정해 놓고 추진한 결과로 간주한다. 이러한 정책결정 과정에서 정책은 일방적, 하향적으로 전달되고 집행될 뿐 시민들의 요구와 비판은 거의 수용되지 않는 특징을 보인다(현외성, 2016, p. 92). 상대적으로 고위 행정관료, 전문가, 지식인 등이 사회적 힘을 가지고 주요 정책을 결정하고 추진한다는 것이다.

이러한 엘리트이론은 사회복지정책이 다양한 집단들의 조정과 합의를 통해 나타나는 민주주의적 과정보다는 정치권력을 가진 지도자나 소수 관련 엘리트들이 복지정책에 대해 어떠한 입장을 가지고 있느냐를 강조한다. 따라서 사회복지정책이 누구의 이익을 위해 도입되고 발전되는지에 대한 민주적 협의과정에 대한 설명은 약한 편이다.

5) 이익집단론

이익집단론(interest group theory)은 사회복지정책을 이익집단 간의 갈등과 타협의 산물에 따라 나타난다고 본다. 이익집단이란 현대 민주주의에서 주로 '공통의 목적을 가지고 공공정책에 영향을 미치기 위해 노력하는 개인들의 조직체'라고 규정할 수 있다(원석조, 2017, p. 261). 민주주의의 발전으로 다양한 이해관계를 가진 연합체들이 만들어져 있고, 정부의 주요 정책들이 자신들 개인이나 집단에 영향을 미친다면 긍정적·부정적 반응으로 대응을 하게 된다. 예를 들어, 보건의료정책과 관련하여 의약분업을 정부가 추진하려고 할 때 시민사회, 환자, 의사협회, 약사협회, 병원협회와 같은 이익집단들이 각각의 이해관계에 따라 그 정책 내용이 여러 입장으로 나타날 수 있다. 또한 영유아정책에서 유보통합을 추진하려고 할 때 영유아의 부모, 유치원협회와 보육연합회와 같은 이해관계가 있는 집단들의 반응이 다를 수 있다.

이익집단론은 새로운 정책이나 기존 정책의 변화에서 서로 다른 이해를 가진 집단들이 행사하는 영향력을 분석하고, 정책결정 과정에서 각 집단 간의 이해관계를 파악할 수 있다는 장점이 있다. 반면에 다양한 이익집단들이 나타나고 정책결정 과정에 다양한 의견과 참여가 보장되는 것이 전제가 되어야 하는데 이러한 민주주의체제가 발전하지 못한 국가들에서도 사회복지정책이 나타나고 변화하는 것을 설명하는 데에는 한계가 있다.

6) 코포라티즘론

코포라티즘(corporatism)은 현대 사회에서의 자본과 노동에 대한 국가의 관리방식을 의미하는데, 노동자와 사용자의 이해관계를 각각 대변하는 집단이 정치적 협의구조에 참여하는 과정을 말한다. 노·사·정 3자가 참여하는 구조라는 의미에서 '삼자합의주의'라고도 한다. 코포라티즘은 주요한 정책에 있어서 국가가 능동적이고 적극적으로 주도하는 특징을 가지고 있다(현외성, 2019, p. 53). 코포라티즘에서 국가는 전체의 이익 확대와 사회질서 유지를 위해 능동적으로 사회집단 간의 갈등을 해결하고 협의·조정하는 데 적극적 역할을 수행한다. 또한 정부가 국가 전체의 이해와 사회의 안정을 위해 보다 적극적으로 정책결정 과정에 참여한다. 사회복지정책에서 코포라티즘은 정부와 노동자 대표, 그리고 사용자 대표가 상호의 관심 분야인 노동정책과 복지정책 등의 문제를 협의·결정하는 것을 의미한다.

코포라티즘은 자본주의체제에서 사회복지정책의 도입과 결정 과정, 변화를 설명하는 데 있어 노동자계급과 사용자 단체, 국가의 관계 속에서 설명한다는 강점이 있는 반면, 노동조합의 역할이 약한 국가에서의 설명이나 다양한 이해관계집단들이 존재하는 변화된 현실을 설명하는 데에는 한계가 있다.

7) 시민권론

시민권이론(citizenship theory)은 한 사회의 시민이면 누구에게나 부여되는 기본적 권리를 누릴 수 있다는 이론이다. '시민권(citizenship)'이란 '공동체의 완전한 구성원에게 부여되는 일종의 지위'이다(Marshall & Bottomore, 2014, p. 55). 다시 말해 시민권은 공동체의 모든 성원에게 부여된 여러 가지의 권리와 권력을 향유할 수 있는 지위를 의미한다. 이러한 시민권에는 크게 공민권, 정치권, 사회권이라는 세 가지 요소로 나눌 수 있다(Marshall & Bottomore, 2014, pp. 30-53).

(1) 공민권(자유권)

공민권(civil right)은 개인의 자유, 표현·사상·신념의 자유, 사유재산권, 정당한 계약의 권리, 재판받을 권리 등 개인의 자유에 필요한 권리이다. 공민권은 개인의 소유권과 자유권, 법 앞의 평등을 보호하는 데 관심을 가진다. 따라서 공민권과 직접적으로 연관된 제도는 법원이다.

(2) 정치권

정치권(political right)은 정치적 권위가 부여된 조직의 성원 또는 그 조직의 성원을 뽑는 유권자로서 정치권력의 행사에 참여할 수 있는 권리이다. 정치권과 관련된 제도는 국회와 지방의회이다.

(3) 사회권

사회권(social right, 복지권)은 최소한의 경제적 복지와 보장에 대한 권리로부터 사회적 유산을 공유하고, 사회의 통상적 기준에 따라 문명화된 삶을 향유할 수 있는 권리에 이른다. 사회권은 교육제도와 사회복지제도와 관련성을 가진다.

표 5-1 시민권 권리의 성장

구분	공민권	정치권	사회권
확대 시기	18세기	19세기	20세기
주요 원칙	개인적 자유	정치적 자유	생활의 자유
주요 권리	사유재산권 계약의 자유 표현의 자유 사상·종교의 자유	선거권(투표권), 피선거권	교육제도 사회(복지)서비스

출처: Marshall, T. H., & Bottomore, T. (2014). 시민권(조성은 옮김), pp. 30-31 재구성.

시민권이론은 사회복지정책이 민주주의 발전과 경제성장을 바탕으로 실행 가능했던 측면도 있지만, 시민권이 확보되지 않았다면 발전하지 못했을 것이라는 측면을 강조한다(박병현, 2019, p. 104). 이러한 시민권이론은 역사적으로 시민의 권리 확장을 설명하고 있는데, 주로 서구 민주주의 국가에 국한되어 있어서 20세기의 사회주의 국가의 경우 오히려 공민권과 정치권이 상당히 제한적으로 나타나는 것에 대해 설명하기 어렵다. 또한, 시민권의 발전을 진화론적 시각으로 접근함으로써 그 사회의 집단 간의 세력관계, 이데올로기, 사회계층의 변화 등과 같은 사회구조의 변화와 연결시켜 분석하지는 못하면서 1980년대 이후 복지의 후퇴에 대해 설명하지 못하는 한계가 있다.

8) 확산이론

확산이론(diffusion theory)은 한 나라의 사회복지정책이 다른 나라에 영향을 미쳐 나타나고 변화된다는 데 초점을 둔 이론이다. 확산이론은 서로 지리상으로 인접한 국가나 긴밀한 관계에 있는 국가 간에 정책에 영향을 주고 전파된다는 이론이다. 즉, 사회복지정책의 확대과정은 국제적 모방과정으로, 한 국가의 제도가 인근 국가로 확산되는 것인 동시에 선진국으로부터 후진국으로의 관념과 기술의 이전과정이기도 하다는 것이다(원석조, 2017, p. 259). 예를 들어, 독일에서 처음 나타난 사회보험제도가 유럽의 인근 국가로 퍼져 나가면서 유사한 정책들이 확대되어 나타났다고 본다.

이러한 확산이론은 한 국가가 새로운 복지제도를 도입하려 할 때 다른 나라의 유사한 제도를 참고하여 시행하기도 한다. 참고만 하는 것이 사회복지정책의 원인은 될 수 없지만 모방하여 제도를 시행할 수는 있다. 우리의 노인장기요양보험도 고령사회를 대비하여 먼저 시행한 독일과 일본의 유사한 제도를 참고하여 시행되었다고 할 수 있다.

9) 권력자원이론

권력자원이론(power resource theory)은 산업화이론과 같이 경제적 측면의 강조에 대한 비판으로 정치적 요인에 관심을 둔다(윤홍식 외, 2019, pp. 254-255). 권력자원이론은 사회(복지)정책이 시장의 힘을 완화하기 위해 의도적으로 사용되었다고 보는 관점이다. 시장과 정치는 제도화된 것으로, 자원을 동원하고 보상을 분배하며 사회를 움직여 나가기 위해 부분적으로 상호 대체하고 중복되는 영역이다.

시장의 권력은 자본과 경제적 자원이기 때문에 이러한 자원은 사회계급이나 이익집단에 따라 불평등하게 분배된다. 반면에 민주적 정치과정에서의 권력자원은 투표권과 집단행동을 통해 작동하는데, 투표권은 모든 시민에게 평등하게 분배된다. 노동자는 시장의 자원에서 상대적으로 취약하지만 정치 영역에서는 수적으로 다수이기 때문에 분배를 둘러싼 유리한 조건과 결과를 획득하기 위해 정치적 자원을 활용할 수 있다.

권력자원이론은 자본주의 사회의 계급갈등을 이러한 민주적 정치 영역에서 불평등 완화에 적극적인 정당정치를 통해 사회(복지)정책이 발달한다고 본다. 복지정책의 발달은 산업화의 발전과 함께 자연적으로 이루어진 것이 아니라 노동자 계급이 제도 실행을 위한 권력을 획득했을 때 이루어질 가능성이 높다고 본다. 이러한 정치적 권력이 강해진 노동자계급은 자신들의 이익을 대변하는 정당을 지지하고, 사회(복지)정책과 같은 노동자의 사회권이 확장된다는 것이다.

10) 복지국가 모순론

복지국가 모순론(welfare state contradiction)은 자본주의체제의 불안정성 또는 위기에서 출발한다. 자본주의체제에서 국가는 여러 가지 기능을 해야 한다. 특히 자본축적(accumulation)과 정당화(legitimation)의 기능을 수행해야 하는데, 이 둘 사이에 상호 모순에 초점을 둔다(원석조, 2017, pp. 286-287). 다시 말해, 자본주의 사회는 경기변동으로 인해 근본적으로 불안정한 사회이지만 자본주의를 지속화하는 데 있어 자본축적이 필요하고, 동시에 노동자계급의 저항을 극복하기 위해 정당화라는 기능을 국가가 수행해야 한다고 본다. 국가는 이윤의 극대화를 지향하는 자본축적, 즉 성공적인 자본축적을 위한 사회적 조건을 안정화하고 민간자본을 지원함과 동시에 사회적 조화를 추구하는 정당화, 즉 자본주의의 무자비성을 완화하기 위한 다양한 조치들이 필요한데 그 대표적인 정책들이 사회복지정책이라는 것이다.

복지국가 모순론은 마르크스주의의 관점에서 사회복지정책들이 나타나고 발전하는 이유를 국가의 정당화 기능으로 설명하고 있다. 이러한 모순론은 자본주의의 다양한 문제의 중심에 노동과 자본의 계급문제에 초점을 두고 분석하고 있어서 민주정치 내에서의 다양한 집단의 역할은 상대적으로 무시하는 한계가 있다. 그리고 자본주의를 발전시켜 온 여러 국가들, 예를 들어, 미국과 독일, 스웨덴처럼 같은 자본주의 내에서도 사회복지정책의 방향과 범위, 수준의 차이를 설명하는 데에는 한계가 있다.

논의거리

1. 한국에서 코포라티즘에 기반을 둔 합의구조가 잘 정착되지 못하는 이유는 무엇일까요?
2. 한 나라의 정치체제가 붕괴되면 그 강한 파급효과가 이웃 나라에도 미친다는 도미노이론(domino theory)은 미국의 아이젠하워 대통령이 도미노의 첫 번째 말을 넘어뜨리면 전체 말이 전부 쓰러지고 마는 현상을 빌려 20세기 냉전시대에 베트남의 공산화에 이어 인근 동남아시아의 정치체제가 공산화될 수 있는 위험을 설명한 데서 비롯되었는데, 이와 관련한 사회복지정책의 발달이론은 무엇일까요?

Q Quiz

1. 복지정책은 자비심에서가 아니라 빈민을 통제하기 위한 제도로서 나타났다고 보는 이론은 (① 사회양심론, ② 음모이론)이다.
2. 마샬의 시민권이론은 공민권, 정치권, ( )을 중심으로 확대되어 온 것으로 보고 있다.
3. 사회에서 발생하는 사회적 욕구에 대응하여 경제발전을 통해 이룩한 자원을 통해 사회복지정책이 나타난 것으로 보는 이론은? ( )
4. (① 이익집단론, ② 코포라티즘론)은 사회복지정책의 도입과 결정과정, 그리고 변화를 설명하는 데 있어서 노동자계급과 사용자 단체, 국가의 관계 속에서 설명한다.
5. 한 나라의 사회복지정책이 다른 나라에 영향을 미친다는 점에 초점을 둔 사회복지정책의 발달이론은? ( )
6. 복지국가 모순론은 국가의 역할이 이윤의 극대화를 지향하는 자본축적과 사회적 통합을 추구하는 ( )의 두 기능을 해결해야 하는데, 이 두 기능이 모순관계에 있다고 보는 이론이다.
7. 다음 중 공민권이라고 보기 어려운 것은?

① 사유재산권 ② 계약의 자유 ③ 사상의 자유
④ 종교의 자유 ⑤ 사회복지제도

Chapter 06

복지국가와 사회복지정책

학습목표

1. 국가의 유형을 역사적 흐름에 따라 비교·분석할 수 있다.
2. 복지국가의 개념 및 유형에 대해 비교할 수 있다.
3. 한국은 복지국가 유형에서 어떤 유형에 가까운지 설명할 수 있다.

1 국가의 유형

복지국가(welfare state)는 국가의 한 유형이라고 할 수 있다. 따라서 복지국가를 이해하기 위해 '국가'가 무엇인지에 대해 이해할 필요가 있다. 국가는 베버(Weber)에 따르면 '독점적 강압력, 통일적 권위, 그리고 제반 법률적·행정적 장치를 기초로 일정한 영토와 그 영토 내의 주민을 배타적으로 지배하는 정치적 조직'이라고 할 수 있다(김태성·성경륭, 2014, p. 16).

국가가 사회에 대해 법과 질서유지라는 기본적 기능만을 수행하는가, 아니면 경제발전이나 시민을 위한 복지제공 등과 같은 실체적 기능도 수행하는가에 따라 구분할 수 있다. 그리고 국가권력의 구성과 행사가 소수의 지배집단에 의해 독점되고 있는가, 아니면 국가의 구성원 전체에게 개방되어 있는가에 따라 구분할 수 있다. 즉, 국가의 유형은 국가의 기능과 권력의 구성과 행사에 따라 다음과 같이 나눌 수 있다(김태성·성경륭, 2014, pp. 15-30).

표 6-1 국가의 유형

구분		국가권력의 구성과 행사	
		폐쇄적·권위적	개방적·민주적
국가기능	기본적 기능	정복·약탈국가	민주국가
	실체적 기능	발전국가	복지국가

출처: 김태성·성경륭(2014). 복지국가론, p. 19.

1) 정복·약탈국가

정복·약탈국가는 강압수단(무력)을 소유하고 집단이 타인 또는 타 집단을 강제적으로 지배하는 국가이다. 전문화된 정치(군사)집단이 특정 영토 내외의 경쟁세력을 무력으로 정복함으로써 국가를 수립하는 것이 특징이다. 국가 자신이 생산적 활동을 하지 않으면서 특정 영토 내의 사회구성원들에게 폭력을 사용하거나 외부로부터의 침략이나 위협을 이용하여 보호의 대가를 받아 국가를 유지한다.

2) 발전국가

발전국가는 재정수입을 위해 일차적으로 사회구성원들의 재산 소유와 생산활동을 보호·장려하는 국가이다. 발전국가들은 사회의 생산능력을 증가시키기 위해 재산권에 대한 보장, 자유로운 경제활동에 대한 보호, 사회 간접자본의 확충 등을 통해 경제발전을 적극적으로 지원한다. 발전국가에서는 강압수단을 소유한 정치집단과 생산수단(공장, 토지 등)을 소유한 경제집단 사이에 지배연합이 형성되는 것이 특징이다.

3) 민주국가

민주국가는 국가권력이 사회구성원들의 정치참여와 선거에 의해 구성되고 자의적으로 이루어져 온 국가권력의 행사가 의회와 사법부 등에 의해 공공적 통제를 받는 국가이다. 민주국가는 정당 간 경쟁과 선거를 통한 국가권력이 구성되고 행사되는 공적 영역에서는 민주주의의 원리가 적용되고, 시장을 통해 상업 및 산업활동이 영위되는 사적 영역에서는 자유주의 원리가 적용된다.

4) 복지국가

민주주의는 노동자들에게 노동 3권(단결권·단체교섭권·단체행동권)을 부여함으로써 노동계급의 조직화와 집단행동을 합법적으로 보장하고, 민주적 제도와 절차를 통해 다양한 이념을 가진 정당이 합법적으로 국가권력을 장악할 수 있도록 보장해 준다. 따라서 노동자의 세력이 확대되고 복지 확대에 긍정적인 정당이 지지를 받으면서 사회복지정책을 통해 국민들의 삶의 안전과 평등을 촉진시키는 복지국가가 나타나게 된다. 이러한 국가 유형 중 특히 민주국가에서 공민(자유)권과 정치권이 확대되었다면 복지국가에서는 사회(복지)권이 확대된 것이라고 할 수 있다.

2 복지국가의 개념

1) 복지국가 용어

복지국가라는 용어는 제2차 세계대전 중에 나타났다. 영국의 켄터베리 대주교 윌리엄 템플(William Temple)이 『시민과 성직자(1941)』라는 책에서 사용하였다고 알려진다. 독일을 전쟁국가(warfare state) 또는 무력국가(power state)로, 영국을 복지국가로 대비시켜 규정하면서 나타났다(Merrien, 2000, p. 26). 전쟁국가는 시민과 인접 국가를 억압하는 국가인 데 반해, 복지국가는 시민의 복지를 위해 봉사하고 이웃 국가를 존중하는 국가라 할 수 있다.

2) 복지국가의 정의

현대 사회에서 국가의 역할은 보다 확대되고 복잡하다. 국가의 유형에서 살펴본 것처럼 복지국가는 국가의 기능이 시민들의 삶의 안전과 확대된 기본권을 보장하는 국가라 할 수 있다. 복지국가에 대한 정의를 통일된 개념으로 설명하기는 쉽지 않다. 각각 학자들의 복지국가에 대한 정의를 살펴보고, 공통의 요소를 보면 다음과 같다(김태성·성경륭, 2014, pp. 46-47).

(1) 윌렌스키(Willensky, 1975)

복지국가는 모든 국민에게 최소한의 수입, 영양, 건강, 주택, 교육을 보장하는 국가이다. 국가에 의한 이러한 복지제공은 자선이 아니라 모든 국민이 누리는 권리에 대응하여 주어지는 것이다.

(2) 미쉬라(Mishra, 1990)

복지국가는 국민들의 삶과 관련된 최소한의 전국적 기준(national minimum standards)을 유지하기 위해 국가의 책임을 제도화하는 것이다. 최소한의 전국적 기준을 보장하기 위해 완전고용의 실현, 국민의 기본 욕구를 충족시키기 위한 보편적 서비스의 제공, 빈곤의 해소와 예방에 정책의 초점을 둔다.

(3) 코르피(Korpi, 1983)

복지국가는 정치적 민주주의와 국민들에 대한 최소한의 사회보장을 전제조건으로 하여 상대적 빈곤이 어느 정도 감소하는가 혹은 결과의 평등을 어느 정도 실현하는가에 적극적인 국가라 할 수 있다.

(4) 에스핑-안데르센(Esping-Andersen, 1990)

복지국가는 국가에 의해 부여되는 사회권이 국민들의 시장에 대한 의존성을 줄일 수 있는 국가이다. 즉, 국민들이 시장의 의존성을 줄이고 국가가 보장하는 복지제도를 통해 사회권이 보장되는 탈상품화(decommodification)가 어느 정도 보장되는 국가라 할 수 있다.

(5) 로우(Lowe, 1993)

복지국가는 좁게는 사회 서비스를, 넓게는 시민의 복지를 위해 정부가 제공하는 모든 사회경제적 서비스를 의미한다. 복지국가는 최저소득의 보장, 사회적 위험의 감소, 적정 수준과 보편주의적 혜택을 주요 기능으로 하는 국가이다.

복지국가의 정의에서 유사한 공통점을 정리하면 다음과 같다(김태성·성경륭, 2014, pp. 47-49).

첫째, 복지국가는 자본주의 경제체제 속에서 발전해 왔다. 복지국가는 자본주의체제에서 나타나는 성장의 어두운 면인 광범위한 빈곤의 존속, 불평등의 심화, 시장의 폐해 등에 대한 해결책으로 복지국가가 등장하였다고 보는 것이다.

둘째, 복지국가는 정치적 민주주의를 전제로 발전해 왔다. 복지국가라 일컫는 국가들은 주로 민주주의체제가 정착되면서 발전되어 온 국가들이라고 할 수 있다.

셋째, 복지국가의 정의에서 모두 '최소한의 전국적 수준 보장'을 강조하고 있다. 복지국가는 시민들의 삶의 안전과 욕구 충족을 위해 최소한의 전국적 수준을 보장한다는 것을 강조하는 것이다.

3) 복지국가의 목표와 기능

복지국가의 주요한 목표는 시민들이 스스로의 힘만으로는 자신의 복지를 증진시키는 것이 불가능한 여러 상황들에 대해 국가의 개입을 통해 시장을 조절하고 시민들의 삶을 안정시키는 것이다(Gilbert & Terrell, 2020, pp. 83-86).

복지국가의 목표에서 첫 번째는 개인이 실업, 업무상 사고, 노령 등과 같은 '사회적 위험'으로 인해 안정적인 삶을 스스로 이끌어 나갈 수 없을 때 이들에게 경제적 지원을 제공하는 것이다. 복지국가는 소득이 중단된 사람들의 삶의 수준이 하락하는 것을 효율적으로 방지할 수 있다. 복지국가의 핵심적인 정책은 상실된 소득을 보상하여 개인과 가족이 경제적 어려움에 빠지지 않도록 지원해 주는 사회보험제도이다.

두 번째 목표는 개인과 가족에 대해서 최저생활을 보장하는 것이다. 이러한 목표는 빈곤층을 대상으로 하는 공공부조제도에 반영되어 있다. 빈곤층에 대한 현금급여뿐만 아니라 교육훈련이나 기술 습득과 같은 자립 지원을 위한 프로그램도 포함한다.

세 번째 목표는 모든 시민이 자신의 지위나 계층에 관계없이 사회적으로 합의된 일정한 범위에 해당하는 사회서비스를 제공받을 수 있게 보장하는 것이다. 그 사회가 필수불가결한 것으로 간주하는 필수적인 재화와 서비스를 개인이 확보할 수 있도록 하는 제도로서, 공공교육, 보건의료, 주거 지원과 같은 프로그램이 포함된다.

표 6-2 복지국가의 세 가지 기둥

목표	정책	수혜
• 경제적 보장: 상실된 소득을 대체해 줌으로써 일상생활의 위험으로부터 시민을 보호	• 사회보장: 질병, 실업, 은퇴, 유가족에 대한 사회보험(의료, 고용, 노령)	• 노동자와 은퇴자 및 그들의 가족과 부양가족
• 물질적 충족: 기본적인 사회적 보호 제공	• 공공부조: 현금지원 및 사회서비스 제공	• 빈곤계층 및 취약계층
• 기본적인 서비스: 필수적인 재화와 서비스에 접근을 보장	• 교육, 보건, 주거, 간호	• 모든 국민

출처: Gilbert, N., & Terrell, P. (2020). 사회복지정책론: 분석틀과 선택의 차원(남찬섭 외 옮김), p. 84.

또한, 복지국가의 기능을 카우프만(Kaufmann)은 다음의 네 가지로 설명한다(Merrien, 2000, p. 19). 첫째, 사회적 권리를 보장하고 보호하려는 공적 개입, 둘째, 소득 수준에 영향을 미치는 공적 개입, 셋째, 사회 여건과 환경시설을 개선하기 위한 공적 개입, 넷째, 개인 능력을 향상시키기 위한 공적 개입 등으로 구분하고 있다.

3 복지국가의 유형

복지국가를 유형화하여 분류하려는 시도들이 다양하게 나타나고 있다. 일반적으로 사회복지 지출 수준, 제도 도입 시기, 복지대상자 포괄성에 따른 제도의 특징 등에 따라 유형화할 수 있다.

1) 퍼니스와 틸톤

퍼니스와 틸톤(Funiss & Tilton)은 정부의 개입 형태에 따라 적극적 국가, 사회보장국가, 사회복지국가로 구분하였다(김태성·성경륭, 2014, pp. 195-197).

(1) 적극적 국가(positive state)

적극적 국가에서는 경제적 효율성과 시장을 중시하고 엄격한 자조의 원리와 기여에 바탕을 둔 사회보험 프로그램을 중요시한다. 그리고 복지는 시장에서 배제된 사람들을 위한 최소한의 시혜만을 제공한다. 따라서 사회복지정책의 주요한 역할이 경제성장을 위한 정부와 시장 사이의 협력에 두고 있고, 복지체계는 시장체계의 기능을 강화하기 위한 사회 통제적 기능을 수행한다. 대표적 국가로는 미국을 들 수 있다.

(2) 사회보장국가(social security state)

사회보장국가의 중요한 목표는 국민들의 최저생활을 보장하는 데 있다. 최저생활의 수준은 전반적인 생활수준이 향상되는 데 따라 변화한다. 이러한 목적을 달성하기 위해서 사회보험 이외에도 다른 사회적 서비스들이 중요하다고 본다. 대표적 국가로 영국을 들 수 있다.

(3) 사회복지국가(social welfare state)

사회복지국가는 소득, 재산 및 권력의 불평등을 제거하기 위해 정부가 적극적으로 나선다. 또한 정부는 노동조합과 기업과의 협력을 강조하면서, 국민의 최저수준의 보장을 넘어서 전반적인 삶의 질의 평등을 추구한다. 이러한 목적을 달성하기 위해서 전통적인 사회보험이나 공공부조에만 의존하지 않고 일반 예산에 의한 보편적 사회복지 프로그램이 확대되어야 한다고 본다. 대표적 국가로는 스웨덴을 들 수 있다.

2) 미쉬라

미쉬라(Mishra)는 복지국가의 유형을 두 가지로 나누었는데, 다원적 혹은 분화된(pluralist or differentiated) 복지국가와 조합주의적 혹은 통합된(corporate or integrated) 복지국가로 구분하였다(김태성·성경륭, 2014, pp. 198-199).

(1) 다원적 혹은 분화된 복지국가

다원적 혹은 분화된 복지국가에서는 복지가 경제와 구분되고 대립된다. 따라서 경제에 나쁜 영향을 주는 사회복지는 제한되고 잔여적인 역할을 한다. 또한 이러한 국가들에서의 사회복지정책은 이익집단들의 다양한 이익추구과정에서 이루어지기 때문에 사회복지정책들이 통합적이고 포괄적으로 체계화되지 못하고 단편화되는 경향이 있다. 여기에는 미국, 영국 등 주로 영어권 국가들이 포함된다.

(2) 조합주의적 혹은 통합된 복지국가

조합주의적 혹은 통합된 복지국가에서는 사회복지와 경제는 분리되지 않고 상호의존적이고 상호 연관된 관계로 본다. 즉, 사회복지정책과 경제정책은 서로 밀접한 관계를 인정한다. 이러한 국가에서 사회복지정책은 경제집단들 혹은 계급 간의 상호협력하에 추진된다. 집합적 책임을 강조하며, 사회구성원들의 이익이 통합되는 복지국가 형태를 추구한다. 여기에는 오스트리아, 스웨덴 등의 국가들이 포함된다.

3) 에스핑-안데르센

에스핑-안데르센(Esping-Andersen)은 개인의 복지가 시장에 의존하지 않고도 이루어질 수 있는 탈상품화의 정도와 국가, 시장, 가족이 서로 다르게 사회계층체제의 형태를 이루고 있다고 보면서 세 개의 복지국가의 유형으로 구분하였다(김태성·성경륭, 2014, pp. 201-203; Esping-Andersen, 2006a, pp. 59-62).

(1) 자유주의 복지국가

자유주의 복지국가(liberal welfare state)는 자산조사에 기반한 부조, 보편주의적 소득 이전 및 사회보험제도는 대상이나 보장 정도가 낮은 편이다. 즉, 국가복지가 시장 또는 민간자원단체들의 복지활동에 대한 보조 역할의 수준에 그치는 유형이다. 국가가 노동시장에서 적절한 소득을 획득하지 못하는 사람들을 대상으로 최소한의 복지급여만을 제공한다. 전통적인 자유주의적 노동윤리가 강조되고 소득조사에 기초한 공공부조가 중시되는 국가라 할 수 있다.

자유주의 복지국가는 탈상품화 효과가 약하고 사회권의 영역이 제한되며 다차원의 사회계층체제를 발생시킨다. 이러한 유형의 국가로는 주로 영미형 국가들로 미국, 캐나다, 오스트레일리아 등이 여기에 속한다.

(2) 조합주의(보수주의) 복지국가

조합주의 복지국가(corporatist welfare state)는 국가복지의 제공과 사회적 지위의 격차 유지는 밀접하게 연관되어 있어 국가의 역할이 확대되지만, 자유주의 복지국가에 비해 민간과 기업의 역할은 상대적으로 약한 유형이다. 이 복지국가는 보수적이고 계층과 신분 차이를 유지하면서 전통적인 가족을 유지하려는 복지체제를 갖고 있다. 복지대상자를 직업 범주에 따라 구분하고, 국가는 이들이 직무 경력을 쌓아 가도록 교육과 직업훈련을 적극 지원하며, 소득보장 수준은 국민최저 수준을 넘어서도록 한다.

조합주의 복지국가는 국가가 주된 사회복지 제공자로의 역할을 하지만 사회적 지위에 따른 차이를 유지하기 때문에 재분배 효과가 약하다. 사회복지정책에서 보험원칙을 강조하는 사회보험제도를 강조한다. 이러한 유형에 속하는 국가들은 주로 유럽의 오스트리아, 프랑스, 독일, 이탈리아 등이 있다.

(3) 사회민주주의 복지국가

사회민주주의 복지국가(social democratic welfare state)는 사회적 평등과 전 국가적인 사회연대성의 제고를 위해 국가가 적극 개입하는 유형이다. 사민주의 복지국가는 보편주의 원칙과 사회권을 통한 재분배효과가 크다. 국가복지는 하나의 보편적이고 포괄적 체계로 통합되어 상당한 수준의 평등과 정치적 사회통합을 이루려 하고, 모든 시민의 평균적인 생활수준을 보장한다.

사민주의 복지국가는 가족이나 시장의 복지기능을 대신하여 국가가 보편적 사회복지 프로그램을 통해 일상생활의 비용을 사회화한다. 국가가 적극적으로 아동, 노인 등에 대한 직접적인 책임을 가지면서 탈상품화 효과가 높은 편이다. 또한 복지와 노동을 융합하고, 완전고용 보장을 위해 적극적이다. 이러한 유형의 국가들에는 스칸디나비아반도의 스웨덴, 노르웨이, 덴마크 등이 있다.

표 6-3 각국의 탈상품화 점수[1]

자유주의 복지국가	탈상품화 점수	조합주의 복지국가	탈상품화 점수	사민주의 복지국가	탈상품화 점수
호주	13.0	이탈리아	24.1	덴마크	38.1
미국	13.8	프랑스	27.5	노르웨이	38.3
뉴질랜드	17.1	독일	27.7	스웨덴	39.1
캐나다	22.0	오스트리아	31.1		

주 1: 탈상품화 점수 산정은 노령연금, 질병수당, 실업보험의 탈상품화 점수를 각각 부여하고 합산한 점수임. 예를 들어, 노령연금의 경우 ① 평균임금 대비 최소연금 급여액의 비율(+), ② 급여대상자에 지급되는 표준 연금급여(소득대체율)(+), ③ 급여 수급 자격요건(가입기간)(–), ④ 전체 재정 중 수급자 부담의 비중(–)을 각각 1, 2, 3점 탈상품화 점수를 부여함

출처: Esping-Andersen, G. (2006a). 복지자본주의의 세 가지 세계(박형신 외 옮김), p. 91 재구성.

에스핑-안데르센의 탈상품화 점수에 따른 유형화에서는 조합주의 복지국가와 사민주의 복지국가의 차이가 구분이 되지만 공공사회복지 지출로는 조합주의 복지국가와 사민주의 복지국가의 차이를 구분하기 쉽지 않다.

표 6-4 복지국가 유형별 총 공공사회복지 지출비교(2001년 기준)

(단위: GDP 대비 %)

자유주의적 복지국가	총 공공복지 지출	조합주의적 복지국가	총 공공복지 지출	사민주의적 복지국가	총 공공복지 지출
미국	15.7	독일	30.6	스웨덴	35.1
영국	25.4	프랑스	33.0	덴마크	34.2
캐나다	20.4	오스트리아	29.6	노르웨이	27.0
호주	20.4	이탈리아	28.3	핀란드	28.0

출처: 구인회 외(2010). 사회복지정책론, p. 294.

에스핑-안데르센의 세 가지 복지체제의 특징에서 자유주의 복지국가는 시장의 역할을 강조하고, 조합주의 복지국가는 가족의 역할을 강조하면서 보수주의 복지국가라 불리기도 한다. 그리고 사민주의 복지국가는 국가의 역할을 강조한다는 점에서 차이가 있는데, 이는 다음 〈표 6-5〉와 같다.

표 6-5 자유주의·보수주의·사민주의 복지체제의 특징

유형		자유주의 복지국가	보수주의 복지국가	사민주의 복지국가
역할의 비중	가족	주변적	중심적	주변적
	시장	중심적	주변적	주변적
	국가	주변적	보충적	중심적
복지국가	지배적인 연대의 양식	개인적	혈연, 조합주의, 국가주의	보편적
	지배적인 연대의 소재	시장	가족	국가
	탈상품화 정도	최소	높음(주 생계원)	최대
대표 국가		미국	독일, 이탈리아	스웨덴

출처: Esping-Andersen, G. (2006b). 복지체제의 위기와 대응: 포스트 산업경제의 사회적 토대(박시종 옮김), p. 176.

4 복지국가의 새로운 변화

복지국가는 1970년대 이후 사회경제적 상황과 함께 변화되어 왔다. 노동시장의 변화로 노동의 유연성 확대, 가족기능의 약화 등 인구구조의 변화, 국가 역할에 대한 재조정 등이 나타났다. 복지국가 시대에서는 하나의 시민권으로서 사회복지급여가 주어지던 것이 노동능력이 있는 사람들에게는 노동의 역할을 강조하면서 복지권과 연계하는 제도들이 확대되기 시작하였다. 이러한 변화를 근로연계국가로 규정하면 노동의 가치를 강화하고 적극적으로 노동시장에 참여하도록 강제하는 특징을 가진다.

표 6-6 복지국가 전략과 근로연계국가 전략

구분	복지국가 전략	근로연계국가 전략
이데올로기적 원리	• 욕구에 기초한 급여자격	• 노동 및 노동가치의 강화
목적/정당화 논거	• 소득 이전을 통한 빈곤감소 • 급여자격과 프로그램을 통한 사회적 욕구에 대한 반응	• 노동의 증진을 통한 복지 의존성 감소 및 복지 억제 • 노동시장 참여의 극대화

구분	복지국가 전략	근로연계국가 전략
수단	•수동적 소득보장	•적극적 노동시장 통합
노동-규제기능	•임금노동으로부터 배제 •귀속적·범주적 특징에 기초하여 규정된 사회적으로 인정된 수급자 집단	•임금노동으로의 편입 •직업준비에 기초하여 규정된 시장결정
주체	•복지수급자 •복지에 대응	•구직자 •근로연계 복지를 통하여 이동
노동/프로그램 참여	•제한적 •자발적	•확대 •강제적
모순	•복지의존성 •복지와 노동시장의 불일치	•사회적 외부효과 상승 •수요부족 시 실행비용 상승

출처: 김태성 외(2005). 현대복지국가의 변화와 대응, p. 222 재구성.

또한, 길버트와 테렐(Gilbert & Terrell, 2020)은 복지국가의 변화를 권능부여 국가(enabling state)로 규정하면서 복지국가에서 노동의 보호와 탈상품화가 강조되었다면, 권능부여 국가에서는 노동의 촉진과 노동의 재상품화가 강조되고 있다고 보았다. 복지국가에서는 시장과 가족의 기능을 대신하여 국가의 역할이 확대되어 공공기관에 의한 복지서비스들이 확대되었다면 권능부여 국가에서는 다시 이를 시장의 역할을 확대하는 민영화의 방향으로 전환되고 있다고 보았다.

표 6-7 복지국가와 권능부여 국가 비교

복지국가		권능부여 국가	
노동의 보호	•사회적 자원 •노동의 탈상품화 •무조건적 급여	노동의 촉진	•사회적 포섭(inclusion) •노동의 재상품화 •유인과 제재의 활용
보편적 수급권	•낙인의 방지	선별적 표적화	•사회적 형평성의 회복
공영화	•공공기관에 의한 제공 •서비스 형태의 이전 •직접지출에 중점	민영화	•민간기관에 의한 제공 •현금 또는 바우처 형태의 이전 •간접적 지출의 증가
사회권으로서의 급여	•권리의 공유를 통한 연대	의무연계적 급여	•공유된 가치와 시민적 의무의 결합

출처: Gilbert, N., & Terrell, P. (2020). 사회복지정책론: 분석틀과 선택의 차원(남찬섭 외 옮김), p. 476.

최근의 주요 국가들은 여러 가지 사회적 위험에 노출되어 있다. 대표적으로는 인구구조의 변화로, 인구의 고령화로 인한 노인복지제도의 확장이 불가피해지고 있다. 특히 소득보장제도의 재설계와 의료(요양)서비스제도의 구축에 국가의 역할이 커지고 있다. 또한 가족기능의 약화와 성역할의 변화에 따라 가족 내 돌봄기능을 대신할 국가의 역할이 커지고 있고, 노동시장에서도 빠르게 변화하는 산업과 새로운 산업의 출현으로 노동의 불안정성이 더욱 커지고 있으며, 새로운 기술 습득을 위한 평생교육, 훈련과 같은 노동시장정책에서의 역할이 더욱 커지고 있다.

표 6-8 새로운 사회적 위험과 새로운 복지국가의 역할

사회경제적 변화	새로운 사회적 위험	새로운 복지국가의 역할
인구고령화	•취약한 노인 보살피기 •스스로 취약한 노인이 되는 것	•노인서비스
가족 내 성역할의 변화	•일과 가족 내 책임의 균형 잡기, 특히 보육	•보육서비스
노동시장 변화	•입직의 어려움 •적절한 일자리의 확보와 유지의 어려움 •적절한 일자리를 확보할 만한 숙련기술의 결여 •확보한 숙련기술의 빠른 부식	•교육, 훈련 •적극적 노동시장정책
복지국가의 변화(민영화)	•부적절한 급여(특히 연금) •불만족스러운 서비스	•적절한 급여와 서비스체계의 직접 제공(특히 취약층) •민간복지에 대한 적절한 규제

출처: 현외성(2019). 사회복지정책론, p. 67.

최근 OECD 주요 38개 회원국의 GDP 대비 공공사회복지지출 비율(2019년 기준)을 보면, 평균 20.0%이고, 한국은 12.2%로 38개국 중 35위로 여전히 공공사회복지지출 순위로는 낮은 편이다. 다만 1990년 기준과 대비해서 공공사회복지지출 비율의 변화를 보면 4.7배 상승하여 OECD 국가들 중에서 가장 빠른 속도로 복지지출이 증가되어 왔다.

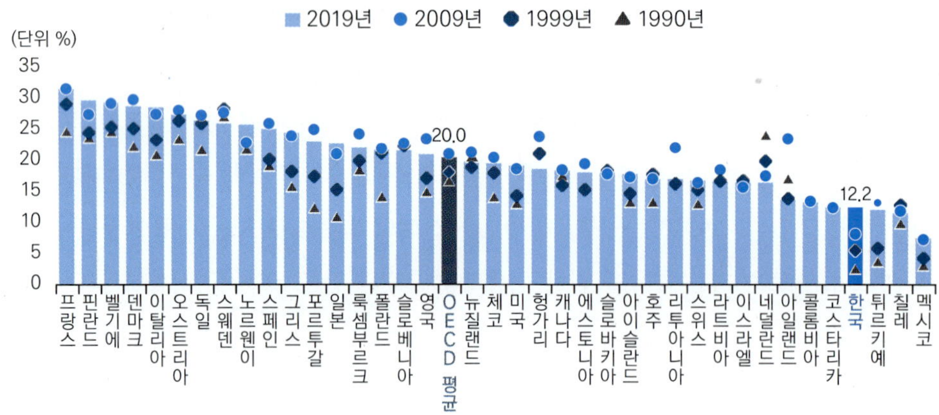

* 대부분 국가들의 데이터가 가용한 시점인 1990년 자료부터 사용
호주, 일본은 2017년, 캐나다, 콜롬비아, 뉴질랜드, 스위스, 코스타리카는 2018년 데이터
콜롬비아와 코스타리카는 자료 부재로 2009년 대신 각각 2010년과 2011년 데이터 사용
2017년까지의 데이터는 확정치이며, 2018년과 2019년의 데이터는 잠정치임

그림 6-1 국가별 GDP 대비 공공사회복지지출 비율 비교

출처: 이윤경(2021). OECD 주요국의 공공사회복지지출 현황, p. 2.

OECD 국가의 복지체계는 대체로 국민부담률[7]과 공공사회복지지출 수준 간에 정(+)의 상관관계가 나타나고 이를 바탕으로 세 가지 유형으로 분류해 볼 수 있다.

첫째, 유형은 저부담-저복지 국가로, 한국, 미국, 스위스, 아일랜드, 호주, 튀르키예(터키), 멕시코 등의 국가들이 포함될 수 있다.

둘째, 중부담-중복지 국가로, 일본, 영국, 뉴질랜드, 캐나다, 폴란드, 체코, 스페인 등의 국가들이 포함될 수 있다.

셋째, 고부담-고복지 국가로, 스웨덴, 덴마크, 핀란드, 프랑스, 독일, 이탈리아 등의 국가들이 포함될 수 있다.

한국은 2018년 기준으로 국민부담률이 26.7%이고 GDP 대비 공공사회복지지출 비율 10.8%로, OECD 평균 이하의 저부담-저복지 국가에 아직은 해당하지만, 한국의 사회경제적

7 국민부담률은 조세와 사회보장기여금(사회보험료 납부액)이 GDP에서 차지하는 비율임

상황과 복지지출의 증가 추이로 볼 때 중부담-중복지 국가군을 향해 나아가려 하고 있다.

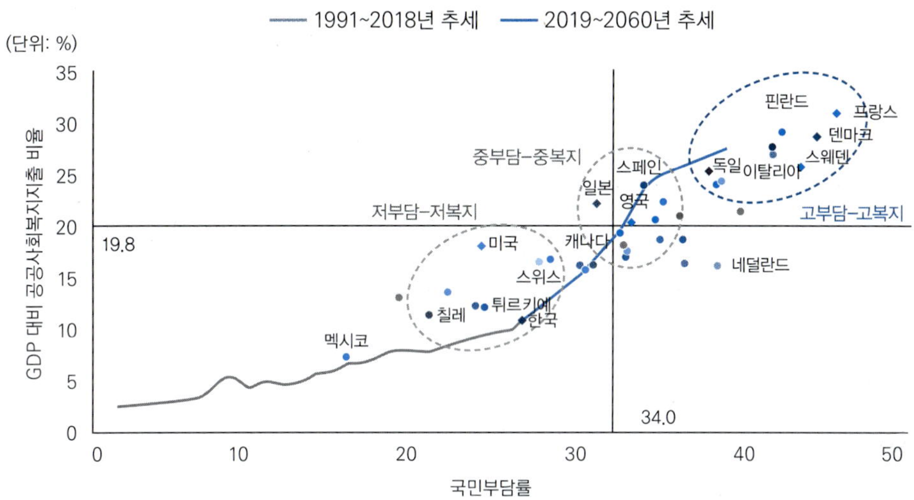

* 호주와 일본은 2017년 데이터, 그 외 36개 국가들은 2018년 데이터

* 그래프의 검은 선은 OECD 전체 38개국의 국민부담률 및 GDP 대비 공공사회복지지출 평균

* 회색 선 그래프는 1991~2018년까지의 한국의 변화 추이이고, 파란색 선 그래프는 국회예산정책처의 '사회보험 수지균형 국민부담률'과 사회보장위원회의 'GDP 대비 공공사회복지지출 비율' 전망 결과를 2020년부터 10년 단위로 2060년까지 연결한 추세

그림 6-2 GDP 대비 공공복지지출 비율과 국민부담률 간 관계(2018년)

출처: 이윤경(2021). OECD 주요국의 공공사회복지지출 현황, p. 4.

읽을 거리 OECD 국가별 공공사회복지 지출(2015~2019)

(단위: % of GDP)

국가별		2015	2016	2017	2018	2019
아시아	대한민국	9.6	9.9	10.1	10.8	12.2
	이스라엘	15.4	15.4	16.2	16.3	16.3
	일본	22.2	22.3	22.3	-	-
	튀르키예	11.6	12.6	12.1	12.2	12.0
북아메리카	캐나다	17.9	18.3	18.0	18.0	-
	멕시코	7.7	7.5	7.5	7.2	7.5
	미국	18.5	18.6	18.4	18.2	18.7
남아메리카	칠레	10.9	11.1	11.5	11.3	11.4
유럽	오스트리아	27.7	27.7	27.3	26.9	26.9
	벨기에	29.5	28.8	28.7	28.8	28.9
	체코	19.3	18.9	18.5	18.8	19.2
	덴마크	29.9	29.3	29.2	28.7	28.3
	에스토니아	17.2	17.5	17.2	17.5	17.7
	핀란드	30.5	30.4	29.6	29.3	29.1
	프랑스	31.8	31.8	31.5	31.1	31.0
	독일	25.0	25.3	25.4	25.3	25.9
	그리스	25.4	25.6	24.7	24.1	24.0
	헝가리	20.4	20.3	19.7	18.8	18.1
	아이슬란드	15.1	15.0	16.0	16.4	17.4
	아일랜드	14.9	15.1	14.2	13.6	13.4
	이탈리아	28.3	27.9	27.6	27.8	28.2
	라트비아	15.8	16.1	15.9	15.8	16.4
	리투아니아	15.9	15.6	15.3	16.2	16.7
	룩셈부르크	21.6	21.0	21.5	21.5	21.6
	네덜란드	17.6	17.5	16.6	16.2	16.1

국가별		2015	2016	2017	2018	2019
유럽	노르웨이	24.8	26.0	25.2	24.4	25.3
	폴란드	20.2	21.2	20.8	20.6	21.3
	포르투갈	24.0	23.4	22.7	22.5	22.6
	슬로바키아	17.2	17.6	17.5	17.2	17.7
	슬로베니아	22.7	22.3	21.5	21.0	21.1
	스페인	24.7	24.2	23.9	24.2	24.7
	스웨덴	26.2	26.6	26.0	25.8	25.5
	스위스	16.6	16.8	17.0	16.7	-
	영국	21.5	20.8	20.5	20.3	20.6
오세아니아	오스트레일리아	18.1	17.4	16.7	-	-
	뉴질랜드	19.4	19.0	18.6	19.4	-

* 사회복지 지출(social expenditure): 공공사회복지 지출 + 법정민간사회복지 지출
공공사회복지 지출(public social expenditure): 일반정부 지출(공공부조, 사회보상, 사회복지서비스) 및 사회보험 지출(공적 연금, 건강보험, 산재보험, 고용보험, 장기요양보험), 공기업의 취약계층 요금 감면

자료: OECD(2022. 7.). https://stats.oecd.org.
출처: 통계청(KOSIS)(2022. 10. 5.). 공공사회복지 지출(OECD).

논의거리

1. 한국사회의 복지 수준과 비교하여 탈상품화 점수가 어떻게 나타날지 유추해 봅시다.
2. 한국은 에스핑-안데르센의 복지국가 유형에 따르면 어느 유형에 속하는지 논의해 봅시다.
3. IMF 이후 한국 사회에서 나타나는 새로운 사회적 위험에는 어떠한 것들이 있는지, 그에 따라 어떠한 복지정책들이 추진되고 있는지 논의해 봅시다.

Q Quiz

1. 민주국가에서 자유권과 정치권이 확대되었다면 복지국가에서는 (　　　　　)이 확대되었다.
2. 에스핑-안데르센은 국민들의 시장에 대한 의존성을 줄일 수 있는 정도, 즉 (　　　　　)의 정도가 높을수록 복지국가가 발달되었다고 보았다.
3. 복지국가는 주로 자본주의 경제체제와 정치적 민주주의, 그리고 욕구 충족을 위해 최소한의 (　　　　　)을 보장하는 것으로 보았다.
4. 퍼니스와 틸톤의 유형 중에서 경제적 효율성과 시장을 중시하며 복지는 단지 시장에 배제된 사람들을 위한 최소한의 시혜만을 제공하는 대표적인 국가로 제시한 나라는?

   ____

5. 에스핑-안데르센의 복지국가 유형 중에서 사회적 평등과 전 국가적인 사회연대성의 제고를 위해 국가가 적극 개입하고, 보편주의 원칙과 사회권을 통한 재분배효과가 큰 복지국가는 (　　　　　) 복지국가이다.
6. 에스핑-안데르센의 조합주의(보수주의) 복지국가의 유형에 속하지 않는 국가는?

   ① 오스트리아　② 독일　③ 프랑스　④ 미국　⑤ 이탈리아

7. 시대의 흐름에 따른 새로운 복지국가의 역할로 보기 어려운 것은?

   ① 고령화에 따른 노인복지 증대　② 아동돌봄 서비스 확대
   ③ 평생교육시스템 확대　④ 고용·훈련정책 강화
   ⑤ 절대적 빈곤 우선 해결

02 PART

정책분석

사회복지정책론
SOCIAL WELFARE POLICY

Chapter 07

사회복지 정책분석

학습목표

1. 사회복지 정책분석의 내용을 이해할 수 있다.
2. 정책분석에서 급여대상과 급여형태의 주요 내용을 이해할 수 있다.
3. 정책분석에서 전달체계와 재원에 따른 주요 내용을 이해할 수 있다.

사회복지 정책분석은 복잡한 정책문제와 관련하여 바람직한 대안을 판단하고 결정하기 위한 방법이라고 할 수 있다. 또한 정책분석은 정책대안, 정책결정, 정책 집행, 정책평가 등 정책의 전반적 과정에 대한 분석을 의미한다.

사회복지정책에 대한 분석적 접근은 몇 가지 상호 연관된 방법들이 있다(윤홍식 외, 2019, pp. 314-315; Gilbert & Terrell, 2020, pp. 37-43). 그 주요 접근 방법으로는 과정분석, 산출분석, 성과분석 등이 있다.

'과정분석(studies of process)'은 사회복지정책 형성의 역동성을 사회정치적·기술적 요인으로 분석하는 접근 방법이다. 과정분석은 사회복지정책이 정책으로 형성되는 과정을 연구하는 것인데, 분석수준과 시간차원에 따라 구분할 수 있다. 분석 수준으로는 사회복지정책 전체를 대상으로 할 수도 있고, 특정의 사회복지정책을 대상으로 할 수도 있다. 시간차원으로는 장기간에 걸쳐 정책의 과정을 분석할 수도 있고, 단기적으로 정책의 형성과정을 분석할 수도 있다.

'산출분석(studies of product)'은 정책 선택에 관련된 여러 가지 쟁점들을 분석하는 접근 방법이다. 즉, 산출분석은 정책결정이라는 정책활동의 결과물로 나온 정책산물, 즉 행위방침에 따른 그 내용을 분석하는 것이다.

'성과분석(studies of performance)'은 프로그램이 가져온 결과를 기술하고 평가하는 데 관심을 두는 접근 방법이다. 성과분석은 특정 정책이 실행된 이후 그 결과를 분석·평가하는 것이다.

이러한 세 가지 주요 정책분석의 접근 방법을 정리하면 다음의 〈표 7-1〉과 같다.

표 7-1 사회복지 정책분석의 유형(3P)

과정분석(process)	산출분석(product)	성과분석(performance)
사회복지정책 형성과정분석	사회복지정책 내용분석	사회복지정책 평가분석
• 사회복지정책이 계획되고 집행되는 과정의 역동성을 중심으로 하여 분석	• 특정한 방향으로 설계된 정책에 있어 그 정책에 포함되어 있는 정책 선택의 형태와 내용 분석	• 특정한 정책 선택에 의해 실행된 제도와 프로그램의 결과를 기술하고 평가하는 분석
예 기초연금제도(「장애인연금법」)가 제정되기까지의 수요자 단체, 시민단체, 학계, 정부의 노력이 어떻게 진행되었는지 분석	예 기초연금제도(「장애인연금법」)의 의미가 무엇인지, 주요 내용은 어떤 것인지 등을 분석	예 기초연금제도(「장애인연금법」)를 통해 그 급여대상자들의 빈곤이 얼마나 줄었는지 등을 분석

출처: Gilbert, N., & Terrell, P. (2020). 사회복지정책론: 분석틀과 선택의 차원(남찬섭 외 옮김), pp. 38-43 재정리.

이러한 정책분석의 유형 중 이 장에서는 산출분석을 중심으로 네 가지 분석틀을 살펴보고자 한다.

1 사회복지 정책분석 체계

사회복지정책의 산출분석은 네 가지 내용분석 틀로 구성된다. 네 가지 분석틀은 복지급여를 누구에게 어떤 형태로 혜택을 제공할 것인가, 그 혜택을 어떻게 전달할 것인가, 혜택을 제공하는 데 필요한 재정은 어떻게 마련할 것인가 등으로 구성된다(Gilbert & Terrell, 2020, p.

123). 분석틀을 구성하는 주요 차원들은 다음과 같은 네 가지 질문으로 표현될 수 있다.

첫째, 사회적 할당의 기반(the bases of social allocation)은 무엇인가?

둘째, 사회적 급여의 형태(the types of social provisions)는 무엇인가?

셋째, 사회적 급여를 전달하기 위한 전략(the strategies for provisions)은 무엇인가?

넷째, 사회적 급여에 필요한 재정을 마련하기 위한 방법(the ways to finance)은 무엇인가?

1) 할당(배분)

할당(allocation)은 '누가 무엇을 얻는가'와 관련된다. 복지급여를 어떤 사람(대상)이 지원받는가와 연결되는 것으로, 복지수급자를 누구로 할 것인지에 대한 질문이다(Gilbert & Terrell, 2020, p. 125). 따라서 할당은 복지급여 대상자를 선정하는 자격과 관련된다. 이러한 대상의 자격과 관련하여 보다 전체 국민을 포함하려는 보편주의와 일부 대상을 제한적으로 포함하려는 선택주의로 크게 나눌 수 있다.

2) 급여

급여(benefits)는 자격을 확보한 대상자(수급자)에게 복지급여가 어떤 형태로 주어질 것인가와 관련된다. 급여와 관련한 형태는 대표적으로 현금(cash) 또는 현물(kind, 재화나 서비스)로 제공하는 것과 관련된다.

3) 전달

전달(delivery)은 복지급여를 전달하기 위한 여러 가지 전략들에 관련된다(Gilbert & Terrell, 2020, p. 126). 전달은 대상자에게 어떤 형태의 급여를 '어떻게(how) 전달할 것인가'라는 질문에 관련된 것이다. 자격이 되어 결정된 급여를 공급자가 수요자(대상자)에게 어떤 전달체계를 통해 전달할 것인가와 관련되고, 공공전달체계를 통해 급여를 전달받을 것인가, 아니면 민간전달체계를 통해 급여를 전달받을 것인가와 관련되는 것이다.

4) 재정

재정(finance)은 할당의 총량과 급여형태와 전달에서의 비용 등 필요한 재원을 어떻게 마련할 것인가와 관련된다. 재정과 관련한 것은 결국 조세, 보험료와 같은 공적 재원으로 복지제도를 운영할 것인가, 아니면 다양한 형태의 민간 재원을 활용할 것인가의 선택이다.

사회복지정책에 네 가지 분석틀을 간략하게 정리하면 다음과 같다.

표 7-2 사회복지정책에 대한 네 가지 분석틀

분석틀	의미	종류
할당	수급자격: 대상체계	보편주의/선택주의
급여	급여종류: 급여체계	현금, 서비스, 물품, 바우처(증서), 기회, 권력
전달	전달방법: 전달체계	공공부문(중앙정부, 지방정부), 민간부문
재정	재정마련방법: 재정체계	공공 재원(조세, 보험료), 민간 재원(사용자 부담, 후원금, 가족 간 지원 등)

2 급여대상

1) 급여대상(자격조건)

급여대상은 사회복지급여를 누구에게 제공할 것인가와 관련된다. 즉, 복지급여를 누가 받을 수 있는가의 문제이다. 복지에 대한 욕구에 비해 자원은 한정되어 있기 때문에 급여대상은 할당, 배분과 관련된다. 어떤 대상자에게 급여를 제공할 것인가에 대한 문제로서, 복지대상의 자격조건을 규정하게 된다.

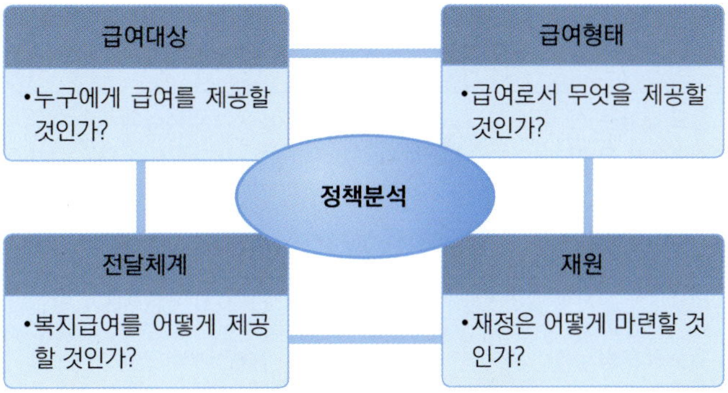

그림 7-1 사회복지 정책분석

급여대상은 크게 특정한 욕구를 가진 일부 대상에게 지원하는 선택(별)주의와 보다 일반적 대상을 포함하려는 보편주의로 나눌 수 있다. 급여대상에서 보편주의는 사회권과 같은 권리로서 자격을 부여하고, 선택주의는 특정 대상에게 집중적으로 지원함으로써 자산조사와 같은 절차를 필요로 한다. 보편주의는 복지모형에서 제도적 모형과 연결되고, 선택주의는 잔여형 모형과 연결될 수 있다.

보편주의의 장점으로는 권리로서 폭넓은 대상에게 지원하기 때문에 낙인이 없고, 행정절차가 간단하지만 비용의 문제와 부자에게도 지원하는 자원 낭비에 대한 문제 제기가 있을 수 있다. 선택주의의 장점으로는 복지급여가 필요한 대상자에게 집중적으로 지원할 수 있어 상대적으로 자원 낭비에 대한 문제와 비용문제를 줄일 수 있지만 사회적 낙인과 행정의 복잡성이 나타날 수 있다.

보편주의의 주요 제도로는 아동수당, 부모급여, 의무교육제도, 무상급식, 영유아보육료(유아원비) 지원 등이 있고, 선택주의의 주요 제도로는 공공부조제도에서 생계급여, 의료급여, 주거급여, 교육급여 등이 있고, 긴급급여제도, 장애인연금, 장애수당 등 주로 자산조사를 거쳐야 하는 제도들이 포함된다.

표 7-3 보편주의와 선택주의

구분	보편주의	선택주의
주요 내용	•주요 대상은 전 국민 •권리로서 자격부여	•특정 대상에게 집중 •자산조사와 같은 절차 필요
장점	•사회적 낙인 없음 •행정절차 용이	•필요한 사람에게 급여 집중 •자원 낭비 줄이고, 비용 지출 적음
단점	•비용문제와 자원 낭비 발생	•사회적 관계에서 낙인효과 발생
복지 이념	•제도적 모형	•잔여적 모형
주요 제도	•아동수당, 의무교육, 무상급식, 영유아보육료 지원 등	•공공부조(생계급여, 의료급여, 주거급여 등), 긴급급여, 장애인연금, 장애수당 등

2) 자격조건의 유형

급여대상을 규정하고 결정하는 데에는 수많은 기준들이 사용된다. 예를 들어, 소득이나 재산 정도, 국적(시민권), 지역, 결혼 여부, 연령, 취업 여부, 자녀의 유무, 성별, 군복무 등 다양한 자격조건들이 있을 수 있다. 다양한 자격조건 중 대표적으로 활용되는 여섯 가지 조건으로 구분하여 살펴보면 다음과 같이 나눌 수 있다(송근원·김태성, 1995, pp. 281-297).

(1) 거주여부/거주기간(국적, 시민권)

급여대상의 자격조건 중 거주여부/거주기간(국적, 시민권)은 자국의 국민이거나 자국 영토에 거주하거나 일정한 거주기간이 지나면 해당되는 국민과 외국인에게 급여 자격을 부여하는 형태이다. 제도에 따라 급여대상을 시민권(영주권) 또는 국적으로 제한하기도 한다. 유럽의 복지국가라 불리는 국가들은 시민권(영주권)이 없더라도 일정기간(예: 6개월 이상) 거주하고 있는 외국인(학생)을 포함하는 영국의 국민보건서비스제도(NHS)와 같은 복지제도들이 있다. 하지만 우리나라는 기본적으로 사회복지제도가 대한민국 국민(국적)을 대상으로 하는 속인주의 특성을 가지고 있어서 복지의 급여대상이 대체로 우리나라 국민만을 포함하는 제도들이 많지만 점차 우리나라도 예외적으로 외국인을 포함하는 복지제도들이 늘어나고 있다.

(2) 인구학적 조건(주로 연령)

급여대상의 자격조건 중 인구학적 조건은 연령(나이)과 같은 기본 조건을 갖추면 복지급여를 받을 수 있는 형태이다. 예를 들어, 사회수당제도 중 하나인 아동수당은 가족 중에 일정한 연령 이하의 아동이 있으면 누구나 받을 수 있다. 또한 출산지원정책 중 하나인 부모급여(기존 영아수당)[8]나 법정 보육료(유아원비) 지원 등은 신청한 가구에 연령에 해당하는 아동이 확인되면 지원받을 수 있다. 그리고 국민연금을 포함한 공적 연금과 기초연금은 제도에서 규정한 연령기준이 되면 관련 급여의 대상이 될 수 있다.

Point

아동수당 자격조건 변화

1. 2018년 9월 하위 90% 대상자 기준

구분	3인 가구	4인 가구	5인 가구	6인 가구
선정기준	월 1,170만 원	월 1,463만 원	월 1,702만 원	월 1,968만 원
소득과 재산이 모두 있는 경우(예시)	월 858만 원, 3억 원 이하	월 1,151만 원, 3억 원 이하	월 1,390만 원, 3억 원 이하	월 1,656만 원, 3억 원 이하
소득만 있는 경우	월 1,170만 원	월 1,463만 원	월 1,702만 원	월 1,968만 원
재산만 있는 경우	11.2억 원	13.8억 원	16.3억 원	18.9억 원

2. 2019년 4월 100% 대상자 기준

- 만 6세 미만 모든 아동(2019년 9월부터는 만 7세 미만으로 확대)

8 부모급여는 만 2세 미만 아동에 대해 가정양육, 시간제보육 등에 사용하거나 어린이집 이용, 종일제 아이돌봄서비스를 이용할 수 있도록 지원되는 월 단위 보편수당제도이다(보건복지부, 2023b, p. 4). 보육시설 미이용 시 2023년 기준 만 0세 70만 원, 만 1세 35만 원 지급.

3. 수혜대상 확대돼 온 아동수당

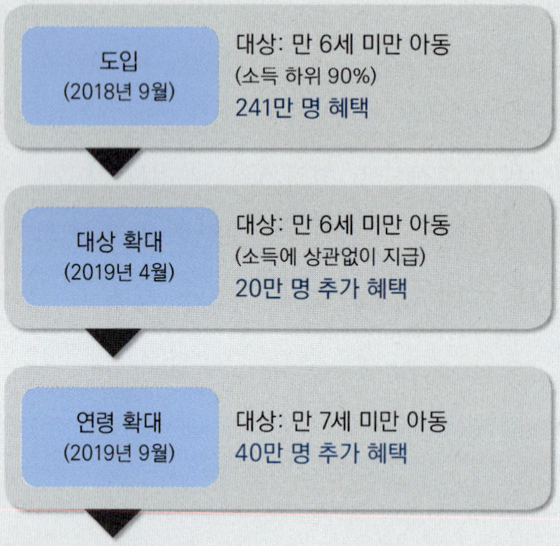

4. 2022년 4월부터 현재

- 만 8세 미만(0~95개월 모든 아동)

(3) 기여

급여대상의 자격조건 중 기여는 국가에 사회적, 경제적으로 공헌한 사람에게 주어지는 형태이다. 독립유공자, 국가유공자 등 국가와 사회를 위해 기여한 대상자와 가족에게 여러 형태의 보상을 주고 사회보험료를 일정기간 이상 납부한 사람들에게 보험급여를 받을 자격이 주어진다. 예를 들어, 공공부조인 의료급여제도에서 생활이 어려운 계층뿐만 아니라 사회적 기여가 인정된 국가유공자, 의상자 및 의사자의 유족, 국가무형유산의 보유자 등을 급여 대상에 포함하고 있다. 경제적 기여에 대한 대표적인 제도들은 주로 사회보험제도와 관련되고, 공적 연금이나 건강보험, 고용보험, 산업재해보상보험 등이 여기에 해당한다.

(4) 노동능력

급여대상의 자격조건에서 노동능력은 노동능력이 있는 사람이 급여대상이 될 때 노동 참여를 조건으로 복지급여를 제공하는 제도들과 관련된다. 이는 복지제도의 급여대상이 점차 보편주의적 형태로 확장하면서 노동능력이 있는 경우에도 급여대상이 되는 사회복지제도들이 늘어나고 있기 때문이다. 이럴 경우 급여대상의 권리를 보장하지만 동시에 노동 참여의 의무(조건)를 이행해야만 복지급여를 받을 수 있도록 하는 제도들이 있다. 이를 보통 노동 참여의 의무와 복지수급권을 연계한다고 해서 노동(근로)연계복지(workfare) 또는 노동(근로)조건부복지라고 한다.

예를 들어, 사회보험제도에서 실업자가 비자발적으로 실직을 한 경우 보험급여를 받을 권리가 있기 때문에 구직급여를 지급하지만 동시에 주기적으로 취업활동에 대한 의지와 증빙자료를 제출해야만 해당하는 복지급여를 지속적으로 받을 수 있다. 또한, 공공부조제도가 생활보호제도에서 IMF 외환위기 이후 국민기초생활보장제도로 전환되면서 노동능력이 있는 빈곤층도 생계급여를 받을 수 있도록 변화되었는데, 생계급여를 지속적으로 받기 위해서는 자립에 대한 자기 책임과 역할로 자활사업에 참여를 해야 하고 이를 이행하지 않을 경우 생계급여가 중단될 수 있다. 노동능력 조건은 노동능력이 없다고 판단되는 수급자들에게는 관련이 없는 자격조건이 된다.

(5) 소득/자산조사

급여대상의 자격조건 중 소득조사 또는 자산조사(소득+재산)는 일정한 소득이나 재산이 기준선 이하인 개인 또는 가구에게 급여를 제공하는 형태이다. 소득/자산조사는 개별적으로 판단하기도 하나 주로 가구 단위로 이루어지는 경우가 많다. 전통적으로 공공부조제도는 일정한 기준 이하의 생활이 어렵다고 판단되는 계층을 지원하는 제도이기 때문에 자산조사를 할 수밖에 없다. 그리고 차등급여 또는 일정한 소득수준 이하(소득인정액, 기준 중위소득 % 이하 기준 등)로 지원하는 복지급여와 균등급여라 하더라도 일정 비율 이하의 복지대상에게만 지급하려고 할 경우(아동수당의 최초 도입 시 하위 90% 지원)에도 자산조사에 따른 자격조건을 부여할 수밖에 없다. 예를 들어, 공공부조제도에서의 생계급여, 의료급여, 주거급여, 교육급여 등, 긴급생계지원, 장애인연금, 기초연금, 에너지바우처, 근로장려금제도 등이 있다.

(6) 전문적·행정적 판단

급여대상의 자격조건 중 전문적·행정적 판단은 사회복지사, 의사, 공무원 등의 전문가적 판단에 의해 급여가 제공되는 형태이다. 예를 들어, 장애 정도 판정, 산재등급, 요양등급 심사, 정신요양시설 입·퇴소 심사 등이 여기에 해당된다.

길버트와 테렐(Gilbert & Terrell, 2020)은 복지급여의 자격조건을 네 가지 기준으로 구분하였다.

첫째, 귀속적 욕구에 기초한 자격조건은 사회적 또는 경제적 제도로 충족되지 않는 공통의 욕구를 가진 집단의 구성원에게 주어진다. 귀속적 욕구는 집단에 따른 할당과 욕구에 대한 규범적 기준에 따른 특징을 가진다. 전 국민을 대상으로 하는 영국의 의료서비스나 연령에 따른 아동수당 같은 제도들이 여기에 해당한다. 한국은 아동수당, 부모급여, 의무교육제도, 무상급식 등이 해당된다.

둘째, 보상(compensation)에 기초한 자격조건은 사회경제적으로 특별한 기여를 하거나 사회로부터 부당한 피해를 입은 집단의 구성원에게 부여된다. 보상은 집단에 따른 할당과 평등에 대한 규범적 기준에 따른 특징을 가진다. 군인이나 사회보험 가입자처럼 특별한 기여를 한 사람들과 인종주의나 성차별주의로 인해 사회적으로 고통을 받은 사람들이 이 범주에 포함된다. 한국에서는 사회보험 가입자와 국가유공자, 민주유공자, 5·18 피해자, 의사상자 등이 해당할 수 있다.

셋째, 진단적 구분에 기초한 자격조건은 개별 조건에 대한 전문가의 판단에 의해 결정되는 것과 관련된다. 진단적 구분은 개별적 할당과 욕구에 대한 기술적·진단적 판단에 따르는 특징을 가진다. 예를 들어, 장애 정도에 대한 판단, 특수학교 입학, 산업재해에 따른 산재등급, 요양등급에 따른 요양급여 수준 등을 결정할 때 관련 전문가들의 판단에 따라 결정되는 것이다.

넷째, 자산조사에 의한 욕구에 기초한 수급자격은 재화와 서비스를 구매할 수 있는 능력이나 자원이 없음을 증명함으로써 부여된다. 자산조사는 개별적(혹은 가구 단위) 할당과 욕구에 대한 경제적 기준에 따른 특징을 가진다. 예를 들어, 빈곤층 또는 저소득층을 특별히 지원하는 공공부조제도 등과 관련된다.

이러한 네 가지 자격기준을 정리하면, 다음과 같이 구분할 수 있다.

표 7-4 급여의 자격조건

구분	내용	대상자	욕구판단기준	예
귀속적 욕구	• 특정한 집단 구성원으로서의 조건을 갖춘 사람	집단	규범적 판단	• 아동수당, 학교급식, 의무교육제도
보상	• 일정 요건을 갖추고 사회경제적 기여를 한 사람	집단	형평성에 따른 판단	• 연금, 고용보험, 국가유공자, 민주유공자 지원
진단적 구분 (등급분류)	• 특정한 재화와 서비스가 필요한 개인에 대한 분류	개인	전문적 등급분류	• 장애인연금의 등급분류, 정신장애인 입·퇴소 심사, 산재급여 등급 심사
자산조사	• 소득과 재산에 대한 조사	개인 (가구)	경제적 기준	• 생계급여, 의료급여, 교육급여, 주거급여, 에너지바우처 등

출처: Gilbert, N., & Terrell, P. (2020). 사회복지정책론: 분석틀과 선택의 차원(남찬섭 외 옮김), p. 203 재구성.

이러한 복지급여 대상자 선정과 관련한 자격조건과 사회복지모형 등을 연결해서 정리하면 다음과 같다.

표 7-5 대상자 선정의 네 가지 원칙

보편주의 제도적 복지		↔			선별주의 잔여적 복지
귀속적 욕구		보상		진단적 구분 (등급 분류)	자산조사
거주여부 (국적, 시민권)	인구학적 속성	기여	노동능력	전문적 판단	자산조사
기본소득	아동수당	공적 연금	실업급여	요양(산재)등급	공공부조(생계급여)

우리나라의 주요 사회복지제도에 따른 자격조건을 살펴보면 다음과 같다. 사회보험제도는 자격조건에서 기여(보상)와 관련되고, 제도의 특성에 따라 국민연금은 연령과 같은 인구학적 속성(귀속적 욕구), 고용보험은 노동능력에 따른 조건이 따른다. 공공부조제도는 전통적으로 자산조사와 관련된다. 사회수당과 같은 보편적 프로그램은 주로 연령과 같은 인구학적 조건

만 해당되면 지원받을 수 있다.

표 7-6 사회복지제도에 따른 자격조건

복지제도 \ 자격조건		거주(국적)	인구학적 속성	기여	노동능력	소득/자산조사	전문적·행정적 판단
사회보험	건강보험	○		●			
	국민연금	○	○	●			
	구직(실업)급여	○		●	○		
	산재급여	○		●			○
	장기요양급여	○	(○)[1]	●			○
공공부조	생계급여	○			○	●	
	의료급여	○		○[2]		●	
	주거급여	○				●	
사회수당	아동수당	○	●				
	부모급여	○	●				
	학교급식	○	●				
기타	기초연금	○	○			○	
	장애인연금	○				○	○
	국가장학금	○				○	

주 1: 장기요양급여에서 인구학적 속성은 주로 65세 이상의 노인성 질병을 가진 사람이 대상이지만, 65세 미만이라도 노인성 질병이 있는 사람도 포함될 수 있음

주 2: 의료급여 자격조건에 국가유공자, 의상자 및 의사자의 유족, 국가무형유산의 보유자 등은 사회적 기여를 인정하여 대상에 포함하고 있음

3 급여형태

1) 급여형태의 의미

급여형태는 복지수급자에게 급여를 제공할 때 어떠한 형태로 제공할 것인가와 관련된다. 즉, 복지대상자에게 어떤 종류의 급여를 공급할 것인가와 관련되는 것이다. 급여형태에서 대표적으로 현금과 현물 두 가지로 나눌 수 있다.

현금은 필요한 재화와 서비스를 급여 수급자가 직접 시장에서 구매할 수 있어서 개인의 선택권과 존엄성 존중이 가능하고 소비에서의 권리와 자기결정권이 보장된다. 운영효율성이 현물에 비해 높지만 폭넓은 선택으로 인한 급여의 목적과 다른 사용이 얼마든지 가능하다.

현물은 급여 수급자에게 물품과 서비스의 형태로 제공함에 따라 원래 목표에 따른 사용에 효과적이지만 수급자의 선택권이 제한되고 관리 및 전달 비용이 발생할 수 있다.

이러한 현금과 현물의 주요 특징을 살펴보면 다음과 같다.

표 7-7 현금과 현물의 주요 특징

구분	현금	현물
주요 내용	• 급여대상자가 필요한 재화와 서비스를 직접 시장에서 구매할 수 있도록 하는 급여형태	• 급여대상자가 필요한 재화와 서비스를 정부가 직접 제공하는 급여형태
장점	• 개인의 선택권(자기결정권) 보장과 존엄성 존중 가능 • 프로그램 운영비용 적게 듦	• 용도 외 사용을 막아 목표 달성에 효과적 • 세금이 필요한 곳에 사용된다는 것을 보여줄 수 있어 정치적으로 선호
단점	• 용도 외 사용이 쉬움	• 선택권 제한 및 관리비용(보관, 유통) 발생
예	• 노령급여, 기초연금, 아동수당, 생계급여 등	• 쌀과 옷과 같은 물품 지원

OECD 주요 국가별 공공사회복지지출에서 현금과 현물급여의 비중을 보면, 보건 영역 지출 비중이 높은 한국과 영국, 미국 등은 현물급여의 비중이 높고, 고령화에 따른 연금 지출이 많은 프랑스, 독일 등은 현금급여의 비중이 높다.

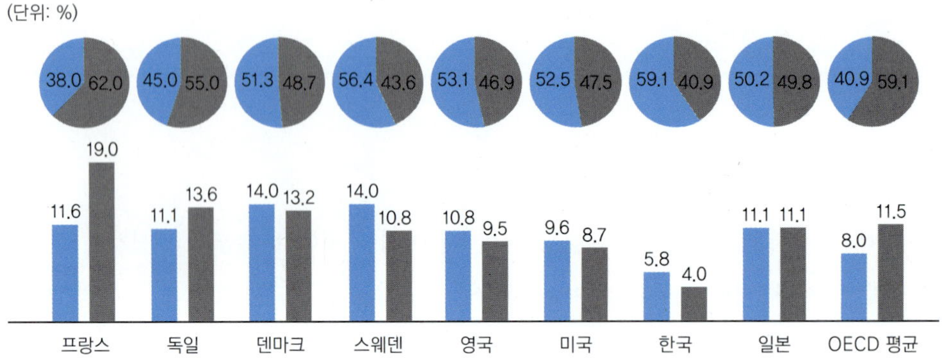

* 원형그래프 수치는 전체 공공사회복지지출 대비 비중, 막대그래프 수치는 GDP 대비 비율
* OECD Social Expenditure Database를 토대로 국회예산정책처 정리

그림 7-2 국가별 공공사회복지지출의 현물/현금급여 구성(2017년)

출처: 이윤경(2021). OECD 주요국의 공공사회복지지출 현황, p. 3.

2) 급여형태 종류

현금과 현물의 두 가지 기본 급여형태를 보다 세분화할 수 있다. 사회복지정책을 통해 제공하는 재화나 서비스와 같은 물질적 급여형태뿐만 아니라 대상자(수급자)의 권한을 향상시키는 급여형태도 있다. 이러한 급여형태는 다음과 같이 크게 여섯 가지 유형으로 나눌 수 있다(송근원·김태성, 1995, pp. 373-384; Gilbert & Terrell, 2020, pp. 245-247).

(1) 현금

현금은 주요 복지국가들에서 제공되는 사회복지 재화와 서비스 가운데 가장 많은 형태이다. 이러한 현금은 복지수급자의 소비에서의 선택권과 자기결정권을 보장해 줄 수 있다. 그리고 교환가치가 가장 크고, 행정효율성 높은 편이다. 복지수급 대상자가 많을수록 선정과 전달의 효율성을 고려해서 현금급여의 형태들이 많아지는 편이다. 또한 현금은 복지대상자(수급자)의 효용을 높일 수 있지만 여기에서의 전제조건은 소비에서의 합리적 선택이 이루어져야 한다.

현금급여는 주로 사회보험이나 공공부조, 사회수당제도에서 폭넓게 사용되고 있다. 우리나라에서도 공공부조(국민기초생활보장제도)의 생계급여, 기초연금, 장애인연금, 사회보험제도의 각종 현금급여(노령연금, 유족연금, 장애연금, 구직급여, 휴업급여 등), 사회수당에서 아동수당, 부모급여 등이 있다.

(2) 재화

재화(goods)는 복지급여를 물품, 즉 식품, 의복 등과 같이 물질적인 상품으로 제공하는 형태이다. 복지급여를 물품으로 제공함으로써 정책목표를 벗어나는 소비를 제한하고 합리적 선택이 강제되는 효과가 나타나는 장점이 있는 반면, 소비단계에서 낙인효과가 나타날 수 있다. 또한 재화는 교환가치가 현금에 비해 훨씬 제한되고, 복지대상자(수급자) 개개인이 선호하는 물품이 아닐 수도 있는 한계가 있다. 재화와 같은 물품으로 급여형태의 사례로는 식품(쌀, 김장김치 등), 의복, 연탄 지원, 공공주택(영구임대주택), 마더박스(출산축하용품) 등이 있다.

(3) 바우처(증서)

바우처(vouchers, 증서)는 일정한 틀 안에서만 교환가치를 가지고 있는 급여형태로, 개인은 정해진 범위 내에서 자원을 선택할 수 있는 특징을 가진다. 따라서 현금과 물품과 같은 급여형태가 가지는 장단점이 상충적인 특징을 가지고 있어서 양쪽의 단점을 보완하는 급여형태로 바우처가 활용되고 있다.

바우처는 일정한 용도 내에서 현금처럼 복지수급자가 재화와 서비스를 이용하고 선택할 수 있는 장점을 가진다. 바우처는 쿠폰, 상품권이나 복지카드(예: 임신·출산 진료비 지원, 영유아 보육료와 유아원비 지원을 위한 국민행복카드)[9] 형태로 제공된다. 즉, 국가가 사회복지대상자에게 현금이나 물품을 제공하는 대신, 정해진 이용처에서 서비스 또는 물품으로 교환할 수 있는 이용권을 제공하는 것이다. 예를 들어, 식품증서(미국의 food stamp program), 상품권, 카드를 이용한 복지서비스 이용권 제도(장애인활동지원서비스), 아이돌봄서비스, 에너지바우처, 첫 만남 이용권, 아이돌봄서비스 이용권 등이 있다.

9 2022년 12월 현재 국가복지바우처 17종(아이돌봄 지원사업, 에너지바우처, 아기 첫 만남 이용권 등)을 국민행복카드로 이용 가능하다.

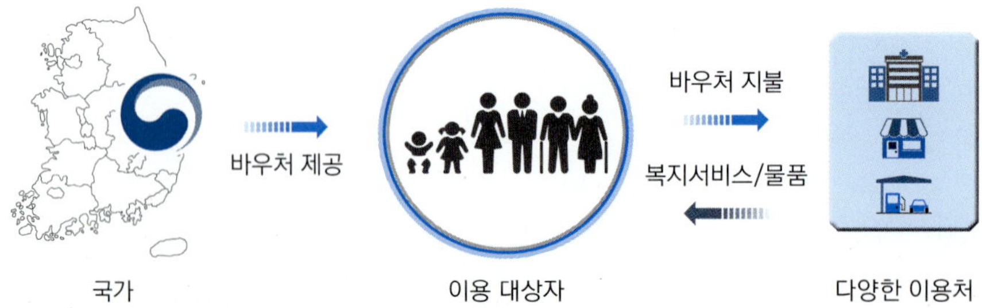

그림 7-3 국가바우처제도

출처: 국가바우처(http://www.voucher.go.kr). 국가바우처사업.

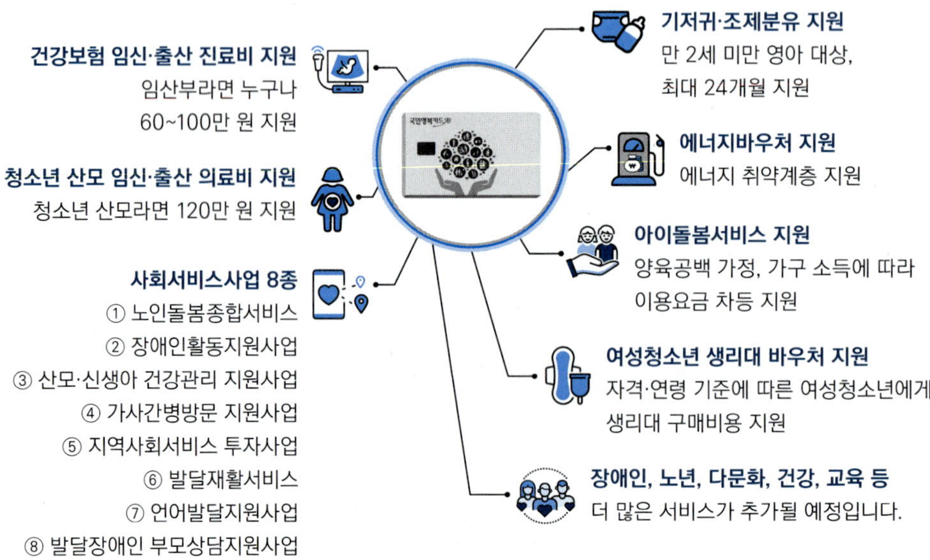

그림 7-4 국민행복카드 이용 가능 국가바우처 사업

출처: 국가바우처(http://www.voucher.go.kr). 국가바우처사업.

(4) 서비스

서비스(services)는 급여대상자를 위해 제공되는 활동을 말한다. 서비스는 비경제적 욕구와 관련하여 직접적으로 주어지는 제반 활동이다. 복지대상자에게 주어지는 서비스는 시장에서 다른 재화로 교환할 수는 없다. 전통적으로 사회복지시설에서 사회복지사업으로 활동하는 보호·선도(善導) 또는 복지에 관한 사업과 사회복지상담, 직업지원, 무료 숙박, 지역사회복지, 의료복지, 재가복지(在家福祉), 사회복지관 운영, 정신질환자 및 한센병력자의 사회복귀에 관한 사업 등 각종 복지사업과 이와 관련된 자원봉사활동 및 복지시설의 운영 또는 지원과 관련한 대부분의 활동이 서비스와 관련된다. 예를 들어, 돌봄, 상담, 사례관리, 직업훈련, 재활 프로그램, 급식 지원 프로그램, 사회복지시설 이용, 재가복지 지원 서비스 등이 있다.

표 7-8 서비스 제공방식과 바우처 제공방식의 차이

구분	서비스(공급기관) 지원방식	바우처(수요자) 지원방식
대상	• 저소득층, 사회적 취약계층 등 복지수급자 • 전통적 복지 지원 대상	• 서민, 중산층까지 확대
서비스 비용	• 전액 국가 지원	• 일부 본인 부담
서비스 시간	• 공급기관 재량	• 대상자 욕구별 표준화
공급기관	• 단일 기관 독점	• 서비스 제공기관 간 경쟁
특징	• 전통적 규정에 따른 서비스 제공	• 공급자 간 경쟁을 통한 서비스 제공

출처: 사회서비스 전자바우처(https://www.socialservice.or.kr). 사회서비스란 재구성.

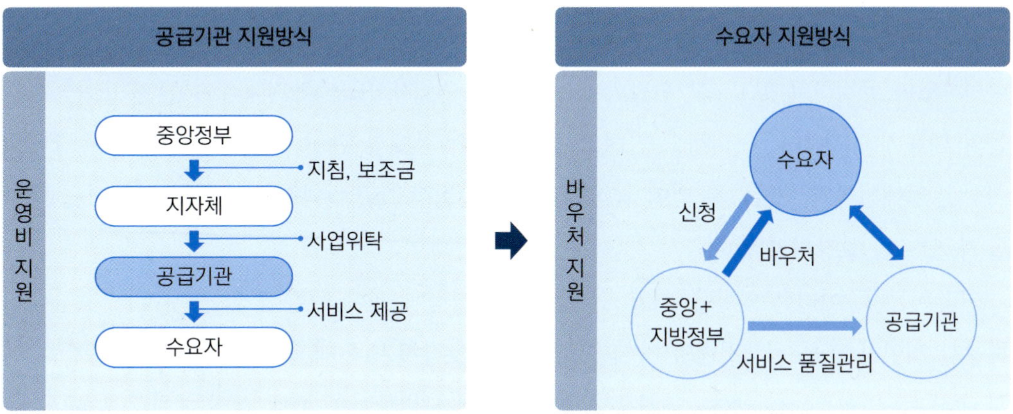

그림 7-5 지원방식 차이 비교

출처: 사회서비스 전자바우처(https://www.socialservice.or.kr). 사회서비스란.

(5) 기회

기회(opportunity)는 개인이 원하는 어떤 목적을 성취하도록 이끌고, 허용해 주는 것을 말한다. 기회는 무형의 급여형태로, 사회적으로 불리한 집단이 접근하지 못했던 부분에 접근을 가능하게 만드는 것과 관련이 있다. 즉, 기회는 사회적으로 차별 또는 불리함을 제거하기 위해 주어지는 급여형태이다. 이러한 기회는 주로 고용이나 교육분야에서 중요하게 다루어진다. 예를 들어, 장애인 고용의무제도, 대학입학전형에서 농어촌학생 특별 전형제도나 장애인 학생 특례입학제도, 일자리에서 여성할당제, 청년할당제 등이 있다.

기회는 급여형태의 한 요소이기도 하지만, 결국 그 사회에서 어떤 것을 차별 또는 불리함이라고 규정하고 누구에게 기회를 제공할 것인가와 관련되기 때문에 급여대상에서 본 할당과도 관련된다.

(6) 권력

권력(power, 권한)은 재화와 자원의 통제에 영향을 미칠 수 있는 권한의 재분배와 관련된 것이다. 권력은 어떤 정책과 제도에 대해 특정한 결정에 영향을 미칠 수 있는 힘 그 자체인 것이다. 권력은 정책결정 또는 의사결정에 있어 복지대상자 수급자들이나 수요자들에게 영향력을 행사할 수 있는 권한을 부여하는 것이다. 예를 들어, 여러 정책결정 과정에 위원회를 설치하도록 규정하고 있고, 그 위원회에 가입자나 수급자, 또는 복지대상이 될 수 있는 시민들의 대표가 참여하여 논의하도록 하고 있다. 특히 장애인 관련 위원회는 민간위원 중 1/2 이상은 장애인이 참여하도록 법에 규정함으로써 실질적으로 정책결정 과정에 영향력을 행사할 수 있도록 보장하고 있다.

권력은 결국 이러한 영향을 미칠 수 있는 정책결정에 대한 권한이 있는 자리를 누구에게 배분할 것인가 또는 정책집행의 참여를 누구에게 보장하거나 배제할 것인가 하는 문제와 연관된다(윤홍식 외, 2019, p. 368). 권력은 사회복지대상자가 참여를 통해 여러 대안들 중에서 대상자들에게 선택의 권한을 제공할 수 있는 장점이 있지만 이해당사자들의 이해에 따른 비합리적 결정이 이루어질 수도 있고, 누구를 참여시키고 배제할 것인가에 따라 결정과정 자체가 형식적인 절차로 그칠 가능성도 있다.

급여형태에서 전통적 분류에서 현물급여는 목적에 맞도록 급여가 사용될 수 있도록 하는 통제적 요소를 갖고 있고, 현금급여는 급여 대상자의 선택의 자유와 자기결정권을 보장하는 장점이 있다. 이전 가능성에 따라 여섯 가지 유형에서 기회, 서비스, 재화는 이전 가능성이 상대적으로 낮고 현금이나 권력은 이전 가능성이 상대적으로 높은 특징을 가진다.

표 7-9 급여형태의 전통적 분류와 이전 가능성에 따른 분류의 비교

전통적 분류		이전 가능성에 따른 분류	
현물급여 현금급여	사회통제 ↕ 선택의 자유	기회 서비스 재화 증서 현금 권력	이전 가능성 낮음 ↕ 이전 가능성 높음

출처: 윤홍식 외(2019). 사회복지정책론, p. 369 재정리.

4 전달체계

전달체계란 국가 또는 사회의 서비스 공급자와 소비자들 사이에 존재하는 조직의 체계라 할 수 있다. 사회복지정책에서 전달체계는 복지를 제공하는 주체(공급자)가 급여를 받는 대상(수급자)에게 어떤 경로를 통해 제공할 것인가와 관련된다. 다시 말해 '어떻게 급여를 제공할 것인가?'에서 '어떻게', '어떤 경로를 통해서'와 관련한 것이다.

이러한 전달체계를 구성할 때 고려해야 할 사항들이 다음과 같이 있다(Gilbert & Terrell, 2020, p. 279).

첫째, 전달체계는 행정적으로 중앙집중화할 것인가 아니면 분권화할 것인가?

둘째, 다양한 복지서비스, 예를 들어, 돌봄, 보건, 일자리, 대상별 복지 등의 서비스를 결합시켜 제공할 것인가 아니면 서비스를 하나씩 제공할 것인가?

셋째, 서비스제공시설들을 한 건물 내에 모아둘 것인가, 아니면 분산시켜 독립적으로 둘 것인가?

넷째, 서비스 제공 노력을 조정할 것인가, 아니면 서비스 사이의 독립성을 유지할 것인가?

다섯째, 전달을 공적 관리자가 할 것인가 아니면 민간 주체들에게 맡길 것인가?

주요 질문들은 전달체계와 관련하여 서비스의 일관성과 접근성을 높이기 위한 구조에 관한 것들이고, 우리 사회에서도 전달체계 관련 다양한 모형들이 제안되고 변화되어 왔다. 여기에서는 전달체계와 관련하여 어떤 주체(공급자)의 경로로 복지대상자(수급자)에게 전달되는가의 과정에 초점을 두고 보려고 한다.

이러한 측면에서 전달체계의 주요 유형은 공공의 경로를 통해 복지급여를 전달하는 공공전달체계와 민간의 경로를 통해 전달하는 민간전달체계, 공공이 재정을 지원하고 직접 서비스는 민간이 하는 혼합체계 등으로 나눌 수 있다.

표 7-10 전달체계의 주요 유형

구분	공공부문	혼합체계	민간부문
주요 내용	• 중앙·지방정부가 재정과 운영의 주체가 되어 서비스를 제공하는 체계	• 주로 정부가 재정의 일부를 지원하고 서비스는 민간이 담당하는 체계	• 개인이나 비영리 단체, 기업과 조직이 주체가 되어 서비스를 주는 체계
주요 제도	• 사회보험, 공공부조	• 사회복지서비스	• 기업복지, 실버산업

전달체계의 공급자인 주체별 역할에 따라 세분화하면 중앙정부, 지방정부, 중앙정부·지방정부의 혼합체계, 공공과 민간부문과의 혼합체계, 민간부문 등으로 나눌 수 있다(송근원·김태성, 1995, pp. 359-371).

1) 중앙정부

중앙정부는 의료와 교육과 같이 공공재적 성격이 강하거나 사회보험과 같이 규모의 경제가 발생하는 영역에서 역할이 크다. 중앙정부는 포괄적인 대상집단을 통합·조정, 안정적 관리에 유리하고, 사회적 적절성 구현에 유리한 측면이 있다. 반면에 관료적 경직성과 융통성이 결여될 수 있고, 독점적 공급에 따른 서비스 질이 떨어질 수 있는 측면도 있다. 예를 들어, 보건복지부 산하 국민연금공단을 통한 국민연금제도 운영, 국민건강보험공단을 통한 건강보험제도 운영 등은 중앙집중화된 하나의 전국 조직으로 복지전달체계를 관리하고 있다.

2) 지방정부

지방정부(지방자치단체)는 지역주민들의 서비스 접근성 증대와 지역주민들의 욕구를 반영한 서비스 제공이 용이하다고 할 수 있다. 그리고 지역주민과 서비스 대상자(수급자)가 정책결정이나 의사결정 과정에 대해 참여가 용이한 편이다. 반면에 지역 간 복지 격차가 나타날 수 있다. 예를 들어, 사회복지제도 중 지방이양사업으로 진행되거나, 지역 사회복지조례를 통한 지역복지사업 등은 지방정부가 주체가 되어 서비스를 제공하고 있다.

표 7-11 보조금 지급 제외 사업 중 사회복지 관련 사업(지방이양사업)

보조금 지급 제외사업(지방이양사업)	
1.	초·중등학교 학생 중식 지원
14.	저소득층 고교생자녀 학비 지원
43.	청소년상담실 운영
54.	사회복귀시설 운영
55.	공공보건인력 개발
56.	공공보건사업
57.	대도시 방문보건사업
58.	지역봉사사업
59.	장애인복지관 운영
60.	장애인 재가복지센터 운영
61.	장애인 주간보호시설 운영
62.	장애인 단기보호시설 운영
63.	공동생활가정 운영
64.	의료재활시설 운영
65.	장애인체육관 운영
66.	시각장애인 심부름센터 운영
67.	시각장애인 재활지원센터 운영
68.	청각장애인 한국수어통역센터 운영
69.	지적장애인 자립지원센터 운영

	보조금 지급 제외사업(지방이양사업)
70.	장애인 해피콜봉사센터 운영
72.	편의시설설치 시민 촉진단
73.	청각장애아동 달팽이관수술 지원
74.	여성장애인 가사도우미 지원
75.	장애인생활시설(장애유형별 거주시설, 중증장애인 거주시설 및 장애영유아거주시설은 제외)
76.	장애인직업재활시설 운영
77.	장애인복지관 기능 보강
78.	장애인체육관 기능 보강
79.	장애인 지역사회재활시설 차량 지원
80.	장애인생활시설 치과유닛
81.	경로당 운영(경로당 냉·난방비 및 양곡비 지원은 제외)
82.	경로당 활성화 지원
83.	경로식당 무료급식
84.	저소득 재가노인 식사 배달
85.	노인건강진단
86.	치매상담센터 운영
87.	노인일거리 마련 사업
88.	지역사회 시니어클럽 운영
89.	재가노인복지시설 운영
90.	노인시설 운영
91.	노인복지회관 신축
92.	아동시설 운영
93.	결연기관 운영
94.	입양기관 운영
96.	가정위탁지원센터 운영
97.	소년소녀가장 지원
98.	가정위탁양육 지원
99.	퇴소아동 자립정착금
100.	결식아동 급식
102.	한부모가족복지시설의 운영
103.	한부모가족복지시설 퇴소자 자립정착금
104.	미혼모 중간의 집 운영
105.	사회복지관 운영
106.	재가복지봉사센터 운영
107.	사회복지전담공무원 인건비
108.	사회복무요원 인건비(보건복지부 소관 사회복무요원이 배치된 지방자치단체로 한정)
109.	업무보조 사회복무요원 인건비
110.	푸드뱅크 운영장비 지원
111.	노숙인 시설운영 등 노숙인 보호

보조금 지급 제외사업(지방이양사업)	
112.	쪽방생활자 지원
113.	중소도시보건소 신축
114.	지체장애인편의시설 지방센터 운영
115.	장애인정보화지원센터 운영
116.	노인복지회관 운영
117.	재가노인복지시설 개수·보수
118.	결연기관 PC 구입비
119.	사회복지관 기능 보강
280.	지역자율형사회서비스 투자(산모·신생아 건강관리 지원으로 한정)
281.	공공형어린이집 운영비
282.	치매치료 관리비 지원
283.	암환자 지원
284.	난임부부 시술비 지원
285.	육아종합지원서비스 제공(중앙육아종합지원센터 지원과 육아종합지원센터 설치는 제외)

출처: 「보조금 관리에 관한 법률 시행령」 [별표 2] 제4조제1항 관련

지방정부가 중심이 되어 전달하는 사회(복지)서비스들이 늘어나면서 공공부문의 전달체계 관련 담당조직을 계속 변화시켜 왔다. 특히 읍면동은 직접적으로 지역주민의 복지욕구를 찾아내고 지원하는 창구역할을 하게 되는데, 업무량의 증가로 조직체계를 변화시켜 왔다.

시도의 광역자치단체는 서비스 기획 총괄의 역할을 하면서 중앙정부와의 연계를 담당하고, 시군구의 기초자치단체는 서비스에 대한 총괄관리와 읍면동 지원의 역할을 담당한다. 읍면동은 복지서비스의 창구역할을 담당하면서 지역주민에 대한 상담, 찾아가는 보건복지, 통합사례관리, 지역 민간기관과의 자원 연계 등을 담당한다.

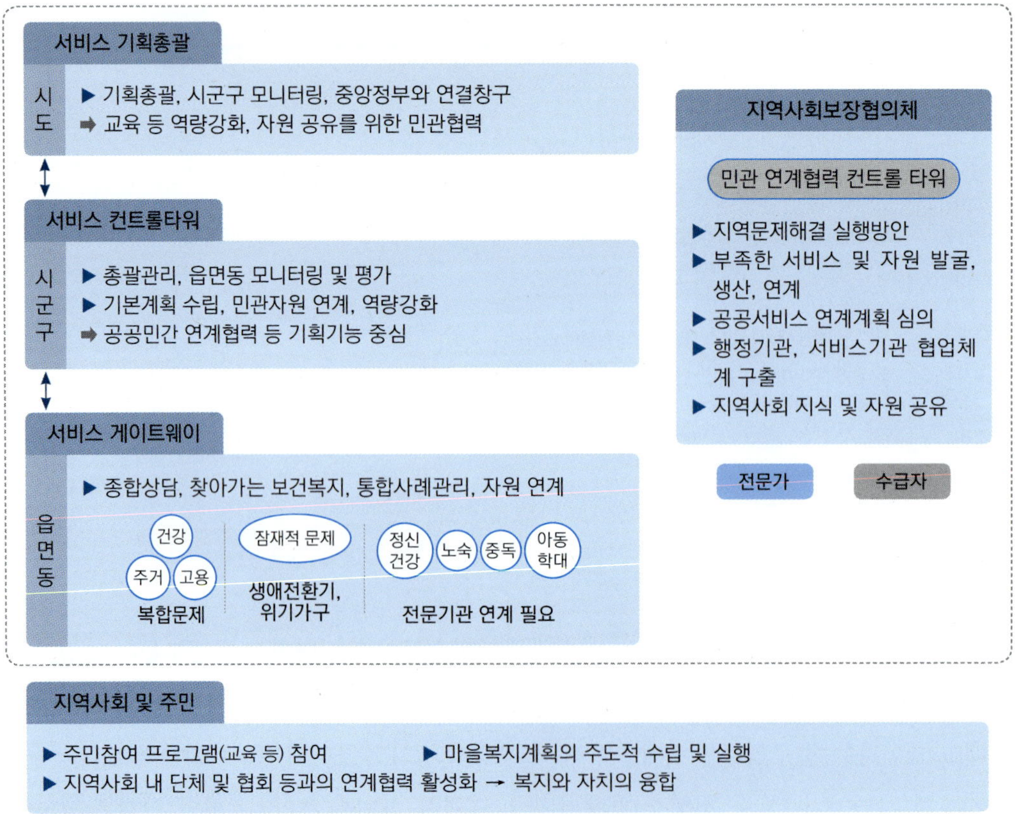

그림 7-6 찾아가는 보건복지서비스 추진체계

출처: 행정안전부·보건복지부(2022). 읍면동 찾아가는 보건복지서비스 매뉴얼, p. 11.

3) 중앙·지방정부 혼합체계

중앙정부와 지방정부의 혼합체계는 중앙정부가 재정의 일부를 보조하고 지방정부가 지방재정을 확보하여 서비스를 제공하는 체계이다. 국가(중앙정부)의 복지정책이 확대될수록 이러한 혼합체계 방식은 지방정부의 재정에 부담이 되는 체계이기도 하다.

이러한 공공부문에서의 혼합체계 사례는 공공부조사업, 사회복지서비스 중 국고보조사업으로 진행하는 모든 사회복지 관련 사업이 이에 해당한다.

표 7-12 보조금 지급 대상 사업 중 사회복지 관련 사업(국고보조사업)

사업	기준 보조율(%)	비고
76. 한센환자 보호시설 운영	서울: 50 지방: 70	
77. 한센양로자 지원	50	
78. 국가예방접종 실시 79. 방과 후 돌봄서비스	서울: 30 지방: 50	
80. 기초생활보장수급자 생계급여 81. 기초생활보장수급자 주거급여 82. 기초생활보장수급자 자활급여 83. 기초생활보장수급자 해산급여·장제급여 84. 기초생활보장수급자 교육급여 85. 기초생활보장수급자 의료급여	서울: 50 지방: 80	해당 회계연도의 전전년도 최종예산에서 가. 사회복지비 지수가 25 이상이면서 재정자 주도가 80 미만인 기초자치단체는 10%p 인상 나. 사회복지비 지수가 20 미만이면서 재정자 주도가 85 이상인 기초자치단체는 10%p 인하
87. 장애인 의료비, 장애인 자녀 학비 지원	서울: 50 지방: 80	
88. 장애수당·장애아동수당	서울: 50 지방: 70	
89. 영유아보육료 및 가정양육수당 지원	서울: 35 지방: 65	해당 회계연도의 전전년도 최종예산에서 가. 사회복지비 지수가 25 이상이면서 재정자 주도가 80 미만인 기초자치단체는 10%p 인상 나. 사회복지비 지수가 20 미만이면서 재정자 주도가 85 이상인 기초자치단체는 10%p 인하
90. 저소득 한부모가족 지원	서울: 50 지방: 80	
91. 사회복지보장시설 및 장비 지원	50	재가노인복지시설 개수·보수 제외
92. 어린이집 기능 보강	50	용지매입비 제외 「국민기초생활 보장법」에 따른 보장시설의 신축·증축·개축만 해당(용지매입비 제외)
93. 화장시설·봉안시설·자연장지·화장로	70	용지매입비 제외 화장로 개수·보수는 50%
94. 긴급복지지원	서울: 50 지방: 80	

사업	기준 보조율(%)	비고
95. 보육서비스 지원	서울: 20 지방: 50	해당 회계연도의 전전년도 최종예산에서 가. 사회복지비 지수가 25 이상이면서 재정자 주도가 80 미만인 기초자치단체는 10%p 인상 나. 사회복지비 지수가 20 미만이면서 재정자 주도가 85 이상인 기초자치단체는 10%p 인하
가. 보육돌봄서비스 나. 육아종합지원서비스 제공		중앙육아종합지원센터 지원과 육아종합지원센터 설치만 해당
다. 어린이집 교원 양성 지원 라. 어린이집 지원 마. 공공형어린이집		공공형어린이집 운영비는 제외
96. 아동통합서비스 지원·운영	서울: 50 지방: 80	
97. 장애인활동 지원	서울: 50 지방: 70	
98. 장애인연금	서울: 50 지방: 70	
99. 지역자율형사회서비스 투자	서울: 50 지방: 70 성장촉진 지역: 80	산모·신생아 건강관리 지원은 제외
115. 장애유형별 거주시설 운영 116. 중증장애인 거주시설 운영 117. 장애영유아 거주시설 운영 119. 정신요양시설 운영	서울: 50 지방: 70	
120. 아동보호전문기관 설치 및 운영	50	
121. 학대아동보호쉼터 설치 및 운영	40	

출처: 「보조금 관리에 관한 법률 시행령」 [별표 1] 제4조제1항 관련

중앙정부가 지방정부의 재정의 일부를 보조금으로 지원할 때 중앙정부의 통제권 정도에 따라 달라진다. 중앙정부의 통제 정도가 강한 것의 순서대로 보면 범주적 보조금, 포괄보조

금, 일반교부세 순으로 볼 수 있다. 사회복지정책과 관련하여 국고보조사업은 지방이양사업에 비해 중앙정부의 통제 정도가 강하고 재정자율성이 약하다고 할 수 있다.

표 7-13 보조금의 유형

보조금의 유형	목적의 구체화 정도	주 정부 및 지방정부의 역할
범주적 보조금	세부적으로 규정	연방정부가 정한 정책과 절차를 엄격히 준수
포괄보조금	포괄적으로 규정	주어진 기능적 영역 내에서 정책을 수립하고 집행
일반교부세	구체화하지 않음	독자적으로 정책을 결정

출처: Gilbert, N., & Terrell, P. (2020). 사회복지정책론: 분석틀과 선택의 차원(남찬섭 외 옮김), p. 420.

4) 공공·민간 혼합체계

공공·민간 혼합체계는 재정을 중앙정부와 지방정부가 담당하고 직접 서비스는 민간이 제공하는 체계이다. 이러한 형태는 사회복지서비스 영역에서 많이 나타나는 체계로, 사회복지시설의 운영권을 민간에게 위탁[10]이라는 형태로 제공하고 공공이 보조금을 지원하고 직접 서비스는 민간이 제공하는 형태를 띠는 것이다. 예를 들어, 노인복지관, 장애인복지관과 같은 사회복지 이용시설은 지역주민들에게 직접 사회복지서비스를 제공하지만 대부분의 재정은 보조금의 형태로 공공(중앙정부, 지방정부)으로부터 지원받은 형태라고 할 수 있다.

최근에는 사회복지 전달체계의 중복과 누락을 줄이기 위한 변화로 민관 연계의 통합사례관리가 확대되고 있다. 통합사례관리는 읍면동 단위에서 복합적인 욕구를 가진 지역주민의 욕구조사를 통해, 다양한 지역사회 자원을 연계하고 문제해결에 나설 수 있도록 지원한다. 또한, 민간 복지기관 등의 다양한 사례관리사업과의 연계 및 공동 개입을 통해 대상자 욕구 충족을 위한 공공·민간자원 연계를 확대하고, 대상자 누락 및 중복 등 기존 사례관리의 분절성을 극복하기 위하여 자료(data-base)를 공유하고 지원하려는 체계를 구축하려는 것이다.

10 민간 위탁도 넓은 의미에서는 민영화(privatization)의 사례라고 할 수 있다. 복지 영역에서의 민영화는 공공기관이 직영하던 사회복지서비스를 민간기관에게 이양하거나 민간과의 계약에 따라 민간기관 또는 비영리기관에게 운영권을 위탁하는 형태로 나타난다. 이러한 민영화 전략은 사회(복지)서비스의 경쟁을 확대하여 서비스의 질과 효율성을 높이고, 공공부문의 비용절감이 나타날 수 있지만 반면에 복지수요자에게는 비용부담에 따른 서비스 이용의 제한이 나타나기도 하고, 오히려 서비스의 질 관리가 떨어질 수도 있다.

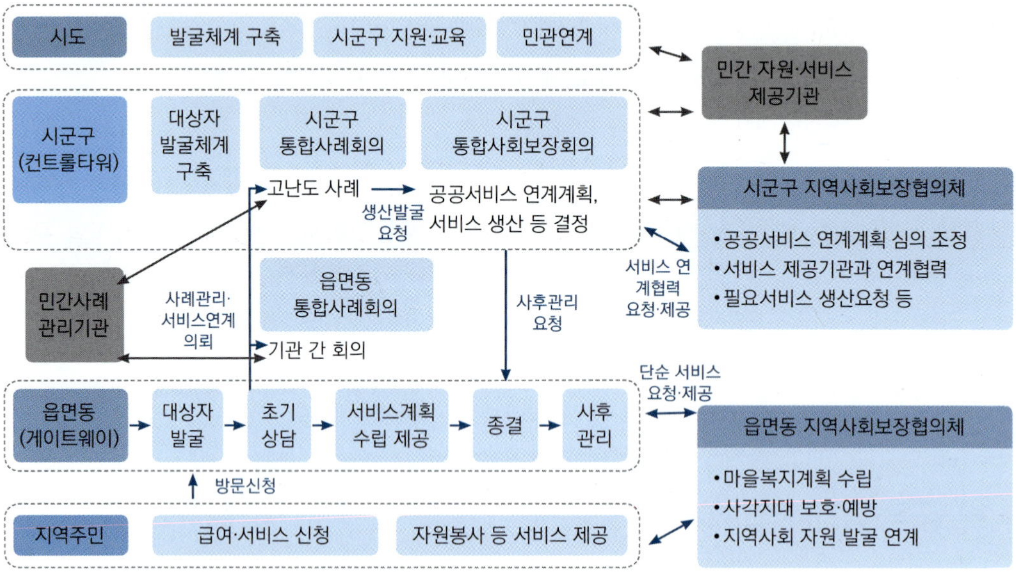

그림 7-7 통합사례관리 민관협력체계

출처: 행정안전부·보건복지부(2022). 읍면동 찾아가는 보건복지서비스 매뉴얼, p. 135.

5) 순수민간부문

순수민간부문은 주로 국가의 복지정책이 발달하지 못하거나 시장에서 주로 이루어지는 체계이다. 사회복지서비스 제공을 미인가시설이나 개인과 단체, 종교단체들이 지원하거나 시장에서 비용을 지불하고 재화와 서비스를 이용하는 형태이다. 비영리 민간지원은 재원과 운영이 상대적으로 불안정할 수 있고, 시장을 통한 서비스는 개인 부담에 따라 경제적 취약계층들이 배제될 수 있는 한계가 있다. 예를 들어, 미인가시설, 종교단체에서의 지원서비스, 실버타운 등이 여기에 해당할 수 있다.

5 재원

재원은 사회복지정책에 필요한 재정, 즉 비용을 어떻게 충당할 것인가와 관련된다. 사회복지정책이 어떤 재원에 의존하느냐에 따라 체계와 내용이 달라질 수 있다. 사회복지의 주요 재원으로 조세, 보험료, 민간 자원 등으로 나눌 수 있다.

표 7-14 재원의 주요 유형

구분	공공부문	민간부문
특징	• 사회복지가 발달할수록 공공부문 재원의 비중 증가 • 주로 사회수당, 사회보험, 공공부조는 공공부문 자원 활용	• 복지가 발달하지 않거나 복지서비스의 다양화에 따라 민간부문 재원이 필요해짐 • 주로 사회(복지)서비스에서는 민간 자원의 역할이 큰 편임
종류	• 조세, 사회보험료	• 사용자 부담, 자발적 기여, 기업복지, 비공식부문 지원

OECD 국가별 GDP 대비 국민부담률(조세+사회보험료)을 보면, 한국은 2020년 기준 28.0%로, 멕시코, 칠레, 코스타리카, 아일랜드, 미국 등의 국가들에 비해서는 다소 높지만 스웨덴, 오스트리아, 벨기에, 덴마크, 프랑스, 핀란드 등 40%대 국가들의 국민부담률에 비해서는 낮은 편이다.

표 7-15 OECD 국가별 국민부담률[1](GDP 대비)

국가별		2016	2017	2018	2019	2020
아시아	대한민국	24.7	25.4	26.7	27.3	28.0
	이스라엘	31.1	32.3	30.8	30.2	29.7
	일본	30.3	30.9	31.6	31.4	-
	튀르키예	25.1	24.7	24.0	23.1	23.9

국가별		2016	2017	2018	2019	2020
북아메리카	캐나다	33.3	33.0	33.5	33.8	34.4
	멕시코	16.6	16.1	16.1	16.3	17.9
	미국	25.9	26.8	24.9	25.0	25.5
남아메리카	칠레	20.1	20.2	21.1	20.9	19.3
	콜롬비아	19.1	19.0	19.3	19.7	18.7
	코스타리카	23.5	23.0	23.2	23.6	22.9
유럽	오스트리아	41.8	41.9	42.3	42.6	42.1
	벨기에	43.3	43.9	43.9	42.7	43.1
	체코	34.0	34.4	35.0	34.8	34.4
	덴마크	45.5	45.5	44.2	46.6	46.5
	에스토니아	33.5	32.5	33.0	33.5	34.5
	핀란드	43.7	42.9	42.4	42.3	41.9
	프랑스	45.4	46.1	45.9	44.9	45.4
	독일	37.8	37.7	38.4	38.6	38.3
	그리스	38.9	39.3	40.0	39.5	38.8
	헝가리	39.1	37.9	36.8	36.5	35.7
	아이슬란드	50.3	37.1	36.4	34.8	36.1
	아일랜드	23.6	22.6	22.4	21.9	20.2
	이탈리아	42.2	41.9	41.7	42.4	42.9
	라트비아	30.8	31.2	31.1	31.2	31.9
	리투아니아	29.7	29.6	30.2	30.3	31.3
	룩셈부르크	36.3	37.4	39.5	38.9	38.3
	네덜란드	38.4	38.7	38.8	39.3	39.7
	노르웨이	38.9	38.8	39.4	39.9	38.6
	폴란드	33.4	34.1	35.1	35.1	36.0
	포르투갈	34.1	34.1	34.7	34.5	34.8
	슬로바키아	33.2	34.0	34.2	34.6	34.8
	슬로베니아	37.4	37.1	37.3	37.2	36.9
	스페인	33.6	33.9	34.7	34.7	36.6
	스웨덴	44.1	44.1	43.8	42.8	42.6

국가별		2016	2017	2018	2019	2020
〃	스위스	26.6	27.4	26.8	27.4	27.6
	영국	32.4	32.9	32.9	32.7	32.8
오세아니아	오스트레일리아	27.5	28.5	28.5	27.7	–
	뉴질랜드	31.4	31.3	32.2	31.5	32.2

주 1: 국민부담률: 국민이 낸 세금과 국민연금 등 사회보장성 기금을 합한 금액이 GDP에서 차지하는 비율

자료: OECD(2022. 7.). https://stats.oecd.org.
출처: 통계청(KOSIS)(2022. 10. 5.)(https://kosis.kr). 국민부담률(OECD).

재원에서 공공부문의 주요 재원은 일반예산 관련 조세, 사회보험료, 조세비용 등이 있고, 민간부문의 주요 재원으로는 사용자 부담, 후원금(기부금)과 같은 자발적 기여, 기업복지, 가족과 같은 사적 이전 등이 있다(송근원·김태성, 1995, pp. 315-352).

1) 공공재원

(1) 조세(일반예산)

조세는 국가 또는 지방정부가 그 존립 목적을 달성하기 위한 필요경비를 조달하기 위하여, 또는 일정한 사회·경제 목표달성을 위한 수단으로 국민에게 부과하는 것이다. 이러한 조세는 공적인 사회복지정책에 대한 재정에서 가장 중요하다. 정부는 보건과 교육, 소득보장을 포함한 생활보장, 사회(복지)서비스 등에서 지출재원의 대부분을 조세로 확보하게 된다.

조세는 한 국가가 그 지출에 충당할 수 있는 재정을 마련하는 수단일 뿐만 아니라 직접적인 분배정책과 마찬가지로, 국가의 자원을 배분하는 데 큰 영향을 미치는 정책수단이다(Gilbert & Terrell, 2020, pp. 372-378). 조세를 통한 복지재원 확보는 평등과 소득재분배, 사회적 적절성을 달성하기가 쉬운 편이다. 또한 조세는 다른 재원들에 비하여 사회복지정책의 대상을 넓힐 수 있고, 급여내용의 보편성, 안정성, 지속성에 유리한 측면이 있다.

연도별 조세부담률을 보면 2021년은 22.1%로, 2010년대에 비해서는 다소 조세부담이 늘어나고 있음을 알 수 있다.

표 7-16 연도별 조세부담률[1]

(단위: 조 원)

연도		2013	2014	2015	2016	2017	2018	2019	2020	2021
경상 GDP		1,500.8	1,562.9	1,658.0	1,740.8	1,835.7	1,898.2	1,924.5	1,940.7	2,071.7
조세	계	255.7	267.2	288.9	318.1	345.8	377.9	383.9	387.6	456.9
	조세부담률(%)	17.0	17.1	17.4	18.3	18.8	19.9	19.9	20.0	22.1
	국세	201.9	205.5	217.9	242.6	265.4	293.6	293.5	285.5	344.1
	지방세	53.8	61.7	71.0	75.5	80.4	84.3	90.5	102.0	112.8

주 1: 조세부담률: 경상 GDP에서 조세(국세[11]+지방세[12])가 차지하는 비중으로, 특정 국가 국민들의 조세부담 정도를 측정하는 지표

자료: GDP: 한국은행(각연도), 국민계정 자료/국세, 지방세 실적: 국세청·관세청(각연도)/징수보고서: 행정안전부(각연도), 지방세 통계연감.

출처: 통계청(e-나라지표)(2022. 12. 29. 갱신일)(https://www.index.go.kr). 조세부담률.

조세의 형태는 크게 세 가지로 나눌 수 있는데, 소득에 부과하는 소득세(개인의 소득세에 부과하는 개인소득세, 기업의 소득에 부과하는 법인세 등)와 소비에 부과하는 소비세, 그리고 재산 관련에 부과하는 부(富)세로 나눌 수 있다.

첫째, 소득세(income tax)는 일반예산 중에서 납세 의무자들의 소득에 부과하는 조세로, 누진성[13]을 높이는 데 기여하는 세금이다. 소득세는 보통세[14]이면서 직접세[15]로서, 소득재분배효과가 높은 이유는 세율이 저소득층보다 고소득층이 훨씬 높기 때문이다.

아래의 표처럼 개인소득세는 누진세로 구성되어 소득이 3,000만 원이면 세율이 15%이지만

---

11 국세는 현행 14개로, 소득세, 법인세, 상속세, 증여세, 부가가치세, 개별소비세, 종합부동산세, 주세, 교육세, 농·어촌특별세, 관세, 인지세, 증권거래세, 교통·에너지·환경세 등이 있다.

12 지방세는 현행 11개로, 취득세, 등록면허세, 레저세, 지방소비세, 지방교육세, 지역자원시설세(이상 도세), 담배소비세, 주민세, 지방소득세, 재산세, 자동차세(이상 시·군세) 등이 있다.

13 누진성은 일반적으로 소득이 올라갈수록 소득에 부과하는 세율(tax rate)이 높아지는 것을 말한다. 즉, 어떤 조세의 누진성 또는 역진성을 따질 때 주의할 점은 소득이 높아질수록 '세액'이 높아지느냐가 아니라 '세율'이 높아지느냐를 살펴보아야 한다는 것을 의미한다. 예를 들어, 소득이 100만 원인 사람은 세금 5만 원을 내고, 200만 원인 사람은 8만 원을 냈다면, 이 조세체계는 역진성을 띤다고 할 수 있다. 왜냐하면, 200만 원인 사람이 세액은 8만 원으로 높지만, 세율을 따져 보면 100만 원인 사람은 5%이고 200만 원인 사람은 4%이기 때문에 역진적이라고 볼 수 있다.

14 보통세는 지출에 일정한 목적을 두지 않고 징수하는 세금으로, 소득세, 법인세, 상속·증여세, 부가가치세, 개별소비세 등이 있다. 보통세와는 다르게 목적세는 특정한 사용 목적에 충당하기 위하여 부과하는 조세로서, 교육세, 교통·에너지·환경세, 농어촌특별세 등이 있다.

15 직접세는 세금을 '부담하는 사람'과 '납부하는 사람'이 일치하는 세금이고, 간접세는 세금의 부담자와 납부자가 다른 경우의 세금이라고 할 수 있다. 예를 들어, 소득세는 세금의 부담이 본인의 소득에 따라 자신이 내는 세금이어서 직접세에 해당하고, 부가가치세는 소비자가 부담(물건 가격에 포함)하지만 세금은 판매자가 대신 납부하기 때문에 간접세에 해당한다.

소득이 1억 원이면 35%에 세율이 적용되고 최대세율은 45%까지 높아진다.

표 7-17 소득세 과세표준 및 세율

종합소득과세표준	세율(2023년)	누진공제
1,200만 원 이하	6%	-
1,200만 원 초과~4,600만 원 이하	15%	1,260,000원
4,600만 원 초과~8,800만 원 이하	24%	5,760,000원
8,800만 원 초과~1억 5천만 원 이하	35%	15,440,000원
1억 5천만 원 초과~3억 원 이하	38%	19,940,000원
3억 원 초과~5억 원 이하	40%	25,940,000원
5억 원 초과~10억 원 이하	42%	35,940,000원
10억 원 초과	45%	65,940,000원

둘째, 소비세(consumption tax)는 소비에 부과하는 조세로서 간접세에 해당한다. 소비세는 대체로 세율이 동일하기 때문에 역진적인 특성을 가진다. 소비세에는 대표적으로 부가가치세,[16] 개별소비세,[17] 주세 등이 있다.

셋째 부(富)세는 주로 재산 소유 또는 재산 이전이라는 사실을 대상으로 과세하는 조세이다. 부세는 직접세이고 누진적인 성격을 가지면서 종합부동산세, 재산세(지방세), 상속세, 증여세 등이 있다. 일반적으로 소득세와 같이 상속·증여세도 이전하는 재산이 많을수록 세율이 높아지고, 최대세율 역시 높다.

16 부가가치세는 상품(재화)의 거래나 서비스(용역)의 제공과정에서 얻어지는 부가가치(이윤)에 대하여 과세하는 세금이며, 사업자가 납부하는 부가가치세는 매출세액에서 매입세액을 차감하여 계산한다. 일반과세자의 부가가치세율은 10%이다.

17 개별소비세는 특정한 물품, 특정한 장소 입장행위, 특정한 장소에서의 유흥음식행위 및 특정한 장소에서의 영업행위에 대하여 부과하는 세금이다. 예를 들어, 귀금속 제품, 수렵용 총포류, 담배, 고급가구, 자동차, 휘발유, 경유, 등유 등 유류, 골프장, 카지노 등에 개별소비세율을 각각 부과한다.

표 7-18 상속·증여세 과세표준 및 세율

상속·증여세 과세표준	세율(2024년)	누진공제
1억 원 이하	10%	-
1억 원 초과~5억 원 이하	20%	1천만 원
5억 원 초과~10억 원 이하	30%	6천만 원
10억 원 초과~30억 원 이하	40%	1억 6천만 원
30억 원 초과	50%	4억 6천만 원

Point

보건·복지분야 재정투자 계획

(단위: 억 원, %)

구분	2023년(a)	2024년(b)	증감률((b-a)/a)
합계	2,260,032	2,429,385	7.5
기초생활보장	191,355	208,225	8.8
취약계층 지원	52,141	55,018	5.5
사회복지 일반	10,127	10,580	4.5
아동·보육	98,476	108,894	10.6
여성·가족·청소년	15,302	16,861	10.2
노인	232,289	256,483	10.4
주택	334,413	374,239	11.9
공적 연금	713,246	808,644	13.4
보훈	62,475	64,798	3.7
건강보험	124,102	137,070	10.4
보건의료	69,409	44,125	△36.4
식품의약품안전	6,764	7,237	7.0
고용	236,316	222,983	△5.6
노동	107,280	107,712	0.4
고용노동 일반	6,339	6,516	2.8

출처: 기획재정부(2024). 2024 나라살림 예산개요, p. 115.

(2) 사회보험료

국가는 일반예산으로 정부의 다양한 지출을 위해 부과하는 조세와 사회복지정책의 특별한 목적을 위해 부과하는 것이 있다. 사회보험료는 노령과 질병 등과 같이 사회보장과 같은 특별한 목적을 위해 부과하는 것이다. 사회보험료도 의무 가입의 원칙에 따라 강제성을 띠기 때문에 일종의 목적을 정해 놓고 부과하는 목적세와 같은 조세로 받아들여지기도 한다. 예를 들어, 현대 사회가 대체로 구축하고 있는 4대 사회보험제도를 통해 노령, 실업, 질병, 산재 등과 같은 사회적 위험에 대처하고 있다.

표 7-19 조세와 보험료의 공통점과 차이점

	조세(소득세와 같은 직접세)	보험료
공통점	•소득 이전을 통해 국민들의 기본적 삶을 유지시킴 •생애주기를 통해 개인 또는 가구 소득의 규칙성과 안정성을 보장	
차이점	•누진적 •소득상한선 없음 •인적공제 있음 •부담능력 고려	•역진적 성격 있음 •소득상한선 있음(고소득층에 유리) •인적 공제 없음(저소득층에 불리) •부담능력 고려하지 않음(일부 제한적으로 고려)

사회보험료는 주로 소득에 비례하여 부과하기 때문에 누진세율에 따라 부과하는 소득세에 비해서는 역진적이다. 또한 소득세는 상한선이 없지만 국민연금과 같은 사회보험료는 상한선이 있어서 고소득층에 유리한 측면이 있고 보험료는 인적 공제와 같은 제도가 없어서 반대로 저소득층에 불리한 측면이 있다.

(3) 조세비용(조세지출)

조세비용(tax cost) 또는 조세지출(tax expenditure)은 정부가 세금을 부과한 후 지출하는 것이 아닌 특정집단에 조세를 비과세, 감면·공제를 통해 세금을 걷지 않거나 세금을 되돌려 주는 제도이다. 조세비용은 복지대상자에게 직접적인 급여를 제공하는 대신 세금을 면제, 또는 줄여 줌으로써 결과적으로 복지 지원을 하는 효과를 달성할 수 있다. 예를 들어, 미국의 근로장려세제(EITC)와 같은 한국의 근로장려금 제도, 자녀장려금 제도, 수도, 전기, 가스 등과 같은 필수재 요금에 대한 감면제도, 소득세 등에 대한 인적 공제제도 등이 있다.

2) 민간 재원

(1) 사용자 부담

사용자 부담은 복지급여나 서비스 이용에 대한 일정한 금액을 본인이 부담하는 형태이다. 부담의 일부를 사용자에게 부과하는 것은 복지급여와 서비스에 대한 남용을 방지하고, 정부의 부담을 줄이면서 서비스의 질을 향상시키는 데 기여할 수 있다. 또한 서비스를 이용할 때 본인부담이 있는 서비스는 선택권이 어느 정도 보장되지만 반면에 빈곤층과 같은 경제적 취약계층은 비용문제로 인해 서비스 이용에 제한을 받게 될 수도 있다. 그리고 사용자 부담은 기본적으로 역진적인 성격을 띨 수밖에 없어 자원이 적은 저소득층에게 불리한 측면이 있다. 사용자 부담의 사례로는 건강보험의 본인부담금, 사회서비스 이용에 대한 본인부담 등이 있다.

(2) 자발적 기여

자발적 기여는 공공의 자원을 확보하기 어려워 종교나 이웃, 개인 등 민간 영역의 자원을 불특정하게 지원하는 형태이다. 자발적 기여는 후원금(기부금) 등의 형태로 사회복지조직 등에게 정기적, 일시적으로 지원되어 그 자원을 통해 복지대상자에게 제공된다. 이러한 형태는 공공의 사회복지정책이 발달하기 전에 중요한 역할을 수행해 왔다.

후원금과 같은 자발적 기여는 경제적 변동성이 클 때 불안정성도 커질 수 있다. 1990년대 IMF 외환위기나 2000년대 금융위기 시기에 자발적 기여에 대한 자원이 축소되기도 한다. 자발적 기여에는 사회복지조직 등 비영리조직을 통한 후원금, 기부금, 물품 지원 등이 있다.

(3) 기업복지 재원

기업복지는 기업이 노동자들에게 제공하는 임금 외에 지출하는 급여이다. 다시 말해, 기업복지는 사회보험 분담금과 같이 기업이 고용한 노동자의 사회보장을 위해 법적으로 부담해야 하는 법정부담금을 제외하고 기업이 고용한 노동자들을 위해 제공하는 각종 부가급여를 제공하는 것을 의미한다(윤홍식 외, 2019, p. 420). 기업복지의 가장 큰 문제는 공공과 달리 내가 어떤 기업에 속해 있느냐, 그리고 어떤 직위의 위치에 있느냐에 따라 달라진다는 것이다. 따라서 기업복지의 재원은 기업규모, 정규직과 비정규직 등에 따른 역진적 성격이 강하게 나타날 수 있다. 기업복지의 예를 보면, 기업의 다양한 복지프로그램(식대 지원, 의료비 지원, 명절 지원 등), 복지포인트제도, 휴양시설 이용, 사택 제공, 자녀 학비 보조 등이 있다.

(4) 비공식부문

비공식부문은 전통적인 사회에서 중요한 역할을 담당해 왔다. 비공식적 재원은 가족, 친척, 이웃 간에 이루어지는 사적 이전, 즉 물질적·비물질적 지원 등이 포함된다. 비공식부문의 핵심인 가족은 시간적, 공간적으로 욕구를 신속히 해결할 수 있는 장점을 가진다. 또한 비물질적 측면에서 질 높은 서비스 확보가 가능하다. 예를 들어, 울고 있는 영아의 욕구를 제일 잘 파악하고 신속하게 욕구를 해결할 수 있는 사람은 그 아기의 주 보호자(예: 엄마)이다.

반면에 현대 사회로 오면서 가족의 기능이 약화되고, 다양한 가족의 확대, 1인 가구의 증대로 인해 가족기능 중 돌봄 관련의 역할을 국가와 사회의 시스템을 통해 지원하는 형태로 변화되어 왔다.

Point

한국의 사회복지 정책분석

급여대상

- 선택주의 → 보편주의 확대
- 공공부조와 사회적 취약계층 복지서비스 중심에서 모든 시민의 사회서비스로 확대 진행 중
- 사회보험 적용대상 및 사회수당 확대
- 노동능력이 있는 경우 노동연계복지 강화

급여형태

- 현물 → 현금급여 및 바우처(복지카드)제도 확대(선택권 보장)
- 민주화에 따른 기회와 권력의 급여 형태에 대한 관심이 커짐
- 차별금지와 위원회에 대한 관심 증대
- 지역화폐를 활용하는 급여 확대

전달체계

- 분권화에 따른 지방정부의 역할 증대
- 국고보조사업의 지방이양과 재정자율성 확보
- 찾아가는 복지서비스 확대
- 민관협력체계 확대(지역사회보장협의체, 통합사례관리 등)

재원

- 복지욕구 확대로 복지예산 지속적 증대
- 복지 확대를 실현하기 위한 재원 마련 고민
- 민간 자원 역할이 크나 돌봄 관련 가족기능의 악화로 국가가 보안

논의거리

1. 선택주의와 관련한 주요한 제도로 공공부조제도를 들 수 있는데, 이는 주로 어떠한 자격조건이 따르게 될까요?
2. 한국의 「사회보장기본법」에 따른 세 가지 체계와 관련하여 민간의 역할이 큰 부문은 어떤 부문일까요?
3. 직접세 방식의 조세와 보험료 중 재원 마련에서 어느 제도가 일반적으로 재분배적 효과가 클 수 있을까요?

Quiz

1. 자격조건과 관련되는 분석틀은 (① 할당, ② 급여, ③ 전달, ④ 재정)이다.
2. 급여형태 중 (① 현금, ② 현물)은 선택권이 보장되고 낙인의 효과가 나타나지 않는다.
3. 재화, 현금, 바우처 중에서 교환가치가 가장 낮은 것은?
4. 장애인정책조정위원회에 장애인이 참여하여 정책결정에 영향을 주는 급여형태는?
   ① 기회　② 권력　③ 물품　④ 증서　⑤ 현금
5. 여성할당제는 어떤 급여형태와 연결될 수 있는가?
   ① 기회　② 권력　③ 물품　④ 증서　⑤ 현금
6. 급여형태에서 현금이 현물에 비해 가질 수 있는 장점으로 보기 어려운 것은?
   ① 교환가치가 높음　② 선택권 보장　③ 운영비용이 적게 듦
   ④ 급여대상자의 존엄성 존중 가능　⑤ 낙인효과가 큼
7. 다음 중 공공부문의 재원에 속하는 것은?
   ① 후원금　② 소비세　③ 기업복지
   ④ 사용자 부담금　⑤ 비공식적 지원
8. 재원 중 보험료의 특징으로 보기 어려운 것은?
   ① 일종의 목적세　② 연금보험료가 예가 됨　③ 강제부과
   ④ 누진성이 강함　⑤ 동일한 비율로 부과

Chapter 08

사회복지정책 형성과정

학습목표

1. 사회복지정책이 어떻게 나타나고 변화되는지에 대한 과정을 이해할 수 있다.
2. 사회복지정책의 형성과정에서 사회복지사의 역할에 대해 이해할 수 있다.
3. 최근의 사회복지 이슈가 어떻게 정책으로 발전하는지에 대한 사례를 통해 논의할 수 있다.

1 정책과정

1) 정책과정의 개념

정책과정(policy process)은 정책이 계획되고 진행되어 결과를 산출하는 일련의 흐름을 말한다. 정책과정은 계획에 관련된 각종 정보와 다양한 정치조직, 정부조직, 시민단체 등 다양한 조직 간의 관계 및 상호작용이 정책형성에 어떻게 영향을 미치고 진행되는가에 관심을 가진다(Gilbert & Terrell, 2020, p. 38). 사회복지정책에서의 과정분석은 이러한 사회복지정책 형성의 역동성을 사회정치적 요인과 기술적 요인을 중심으로 분석하는 접근과 관련된다.

정책과정의 단계 구분은 다양한데 몇 가지 공통점이 있다(윤홍식 외, 2019, p. 307). 첫째, 정책이 행위방침이라는 것이다. 둘째, 행위방침으로서의 정책은 어떤 바람직하지 못한 상태에 대한 어떠한 행위를 해야 하는 것과 관련된다. 셋째, 정책과정은 개입을 하기로 결정한 정책의제에 대해 정책대안을 내고 결정하여 집행하고 성과를 내려는 일련의 흐름으로 구성된다.

2) 사회복지정책의 형성과정

사회복지정책 형성이란 사회복지정책이 독자적인 존재양식을 갖춘 정책으로서, 국가나 지방정부에서 출현하는 전체과정을 말하고, 새로운 정책이 나타나고 변화되는 과정을 정책의 형성과정이라고도 한다(현외성, 2019, p. 197). 새로운 사회복지정책이 형성되거나 기존의 정책이 변화되기 위해서는 정책의 성립과 변화를 요구하는 문제나 이슈들이 나타나야 한다. 그리고 다양한 복지문제 중에서 사회구성원들에게 이슈로 부각되고, 정책 관련 집단에서 논의의 주제가 되어야 한다. 논의의 주제로 떠오른 것을 정책의제(아젠다)라 하고, 이에 대한 정책적 해결책(대안)을 모색하고, 적절한 정책을 선택하여 새로운 정책이 시행된다.

정책 형성과정에서의 주요 개념을 간략하게 정리하면 〈표 8-1〉과 같다.

표 8-1 형성과정 관련 주요 개념

개념	설명
문제(problem)	• 객관적 조건 또는 그 결과로 나타나는 현상에 대하여 사람들이 해결되어야 한다고 인식하거나 해석하는 것 • 어떤 사건으로 인하여 다수의 사람이 고통을 받고 있어 이를 해결해야 할 상황으로 인식하는 상태나 조건
요구(demand)	• 문제가 해결되기를 바라는 경우 나타나는 구체적 행위 • 문제해결을 위해 정부에 요청하는 구체적인 행동
이슈(issue)	• 정치적 논점으로 부각된 문제나 요구 • 여러 가지 공공의 문제들 중에서 논쟁의 대상이 되는 문제
아젠다(agenda)	• 수많은 문제 중에서 정부가 정책적 해결을 위해 공식적으로 채택한 의제의 목록

출처: 송근원(1994). 사회복지와 정책과정, pp. 72-79; 송근원·김태성(1995). 사회복지정책론, pp. 38-40.

2 이슈와 아젠다

1) 이슈와 사회문제

(1) 이슈

이슈란 어떤 문제와 요구가 공공 또는 공동체의 관심을 끌어 다수의 논의와 논쟁이 되고, 공공에서도 관심을 갖는 사안과 관련된다. 이런 측면에서 이슈는 어떤 문제가 고려될 것인가에 있는 것이 아니라 어떻게 그 문제가 정의될 것인가에 좀 더 관심을 가진다(송근원, 1994, p. 79).

사회문제가 단순히 존재하는 것만으로 정책형성의 출발점이 되는 것이 아니라 그 문제에 대해 사회적 관심을 갖고 논쟁하도록 하여야 하는데, 이를 이슈화라고 한다. 이슈화 과정은 문제나 요구가 일반 국민들의 관심을 끌거나 정책결정에 영향을 주는 구성원들이 관심을 끌게 되는 과정이다.

(2) 사회문제

문제는 어떤 상황이나 조건을 사람들이 '해결해야 한다고 인식하는 것'과 관련된다. 이러한 문제는 복잡하게 얽혀 있는 사회에서 단일한 요소로 구성되기보다는 복합적으로 구성되므로 문제의 핵심과 원인을 파악하는 것이 중요하다. 문제의 심각성, 문제로 인한 피해집단, 동일한 문제의 확산가능성 등을 파악한 후 인과관계와 결과를 예측해야 한다. 이러한 문제들이 대중 다수가 관심을 가지는 이슈들이 사회문제로 인식되면서 정책결정자들이 관심을 가지게 된다. 또한, 사회문제의 원인을 제대로 분석을 해야 올바른 정책목표를 세워 나갈 수 있다. 문제를 해결하기 위한 정책들은 다양한 이해관계자들의 상황에 따라 입장이 다르기 때문에 이러한 갈등과 경쟁을 고려하면서도 방향을 잃지 않도록 주의해야 한다.

(3) 이슈화 과정

이슈화 과정은 어떤 사회문제에 대해 부정적인 입장을 가지거나 해결하는 과정과 방법에 대해 다른 입장을 가지는 다중이 나타나 문제해결에 합의점을 찾지 못하고 갈등이 야기되는 것과 관련된다. 문제가 사회적 이슈화로 전환되기 위해서는 이슈제기자와 이슈유발장치가 있어야 한다(송근원·김태성, 1995, p. 45). 이슈제기자는 특정 문제에 대해서 관심과 여론을 환기시키는 행위자, 언론, 정치가, 시민운동가, 국회의원 등이 될 수 있다. 이슈유발장치는 일반 시민들의 관심을 촉발하는 것으로서, 자연재해와 대형 참사와 같은 사회적 사건 등이 있다.

사회복지에서도 다양한 사건, 문제, 이슈들이 나타난다. 사회복지 이슈화에서는 사회복지 대상자집단(장애인이동권 집회 등)이 자신들의 기본권을 보장받으면서 살아가고자 문제를 제기하고, 다중의 관심과 참여를 이끌어 내기 위해 다양한 활동을 한다. 사회복지와 관련하여 무엇이 문제인지, 어떻게 해결할 수 있는지 명확하게 다수의 시민들에게 알려지고 공론화되어야 정책들이 변화하기 때문이다. 사회복지 관련 이슈제기자들은 복지당사자, 언론, 시민단체, 정치인, 사회복지전문가 등이 주로 하고 있다.

문제나 이슈로 촉발된 정책형성과정은 문제 이슈화 → 정책의제(아젠다) 형성 → 정책대안 → 정책결정 → 정책 집행 → 정책평가와 같은 단계로 진행된다.

2) 정책의제(아젠다)

의제는 정책결정자들에 의하여 정책문제로 논의되는 문제나 이슈라고 할 수 있고, 아젠다는 공공정책으로 전환되기 위하여 정책결정자들의 관심을 불러일으키고 논의될 수 있는 상태에 있는 문제나 이슈의 목록을 의미한다(송근원, 1994, p. 94; 송근원·김태성, 1995, pp. 81-83). 문제나 이슈들 중 일부가 많은 사람의 주목을 받는 것을 공공의제라 하고, 그중 일부를 정부가 논의대상으로 삼을 때 정책의제가 된다(윤홍식 외, 2019, p. 308). 이러한 아젠다는 이슈가 발견되고, 표출, 전파, 문제해결을 위한 주요 논의들로 진행되고 조정과정을 거쳐 기존의 정책들을 변화시킨다.

(1) 이슈의 의제화

이슈가 많은 사람의 관심의 대상이 되고, 그 이슈가 정부의 적절한 개입을 통해 해결할 수단과 방법이 있다고 많은 사람들이 입장을 밝히는 과정이 이슈의 의제화라고 할 수 있다. 이러한 이슈의 의제화에 대해 정부가 공식적인 논의와 의사결정으로 그 해결을 위해 고려하기로 밝힌 것을 정책의제라고 한다.

의제화가 되기 상대적으로 쉬운 이슈들에는 다음과 같은 특징들이 있다.

첫째, 문제와 이슈는 구체적일수록 의제화하기가 쉽다.

둘째, 문제와 이슈가 그 사회에 미치는 영향 정도가 크면 클수록 의제화하기가 쉽다.

셋째, 정책개입에 따른 문제해결 과정의 시간이 적절해야 한다.

넷째, 일반 시민들이 쉽게 이해할 수 있는 문제나 이슈가 의제화하기 쉽고 복잡할수록 의제화가 어렵다.

다섯째, 유사한 문제가 해결된 선례가 있는 문제나 이슈일수록 의제화하기 쉽다.

(2) 정책의제 형성의 참여자

정책의제 형성에서 참여자는 공식적 참여자와 비공식적 참여자로 나눌 수 있다. 공식적 참여자로는 대통령, 부처별 장관, 국회의원, 행정관료 등이 있고, 비공식적 참여자로는 정당, 이익단체(압력단체), 전문가와 지식인, 일반시민과 시민단체[Non-Governmental Organization: NGO(비정부기구)], 비영리단체(Non-Profit Organization: NPO) 등이 있다.

사회복지와 관련한 의제 형성 참여자로는 복지대상자, 일반 시민, 연구자나 복지현장 전문가, 복지의 이해관계자 등이 있다.

표 8-2 사회복지정책 형성과정의 단계와 복지전문가의 역할

단계	개념 정의	복지전문가의 역할
욕구 불충족	• 인간의 생활에 필요한 욕구를 스스로 충족할 수 없는 상태. 그 결과로 문제 발생	• 직접적 사회복지실천가, 상담자, 조사연구자
사회문제	• 문제의 원인과 해결이 사회 전체와 연관된 문제	• 조사연구자, 옹호자, 분석가, 여론형성가
정책의제	• 해결해야 할 것으로 정부가 인식하고 표명한 문제	• 정책자문가, 분석가
정책대안 및 정책화	• 정책의제를 구체적으로 실행하려는 정책방향 확정	• 정책설계자, 개발가, 계획가
정책집행	• 복지정책으로 확정된 정책과제를 행정체계를 통해 실행	• 복지행정가, 실무자, 직접적 사회복지실천가
정책평가	• 집행된 사회복지정책에 대한 평가	• 평가자, 분석가

출처: 현외성(2019). 사회복지정책론, p. 201 재구성.

3 정책대안

정책대안은 문제나 이슈에 대한 해결방법에 관한 것과 관련된다. 정책대안은 문제의 해결을 위해 주어진 목표 달성을 위한 해결방안을 모색하고 개발하는 과정이다(송근원·김태성, 1995, pp. 94-95). 또한, 정책대안은 넓은 의미로는 문제와 이슈가 무엇인지 파악하고 그 문제를 둘러싼 상황을 파악하여 정책목표를 세우고 목표를 달성할 수 있는 정책 수단으로서, 정책대안을 개발하며 비교·분석하는 과정이라고 할 수 있다.

1) 정책대안 형성과정

정책대안 형성과정은 문제를 파악하고, 정책목표를 설정하며, 집행수단을 확보하여 여러 가지 대안들을 비교·분석하는 과정이다(송근원·김태성, 1995, pp. 97-106).

(1) 문제와 상황 파악

문제를 파악하기 위해서는 먼저 문제를 일으키는 조건이 무엇이고, 그것을 문제라고 인식하는 사람들이 생각하는 욕구가 무엇인가를 파악해야 한다. 예를 들어, 장애인이동권 요구와 관련해서 장애인들이 대중교통을 이용할 때 어떤 어려움이 있고, 이동과 관련해서 어떤 욕구가 있는지를 파악해야 한다. 그리고 그 문제의 해결에 필요한 비용이나 자원이 얼마나 필요한지, 어느 정도 필요한지를 산출할 수 있어야 한다.

문제의 원인과 그 문제가 어떤 사람들에게 영향을 미치는 것인지, 누가 그 문제를 인식하고 있는지, 얼마나 인식하고 있는지, 해결을 위한 비용이 그 사회가 감당할 수 있는 범위 내에 있는지 등을 파악해야 한다.

(2) 목표설정

문제가 무엇인지를 파악했다면 그에 따른 목표설정이 필요하다. 문제와 상황이 현재와 과거에 대한 분석이라면, 목표는 미래에 대한 것과 관련된다. 목표설정은 목표설정이 지향하는 가치가 무엇인지, 그 정책의 대상집단이 누구인지, 즉 정책이 실행된 이후 누가 혜택을 보는지, 그리고 비용은 누가 부담할 것인지, 정책수혜자가 아닌 다른 집단과의 이해충돌은 없는지 등을 고려해야 한다.

(3) 대안 탐색 및 개발

목표가 설정되면, 그 정책수단으로서의 해결방법들을 내놓아야 한다. 그러한 과정이 정책대안이다. 정책대안을 만들기 위해서는 문제에 대한 정보를 수집하고 다양한 측면에서 검토와 분석이 필요하다. 과거 유사한 정책, 외국의 사례, 문제 제기를 하는 사람들과의 면담, 사회정책적 기존 지식, 조사방법 활용 등을 통해 수집된 정보들을 종합적으로 분석하고 새로운 대안들을 개발하는 것이다.

(4) 대안의 비교·분석

정책대안이 몇 가지 만들어지면, 종합적 기준으로 분석하고 대안이 실제 집행될 경우 나타날 결과를 예측하여 대안들을 비교·분석하여 평가를 한다. 정책대안 평가와 관련해서 고려해야 할 기준이 실현 가능성(feasibility)과 바람직성(desirability)이다.

실현 가능성은 기술적(technical) 실현 가능성과 정치적(political) 실현 가능성 모두 고려해야 한다. 기술적 실현 가능성은 좁은 의미의 기술적 문제뿐만 아니라 집행 가능성을 포함하여 분석하는 것이고, 그 정책을 집행하는 조직이 그 문제를 다룰 수 있는 능력과 역량, 즉 재정능력, 기술에 대한 전문성, 행정역량 등과 관련된다. 정치적 실현 가능성은 정책대안이 실제 정책결정자 또는 정치적으로 받아들여질 수 있는가에 대한 것이다.

바람직성은 어떤 대안의 예측된 결과가 다른 대안의 결과와 비교할 때 강점이 무엇인지, 약점이 무엇인지에 대한 것이다. 주로 바람직성을 측정하는 기준은 효율성, 효과성, 형평성과 같은 기준을 활용한다.

2) 정책대안의 형성기법

정책대안의 형성기법은 정책대안들을 비교하고 분석하기 위해 사용하는 방법들이다.

(1) 미래 예측 방법

미래의 정책에 대한 예측을 위한 기법으로 유추, 경향성 분석, 회귀와 구조방정식을 통한 조사분석, 델파이 기법 등이 있다(송근원·김태성, 1995, pp. 106-116).

① 유추(analogy): 구조를 통해서 미래의 상황이나 문제를 추정하는 방법을 말한다. 새로운 문제의 해결에 기존의 유사 선례를 적용하는 것이다.

② 경향성 분석(tendency analysis): 과거의 추세를 미래에 연장시켜 예측하는 방법이다. 예를 들어, 노인인구가 지속적으로 늘어나는 고령화사회에서 노인요양시설이 증가된 사례를 확인하고, 미래에도 노인요양시설의 지속적 추가가 필요하다는 것을 예측하는 것과 관련된다.

③ 회귀분석(regression analysis) 또는 구조방정식(Structural Equation Modeling: SEM): 사회의 복잡한 변수들 사이의 인과관계를 분석하여 미래를 예측하는 방법이다.

④ 델파이(Delphi) 기법: 예측하려는 현상에 대한 선례가 없는 경우 자주 사용하는 방법으로, 전문가들의 의견을 모으고 교환하고 발전시킴으로써 대안을 마련하려는 방법이다.

(2) 대안의 비교분석

정책대안을 비교·분석하기 위해 활용하는 기법으로 비용-편익분석과 비용효과분석, 줄서기 분석, 모의실험 등이 있다.

① 비용-편익분석(cost-benefit analysis): 각각의 정책대안을 집행할 때 들어갈 비용과 예상 편익을 분석하는 것이다.

② 비용효과분석(cost-effectiveness analysis): 정책대안이 집행되는 비용과 나타나는 효과를 비교·분석하는 것이다. 비용편익분석에서 편익은 화폐가치로 환산되어야 하지만, 비용효과분석에서 효과는 화폐가치로 환산되는 것을 포함하여 재화와 서비스의 단위 등으로도 나타낼 수 있어서 화폐가치로 환산하기 어려운 경우에도 활용할 수 있다.

③ 줄서기 분석기법(queuing): 줄 서서 기다리는 시간, 즉 대기시간에 따른 사회적 비용과 이를 줄이기 위한 비용지출의 적정 수준을 찾아내기 위한 기법이다.

④ 모의실험(simulation): 정책대안들이 어떠한 변화를 가져올 것인가를 실제로 집행하지 않고 비슷한 상황 속에서 분석하여 예측하는 방법이다.

4 정책결정

정책결정은 문제해결을 위한 여러 대안들 중에 하나를 선택하는 행위 또는 과정을 말한다(송근원, 1994, p. 196). 정책결정은 정부가 정책의제와 관련하여 달성하고자 하는 정책목표를 설정하고, 이 정책목표를 달성하는 데 필요한 여러 정책대안을 검토한 후 특정 대안을 선택하는 정책활동이다(윤홍식 외, 2019, p. 309). 정책결정은 정책대안 중 하나를 채택하는 것의 과정을 포함하여 결정된 사항들의 집행의 우선순위(priority)를 정하는 과정도 포함할 수 있다.

정책결정에 대한 모형은 정책결정이 어떻게 이루어지는가를 설명하기 위한 것이다(송근원·김태성, 1995, pp. 124-139). 주로 많이 활용하는 정책결정 모형으로 합리모형, 만족모형, 점증모형, 혼합모형, 최적모형 등이 있다.

1) 합리모형

합리모형(rational model)은 인간의 이성과 합리성을 전제로 하여 정책결정 과정을 설명한다. 즉, 합리모형은 정책결정가나 정책분석가가 고도의 합리성과 분석자료 등을 가지고 주어진 목표달성을 극대화하기 위해서 최선의 정책대안을 찾는 것과 관련된다. 합리모형에서는 어떠한 문제도 관련한 원인을 정확하게 분석한 자료와 정보가 있다면 최선의 대안을 찾아낼 수 있다고 본다. 이러한 합리모형은 정책대안의 선택 결과에 대해 현실적·객관적 평가가 가능하고 소수 엘리트의 정치영향을 배제하여 정책대안 선택에 합리성을 높일 수 있는 반면에, 시간과 비용이 많이 들고, 합리적 분석과는 별개로 정치적 이해에 따라 결정되는 경우도 많다.

2) 만족모형

만족모형(satisficing model)은 인간의 완전한 이성과 합리성을 전제로 하지는 않는다. 제한된 합리성 안에서 비교적으로 합리적 정책결정을 한다는 것으로, 정책결정자는 상황이 매우 복잡하고 동태적이므로 문제를 충분히 파악하기에 제한적이어서 선별적으로 인식·선택한다고 보며, 대안을 선택하는 기준은 최적화가 아니라 만족화가 기준이 된다. 만족모형은 제한된 합리성에 근거한 만족화의 기준이 주관적이거나 모호하여 정책결정자의 의중을 따르는 책임회피와 무사안일의 결정이 될 수도 있다.

3) 점증모형

점증모형(incremental model)은 정책결정 과정이 주로 과거의 정책이나 결정의 부분적·점진적·순차적 수정이나 약간의 개선, 향상에서 이루어지는 것이다. 점증모형은 항상 정치적으로 실현 가능한 임기응변적 정책을 모색하기가 쉽고, 현상유지의 보수주의적 특성을 띨 수 있다. 그리고 중장기적 종합적 정책은 상대적으로 등한시하고 단기적인 정책에만 관심을 가질 수 있다는 한계가 있다.

4) 혼합모형

혼합모형(mixed model)은 앞서 살펴본 합리모형과 점증모형의 절충적인 형태의 정책결정모형이라고 할 수 있다. 합리모형의 이상주의와 점증모형의 보수성의 한계를 절충한 모형으로, 큰 범위에서의 기본적 결정은 합리모형적 특성에 따라 결정하고, 세부적이고 미시적인 결정은 기본 집행과정의 시스템 내에서 조금씩 보완·수정하여 이루어져야 한다는 결정 과정이다. 즉, 중요한 문제나 위기적 상황인 경우 포괄적이고 종합적 정보를 통해 대안을 탐색하여 중요 결정을 하고, 이를 수정·보완하면서 세부적 결정을 한다는 것이다. 혼합모형은 두 개의 대립되는 모형을 조합하여 절충한 것에 지나지 않아 실제 이렇게 진행될 수 있는가에 대한 문제 제기가 있다.

5) 최적모형

최적모형(optimal model)은 정책결정에 따른 비용보다는 효과가 더 높아야 한다는 것을 전제로 하여 정책결정을 한다. 최적모형은 합리적 요소와 초합리적 요소도 고려하여 경제적 합리성과 함께 직관, 판단력, 창의력 등의 요소들까지 동시에 고려하면서 결정한다. 최적모형은 인간의 합리성뿐만 아니라 직관 등 합리성만으로 설명되지 않는 인간사회의 요소를 고려한 측면도 있지만 그러한 결정이 최선의 결정 과정인지는 확인하기 어렵다는 한계가 있다.

이 외에도 '조직화된 혼돈상태(organized anarchy)' 속에서 정책에 필요한 몇 가지 흐름이 우연히 통 안에 들어와서 정책결정이 이루어진다고 보는 과정지향적이고 참여지향적인 정책결정 모형인 쓰레기통 모형, 정책결정 기구를 하나의 체제로 보고, 정책결정 과정을 이 체제의 산출물로 인식하는 모형인 체제모형, 정책결정을 수행하는 유일한 합법적인 제도는 정부이고, 정책결정 과정이란 결국 정부조직의 정책결정자들 간의 활동이라고 보는 제도모형 등이 있다.

5 정책집행과 평가

1) 정책집행

(1) 정책집행의 의미

정책집행은 채택된 정책내용을 구체적으로 실현하는 과정이다. 즉 정책집행은 정책을 구체화하고 실체화하는 과정이면서 활동이다. 정책집행은 관리기술적 측면과 정치적 과정으로서의 측면이 있다(송근원·김태성, 1995, pp. 144-145). 관리기술적 측면의 정책집행은 정책결정이 이루어진 이후 진행되는 시간적인 선후관계로 보는 가치가 배제된 과정으로 보는 것이다. 정치적 과정으로서의 정책집행은 정책이라는 것은 가치중립적인 것이 아니고 여러 참여자들 사이의 상호작용 과정이며, 참여자들 사이의 역동에서 원래의 정책목표와 대안이 왜곡되기도 하고, 지연 또는 실행되지 않을 수도 있다고 본다. 즉, 정책의 집행은 여러 사회세력들의 관계를 반영하는 과정이라고 본다.

(2) 사회복지정책 집행의 특징

사회복지정책은 불평등을 완화하기 위해 자원에 대한 재분배정책의 특성이 있어 정책집행은 정치적 성격이 특히 강하게 나타날 수 있다. 즉, 정책집행에 따른 이해관계가 정책목표와 상충될 때 정치적 반대가 클 수 있는 특성을 가진다. 사회복지정책은 반대하는 집단의 영향력에 따라 원래의 목표를 변질시킬 수 있다. 예를 들어, 미국의 건강보장정책의 큰 변화로 국가 의료보험을 도입하려고 할 때, 그 정책에 대해 민간보험협회 등의 강력한 반대로 번번이 도입하지 못함으로써 결국 미국의 의료시스템은 다른 국가들과 다르게 작동하고 있다.

사회복지정책은 자원배분의 우선 대상자들인 빈곤층과 사회적 취약계층들이 정책에 대한 영향력이 약하여 정책결정과 집행과정에서 항상 소외되기가 쉽기 때문에 이들의 참여를 확대하고 옹호할 수 있는 조직들의 역할이 필요할 수 있다.

(3) 정책결과

정책결과는 정책 집행의 산출로 나오는 일련의 과정의 결과물이다(윤홍식 외, 2019, pp. 310-311). 정책산출(policy output)은 정책집행이 직접적으로 낳은 결과로, 실행으로 생산된 서비스의 규모 등을 말한다. 예를 들어, 아동수당정책이 새로 도입되거나 변경되었을 때 아동수당을 받게 된 아동 수 또는 가구 수 등을 의미한다. 정책성과(policy outcome)는 정책산출로 나타난 결과로, 정책내용이 실제로 작동함으로써 나타나는 이차적인 결과를 의미한다. 예를 들어, 아동수당을 받은 가구의 부양자가 느끼는 만족도 등이 될 수 있다. 정책영향(policy impact)은 정책집행이 산출한 보다 장기적인 결과이다. 예를 들어, 아동수당으로 인해 그 가구의 지출행태에 변화가 나타나거나 출산율에 변화가 있다거나 하는 것이다.

2) 정책평가

모든 정책은 집행이 마무리되면 그 정책결과를 들여다보고 새로이 개선해야 할 것들을 찾는 과정이 필요하다. 따라서 평가와 피드백이라는 일련의 마무리 과정이 중요할 수밖에 없다.

(1) 정책평가의 의미

정책평가란 정책집행의 결과가 처음 의도한 바를 얼마나 달성하였는가, 원래의 문제가 얼마만큼 해결되었는가를 확인하는 전반의 과정과 활동이라고 할 수 있다. 또한 정책평가는 정책의 전반적인 진행 과정에서의 활동에 대한 평가이기도 한다. 다시 말해, 정책평가는 처음 의도를 실현하였는가, 처음 사회문제가 되었던 문제해결에 기여하였는가, 집행결과 파급효과와 부차적으로 긍정적 효과를 야기했는가를 체계적으로 분석·판단하는 활동이다. 이러한 평가가 필요한 것은 정책에 대한 효과성을 확인하고 책임성을 확보하기 위해서다.

정책평가는 정책결과를 정책효과와 정책비용의 측면에서 분석하려는 활동과 관련된다. 정책평가의 목표달성에 중점을 두면 정책의 효과성을 평가하는 것이고, 정책비용을 동시에 고려하면 정책의 효율성을 평가하는 것과 관련된다.

또한 정책평가는 정책의 최종적인 결과를 평가하는 것이기도 하지만, 정책집행 전반에 대한 과정도 평가할 수 있다. 평가의 대상에 따라 정책의 최종적인 결과를 평가하는 것을 총괄평가(summative evaluation) 또는 결과평가(result evaluation)라고 하고, 정책의 집행과정을 평가하는 것을 과정평가(process evaluation)로 크게 구분할 수 있다(윤홍식 외, 2019, p. 311). 두 대상의 평가가 서로 연결되기도 하고, 정책평가를 기반으로 새로운 정책의 계획과 집행에 반영되기도 한다.

(2) 정책평가의 기준

정책의 집행에 따른 변화를 일정한 기준에 따라 판단하는 것이 정책평가이다. 일반적으로 사회복지정책의 평가기준으로 많이 쓰이는 것이 효과성, 효율성, 형평성, 만족성, 접근성, 노력성, 영향 등과 같은 것이다. 각각의 내용을 살펴보면 다음과 같다.

'효과성(effectiveness) 평가'는 당초 수립된 사회복지정책의 목표를 얼마나 달성하였는가에 대한 평가이다. 정책의 효과성은 처음 이루고자 하는 목적과 목표가 실제로 정책이 집행된 이후 달성된 정도를 측정하거나 정책 대상지들에게 의도했던 긍정적 변화가 어느 정도 일어났는지를 기준으로 하여 평가하는 것이다. 예를 들어, 노인 대상의 기초연금정책에서 대상 확대와 급여수준 인상으로 노인빈곤율이 얼마나 추가적으로 감소했는지를 분석하는 것이 효과성 평가와 관련된다.

'효율성(efficiency) 평가'는 정책목표에 따라 정책을 집행한 이후 비용을 얼마나 최소화하였는가 또는 동일한 정책비용으로 얼마나 산출을 극대화하였는가에 대한 평가이다. 효율성은 정책결과로 얻어진 산출에 대하여 그 정책에 투입된 자원을 대비하는 개념으로, 최소의 비용(자원)으로 최대의 산출을 했는가를 평가하는 것이다. 대부분의 조직에서와 같이 사회복지조직에서도 효율성 평가는 중요하다. 복지욕구에 비해 자원은 늘 한정적이기 때문에 자원을 얼마나 잘 활용하며 사용하는가는 중요할 수밖에 없다.

'형평성(equity) 평가'는 정책의 효과와 비용이 사회집단 간에 공평하게 배분되었는가와 관련된다. 즉, 사회복지정책이 얼마나 사회계층 간의 불평등을 완화하고 공정하게 배분되었는가에 대한 평가인 것이다. 형평성은 필요한 욕구가 있는 사회복지정책 대상자에게 자원이 공평하게 배분되거나 참여할 기회가 공평하게 주어졌는지와 관련한 것이다. 정책이 시행되기 전에 관련된 정보가 복지대상자들에게 잘 전달되고 자격기준에 따른 선발과정이 공정하게 이루어졌는가에 대한 평가라고 할 수 있다.

'만족성(satisfaction) 평가'는 사회복지정책의 집행 결과에 대해 복지급여를 받은 대상자들이 얼마나 만족하는가에 대한 평가이다.

'접근성(access) 평가'는 사회복지정책의 대상자들이 시간적, 지리적, 심리적으로 손쉽게 이용할 수 있었는가와 관련된 평가이다. 정책의 참여와 활동에 있어서 제한되어 있거나 차별 없이 제공하려는 노력이 있었느냐와 관련된다. 예를 들어, 대부분의 장애인 이용시설, 노인요양기관, 어린이집을 이용하려는 대상자들이 직접적으로 해당 기관에 찾아가는 것이 어렵기 때문에 차량 지원서비스를 기본으로 제공하는 것 등의 사례들은 물리적 접근성과 관련한 것이다.

'노력성(effort) 평가'는 정책목표에 따라 정책집행 과정에서 참여한 사람들이 얼마나 노력하였는가를 평가하는 기준이다. 정책목표를 달성하기 위해 얼마나 많은 노력을 기울였는가, 즉 인적·물적 자원 등을 얼마나 투입하였는가를 보는 것이다. 예를 들어, 해당 정책에 참여한 인원, 소요되는 활동시간, 참여자 수 등을 평가하는 것이다.

'영향(impact) 평가'는 정책목표의 대상들이 그 정책의 결과로 원래 의도했던 사회문제나 요구와 관련된 것이 그 사회에 영향을 미쳤는지를 평가하는 것과 관련된다. 예를 들어, 빈곤정책이 우리 사회에서 빈곤율을 얼마나 감소시켰는지, 일자리 지원정책이 고용률을 얼마나 높였는지와 관련한 것이 영향 평가라 할 수 있다.

사회복지정책과 관련한 내용분석 틀과 관련한 평가요소들을 보면 다음과 같다.

표 8-3 사회복지정책 평가의 여러 측면

구분	기본적 형태	평가 요소
목표	• 명시적/잠재적 • 추상적/구체적	• 명료성 • 측정 가능성 • 수단이 아닌 목적에 관심
급여형태	• 물질적 현물 • 전문서비스 • 현금 • 바우처 • 기회와 권력	• 비용효과 • 목표효율성 • 소비자 주권 • 권한 확대
자격조건	• 기여 • 자산조사 • 전문적·행정적 판단 • 노동과 연계된 복지 • 인구학적 조건	• 소외 혹은 낙인효과 • 목표대상에서 제외 • 비용 증가 또는 이용 축소 • 노동유인 약화 유발
전달체계	• 중앙집중화와 분권화 • 사례관리 • 공공과 민간의 역할분담	• 통합과 지속성 • 접근가능성 • 정보접근성
재원	• 공공재원 확보 방법 • 자원에 대한 민간 배분 구조 • 서비스에 대한 본인부담	• 지속 가능한 재원 확보 • 인플레이션에 대한 보호능력 • 인구구조변화에 대한 보호능력

출처: 현외성(2019). 사회복지정책론, pp. 209-210 재구성.

논의거리

1. 현재 사회복지 분야에서 주요 관심이 되는 이슈에는 어떤 것들이 있을까요?
2. 사회복지사조직이 압력단체로서 어떠한 활동들을 해야 한다고 생각하는지 논의해 봅시다.
3. 우리 지역의 복지 현안으로는 어떠한 것들이 있는지 논의해 봅시다.

Quiz

1. 사회복지정책이 제정되거나 변화하기 위해서는 이를 요구하는 문제들이 나타나야 하고, 이러한 문제들 중에서 (　　　)로 부각되어야 한다.

2. 수많은 문제들 중에서 정부가 정책적 해결을 위해 공식적으로 채택한 의제의 목록을 일반적으로 (　　　)라 한다.

3. 정책결정의 모형 중에서 고도의 합리성을 가지고 주어진 목적의 달성을 극대화하기 위해서 최선의 정책대안을 찾으려는 모형은?

   ① 합리모형　② 점증모형　③ 혼합모형
   ④ 최적모형　⑤ 만족모형

4 '정책의 집행결과에 대해 대상자들이 얼마나 만족하는가'에 대한 평가는?

   ① 효과성 평가　② 효율성 평가　③ 형평성 평가
   ④ 반응성 평가　⑤ 접근성 평가

5. 사회복지정책의 일반적인 형성과정 중 (　　)에 들어가는 단계는?

   문제형성 → 정책의제 형성 → 정책대안 마련 → (　　　　) → 정책 집행 → 정책평가

6. 평가의 대상에 따라 정책의 최종적인 결과를 평가하는 것을 총괄평가 또는 (　　　　) 라고 한다.

03

PART

한국의 사회복지제도 이해

사회복지정책론
SOCIAL WELFARE POLICY

Chapter 09

사회복지정책과 사회보장

학습목표

1. 사회보장의 개념 및 원칙에 대해 이해할 수 있다.
2. 소득재분배에 대해 이해할 수 있다.
3. 사회보장제도(사회보험, 공공부조, 사회서비스)의 특징을 이해할 수 있다.

1 사회보장의 개념과 형태

1) 사회보장의 어원

사회보장을 뜻하는 영어 'social security'에서 security는 라틴어의 securitas(무사, 태평, 안온, 안전의 의미)를 어원으로 하고 있다. 사회보장의 어원적 의미는 '평온한 삶을 사회가 보장한다'는 의미로 해석할 수 있다. 이러한 사회보장이라는 용어는 1935년 제정된 미국의 「사회보장법(the Social Security Act)」에 기원을 두고 있다. 이후 '사회보장'이라는 용어는 1942년 국제노동기구(International Labor Organization: ILO)의 『사회보장에의 접근(*Approach of Social Security*)』과 영국의 『베버리지 보고서』 등에서 언급되면서 일반화되기 시작하였다.

2) 사회보장의 개념

(1) 미국의 사회보장청

사회보장은 생계능력의 중단 또는 상실에 처한 사람과 결혼, 출생, 사망과 같은 특별한 지출이 필요한 사람의 소득을 보장하는 법정 프로그램으로, 아동 지원을 위한 가족수당도 포함한다(ISSA, 2020, p. 1). 생계능력의 중단 또는 상실은 노령, 장애, 사망, 질병, 출산, 산업재해, 실업 등과 같은 사회적 위험으로 인해 발생하는 소득의 중단 또는 감소를 의미한다.

(2) 베버리지 보고서

사회보장은 실업, 질병이나 사고로 수입이 중단될 때, 수입을 대체하고 고령으로 인한 은퇴, 또는 양육자의 사망으로 인한 부양 상실에 대비하여 출생, 사망, 결혼과 같은 이례적인 지출에 대처할 수 있도록 소득을 보장하는 것을 의미한다(Beveridge, 2022, p. 81). 베버리지는 사회보장의 주요 목적은 소득보장으로, 소득 제공은 가능한 한 신속하게 소득 중단의 상황을 끝낼 수 있도록 조치가 이루어져야 한다고 보았다.

(3) 국제노동기구

국제노동기구(ILO)의 사회보장은 사회가 고령, 실업, 질병, 장애, 재해, 출산, 생계수단의 상실을 당한 개인과 가구에게 보건의료를 제공하고 소득을 보장해 주는 것이다. 사회보장은 인간의 기본적 권리로, 건강보험, 연금, 실업급여, 조세로 재정을 조달하는 사회급여를 포함한다.

(4) 한국의 사회보장

「사회보장기본법」에 따른 정의를 살펴보면, '사회보장'이란 출산, 양육, 실업, 노령, 장애, 질병, 빈곤 및 사망 등의 사회적 위험으로부터 모든 국민을 보호하고 국민 삶의 질을 향상시키는 데 필요한 소득·서비스를 보장하는 사회보험, 공공부조, 사회서비스를 말한다.

'사회보험'은 국민에게 발생하는 사회적 위험을 보험의 방식으로 대처함으로써 국민의 건강과 소득을 보장하는 제도를 의미한다.

'공공부조'는 국가와 지방자치단체의 책임하에 생활 유지 능력이 없거나 생활이 어려운 국민의 최저생활을 보장하고 자립을 지원하는 제도를 의미한다.

'사회서비스'는 기존의 사회복지서비스와 관련 복지제도를 포함하는 개념으로, 국가·지방자치단체 및 민간부문의 도움이 필요한 모든 국민에게 복지, 보건의료, 교육, 고용, 주거, 문화, 환경 등의 분야에서 인간다운 생활을 보장하고 상담, 재활, 돌봄, 정보의 제공, 관련 시설의 이용, 역량 개발, 사회참여 지원 등을 통하여 국민의 삶의 질이 향상되도록 지원하는 제도를 의미한다.

표 9-1 사회보장제도 구성 비교

구분	사회보험	공공부조	사회수당	사회(복지)서비스
주체	중앙정부	중앙정부 및 지방정부	중앙정부 및 지방정부	공공 및 민간 (사회복지시설 등)
대상	모든 국민 (주로 일과 관련)	저소득층	모든 국민 (주로 욕구 관련)	서비스를 필요로 하는 사람
자격조건	기여 (가입기간 포함)	자산조사	시민권 (주로 연령 기준)	자산조사, 행정적 판단
재원	보험료	조세	조세	보조금, 후원금, 자부담 등
급여형태	현금(연금, 고용, 산재 등) 의료서비스(건강, 산재)	현금(생계급여) 서비스(의료급여)	현금 (바우처)	서비스 바우처 현물
급여수준	적정수준 추구 소득비례급여	최저보장수준	낮은 수준 정액급여	기본 욕구수준
종류	공적 연금, 건강보험, 산재보험, 고용보험 등	국민기초생활보장제도, 의료급여제도 등	아동수당, 부모급여, 의무교육, 무상급식제도	아동, 노인, 장애인, 노숙인, 한부모, 다문화 가족 등 지원 서비스
성격	보편주의	선별주의	보편주의	선별주의→보편주의

3) 사회보장 프로그램의 형태

사회보장 프로그램의 형태는 재정 관련해서 조세와 보험료, 자격조건 관련 자산조사의 유무 등으로 나누어 네 가지로 구분할 수 있다.

(1) 비기여/비자산조사 프로그램

비기여/비자산조사 프로그램은 한 나라 국민으로서 누구나 인구학적인 조건만 갖추면 기여(보험료)나 소득과 자산조사 없이도 복지 대상자에게 급여를 지급하는 프로그램으로, 보편적 프로그램(universal program) 또는 데모그란트(demogrant)라고 한다. 예를 들어, 사회수당(아동수당, 가족수당), 보편적 연금(기초연금), 출산수당과 같은 부모급여 등이 있다.

(2) 비기여/자산조사 프로그램

비기여/자산조사 프로그램은 가장 오래된 유형의 프로그램이다. 일정한 소득이나 자산 이하인 사람들에게 주로 급여를 지급하는 프로그램으로, 공적 부조 프로그램이라고 한다. 예를 들어, 국민기초생활보장제도의 복지급여인 생계급여, 의료급여, 주거급여, 교육급여와 장애인연금 등이 여기에 해당한다.

(3) 기여/비자산조사 프로그램

기여/비자산조사 프로그램은 위험에 대한 예방적 차원에서 보험료를 납부하고 위험이 발생했을 때 급여를 제공받는 프로그램으로, 주로 사회보험 프로그램이다. 예를 들어, 공적 연금보험, 국민건강보험, 고용(실업)보험, 산업재해보상보험, 노인장기요양보험 등이 있다.

(4) 기여/자산조사 프로그램

기여/자산조사 프로그램은 기여를 하는 경우에 자산조사를 통하여 급여를 지급하는 프로그램이다. 예를 들어, 최저연금제도, 실업부조제도 등이 있다. 한국은 10인 미만 사업장에 고용보험료와 연금보험료를 지원하는 두루누리 사회보험료 지원 사업이 여기에 해당한다. 또한 건설·벌목업, 예술인, 특수형태근로종사자[18] 등의 직업군 종사자들에게 고용보험료를 지원하고 있다.

Point

두루누리 사회보험료 지원사업

1. 두루누리 사회보험료 지원사업이란?

- 소규모 사업을 운영하는 사업주와 소속 노동자의 사회보험료(고용보험·국민연금)의 일부를 국가에서 지원함으로써 사회보험 가입에 따른 부담을 덜어 주고, 사회보험 사각지대를 해소하기 위한 사업이다.

2. 지원 대상

- 노동자 수가 10명 미만인 사업에 고용된 노동자 중 월평균보수가 270만 원 미만인 신규가입 노동자와 그 사업주
- 2021년부터는 신규가입자에 대해서만 지원
  * 신규가입자: 지원신청일 직전 6개월간 고용보험과 국민연금 자격취득 이력이 없는 근로자
  * 기가입자: 신규가입자에 해당하지 않는 근로자(2021년부터 지원되지 않음)

3. 지원기준 및 지원기간

- 지원기준: 신규가입 노동자 및 사업주가 부담하는 고용보험과 국민연금 보험료의 80%
- 지원기간: 2018년 1월 1일부터 신규가입자 및 기가입자 지원을 합산하여 36개월까지만 지원
  * 기가입자는 '18. 1. 1. 이후 지원받은 개월 수가 36개월 미만이라도 '21. 1. 1.부터 지원되지 않음

4. 지원 제외 대상

- 지원 대상에 해당하는 노동자가 아래의 어느 하나라도 해당되는 경우에는 지원 제외된다.
  - 지원신청일이 속한 보험연도의 전년도 재산의 과세표준액 합계가 6억 원 이상인 자
  - 지원신청일이 속한 보험연도의 전년도(소득자료 입수 시기에 따라 보험연도의 전년도 또는 전전년도) 종합소득이 4,300만 원 이상인 자

5. 두루누리 주요 사회보험료 지원 사업

- 2020년 12월 10일 예술인 고용보험료 지원
- 2021년 7월 1일 특수형태근로종사자 고용보험료 지원

출처: 두루누리 사회보험(http://insurancesupport.or.kr/durunuri). 두루누리 소개.

18 보험설계사(보험설계사 중 교차 보험모집인은 제외), 신용카드회원 모집인(신용카드회원 모집인 중 제휴업체 카드 모집인은 제외), 대출모집인, 학습지 방문교사, 교육교구 방문강사, 택배기사, 대여제품 방문점검원, 가전제품 배송·설치기사, 방문판매원(자가소비 방문판매원 제외), 화물차주, 건설기계조종사, 방과 후 학교 강사(초·중등학교), 플랫폼 노무제공자(퀵서비스기사, 대리운전기사), 관광통역안내사, 소프트웨어 기술자, 화물차주(유통배송기사, 택배지·간선 기사, 자동차·곡물가루, 곡물·사료 운반기사), 골프장 캐디, 어린이 통학버스 기사 등이 여기에 해당한다.

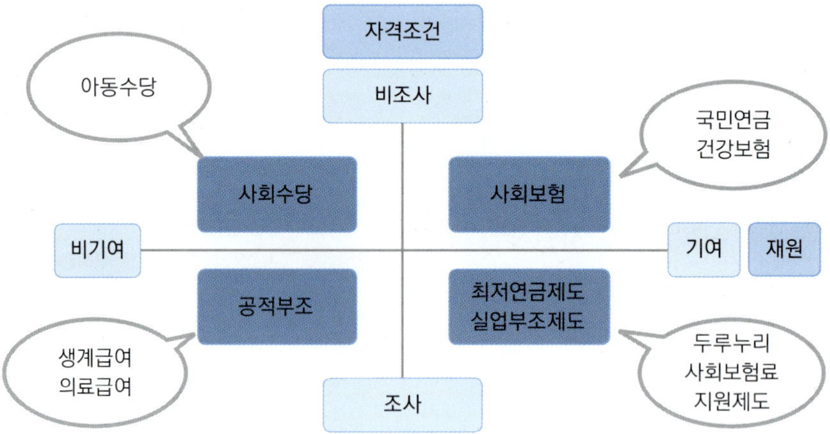

그림 9-1 사회보장의 형태 구분

2 사회보장의 원칙

1) 베버리지의 사회보험 원칙

베버리지는 사회보장의 주된 방법인 사회보험제도에서 다음의 여섯 가지 기본 원칙을 제시하였다(Beveridge, 2022, pp. 83-86).

(1) 정액급여의 원칙(동일한 생계급여)

정액급여의 원칙(flat rate of subsistence benefit)은 실업이나 장애로 중단되거나, 또는 퇴직으로 종료된 소득의 양과 무관하게 정액의 보험급여를 제공해야 한다는 것이다. 즉, 소득 상실 전에 받던 소득액과 상관없이 보험급여가 동일해야 한다는 것이다.

(2) 정액기여의 원칙(동일한 기여)

정책기여의 원칙(flat rate of contribution)은 각 피보험자 혹은 그의 고용주에게 자산과 무관하게 정액의 강제 기여금을 부과하는 것이다. 이는 보험료를 갹출하는 모든 사람은 소득수준에 상관없이 보험료를 동일하게 내야 한다는 원칙이다.

(3) 행정책임 일원화 원칙

행정책임 일원화 원칙(unification of administrative responsibility)은 효율성과 경제성을 위해 행정책임을 일원화하는 것이다. 이는 행정체계를 단일 조직체계로 구성하여 관리·운영해야 한다는 원칙이다.

(4) 급여의 적절성 원칙

급여의 적절성 원칙(adequacy of benefit)은 급여의 액수와 제공 기간이 적절해야 한다는 것이다. 이는 급여의 수준과 기간이 국민의 최저생활을 보장하기에 적절해야 한다는 원칙이다.

(5) 포괄성 원칙

포괄성 원칙(comprehensiveness)은 사회보험이 보장받는 사람들의 범위나 욕구 모두에서 포괄적이어야 한다는 것이다. 즉, 적용 인구와 적용 욕구에서 가능한 한 포괄적으로 사회보험이 적용되어야 한다는 원칙이다.

(6) 계층 분류의 원칙

계층분류 원칙(classification)은 사회보험이 비록 단일하고 포괄적이라 하더라도 공동체 내 여러 상이한 계층의 서로 다른 생활방식을 고려해야 한다는 것이다. 예를 들어, 고용계약에 따른 노동소득에 의지하는 사람들, 가사노동 영역에서 대가를 받지 않고 무급 서비스를 제공하는 사람들, 아직은 노동을 하기가 어려운 연령대의 사람들, 노동에서 은퇴한 사람들의 생활방식은 서로 다르다는 것이다.

표 9-2 계층 분류에 따른 구분

구분		가입 조건	기여금 납입 여부
노동 연령계층	범주 1	피고용인	○
	범주 2	기타 유급직 종사자(상인, 기타 독립노동자를 포함한 자영업자 등)	○
	범주 3	가정주부 등의 가사노동 여성	남편의 기여금
	범주 4	기타 노동연령 인구(소득활동에 종사하지 않는 비취업인구)	×
비노동 연령계층	범주 5	취업연령 이하 인구	×
	범주 6	취업연령 이상의 퇴직자(남자 65세, 여자 60세)	×

2) 국제노동기구

국제노동기구는 사회보장과 관련해서 많은 조약과 권고를 제시함으로써 노동권과 사회보장권의 확장에 기여하는 단체로, 1952년에 채택된 사회보장의 최저기준에 관한 조약에서 보험의 급여수준에 대한 세 가지 기본 원칙을 제시하였다(이인재 외, 2022, p. 33).

① 보편성의 원칙: 사회보장은 임금노동자뿐만 아니라 전체 국민을 대상으로 해야 한다.
② 비용부담의 공통성의 원칙: 사회보장 비용부담은 국가 또는 사용자 혹은 양자의 공동부담으로 하고, 노동자 부담은 일정 수준을 넘어서는 안 된다는 것이다.
③ 보험의 급여수준에 관한 원칙: 사회보장 급여 수급자의 이전 소득과 비례하여 지급하는 급여비례원칙과 최소한의 생활을 보장하기 위한 급여균일원칙이 보장되어야 한다.

3) 한국의 사회보장원칙[19]

① 보편성의 원칙: 국가와 지방자치단체가 사회보장제도를 운영할 때에는 이 제도를 필요로 하는 모든 국민에게 적용하여야 한다.
② 형평성의 원칙: 국가와 지방자치단체는 사회보장제도의 급여 수준과 비용 부담 등에서 형평성을 유지하여야 한다.

19 「사회보장기본법」 제25조(운영원칙)

③ 민주성의 원칙: 국가와 지방자치단체는 사회보장제도의 정책 결정 및 시행 과정에 공익의 대표자 및 이해관계인 등을 참여시켜 이를 민주적으로 결정하고 시행하여야 한다.

④ 연계성·전문성의 원칙: 국가와 지방자치단체가 사회보장제도를 운영할 때에는 국민의 다양한 복지 욕구를 효율적으로 충족시키기 위하여 연계성과 전문성을 높여야 한다.

⑤ 공공성의 원칙: 사회보험은 국가의 책임으로 시행하고, 공공부조와 사회서비스는 국가와 지방자치단체의 책임으로 시행하는 것을 원칙으로 한다. 다만, 국가와 지방자치단체의 재정 형편 등을 고려하여 이를 협의·조정할 수 있다.

3 소득재분배

1) 소득재분배의 개념

소득재분배는 한 개인 또는 한 집단으로부터 다른 개인이나 집단으로 이전(transfer)되는 소득 또는 소득으로 간주되는 급여로, 소득의 이동이 이루어지는 것을 말한다. 현대 사회에서 자본주의의 불평등이 커지고, 양극화나 구성원들 간의 격차가 심화되면서 국가는 여러 정책을 통해 불평등을 완화하고 격차를 줄이려는 정책을 통해 계층간 갈등을 줄이고 사회통합을 달성하려는 노력을 해 왔다.

사회복지정책의 주요 가치 중 하나인 평등의 원리를 통해 모든 사람이 인간다운 삶을 살 수 있는 권리를 보장하기 위해 국가개입의 재분배정책이 필요한 것이다.

2) 소득재분배의 유형

사회보장제도에서 소득재분배는 고소득자로부터 저소득자로의 이전, 건강한 사람에서 건강하지 못한 사람으로의 이전, 자녀가 없는 가구에서 자녀가 있는 가구로의 이전 등 여러 형태로 나타날 수 있다.

표 9-3 소득재분배의 형태

형태		소득 이전
세대 간 재분배		경제활동인구 → 비경제활동인구(노인)
세대 내 재분배	수직적 재분배	소득계층 간(부자 → 빈자)
	수평적 재분배	위험(욕구) 미발생집단 → 위험(욕구) 발생집단

(1) 사적 재분배와 공적 재분배

사적 재분배는 민간부문 안에서 자발적인 동기에 의해 이루어지는 재화(현금)의 이전을 말한다. 예를 들어, 가족 구성원 간의 소득 이전(부모가 자녀에게 주는 용돈, 자녀가 부모에 대한 생활비 지원 등), 친인척 간의 소득 이전, 민간보험이나 기업복지를 통한 소득 이전 등이 있다.

공적 재분배는 정부의 사회복지정책 등 공공정책을 통해 이루어지는 소득 이전을 말한다. 예를 들어, 사회보험제도를 통한 노령급여, 산재급여, 상병수당, 실업급여, 아동수당과 같은 사회수당, 생계급여와 같은 공공부조 등 정부의 재정으로 지원되는 제도들이 포함될 수 있다.

(2) 수직적 재분배와 수평적 재분배

수직적 재분배는 고소득층으로부터 저소득층으로 소득이 이전되는 것을 말한다. 예를 들어, 공공부조제도는 대표적인 수직적 재분배와 관련된다. 공공부조의 재원은 상대적으로 부자들이 많이 내는 조세로 마련하고, 공공부조의 자격은 주로 생활이 어려운 빈자들(빈곤층)이 그 대상이 되기 때문이다. 공공부조의 생계급여만큼 그 격차가 줄어들 수 있다.

수평적 재분배는 소득의 많고 적음과는 별개로, 위험(욕구) 미발생 집단에서 위험(욕구) 발생 집단으로 소득이 이전되는 것을 말한다. 예를 들어, 아동수당은 일정 연령 이하의 아동이 있으면 누구나 지원받을 수 있는데, 소득이 많다고 해서 아동이 있다면 자격이 박탈되지 않고, 소득이 적다고 해서 아동이 없다면 자격이 될 수 없다. 또한, 건강보험에 따른 요양급여(의료서비스)도 보험료를 많이 냈다고 해서 급여혜택을 더 많이 주고 보험료를 적게 냈다고 해서 급여혜택을 적게 주지 않는다. 보험료를 냈다면 기여의 많고 적음에 관계없이 아프면(질병위험 발생) 동일하게 의료서비스를 받을 수 있다.

(3) 단기적 재분배와 장기적 재분배

단기적 재분배는 주로 현재 드러난 사회적 욕구의 충족을 위해 현재의 자원을 사용하는 것을 말한다. 단기적 재분배는 주로 1년 단위의 대부분의 사회복지제도가 해당한다고 할 수 있다. 예를 들어, 공공부조제도, 사회수당제도 등 정부재원을 통해 이루어지는 사회복지제도 등이 단기적 재분배와 관련된다.

장기적 재분배는 생애에 걸쳐 발생하는 재분배를 말한다. 주로 적립방식의 연금제도가 여기에 해당한다. 적립방식의 연금은 결국 내가 일하고 있는 시기에 강제로 저축을 하고 은퇴한 이후에 연금급여의 형태로 되돌려받기 때문에 소득 이전이 장기적으로 이루어지는 것이다.

(4) 세대 내 재분배와 세대 간 재분배

세대 내 재분배는 연금제도에서 젊은 시절의 소득을 적립(강제 저축)해 놓았다가 노년기에 되돌려 받는 것으로, 나를 기준으로 세대 내에서 재분배가 이루어지는 것이다. 이러한 세대 내 재분배와 관련한 제도가 적립방식 연금제도이다.

세대 간 재분배는 연금제도에서 현재 청년세대(일하고 있는 세대)에게 보험료를 부과하고 부과된 보험료를 현재 노인세대(은퇴한 세대)에게 연금급여를 지급하는 형태로 재분배가 이루어진다. 이러한 형태의 연금제도를 부과방식 연금제도라고 한다.

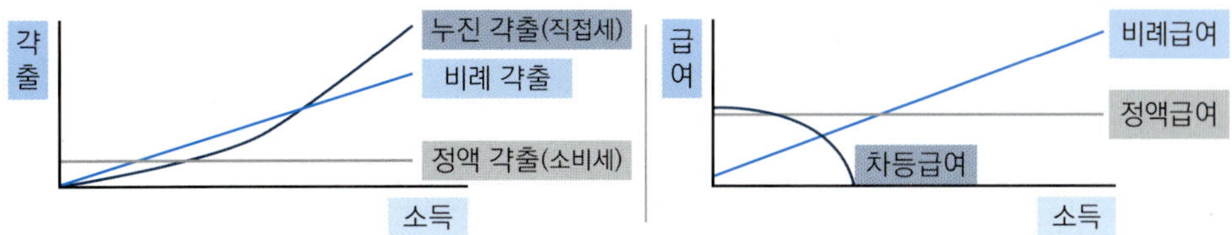

그림 9-2 조세방식과 사회보험방식의 비교

일반적으로 조세나 보험료를 낼 때 소득세나 상속·증여세처럼 누진적인 요소가 클수록 재분배효과가 크게 나타나고, 소비를 할 때 지출하는 부가가치세와 같은 동일한 세금은 역진적이어서 재분배효과가 작다. 반대로 복지정책을 통해서 시민들에게 사회복지급여로 받을 때는 정액급여가 소득비례급여보다 일반적으로 재분배효과가 크다.

3) 분배지표

불평등의 정도를 보려고 하는 소득분배지표는 얼마만큼 공평하게 분배되고 있는지 나타내는 지표이다. 대표적으로 5분위 배율, 지니계수, 백분위율, 상대적 빈곤율 등이 있다.

(1) 5분위 배율

보통 '분위'라는 용어는 개인소득[20]이 낮은 사람부터 순서대로 정리하여 이들을 순서에 따라 동일한 규모로 나눈 후 나뉜 각 집단을 분위라 한다. 이를 소득에 따라 5등분하여 집단으로 나누면 5분위, 10등분하여 집단으로 나누면 10분위가 된다. 주로 분배지표로서 5분위 배율 또는 10분위 배율을 많이 사용하는데, 5분위 배율은 소득순위대로 5집단으로 나누면 각 집단은 전체의 1/5인 20%이기 때문에 최하위 20% 평균소득을 최상위 20% 평균소득으로 나누어 나오는 값을 말한다. 즉, 5분위 배율은 최하위 20% 평균소득값을 1로 했을 때 최상위 20%의 평균소득은 몇 배의 차이가 나는지를 보려는 것이다.

5분위 배율의 값이 5가 나왔다면 최상위 20% 사람들이 최하위 20% 사람들보다 소득이 5배 많다는 것을 의미한다. 5분위 배율의 지표도 그 숫자가 커질수록 소득격차가 커지는 것을 의미하여 소득불평등이 커진다는 것을 의미한다.

2010년대 소득 5분위 배율을 보면 2012년 8.10에서 2020년 5.85로 전반적으로 하향 흐름을 보이고 있는데, 5분위 배율 지표값이 낮아지는 것은 그 격차가 줄어든 것을 의미한다. 2010년대에는 대체로 소득격차가 개선되고 있음을 알 수 있다.

20 가구소득을 각 가구원의 소득으로 전환한 개인소득을 균등화 개인소득이라고 한다. 보통 균등화 개인소득을 소득분배지표로 활용하는데, 균등화 처리 방법에는 여러 가지가 있는데 우리나라는 경제협력개발기구(OECD) 제곱근지수 방법을 사용하여 균등화 처리한다. OECD 제곱근지수는 가구소득을 가구원 수의 제곱근으로 나누어 균등화 개인소득을 계산하는 방법인데, 예를 들어 성인 2명, 아동 2명으로 구성된 가구의 소득이 400만 원이라고 하면, 이 가구의 균등화 개인소득은 200만 원(=400만 원/$\sqrt{4}$)이 된다.

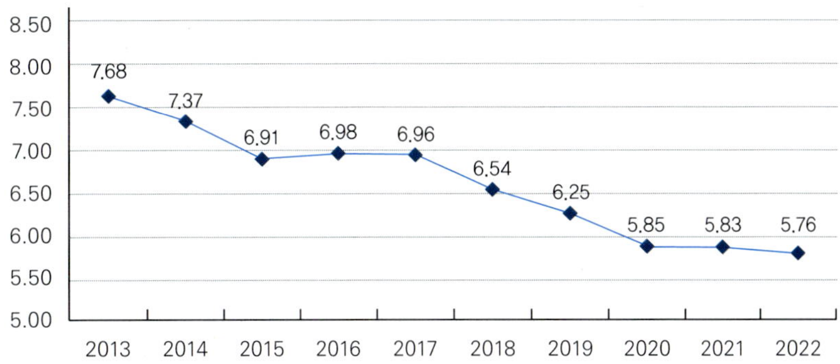

그림 9-3 연도별 소득 5분위 배율[1] 추이

주 1: 소득 5분위 배율 = 소득 상위 20%의 평균소득 ÷ 소득 하위 20% 평균소득
값이 클수록 소득불평등도가 높음을 나타냄
처분 가능 소득(시장소득 + 공적 이전소득 – 공적 이전지출) 기준임

자료: 통계청(각연도). 가계금융복지조사.
출처: 통계청(지표누리)(2023. 12. 7. 갱신일). 소득5분위배율.

〈표 9-4〉의 'OECD 주요국의 소득 5분위 배율 비교'를 보면, 한국은 2019년 6.3으로 칠레(2017), 미국, 튀르키예(터키)에 비해서는 상대적으로 낮지만 핀란드, 덴마크, 벨기에, 스웨덴, 독일, 프랑스 등의 국가들에 비해 높은 편이어서 OECD 주요 국가들과 비교해서도 상대적으로 소득격차가 큰 편임을 알 수 있다.

표 9-4 OECD 주요국의 소득 5분위 배율 비교(처분 가능 소득 기준)

구분	2013	2014	2015	2016	2017	2018	2019	2020	2021
핀란드	3.8	3.7	3.7	3.7	3.8	3.9	3.9	3.7	3.9
덴마크	3.6	3.6	3.7	3.7	3.8	3.8	3.8	–	–
벨기에	–	–	–	–	–	3.8	3.8	3.6	3.7
노르웨이	3.8	3.9	4.1	3.9	4.0	4.0	4.0	4.0	4.3
스웨덴	3.9	4.0	4.1	4.1	4.2	4.0	4.1	4.1	4.3
네덜란드	4.3	4.6	4.4	4.4	4.5	4.4	4.7	4.4	4.5
프랑스	4.3	4.4	4.4	4.3	4.4	4.6	4.4	4.1	4.5

구분	2013	2014	2015	2016	2017	2018	2019	2020	2021
독일	4.4	4.4	4.5	4.6	4.5	4.4	4.6	4.9	–
폴란드	4.7	4.7	4.6	4.4	4.2	4.3	–	4.0	3.9
한국	7.7	7.4	6.9	7.0	7.0	6.5	6.3	5.8	6.0
캐나다	5.4	5.2	5.4	5.0	5.1	4.9	4.8	4.2	4.6
영국	6.0	6.0	6.1	6.0	6.2	6.5	6.5	6.1	6.2
이탈리아	5.8	5.9	6.3	5.9	6.1	6.0	–	5.9	5.7
그리스	6.3	6.3	6.4	6.0	5.4	5.0	5.0	5.6	5.1
스페인	6.6	6.6	6.5	6.5	6.0	5.9	5.7	6.1	5.6
튀르키예	7.5	7.7	7.8	–	7.7	7.5	8.2	7.8	–
미국	8.6	8.7	8.3	8.5	8.4	8.4	8.4	7.5	7.1
칠레	10.6	–	10.0	–	10.3	–	–	14.2	–

자료: OECD(2023. 12.). https://stats.oecd.org, Income Distribution and Poverty.

출처: 통계청(지표누리)(2023. 12. 7. 갱신일). OECD 주요국의 소득5분위배율.

(2) 지니계수

지니계수(Gini's coefficient)는 불평등 정도를 볼 수 있는 지표로서, 가로축에는 인구의 누적백분율을 표시하고 세로축에는 소득이 낮은 사람부터 누적백분율을 표시하여 나타나는 곡선으로 나타나는 면적 ABO를 ⊿ABC로 나눈 값이다. 가로의 인구누적비율과 세로의 소득누적비율을 연결한 선을 로렌츠곡선이라고 한다.

만약, 완전평등한 사회라면 1사람의 누적증가분이 동일하기 때문에 ABO의 값이 직선이 AB로 수렴하여 0이 되고 분모가 어떤 값이라도 분자가 0이 되어 지니계수가 0이 된다. 반대로 완전불평등한 사회라면 소득누적증가분이 계속 0이다가 마지막 사람의 증가분일 때 그 누적이 100%가 되면서 ABO의 면적이 ⊿ABC와 동일하게 되어 분모와 분자가 같은 값이 되면서 지니계수가 1이 된다. 일반적으로 지니계수는 0~1 사이의 값이 나오는데, 1에 가까운 수치들이 나올수록 불평등이 커지거나 분배지표가 악화되었다고 할 수 있다.

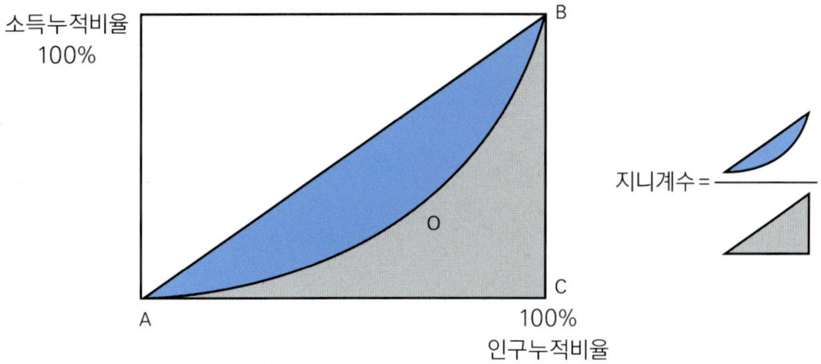

그림 9-4 지니계수

1997년 IMF 외환위기 전후의 분배지표 흐름을 보면, 지니계수와 5분위 배율 모두 높아졌다. 두 가지 분배지표가 97년 이전에 비해 98년 이후 대체로 지표값이 높아져서 분배지표가 나빠졌고, 소득격차는 커짐으로써 소득불평등이 심화되었다고 할 수 있다.

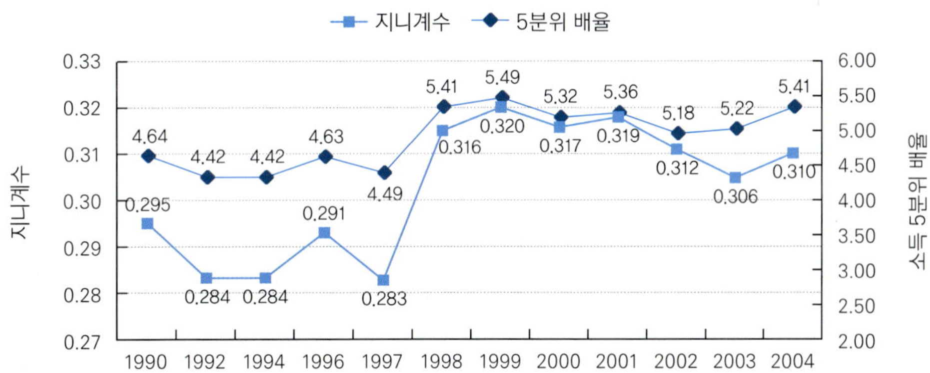

그림 9-5 지니계수 및 소득 5분위 배율 추이

출처: 보건복지부(2005). 희망한국21-함께하는 복지, p. 2.

〈표 9-5〉의 2010년대 지니계수의 추이를 보면 시장소득 기준으로는 0.4 전후로 미세한 변화들이 있었지만, 처분 가능 소득 기준으로는 2012년 0.385에서 2019년 0.339로 점차 하향 추세를 보이고 있다. 시장소득 기준으로 소득불평등은 큰 변화는 없지만 처분 가능 소득 기준으로는 소득불평등이 2010년대의 추이로 보면 상대적으로 개선되고 있음을 알 수 있다.

표 9-5 지니계수[1] 추이(시장소득/처분 가능 소득)

연도	2012	2013	2014	2015	2016	2017	2018	2019	2020	2021
시장소득[2](세전)	0.411	0.401	0.397	0.396	0.402	0.406	0.402	0.404	0.405	0.405
처분 가능 소득[3](세후)	0.385	0.372	0.363	0.352	0.355	0.354	0.345	0.339	0.331	0.333

주 1: 지니계수는 0에서 1 사이의 값을 가지며, 1에 가까울수록 불평등도가 높음을 나타냄

주 2: 시장소득(세전소득) = 근로소득 + 사업소득 + 재산소득 + 사적 이전소득 - 사적 이전지출

주 3: 처분 가능 소득(세후소득) = 시장소득 + 공적 이전소득 - 공적 이전지출

자료: 통계청(각연도). 가계금융복지조사.

출처: 통계청(KOSIS)(2022. 12. 2.). 지니계수.

〈표 9-6〉의 OECD 주요 국가별 지니계수를 비교하면 시장소득 기준으로 2018년 한국은 0.402로 다른 주요 국가들에 비해 낮은 편이다. 처분 가능 소득 기준으로 보면 2018년 한국은 0.345로 미국과 영국을 제외하고 다른 주요 국가들에 비해 높게 나타나고 있다. 이는 시장 소득 기준으로는 소득격차나 소득불평등이 상대적으로 낮지만 처분 가능 소득 기준으로는 높은 편에 속하여 불평등이 상대적으로 크다고 할 수 있다. 또한, 스웨덴, 독일, 프랑스 등 OECD 주요국들은 시장소득의 불평등은 높아도 처분 가능 소득에서는 그 정도가 완화되는데, 이는 공적 이전소득의 효과라 볼 수 있고, 공적 이전소득은 사회복지급여와도 관련되어 우리에 비해 사회복지지출 규모와 보편성이 큼에 따라 불평등의 완화에 기여한다고 볼 수 있다.

표 9-6 OECD 주요국의 지니계수 비교(시장소득/처분 가능 소득)

연도	2015		2016		2017		2018		2019	
	처분 가능 소득 기준	시장소득[1] 기준	처분 가능 소득 기준	시장소득 기준	처분가능 소득 기준	시장소득 기준	처분 가능 소득 기준	시장소득 기준	처분 가능 소득 기준	시장소득 기준
스웨덴	0.276	0.430	0.280	0.434	0.282	0.434	0.273	0.428	0.277	0.429
헝가리	0.284	0.494	0.280	0.482	0.289	0.478	0.280	0.464	0.286	0.463
폴란드	0.291	0.452	0.285	0.458	0.275	0.447	0.281	0.452	-	-
독일	0.293	0.504	0.294	0.505	0.289	0.500	0.289	0.494	0.296	0.497
프랑스	0.295	0.516	0.291	0.516	0.292	0.519	0.301	0.529	0.292	0.519
한국	0.352	0.396	0.355	0.402	0.354	0.406	0.345	0.402	0.339	0.404
캐나다	0.318	0.434	0.307	0.429	0.310	0.437	0.304	0.428	0.300	0.420

연도	2015		2016		2017		2018		2019	
	처분 가능 소득 기준	시장소득[1] 기준	처분 가능 소득 기준	시장소득 기준	처분가능 소득 기준	시장소득 기준	처분 가능 소득 기준	시장소득 기준	처분 가능 소득 기준	시장소득 기준
일본	-	-	-	-	-	-	0.334	0.501	-	-
이탈리아	0.333	0.524	0.327	0.517	0.334	0.516	0.330	0.511	-	-
호주	-	-	0.330	0.469	-	-	0.325	0.454	-	-
영국	0.360	0.520	0.351	0.506	0.357	0.506	0.366	0.513	0.366	0.508
미국	0.390	0.506	0.391	0.507	0.390	0.505	0.393	0.506	0.395	0.505

주 1: 국가마다 소득 산출 방법이 다름

자료: OECD(2022. 12.). https://stats.oecd.org, Income Distribution and Poverty.
출처: 통계청(KOSIS)(2022. 10. 5. 갱신일). 지니계수(OECD).

(3) 백분위율

백분위율은 각 분위의 상한값을 P00로 표시하는데, P00 사이의 비율을 백분위율 지표라고 할 수 있다. 예를 들어 백분위율 P90/P10은 9분위 상한값과 1분위 상한값의 비율이 되는 것이다. 10분위 기준으로 4분위의 상한값은 P40으로 표시하고 5분위 기준 2분위도 P40으로 표시한다. 백분위율로 소득불평등을 측정할 때 P50/P10 또는 P90/P50의 비율을 많이 사용하는데, P50은 전체의 중위소득(전체의 중간값)을 의미한다. 그러므로 P50/P10 또는 P90/P50은 중위소득과 1분위의 상한값 비율 또는 9분위의 상한값과 중위소득의 비율을 의미한다.

백분위율도 특정 위치와 중위값의 격차를 주로 보는 지표로서 그 값이 높을수록 소득격차가 크다는 것으로 소득불평등이 커지는 것이다.

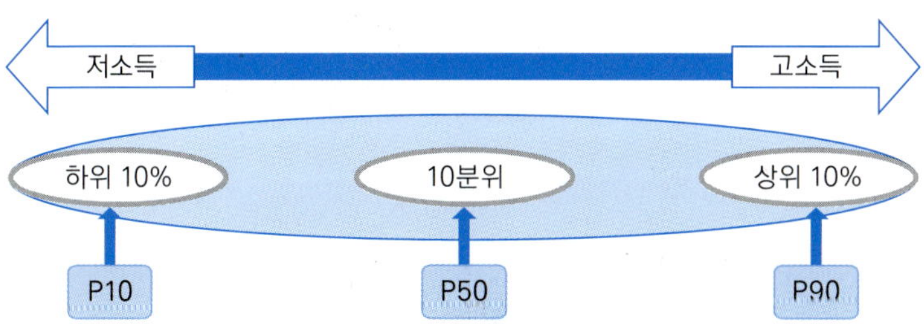

그림 9-6 백분위율

한국의 2010년대 소득분배지표를 백분위율로 살펴보면 다음의 [그림 9-7]처럼 나타난다. 중위값(P50)과 1분위 소득(하위 10%) 경계값(P10)의 백분위율(P50/P10)은 2011년 2.89배에서 2021년 2.47로 줄어서 소득격차가 다소 개선되었다. 중위값(P50)과 9분위 소득(상위 10%) 경계값(P90)의 백분위율(P90/P10)은 2011년 2.22배에서 2021년 2.02로 줄어든 폭은 적었지만 P50/P10의 백분율과 같이 소득격차가 다소 개선되었다. P90/P10 경계값의 백분율은 2011년 6.42배에서 2021년 5.00로 줄어든 폭이 앞의 백분위율에 비해서는 크고, 소득격차가 상대적으로 더욱 개선되었음을 알 수 있다.

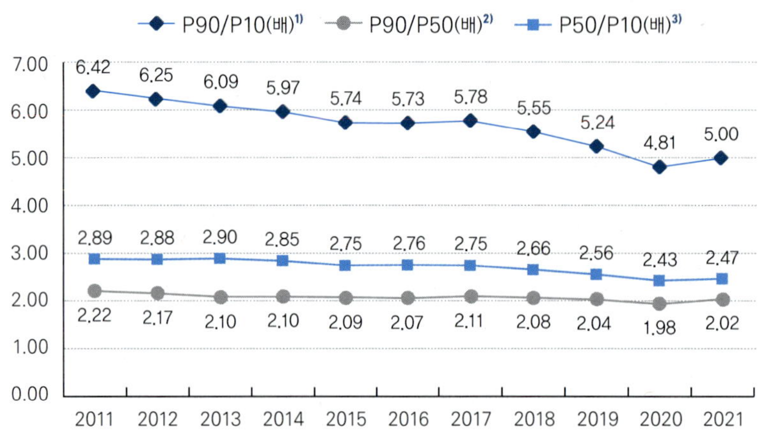

주 1: P90/P10: 소득 10분위 중 9분위 소득의 경계값(P90)을 1분위 소득 경계값(P10)으로 나눈 값
주 2: P90/P50: 소득 10분위 중 9분위 소득의 경계값(P90)을 5분위 소득 경계값(P50)으로 나눈 값
주 3: P50/P10: 소득 10분위 중 5분위 소득의 경계값(P50)을 1분위 소득 경계값(P10)으로 나눈 값

그림 9-7 백분위율 추이

자료: 통계청(각연도). 가계금융복지조사.
출처: 통계청(KOSIS)(2022. 12. 1. 갱신일)(https://kosis.kr). 백분위율(한국).

4 사회보험정책

1) 사회보험의 정의와 특징

(1) 사회보험이란

사회보험은 국민에게 발생하는 사회적 위험(노령, 질병, 상해, 실업, 사망 등)을 보험방식에 의하여 대처함으로써 국민의 건강과 소득을 보장하는 제도이다.

사회보험은 국가가 주도하는 사회안전망의 큰 축을 형성하고 있어서 주로 국가가 관리·운영한다. 의무가입으로 운영하는 이유는 민간에서 사회보험을 맡는다면 위험이 큰 사람만이 가입하는 역선택의 문제로 재정 운용의 어려움이 있고, 민간보험사는 유리한 사람만 가입시키는 문제 등이 발생할 수 있어 전 국민의 기본적 삶을 보장하기 어렵기 때문이다. 또한 미래의 위험에 대비하기 어려운 사람들은 빈곤층으로 추락할 위험이 크고, 공동체가 안정적으로 유지하기 위한 사전적 예방 장치가 필요하기 때문이다.

흔히 사회보험이라 하면 국민연금(특수직역연금 포함 공적 연금), 건강보험, 고용(실업)보험, 산재보험, 노인장기요양보험 등이 있다.

(2) 사회보험의 특징

사회보험은 다음과 같은 특징이 있다.

첫째, 강제적 프로그램이라는 점이다. 사회보험은 현대 사회에서 누구에게나 발생할 수 있는 사회적 위험(노령, 사망, 장애, 질병, 실업 등)으로부터 시민들을 보호하기 위한 의무적인 제도로 운영되고 있다.

둘째, 사회적 위험에 대비하기 위한 최저소득보장제도이다. 소득의 일시적 또는 영구적 중단에 따른 시민들의 기본 생활을 보장하기 위한 제도이다.

셋째, 급여는 법으로 정해져 있고, 보험료 납부에 따른 보험급여에 대한 권리가 있으며, 공공부조와 달리 자산조사가 없다.

넷째, 사회보험의 재정은 피용자, 사용자, 고용주가 부담하는 보험료, 즉 수익자 재정책임원칙을 따르고 있다.

다섯째, 사회보험은 정부가 주도하고, 관리·운영한다.

표 9-7 사회보험의 도입(주요 OECD 국가)

구분	산업재해	건강	연금	실업	가족수당
벨기에	1903	1894	1900	1920	1930
네덜란드	1901	1929	1913	1916	1940
프랑스	1898	1898	1895	1905	1932
이탈리아	1989	1886	1898	1919	1936
독일	1871	1883	1889	1927	1954
아일랜드	1897	1911	1908	1911	1944
영국	1897	1911	1908	1911	1945
덴마크	1898	1892	1891	1907	1952
노르웨이	1894	1909	1936	1906	1946
스웨덴	1901	1891	1913	1934	1947
핀란드	1895	1963	1937	1917	1948
오스트리아	1887	1888	1927	1920	1921
스위스	1881	1911	1946	1924	1952
호주	1902	1945	1909	1945	1941
뉴질랜드	1900	1938	1898	1938	1926
캐나다	1930	1971	1927	1940	1944
미국	1930	-	1935	1935	-

* 위의 연도는 강제적인 것뿐만 아니라 임의보험, 국가가 지원하는 방식도 포함되어 있음

출처: Pierson, C. (2007). 전환기의 복지국가(현외성·강욱모 옮김), p. 151.

사회보험과 민간보험은 공통적으로 미래의 위험에 대한 대비책으로서 다음과 같은 공통점이 있다.

첫째, 위험의 이전에 기초하여 공동부담의 원리에 따라 운영된다.

둘째, 적용범위, 급여, 재정과 관련된 모든 조건이 구체적이다.

셋째, 운영을 위해 충분한 기여금과 보험료 지불을 필요로 한다.

넷째, 미래에 발생한 욕구에 대해 사전에 결정된 급여를 제공한다.

다섯째, 보험 가입자의 경제적 보장이 중요하다.

여섯째, 보험 가입자가 많을수록 운영에 있어 안정적이다.

사회보험과 민간보험의 차이점은 다음 〈표 9-8〉과 같다. 사회보험은 국가가 법적인 근거로 강제가입을 원칙으로 하며, 누구나 부딪칠 수 있는 기본적 소득보장을 위한 제도이다. 민간보험은 개인이 미래의 다양한 위험에 대비하기 위해 자발적으로 가입하는 제도이다.

표 9-8 사회보험과 민간보험 비교

구분	사회보험	민간보험
보험 가입	강제적(의무 가입)	자발적(임의적)
대상 위험	사회적 위험(사람 관련 위험)	사람 및 재산 등 다양
보험료/기여금 부과기준	평균적 위험 정도 소득 수준에 따라 부과	개인적 위험 정도 급여수준에 따라 부과
목적	최저 소득보장	더 많은 보호 기능
원리	사회적 적절성	개인적 공평성
급여 근거	법	계약
운영형태	정부 독점	자유 경쟁
비용부담	공동부담	본인부담
물가상승에 따른 보장	물가상승에 의한 실질가치의 변동을 보장	물가상승에 대한 보장이 어려움
차별요소	복지요소로서 사회적 적절성과 보장성 강조	보험요소로서 개인적 공평성과 효율성 강조

2) 사회보험정책의 체계

(1) 재원

사회보험제도는 보험료에 의하여 재원을 마련한다. 노동자와 자영자의 기여금과 사용자의 부담금을 재원으로 하여 운영된다.

(2) 대상

사회보험제도의 대상은 일과 관련한 모든 국민을 포함하는 보편주의에 가까운 제도이다. 소득에 따른 능력주의에 근거하여 노동능력이 있는 사람을 주요 대상으로 한다. 사회보험 관련 법과 제도에 정해진 기준에 의해 강제 적용의 원리를 따른다.

(3) 급여

사회보험의 급여는 소득 정도(이전의 기여 정도) 및 피부양자의 수에 따라 급여수준이 정해진다. 사회보험이 보장하는 사회적 위험(주소득자의 사망, 실직, 질병, 사고, 산재, 노령 등)에 기초하여 사회보험 급여를 제공한다.

표 9-9 우리나라 4대 사회보험 체계와 특성

구분	국민연금	건강보험	고용보험	산재보험
기본 성격	소득보장 장기보험	의료보장 단기보험	실업고용 중기보험	산재보상 단기보험
급여방식	현금급여 소득비례	현물급여 균등급여	현금급여 소득비례	현물-균등급여 현금-소득비례
재정 및 관리	수정적립방식 전체일괄관리	부과방식 이원화(직장·지역)관리	수정적립방식	순부과방식
관리단위	개인별 관리	사업장·세대별 관리	사업	사업장
보험료 관장	보건복지부장관	보건복지부장관	고용노동부장관	고용노동부장관
자격관리방식	직장·지역 통합관리	직장·지역 통합관리	사업별 관리 가입자 관리	사업별 관리 가입자 관리
보험료 부과단위	사업장, 지역(개인별)	사업장, 지역(세대별)	사업	사업

출처: 4대사회보험 정보연계센터(www.4insure.or.kr). 사회보험 소개.

3) 한국의 사회보험 체계

한국의 사회보험정책은 4대 사회적 위험인 노령, 질병, 산재, 실업을 대비하기 위한 공적 연금, 국민건강보험, 산업재해보상보험, 고용보험이 있다. 그리고 고령사회에서 노인요양문제를 해결하기 위해 노인장기요양보험이 있다.

표 9-10 우리나라 사회보험 체계 및 현황

사회보험		도입 시기	대상위험	보장형태	가입 대상	관리운영기구	관할부처
공적연금	국민연금	1988	노령, 장애, 사망	소득보장	1인 이상 사업장, 농어민, 농어촌 자영업자 등	국민연금공단	보건복지부
	공무원연금	1960	〃 산재 포함	〃	공무원	공무원연금공단	행정안전부
	군인연금	1960(1963년 공무원연금에서 분리)	〃	〃	장기하사관 이상	국방부 군인연금과	국방부
	사립학교교원	1973	〃	〃	사립 교원	사립학교교직원연금공단	교육부
국민건강보험		직장의료(1977) 지역의료(1988) 공무원 및 사립교원(1979)	질병	의료서비스 (상병수당은 없음)	모든 국민	국민건강보험공단	보건복지부
산업재해보상보험		1964	업무상 재해 (사망, 장해, 상해)	소득보장 및 의료보장	모든 노동자 (자영업자 임의가입 가능)	근로복지공단	고용노동부
고용보험		1995	실업	소득보장	모든 노동자	근로복지공단 고용센터	고용노동부
노인장기요양보험		2008	장기요양	사회서비스	건강보험적용 대상과 동일	국민건강보험공단	보건복지부

4대 사회보험 가입률에서 고용형태별로 보면, 정규직 노동자는 4대 사회보험 모두 90% 중반 이상의 가입이 되어 있지만, 비정규직 노동자(특수형태 제외)는 산재보험을 제외하고 나머지 보험 가입률은 떨어진다.

표 9-11 고용형태별 사회보험 가입률(2023년)

(단위: %)

고용형태	고용보험[1]	건강보험[2]	국민연금[3]	산재보험[4]
전체 근로자(특수형태 제외)	91.7	92.5	92.9	98.1
정규근로자	94.5	98.8	98.6	98.1
비정규근로자(특수형태 제외)	81.4	71.7	68.5	98.2

고용형태	고용보험[1]	건강보험[2]	국민연금[3]	산재보험[4]
재택/가내근로자	82.4	78.7	86.1	98.9
파견/용역근로자	94.9	95.6	93.4	99.3
일일근로자	66.1	28.6	27.6	98.9
단시간근로자	84.2	85.0	81.9	97.2
기간제근로자	92.9	95.8	91.4	99.0
한시적근로자	52.9	46.3	39.2	90.5

주 1: 고용보험은 교육서비스업, 65세 이상, 60시간 미만 시간제근로자 제외

주 2: 건강보험은 교육서비스업, 고용계약기간 1개월 이하, 60시간 미만 시간제근로자 제외

주 3: 국민연금은 교육서비스업, 18세 미만, 60세 이상, 고용계약기간 1개월 이하, 60시간 미만 시간제근로자 제외

주 4: 산재보험은 교육서비스업, 상용근로자 1인 미만, 상용근로자 5인 미만 농림 어업 제외

자료: 고용노동부. 고용형태별근로실태조사.

출처: 고용노동통계(2024. 5. 16.)(http://laborstat.moel.go.kr). 고용형태별 사회보험 가입률.

기업규모별 사회보험 가입률을 보면, 300인 이상 사업장은 거의 4대 사회보험에 가입되어 있으나 작은 규모사업장으로 갈수록 대체로 가입률이 떨어지고 있다.

표 9-12 기업규모별 사회보험 가입률(2023년)

(단위: %)

규모	고용보험[1]	건강보험[2]	국민연금[3]	산재보험[4]
전체(특수 형태 제외)	91.7	92.5	92.9	98.1
5인 미만	74.6	79.1	80.3	91.7
5~29인	95.4	93.6	93.9	99.6
30~299인	98.5	97.6	97.7	100.0
300인 미만	91.2	91.2	91.8	97.8
300인 이상	94.5	99.8	98.4	100.0

주 1: 고용보험은 교육서비스업, 65세 이상, 60시간 미만 시간제근로자 제외

주 2: 건강보험은 교육서비스업, 고용계약기간 1개월 이하, 60시간 미만 시간제근로자 제외

주 3: 국민연금은 교육서비스업, 18세 미만, 60세 이상, 고용계약기간 1개월 이하, 60시간 미만 시간제근로자 제외

주 4: 산재보험은 교육서비스업, 상용근로자 1인 미만, 상용근로자 5인 미만 농림 어업 제외

자료: 고용노동부. 고용형태별근로실태조사.

출처: 고용노동통계(2024. 5. 16.)(http://laborstat.moel.go.kr). 기업규모별 사회보험 가입률.

5 공공부조정책

1) 공공부조제도의 개념

공공부조는 생활이 어려운 국민에게 국가의 책임하에 직접 금품을 제공하거나 무료 혜택을 주는 제도로서, 국민의 최저생활을 보장하고 기본적 삶을 유지할 수 있도록 지원하는 최후의 안전망 기능을 수행하는 제도이다. 공공부조제도는 최후의 사회안전망 역할을 하는 제도로 일반 조세를 재원으로 하며 일정 소득수준 이하의 사람들에게 최저수준의 급여를 보장하는 제도이다.

공공부조제도는 사회보험제도에 비해 목표(비용)효율성과 결과의 평등에서 유리하다. 반면에, 자격의 복잡성으로 행정비용이 많이 들고, 수급자의 낙인효과 등이 나타날 수 있다.

2) 공공부조제도의 특성

일반적으로 공공부조제도는 그 사회의 생활이 어렵다고 판단되는 개인 또는 가구를 지원하는 제도로서 다음과 같은 특성을 가지고 있다.

첫째, 일반 조세를 재원으로 하고, 일정 소득 이하의 사람들에게만 최저수준의 급여를 제공하는 최후의 사회적 안전망 기능을 한다.

둘째, 공공부조제도는 기여에 비례하는 사회보험제도에 비해 저소득층에게 집중적으로 지원하여 소득재분배 효과가 크게 나타난다.

셋째, 제한된 예산을 저소득층에게 집중적으로 사용할 수 있다는 점에서 목표효율성이 높다.

넷째, 자격조건을 결정하는 데 있어 소득·자산조사를 실시하기 때문에 복잡하고 행정비용이 많이 소요된다.

다섯째, 저소득을 자격기준으로 하기 때문에 수급자의 수치심(낙인효과)을 유발할 가능성이 있다. 특히 노년층에 비해 아동, 청소년이 또래집단에 노출되었을 때 부정적 효과가 나타날 수 있다.

3) 사회보험과 공공부조의 차이

사회보험은 주로 보험료를 재원으로 하며, 보통 일과 관련된 사람들을 포함하는 제도이고, 공공부조는 주로 조세를 재원으로 하고 생활이 어렵다고 판단되는 빈곤층을 지원하는 제도이다.

표 9-13 사회보험과 공공부조 비교

구분	사회보험	공공부조
대상	모든 국민(주로 노동능력이 있는 사람)	빈곤층
재원	보험료(법으로 정한 기여금, 부담금)	조세
급여	법으로 규정된 급여 지급 → 수급 여부 및 수급액의 예측이 가능	희망자의 수요에 따라 법정급여액을 지급 → 수급 여부 및 수급액의 예측이 어려움
자격기준	기여	자산조사
소득재분배	수평적 재분배 기능이 큼	수직적 재분배 기능이 큼

6 사회(복지)서비스정책

1) 사회(복지)서비스의 개념

사회서비스정책은 개인이나 가구 또는 구성원들의 복지 증진 및 삶의 질 제고를 위해 사회적으로 제공하는 서비스로서, 사회복지, 보건의료, 교육, 문화, 주거, 고용, 환경 등 삶에 필요한 다양한 생활서비스라고 할 수 있다. 사회서비스는 기존의 사회복지서비스가 주로 전통적인 서비스 대상자인 노인, 아동, 장애인 등을 대상으로 한 돌봄과 관련한 대인서비스를 확대하여 생활 지원이 필요한 지역 주민 전체로 확대하고 있다.

사회서비스를 규정한 관련 법률에 따른 개념을 살펴보면, 「사회보장기본법」 제3조에서 '사회서비스'를 "국가·지방자치단체 및 민간부문의 도움이 필요한 모든 국민에게 복지, 보건의료, 교육, 고용, 주거, 문화, 환경 등의 분야에서 인간다운 생활을 보장하고 상담, 재활, 돌봄,

정보의 제공, 관련 시설의 이용, 역량 개발, 사회참여 지원 등을 통하여 국민의 삶의 질이 향상되도록 지원하는 제도"로 정의하고 있다. 또한, 사회서비스 이용 및 이용권 관리에 관한 법률에서 사회서비스는 「사회복지사업법」에 따른 사회복지서비스, 「보건의료기본법」에 따른 보건의료서비스, 그 밖에 이에 준하는 서비스로 규정하고 있다. 사회서비스는 공공행정(일반행정, 환경, 안전), 사회복지(보육, 아동, 장애인, 노인 보호), 보건의료(간병, 간호), 교육(방과 후 활동, 특수교육), 문화(도서관, 박물관, 미술관 등 문화시설 운영)를 포괄하여 제공하는 서비스이다.

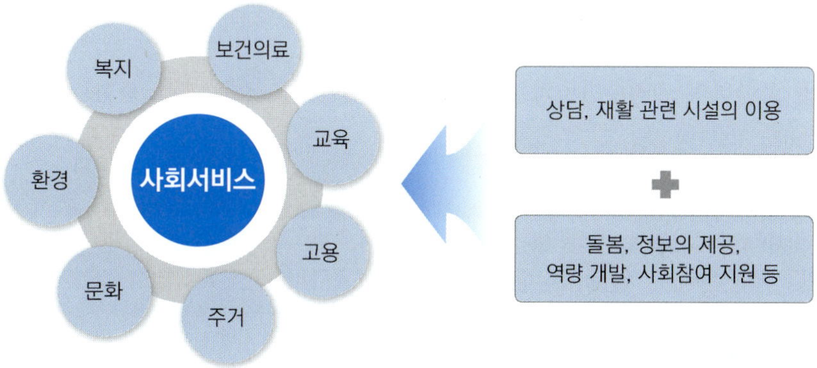

그림 9-8 사회서비스 개념도

출처: 사회서비스 전자바우처(https://www.socialservice.or.kr). 사회서비스란.

2) 사회서비스의 특성

(1) 지역사회 기반 서비스(community based service)

사회서비스는 지역사회에 기반하여 지역주민의 욕구를 반영한다. 사회서비스는 주로 대인서비스와 관련되기 때문에 서비스 이용자 집에서 또는 접근성을 고려한 지역사회 내에서 서비스를 이용할 수 있도록 지원한다.

(2) 이용자 중심 서비스(consumer driven service)

사회서비스는 이용자에게 선택권을 부여하여 기존에는 복지제공자(사회복지시설)가 일방적으로 지원하는 형태에서 소비자 주권 개념을 도입하고 이용자의 선택권을 보장한다. 기존의 사회복지서비스는 현물 또는 직접서비스 형태들이 많았으나, 사회서비스는 바우처 방식으로 지원하여 서비스 수요자가 다양한 공급자 중에서 선택할 수 있도록 보장한다.

(3) 사회 투자(social investment)

사회서비스는 인적 자원개발을 위한 사회투자적 성격이 있다. 미래 자원인 아동에게 필요 서비스를 지원하고, 성인들에게도 평생교육 지원, 노후설계, 일자리 지원 등을 통해 사람에 대한 역량 개발을 지원한다.

사회서비스는 기존의 빈곤층, 사회적 취약계층 중심으로 보건의료와 복지 중심의 사회복지서비스를 포함하여 지역주민들의 전반적인 일상생활, 즉 교육, 주거, 문화, 고용, 환경 등을 포함하여 지원하는 제도이다.

표 9-14 사회서비스와 사회복지서비스 비교

구분	사회복지서비스	사회서비스
공급 주체	국가, 지방자치단체, 사회복지시설	지역사회 기반 서비스 제공기관
대상	수급자 등 빈곤층, 사회적 취약계층 우선 지원	서민·중산층까지 확대
서비스 내용	기본 생활보장 서비스	일상생활 지원, 인적 자본 확충 등 다양한 서비스
재정지원 방식	공급자 지원(보조금)	수요자 지원(바우처 방식)
비용 부담	전액 국비(지방비) 지원	본인 일부 부담
품질관리	국가(일방적)	국가, 지자체, 제공기관

출처: 보건복지부(http://www.mohw.go.kr). 사회서비스정책 재정리.

3) 사회서비스의 유형

(1) 사회서비스 영역별 서비스

사회서비스는 크게 돌봄노동 분야, 미래 인적 자원 개발 분야, 안전하고 환경친화적인 생활환경 제공과 관련된 서비스 분야, 육체적·정신적 건강을 위한 공공보건의료 분야 등이 있다(이인재 외, 2022, pp. 606-607).

표 9-15 사회서비스 영역별 서비스 유형

영역	서비스 유형
상담	정신건강 및 정서적 지원을 위한 개별상담, 집단상담, 가족상담, 사례관리 등
재활	장애진단 및 판정, 직업재활, 물리치료, 심리재활 서비스 등
성인돌봄	장기요양서비스, 가사간병서비스, 장애인활동지원서비스, 산모·신생아 돌봄서비스, 가사도우미 등
아동돌봄	어린이집, 아이돌봄서비스, 방과 후 돌봄서비스, 장애아동 돌봄서비스 등
보건의료·건강관리	운동처방서비스, 영양보조, 금연 클리닉 등
교육 및 정보 제공	평생교육, 재무설계, 세무·법률 지원서비스, 노후설계 서비스 등
고용·취업	구직·일자리 알선, 직업기능 교육 및 훈련, 노동자 상담 등
주거	시설거주를 통한 일상생활 지원, 소규모 그룹홈 등
문화	공연, 전시, 스포츠 동호회, 여가·관광, 문화생활 체험, 캠프 등
환경	환경정비, 방역, 환경 가꾸기, 냉난방비 지원, 주거환경 개선 등

출처: 이인재 외(2022). 사회보장론, p. 607.

(2) 생애주기별 사회서비스

생애주기별 사회서비스에는 출산 지원, 돌봄 지원 서비스, 아동·청소년 교육 및 방과 후 활동, 중·고령 일자리, 건강관리 지원 서비스, 노인요양, 노인 일자리 지원 서비스 등 영유아부터 노년까지 연령대별로 지역사회에서 필요한 서비스체계를 구축하여 지역주민들의 필요에 따라 지원하는 것이다.

표 9-16 생애주기별 주요 사회서비스

임신·출산	영유아	아동·청소년	중고령	노인	죽음
• 난임 지원 • 고위험 임산부 지원 • 산모, 신생아 건강관리	• 보육 서비스 • 아이돌보미	• 지역아동센터 • 드림스타트 • 방과 후 돌봄 • 놀이 문화 • 심리상담 • 영양, 신체활동	• 사회서비스 일자리 (장애인, 자활 등) • 노후설계 지원 • 운동 등 건강관리	• 장기요양 • 노인 돌봄 • 치매 돌봄 • 노인 일자리 • 지역통합 돌봄 • 노인건강관리	• 호스피스 • 장사

출처: 보건복지부(http://www.mohw.go.kr). 사회서비스정책.

(3) 지역사회서비스 유형

사회서비스 중 지역사회서비스사업은 국민의 행복한 삶을 위해 아동·노인·장애인 등 계층별 특성을 고려한 돌봄, 재활, 사회참여 등 생애주기별 욕구와 지역 특성을 반영한 서비스를 제공하고 있다. 기존의 취약계층을 보다 확대하여 서비스 대상은 주로 기준 중위소득 140% 이하 가구(서비스별 기준의 차이는 있음)에서 필요한 서비스를 지원받을 수 있다.

표 9-17 지역사회서비스 유형

구분	대상	서비스 내용
장애인·산모 등 건강취약계층 운동서비스	장애인, 산모(임신 3개월 이상)	장애인·산모 등 건강취약계층의 신체활동지원을 통해 의료비 절감, 건강증진
영유아 발달지원	만 0~6세 발달지연 우려 영유아	발달 지연이 우려되는 영유아에게 지연 영역의 발달을 촉진할 수 있는 운동, 언어, 인지, 정서, 사회성 발달중재 서비스 제공
비만아동 건강관리	만 5~12세 경도 이상 비만 아동	경도 이상 비만아동과 부모에게 건강교육, 운동처방 및 운동지도 등을 통한 체질개선 및 질병 예방
아동청소년 비전형성	만 7~15세	아동청소년에 자기에 대한 긍정적 인식과 미래비전을 형성하기 위해 리더십 형성 프로그램 및 체험 학습 등 지원
아동청소년 정서발달지원	만 7~18세 정서행동문제 우려 아동·청소년	아동·청소년의 정서·행동적 문제 해결을 위하여 음악 교육 이론 및 실기와 정서순화 프로그램 제공
아동청소년 심리지원	만 18세 이하 문제행동 위험군 아동·청소년	정서행동 위험 아동·청소년에 대한 언어, 놀이, 상담, 음악·미술치료 등 조기개입서비스 지원
노인 맞춤형 운동 서비스	만 65세 이상(장기요양등급 외 판정자)	고령자 건강상태 점검 및 점검결과에 따른 수중 또는 유산소 운동 처방·지도를 통한 건강 증진
장애인·노인을 위한 돌봄여행	등록장애인(또는 상이 등급자), 만 65세 이상	노인·장애인에게 전문 돌봄 인력이 동반하는 여행 서비스 제공
장애인 보조기기 렌탈서비스	만 24세 이하 장애 아동·청소년	장애아동의 성장 단계에 적합한 맞춤형 보조기기 렌탈 서비스
정신건강 토탈케어서비스	정신장애인 또는 정신건강의학과 치료가 필요한 자	정신질환의 증상과 기능수준과 욕구에 따라 필요한 프로그램을 선별 또는 혼합하여 제공, 여건에 따라 부가서비스 병행
자살 위험군 예방서비스	자살위험검사에 의한 자살위험군 해당자	자살고위험군에 대한 조기 선별검사 및 사례관리 서비스 제공
성인 심리지원	만 35세 이상 진단서, 소견서를 제출한 자	성인의 심리정서 지원, 건강한 사회구성원 역할 촉진

출처: 보건복지부(http://www.mohw.go.kr). 사회서비스사업.

논의거리

1. 우리의 기초연금은 사회보장 프로그램에서 어느 형태에 가깝다고 할 수 있을까요?
2. 사회보험의 주요 특징에 대해 설명해 봅시다.
3. 공공부조의 주요 특성에 대해 설명해 봅시다.

Quiz

1. 베버리지의 사회보험 6대 원칙에 해당하지 않는 것은?
   ① 균일한 생계급여 원칙 ② 적용범위의 포괄성 원칙 ③ 행정책임의 다원화 원칙
   ④ 정액기여의 원칙 ⑤ 급여의 적절성 원칙

2. 다음 중 사회보험의 특성으로 보기 어려운 것은?
   ① 강제적 프로그램 ② 사회적 위험을 사전에 대비 ③ 급여 시 자산조사 필요
   ④ 보험료에 대한 공동부담 ⑤ 주로 정부에 의해 관리·운영됨

3. 사회보험과 민간보험의 차이점으로 잘못 설명된 것은?

구분	사회보험	민간보험
① 가입	강제 가입	임의 가입
② 대상 위험	주로 재산 관련 위험	사람 및 재산 등 다양
③ 목적	최저 소득보장	더 많은 보호 기능
④ 급여근거	법	계약
⑤ 운영형태	정부 독점	자유 경쟁

4. 4대 보험 중에서 가장 늦게 도입된 사회보험은?
   ① 산재보험 ② 국민연금 ③ 공무원연금 ④ 건강보험 ⑤ 고용보험

5. 사회보험과 공공부조의 차이를 잘못 설명한 것은?

구분	사회보험	공공부조
① 대상	모든 국민	빈곤층
② 재원	보험료	조세
③ 급여	수급 여부 및 수급액의 예측이 쉬움	수급 여부 및 수급액의예측이 어려움
④ 자격기준	자산조사	기여
⑤ 소득재분배	수평적 재분배 기능이 큼	수직적 재분배 기능이 큼

6. 다음 중 사적 재분배로 보기 어려운 것은?

① 가족 구성원 간의 이전 ② 친인척 간의 이전
③ 민간보험을 통한 이전 ④ 기업복지프로그램을 통한 이전
⑤ 아동수당제도를 통한 이전

7. 수직적 재분배는 (① 사회보험, ② 공공부조)에서 더 크게 나타난다.

8. 세대 간 재분배는 (① 적립방식, ② 부과방식)의 연금제도에서 주로 나타난다.

9. 공공부조제도의 특성으로 보기 어려운 것은?

① 조세로 재원 마련 ② 사회보험에 비해 재분배 효과 큼
③ 행정비용이 적게 듦 ④ 목표효율성이 높음
⑤ 낙인효과가 나타날 수 있음

Chapter 10

공적 연금정책

학습목표

1. 공적 연금제도의 특징을 이해할 수 있다.
2. 공적 연금제도의 유형에 따라 비교할 수 있다.
3. 한국의 국민연금제도를 이해할 수 있다.

1 공적 연금의 유형

1) 연금제도란

연금제도는 노령, 장애, 사망 등과 같은 이유로 소득 중단이나 상당한 정도의 소득 감소에 대비하는 소득보장제도이다.

표 10-1 노후 소득보장의 세 가지 방식

구분	방식	
3층 보장	개인	개인연금(민간보험)
2층 보장	기업	기업연금, 직장연금, 퇴직금
1층 보장	국가(공적 연금)	국민연금, 특수직연금(공무원, 군인, 교원 등)

노후 소득보장에서 공식적 수단으로 대표적인 것은 사회보장연금이다. 사회보장연금은 대부분의 국가가 운영하고 있는 제도로서, 노동자와 자영업자를 대상으로 하는 법정 연금이다. 정부가 재정, 가입, 관리·운영 등 제도 전반에 대해 책임을 진다. 기업연금은 기업이 기업복지 차원에서 제공하는 민간연금이다. 일정한 정부의 규제와 기업에 대한 혜택이 있다. 개인저축연금은 노동자가 노후에 대비하여 적금과 같은 저축성 연금제도이다. 노후 소득보장에서 비공식수단의 대표적인 것은 가족에 의한 지원이라고 할 수 있다.

각각의 특징들을 비교하면 다음과 같다.

표 10-2 노후 소득보장 수단의 특징

구분	공식적 수단			비공식수단
	사회보장연금	기업연금	개인저축연금	확대가족
임의/법정	법정	임의 또는 법정	임의 또는 법정	사회적 제재
재분배	유	유	제한적	가족
급여-기여 연계	무	혼합	유	가족 내
확정기여/확정급여	확정급여	혼합	확정기여	
위험요인	정치적	직업이동, 기업 상환능력 상실	투자	가족 공동위험
부과/적립 방식	부과방식	혼합	완전적립방식	혼합
공적/민간 관리	공적 관리	민간 관리	공적/민간 관리	민간
국가	서유럽 등 대부분의 OECD 국가	호주, 남아프리카, 브라질 등	법정: 칠레, 말레이시아, 싱가포르 민간: 미국, 영국	아시아, 아프리카 등 상당수의 저개발국가

출처: 원석조(2017). 사회복지정책론, p. 326.

2) 연금의 필요성

현대 사회에서 연금제도는 시민들 누구에게나 필요하다. 시민들이 노동으로 삶을 살아가다가 점차 노동시장으로부터 은퇴한 이후 삶을 이어가는 데 있어 연금제도가 중요한 것이다.

첫째, 노후생활의 안정적 소득보장이다. 연금제도를 국가에서 제도화하지 않으면 은퇴한 이후 생활 유지가 어려운 계층들이 다수가 나타날 수밖에 없다. 즉, 노후 빈곤을 예방하고 기본 생활을 보장하는 제도로서 필요하다.

둘째, 사회통합의 증진에 기여한다. 공적 연금제도는 보험료 기여에 비례하지만 기여 산출 방식에 상대적으로 저소득 연금 대상자를 보완하는 방식을 통해 소득재분배 및 불평등 완화에 기여한다.

셋째, 연금제도는 보험의 특성에 따라 미래에 대한 불확실성을 준비할 수 있다. 다만, 누구에게나 노후의 불확실성이 있기 때문에 국가가 관리·운영하는 사회보험으로 미래의 불확실성을 예방할 수 있다.

한국사회는 다른 주요 국가들에 비해 빠르게 노인인구가 급증하고 있다. 이러한 노후 소득보장제도와 관련하여 다양한 생활보장제도를 갖추어 사회안전망을 구축해야 하는데, 핵심은 공적 연금제도를 얼마나 잘 체계화하느냐에 달려 있다.

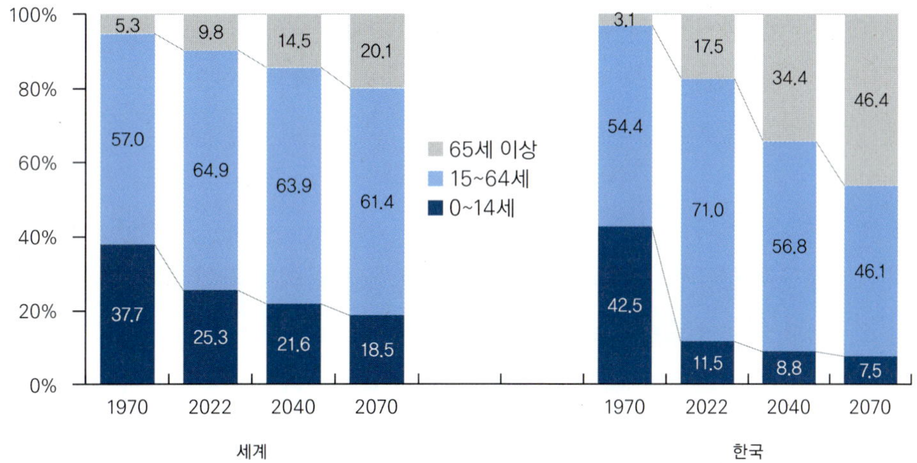

그림 10-1 세계와 한국의 인구구조

출처: 통계청(2022a). 세계와 한국의 인구현황 및 전망, p. 11.

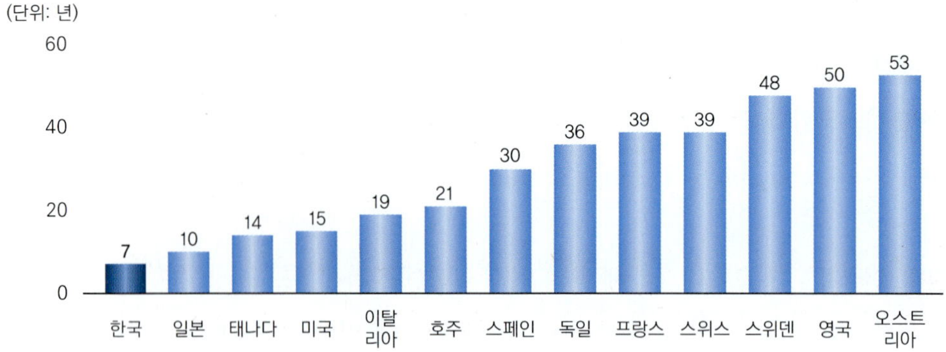

그림 10-2 OECD 주요국 초고령사회 도달 연수[1]

주 1: 초고령사회 도달 연수: 고령사회에서 초고령사회(20%)로 진입하는 데 걸린 기간

자료: 통계청.「장래인구추계: 2020~2070년」, UN, ,World Population Prospects 2022.
출처: 통계청(2022c). 2022 고령자 통계, p. 3.

3) 공적 연금의 유형

공적 연금제도는 몇 가지 형태로 유형화할 수 있는데, 공적 연금의 재원의 원천(조세, 보험료), 공적 연금의 관리 주체(정부, 민간기관), 연금 수급조건 등에 기초하여 다섯 가지 형태로 구분할 수 있다(이인재 외, 2022, pp. 161-165).

(1) 사회부조식 공적 연금

사회부조식 공적 연금은 자산조사를 통해 일정소득 미만으로 확인된 저소득 노령자에게 연금이 지급되며, 그에 필요한 재원은 일반 조세에서 충당하는 방식이다. 이러한 연금형태의 대표적 국가로 호주가 있으며, 자산조사가 관대하여 대부분의 노령자들이 연금혜택을 받고 있다. 우리나라의 기초연금 역시 노인층의 70% 정도 수급자가 될 수 있도록 일정한 기준선을 규정하고 자산조사를 통해 그에 해당하는 노인들에게 지원하는 방식으로 운영하고 있다.

(2) 사회보험식 공적 연금

사회보험 방식의 공적 연금은 고용주와 피용자 또는 자영자로부터 징수되는 보험료를 통해 재원을 충당한다. 기여금(보험료)은 일반 정부 예산과는 분리하여 특별기금으로 관리하고,

소득의 일정 비율로 부과하며 급여액은 수급자의 과거소득과 기여기간에 따라 차등으로 지원한다. 한국, 스페인, 독일, 포르투갈, 미국 등 대부분의 국가들이 사회보험방식의 공적 연금을 운영하고 있다.

(3) 사회수당식 공적 연금

사회수당식 공적 연금은 재원을 일반조세에서 충당하지만 사회부조방식과는 다르게 소득에 관계없이 일정 연령 이상의 모든 시민에게 급여를 제공하는 방식이다. 사회수당식 연금은 일정 연령 이상의 시민에게 동일한 급여를 보장하는데, 이러한 제도를 운영하는 대표적 국가로 뉴질랜드, 캐나다, 덴마크, 스웨덴 등이 있다.

(4) 퇴직준비금제도

퇴직준비금제도는 강제가입과 국가관리의 특성을 제외하면 연금의 특성보다는 강제가입식 저축제도라고 할 수 있다. 보통 적금식 저축을 강제하는 제도여서 급여액은 개인이 저축한 금액에서 일정한 이자를 합한 금액이고 일시금으로 지급하는 특징을 가진다. 이러한 제도를 운영하는 대표적 국가로 싱가포르, 말레이시아, 인도네시아, 인도, 네팔 등 국가들이 있다.

(5) 강제가입식 개인연금제도

강제가입식 개인연금제도는 강제 저축의 성격을 가진다는 점에서 퇴직준비금제도와 유사하지만 급여를 일시금이 아닌 연금 형태로 지급하는 제도이다. 공적 연금 재정의 위기를 경험한 남미권 국가들이 국가가 운영하는 공적 연금을 대신하여 민간 기업들이 운영하는 개인연금제도에 가입을 강제하는 것이다. 사회보험방식의 국가에 의해 독점적으로 관리되기보다는 다수의 민간금융기관에 의해 경쟁적으로 관리되고 있는 특징을 가진다. 대표적 국가로 칠레, 아르헨티나, 멕시코, 페루 등이 있다.

4) 연금 재정운용의 유형

연금재정을 어떻게 운용하고 지원하느냐에 따라 구분할 수 있는데, 기여 대 비기여, 정액급여 대 소득비례급여, 확정급여 대 확정기여, 부과방식 대 적립방식 등이 있다(원석조, 2017,

pp. 327-334; 이인재 외, 2022, pp. 173-189).

(1) 무기여 연금과 기여 연금

급여 지출에 필요한 재원 형태에 따라 공적 연금을 분류하면 무기여 연금과 기여 연금으로 구분할 수 있다.

무기여 연금(non-contributory pension)은 국가가 별도의 보험료를 거두지 않고 일반 조세 재정을 사용하는 급여를 지급하는 형태이다. 무기여 연금은 소득조사를 통해 일정 기준 이하의 대상자에게만 지급하는 사회부조방식의 연금과, 일정 연령조건과 거주기간 조건 등을 충족하면 누구에게나 지급하는 사회수당방식의 연금으로 구분할 수 있다.

기여식 연금(contributory pension)은 급여 지출에 필요한 재원을 가입자들에게 기여하게 하여 그 재정으로부터 급여를 지급하는 형태이다. 기여식 연금에는 대부분의 국가가 운용하고 있는 사회보험방식의 연금과 강제저축식 퇴직연금제도와 강제가입식 개인연금이 있다.

(2) 정액연금과 소득비례연금

공적 연금제도에서 연금급여액의 소득연계 여부에 따라 정액연금과 소득비례연금으로 구분할 수 있다.

정액연금은 연금 수급액 결정에 있어서 이전의 과거소득은 고려하지 않고 동일한 금액을 지급하는 형태이다. 정액연금은 재원을 주로 조세로 하여 동일한 균등급여를 지원하는 사회수당식 제도와 연결된다.

소득비례연금은 과거 소득을 기준으로 일정기간 또는 가입 전(全) 기간의 소득을 기준으로 연금급여를 차등 지급하는 형태이다. 소득이 높고 가입기간이 길수록 비례적으로 연금급여액이 올라가는 형태인 것이다. 사회보험방식의 보험료를 부과하고 연금급여를 지급하는 제도에서는 소득비례연금을 기반으로 한다.

(3) 확정급여식 연금과 확정기여식 연금

공적 연금은 급여산정방식에 따라 확정급여식 연금과 확정기여식 연금으로 구분할 수 있다.

확정급여식(Defined Benefit: DB) 연금은 과거의 소득과 가입기간 등에 의해 달라지는 급여 계산 공식에 의해서 나중에 받을 연금액이 사전에 결정되어 있는 형태로, 대부분의 국가가 확정급여 형태의 연금을 운영하고 있다. 확정급여방식은 물가상승, 경기침체, 수명연장 등의 위험에 대응하여 안정적인 노후소득을 보장할 수 있지만 인구고령화나 경기침체 등으로 연금기금과 급여제출에 필요한 재원 간의 불균형으로 적자구조가 커지면 연금의 소득대체율이 축소될 수 있다.

확정기여식(Defined Contribution: DC) 연금은 기여금만이 결정되어 있고 급여액은 적립한 기여금의 운용 결과에 의해 나중에 결정되는 형태로, 월정연금이나 일시금으로 지급한다. 확정기여방식은 인구고령화, 기대수명의 연장, 경제성장률, 조기퇴직 등 예측하기 어려운 미래의 사회경제적 변화에 영향을 덜 받기 때문에 연금재정 유지에는 유리할 수 있다. 그러나 투자위험부담 등 재정운용에 대한 결과가 개인에게 영향을 줄 수 있다.

(4) 적립방식과 부과방식

공적 연금 급여지출에 필요한 재원 충당은 적립방식과 부과방식의 형태로 나눌 수 있다.

적립방식(funded)은 장래에 지급할 연금급여를 가입기간 동안 보험료, 국고지원, 재정운용수익 등을 적립하여 기금을 축적하는 방식이다. 결국 현재 노동시장에서 일할 수 있을 때 강제적으로 저축을 하고 은퇴한 이후 기여한 것을 연금형태로 되돌려 받는 형태인 것이다.

부과방식(pay-as-you-go)은 현재 노동시장에서 은퇴한 노령층에게 지급할 연금급여지출에 필요한 재원을 현재 일하고 있는 세대에게 보험료를 부과하여 재원을 마련하는 방식이다. 이러한 형태의 재정방식은 연금기금을 축적할 필요가 없다.

표 10-3 적립방식과 부과방식의 장단점

구분	적립방식	부과방식
특징	보험료를 기금으로 적립하였다가 지급하는 방식	당해 연도 연금 지출을 추정하여 현재 일하는 사람들에게 보험료를 부과하여 사용하는 방식
장점	연금지출이 적은 초기부터 제도가 성숙하여 지출액이 증가될 때까지 보험료를 평준화할 수 있어 세대 간의 공평한 보험료 부담이 가능	누적된 연금이 필요 없어 연금의 실질가치 유지 대책이나 연금 재정의 장기추계를 필요로 하지 않음

구분	적립방식	부과방식
단점	장래에 변화하는 지출을 예측하기 어려워 적정 보험료율 산정이 어려움	제도가 성숙하여 수급권자가 증대하게 되면 보험료 부담이 증가하고, 인구구조의 변화에 영향을 많이 받음

2 국민연금제도

1) 국민연금제도의 개요

국민연금은 사회보험제도 중 대다수 국민들의 노후 생활보장을 지원하기 위한 제도이다. 국민연금제도를 통해 제공되는 급여에는 노령으로 인한 은퇴 이후의 소득을 보전하기 위한 노령연금, 주 소득자의 사망에 따른 유족연금, 질병 또는 사고로 인한 장기간 노동능력 상실에 따른 장애연금 등으로 구성된다. 특히 한국은 저출산과 빠른 고령화사회로 인해 다른 국가들에 비해 빠르게 고령인구가 늘어나고 있다. 이러한 고령인구들의 노후 생활과 관련하여 연금제도의 중요성이 점차 커지고 있다.

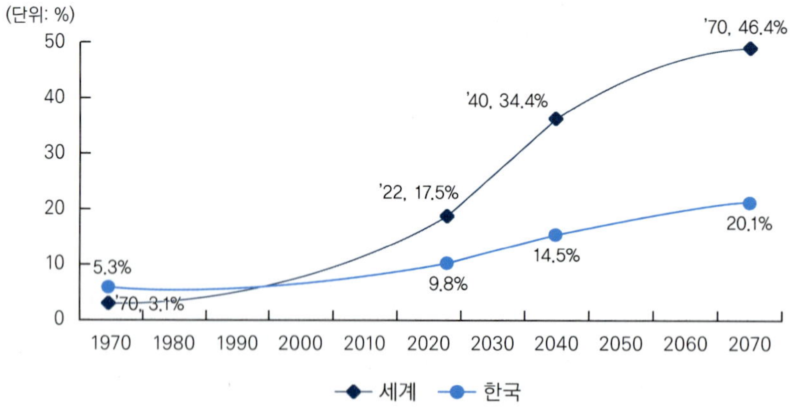

그림 10-3 세계와 한국의 고령인구(65세 이상) 구성비 추이

출처: 통계청(2022a). 세계와 한국의 인구현황 및 전망, p. 15.

2) 국민연금 특징

사회보험방식의 국민연금은 다음과 같은 특징을 가지고 있다.

첫째, 일하고 있는 모든 국민을 가입대상으로 하는 강제성이 있는 제도이다.

둘째, 급여에서 저소득 가입자를 상대적으로 고려하여 소득재분배 기능을 하여 사회통합에 기여한다.

셋째, 연금은 가입자가 사망시까지 지급되고, 국가가 지급을 보장하므로 안정적이다.

넷째, 국민연금은 물가 변동률을 반영하여 연금액의 실질가치를 보장한다.

다섯째, 평균수명까지 생존하는 경우 납부하는 보험료에 비해 연금으로 받는 금액이 많다.

여섯째, 국민연금은 기본적으로 노령연금뿐만 아니라 장애 및 사망에 대한 보장기능이 있다(장애연금, 유족연금 지급).

3) 연금제도 변천과정

- 1973. 12. 「국민복지연금법」 공포(석유파동으로 시행 연기)
- 1986. 12. 「국민연금법」 공포
- 1988. 1. 상시노동자가 10인 이상 사업장(직장가입자)부터 시행
- 1992. 1. 상시노동자 5인 이상 사업장까지 확대 시행
- 1995. 7. 농어민 및 농어촌지역 주민 확대 시행
- 1999. 4. 도시지역 주민까지 확대하여 전 국민연금시대 개막
- 2003. 7. 사업장 적용범위 확대(노동자 1인 이상 법인, 전문직종 사업장)
- 2006. 1. 사업장 적용범위 확대 완료(노동자 1인 이상 사업장 전체)
- 2008. 1. 완전노령연금(가입기간 20년 이상) 지급 개시
- 2009. 8. 국민연금과 4개 직역연금 가입기간 연계사업 시행
- 2012. 7. 10인 미만 사업장 저소득노동자에 대한 국민연금 보험료 지원사업 시행(두루누리사업)
- 2014. 7. 기초연금 지급 개시
- 2016. 8. 구직급여 수급자를 대상으로 실업크레딧 시행

- 2016. 11. 경력단절 여성 대상으로 추후납부 확대

4) 적용대상

(1) 가입대상

국민연금의 가입대상은 원칙적으로 국내에 거주하는 18세 이상 60세 미만의 국민이다. 다만, 예외 대상으로 유사한 목적으로 운영되고 있는 타 연금가입자인 공무원, 군인, 사립학교 교직원, 별정우체국 직원 등은 제외된다. 또한, 18~27세 미만인 자로서 별도의 소득이 없는 사람(학생 등)과 생활이 어려운 국민기초생활수급자 등도 제외하고 있다. 또한, 가입자 자격은 가입대상이 사망하거나 국적을 상실하거나 국외로 이주한 때, 수급연령에 도달할 때 등이 되면 그 다음 날 상실하게 된다.

(2) 가입자의 종류

가입자는 사업장가입자와 지역가입자, 임의가입자, 임의계속가입자로 나눌 수 있다.

사업장가입자는 1인 이상의 노동자를 사용하는 사업장[21]의 18세 이상 60세 미만의 사용자 및 노동자가 대상이 된다. 지역가입자가 당연 적용 사업장에 취업을 하게 되면 자동으로 사업장가입자가 되고 지역가입자 자격은 상실된다.

21 사업장의 범위는 노동자를 사용하는 사업소 및 사무소를 말하며, 사업소, 영업소, 사무소, 점포, 공장 등 노동자를 사용하고 있는 곳은 모두 사업장에 해당한다. 이 경우 사업장 상호 간에 본점과 지점, 대리점 또는 출장소 등의 관계에 있고, 그 사업경영이 일체로 되어 있는 경우에는 이를 하나의 사업장으로 본다.

사업장 가입대상에서 제외되는 사람

- 18세 미만이거나 60세 이상인 사용자 및 노동자. 단, 18세 미만 노동자는 2015. 7. 29.부터 사업장가입자로 당연 적용하되, 본인의 신청에 의해 적용 제외 가능
- 공무원연금, 군인연금, 사립학교교직원연금, 별정우체국연금 가입자 등 다른 특수직역 공적연금 가입자
- 「공무원연금법」, 「공무원 재해보상법」, 「사립학교교직원 연금법」 또는 「별정우체국법」에 의한 퇴직연금·장해연금 또는 퇴직연금일시금 수급권을 취득하거나 「군인연금법」에 의한 퇴역연금·퇴역연금일시금, 「군인 재해보상법」에 따른 상이연금 수급권을 취득한 자. 다만, 퇴직연금등수급권자가 「국민연금과 직역연금의 연계에 관한 법률」에 따라 연계 신청을 한 경우에는 사업장 가입 대상
- 일용노동자 또는 1개월 미만의 기한을 정하여 사용되는 노동자. 다만, 1개월 이상 계속 사용되면서, 1개월간 노동일 수가 8일 이상 또는 노동시간이 60시간 이상인 사람, 1개월 동안 소득이 보건복지부 장관이 고시하는 금액 이상일 경우 노동자에 포함
- 소재지가 일정하지 아니한 사업장에 종사하는 노동자
- 1개월 동안의 노동시간이 60시간(주당 평균 15시간) 미만인 단시간노동자. 다만, 해당 단시간노동자 중 다음의 자는 국민연금 가입대상임
  가. 3개월 이상 계속하여 노동을 제공하는 사람으로서 고등교육에 따른 강사
  나. 3개월 이상 계속하여 노동을 제공하는 사람으로서 사용자의 동의를 받아 노동자로 적용되기를 희망하는 자
  다. 둘 이상 사업장에 노동을 제공하면서 각 사업장의 1개월 소정노동시간의 합이 60시간 이상인 사람으로서 1개월 소정노동시간이 60시간 미만인 사업장에서 노동자로 적용되기를 희망하는 사람
- 노령연금 수급권을 취득한 자 중 60세 미만의 특수직종노동자
- 조기노령연금 수급권을 취득한 자(다만, 소득 있는 업무에 종사하게 되어 그 지급이 정지 중인 자는 가입대상임)

지역가입자는 국내에 거주하는 18세 이상 60세 미만의 국민으로서 사업장가입자가 아니면서 일하고 있는 사람이 대상이 된다.

지역가입자 가입대상에서 제외되는 사람

- 사업장가입자
- 만 18세 미만이거나 만 60세 이상인 경우
- 「공무원연금법」, 「군인연금법」, 「사립학교교직원 연금법」, 「별정우체국법」의 적용을 받는 공무원, 군인, 사립학교교직원, 별정우체국 직원
- 노령연금 수급권을 취득한 자 중 60세 미만의 특수직종노동자
- 조기노령연금 수급권을 취득한 자. 다만, 소득 있는 업무에 종사하게 되어 그 지급이 정지 중인 자는 가입대상임
- 퇴직연금 등 수급권자: 「공무원연금법」, 「공무원 재해보상법」, 「사립학교교직원 연금법」 또는 「별정우체국법」에 따른 퇴직연금, 장해연금 또는 퇴직연금일시금이나 「군인연금법」에 따른 퇴역연금, 퇴역연금일시금, 「군인 재해보상법」에 따른 상이연금을 받을 권리를 얻은 자(퇴직연금공제일시금 및 조기퇴직연금 수급권자 포함). 다만, 퇴직일시금 및 유족연금 수급권자와 「독립유공자예우에 관한 법률」, 「국가유공자 등 예우 및 지원에 관한 법률」, 「고엽제후유의증 등 환자지원 및 단체설립에 관한 법률」 등에 의한 국가보훈연금 수급권자는 해당되지 않음
- 기초수급자: 「국민기초생활 보장법」에 의한 수급자 중 생계급여, 의료급여 또는 보장시설 수급자
- 18세 이상 27세 미만인 자로서 학생이거나 군복무 등으로 소득이 없는 자(다만, 연금보험료를 납부한 사실이 있는 자는 가입대상임)
- 별도의 소득이 없는 배우자(무소득배우자)
- 1년 이상 행방불명된 자(거주불명등록자)

임의가입자는 사업장가입자와 지역가입자가 될 수 없는 사람도 60세 이전에 본인의 희망에 의해 가입신청을 하면 임의가입자가 될 수 있다. 예를 들어, 18세 이상 대학생, 소득활동이 없는 27세 미만인 사람, 가사노동주부, 국민기초생활수급자 등이 임의가입자가 될 수 있다.

표 10-4 임의가입 신청 가능 대상과 제외 대상

구분	내용
임의가입 신청이 가능한 대상	• 퇴직연금 등 수급권자 • 기초수급자 중 생계급여, 의료급여 또는 보장시설 수급자 • 타 특수직역 공적 연금 가입자, 사업장가입자, 지역가입자 및 임의계속가입자, 노령연금 및 퇴직연금 등 수급권자의 배우자로서 별도의 소득이 없는 자 • 노령연금 수급권을 취득한 60세 미만의 특수직종노동자나 조기노령연금 수급권을 취득한 자의 배우자로서 별도의 소득이 없는 자 • 18세 이상 27세 미만인 자로서 학생이거나 군복무 등으로 소득이 없는 자(연금보험료를 납부한 사실이 있는 자를 제외)
임의가입 신청이 불가능한 대상	• 타 특수직역 공적 연금 가입자 • 조기노령연금 수급권을 취득한 자 • 노령연금 수급권을 취득한 60세 미만의 특수직종노동자 • 사업장가입자, 지역가입자, 외국인

임의계속가입자는 납부한 국민연금 보험료가 있는 가입자가 60세 도달로 국민연금 가입자 자격을 상실하였으나, 가입기간이 부족하여 연금을 받지 못하거나 가입기간을 연장하여 더 많은 연금을 받고자 할 경우에는 65세에 달할 때까지 신청에 의하여 임의계속가입이 가능하다.

표 10-5 임의계속가입 신청이 가능 대상과 제외 대상

구분	내용
임의계속가입 신청이 가능한 대상	• 임의계속가입은 외국인가입자를 포함하여 국민연금 가입자 또는 가입자였던 자가 60세가 되거나 노령연금 수급권을 취득한 자 중에 60세 미만의 특수직종노동자면 가입 가능
임의계속가입 신청이 불가능한 대상	• 65세 이상이거나 60세 도달사유로 반환일시금을 이미 받은 자 • 전액미납, 전액 납부예외자(미납자는 납부 후 가입신청 가능) • 노령연금을 청구하여 수급 중인 자

우리나라에 거주하고 있는 외국인은 내국인과 동등하게 국민연금에 가입해야 한다. 즉, 외국인가입자로 18세 이상 60세 미만의 외국인이 국민연금에 가입된 사업장에 근무하면 사업장가입자가 되고, 그 외의 외국인은 동일하게 지역가입자가 된다.

표 10-6 외국인 가입 대상과 제외 대상

구분	내용
외국인 가입 대상	• 외국인 사업장가입자: 국민연금 적용 사업장에 종사하는 18세 이상 60세 미만의 외국인인 사용자 또는 노동자 • 외국인 지역가입자: 국내에 거주하는 18세 이상 60세 미만의 외국인으로서 사업장가입자가 아닌 자
외국인 제외 대상	• 연수생(연수취업은 가입 대상), 유학생, 외교관 등 법령에 의해 국민연금 의무가입을 제외한 경우 • 국민연금과 같은 성격의 연금제도에서 대한민국 국민을 의무적으로 가입시키지 않는 나라의 국민, 즉 해당 외국인의 본국법이 「국민연금법」에 의한 국민연금에 상응하는 연금에 관하여 대한민국 국민에게 적용되지 않는 경우 • 우리나라와 사회보장협정을 맺은 나라에서 우리나라로 파견된 노동자가 본국의 가입증명서를 제출할 경우

표 10-7 국민연금 가입자 연도별 현황(2023.12.31. 기준)

(단위: 명)

구분	계	사업장가입자	지역가입자[1]	임의가입자	임의계속가입자
1988.12.31.	4,432,695	4,431,039	–	1,370	286
1995.12.31.	7,496,623	5,541,966	1,890,187	48,710	15,760
2010.12.31.	19,228,875	10,414,780	8,674,492	90,222	49,381
2020.12.31.	22,107,028	14,320,025	6,898,118	362,328	526,557
2021.12.31.	22,347,586	14,580,825	6,827,009	396,632	543,120
2022.12.31.	22,497,819	14,785,761	6,845,744	365,487	500,827
2023.12.31.	22,384,787	14,812,062	6,714,114	324,601	534,010

주 1: 지역가입자는 납부예외자(소득 없는 가입자) 포함

출처: 국민연금공단(2024). 국민연금 통계연보, p. 1.

표 10-8 국민연금 가입자 성별 현황(2023.12.31. 기준)

(단위: 명)

구분	계	사업장가입자	지역가입자	임의가입자	임의계속가입자
계	22,384,787	14,812,062	6,714,114	324,601	534,010
남자	12,155,943	8,477,079	3,456,751	55,763	166,350
여자	10,228,844	6,334,983	3,257,363	268,838	367,660

출처: 국민연금공단(2024). 국민연금 통계연보, p. 2.

5) 재원(보험료)

국민연금의 재원은 연금보험료이고 소득을 기준으로 부과한다.

연금보험료 = 가입자의 기준소득월액 × 연금보험료율(소득의 9%)

- 기준소득월액이란 국민연금의 보험료 및 급여 산정을 위하여 가입자가 신고한 소득월액에서 천 원 미만을 절사한 금액

기준소득월액은 2024년 7월 1일 기준으로 최저 하한액은 39만 원이고, 최고 상한액은 617만 원으로, 46등급의 범위로 나누어서 결정한다(2024. 7. 1.~2025. 6. 30.).

표 10-9 국민연금보험료의 기준소득월액 상한액과 하한액 기준

(단위: 원)

기준소득월액 적용기간	상한액	하한액
1988. 11.~1995. 3.	2,000,000	70,000
2018. 7.~2019. 6.	4,680,000	300,000
2019. 7.~2020. 6.	4,860,000	310,000
2020. 7.~2021. 6.	5,030,000	320,000
2021. 7.~2022. 6.	5,240,000	330,000
2022. 7.~2023. 6.	5,530,000	350,000
2023. 7.~2024. 6.	5,900,000	370,000
2024. 7.~2025. 6.	6,170,000	390,000

사업장가입자는 가입자 본인과 사용주가 각각 4.5%씩 부담하고, 지역가입자는 가입자 본인이 9%를 부담한다.

농어업에 종사하는 지역가입자에 대해서는 1995년부터 연금보험료의 일부를 지원하고 있다. 농어업에 종사하는 가입자는 2022년 현재 기준소득월액 1,000,000원(보험료 90,000원) 이하의 경우 본인 보험료의 50%에 해당하는 금액을 지원한다. 그리고 기준소득월액 1,000,000

원 초과의 경우 보험료의 50%에 해당하는 금액(45,000원)을 정액으로 지원받는다.

두루누리 사회보험료 지원사업을 통해 소규모 사업을 운영하는 사업주와 소속 노동자의 연금보험료의 일부를 국가에서 지원한다. 주로 노동자 수가 10명 미만인 사업에 고용된 노동자 중 월평균보수가 230만 원 미만인 신규가입 노동자와 그 사업주에게 국민연금 보험료 80%를 최대 36개월까지 지원하는 제도이다.

표 10-10 국민연금 보험료 지원제도

지원제도	농어업인 연금보험료 지원	두루누리 국민연금 지원	실업크레딧
사업기간	1995년~	2012년~	2016년~
지원 대상자	국민연금 지역가입자 및 지역임의계속가입자 중 농어업인	노동자 수가 10명 미만인 사업장(22년 기준 월평균보수가 230만 원 미만)	구직급여 수급자 (18세 이상 60세 미만)
지원 기준 (제외 및 대상)	농어업인으로 국고보조를 받다가 시지역으로 전출하여 농어업에 종사하지 않거나, 재산세 과세표준 합계액이 10억 원 이상 또는 종합소득금액이 6천만 원 이상인 경우 제외	지원신청일이 속한 보험연도의 전년도 재산의 과세표준액 합계가 6억 원 이상인 자 또는 지원신청일이 속한 보험연도의 전년도 종합소득이 3,800만 원 이상인 자는 제외	재산 및 종합소득 요건 충족자로서 재산세 과세표준 6억 원 이하, 종합소득(사업, 근로소득 제외) 1,680만 원 이하일 경우 지원
지원 금액	본인이 부담할 연금보험료의 1/2 지원	사용자 및 노동자 보험료의 각 80%	인정소득에 따른 연금 보험료의 75%
지원기간	조건 충족 시 제한 없음	최대 36개월	최대 12개월

6) 연금급여

연금급여는 기여에 따라 차이 나는데, 소득에 따른 연금보험료와 가입기간에 따라 달라진다.

연금급여액 = 기본연금액 + 부양가족연금액

- 노령연금의 지급률: 가입기간 10년 기준 50%에 가입기간 10년을 초과하는 1년마다 5%를 가산 (1년 미만이면 매 1개월마다 5/12% 가산)
- 장애연금의 지급률: 장애 1급 100%, 2급 80%, 3급 60%, 4급(일시금) 225%
- 유족연금의 지급률: 가입기간 10년 미만 40%, 10년 이상 20년 미만 50%, 20년 이상 60%

(1) 기본연금액

기본연금액은 균등부문(A, 수급 전 3년간 전체 평균)과 소득비례부문(B, 본인 가입기간 평균)으로 구성된다. 균등부문으로 인해 연금급여에서 소득재분배 효과가 나타난다. 본인의 소득(B)보다 평균값(A)이 높으면 상대적으로 유리하고, 본인의 소득이 평균값보다 높으면 상대적으로 불리하게 작용하여 낮은 소득으로 낮은 기여를 한 사람들에게 상대적으로 유리하게 작동되는 재분배효과가 나타나는 것이다.

기본연금액=1.2×(A+B)×(1+0.05n)(2028년부터 적용)

- A(균등부문) = 연금수급 전 3년간의 전체 가입자 평균소득월액의 평균액
- B(소득비례부문) = 가입자 개인의 가입기간 동안의 기준소득월액의 평균액
- 1.2 상수 = 소득대체율 40%에 대한 상수
- n = 20년 초과월 수
- 기본연금액 = [2.4(A+0.75B) × P_1/P + 1.8(A+B) × P_2/P + 1.5(A+B)×P_3/P + 1.485(A+B) × P_4/P + ⋯ + 1.2(A+B) × P_{23}/P + X(A+A) × C/P(출산크레딧) + X(A+1/2A) × 6/P(군복무크레딧)] × (1+0.05n/12)
- A(균등부문) = 연금수급 전 3년간의 전체 가입자 평균소득월액의 평균액
- B(소득비례부문) = 가입자 개인의 가입기간 동안의 기준소득월액의 평균액
- 1.2 상수 = 소득대체율 40%에 대한 상수
- P = 가입자의 전체 가입월 수
- n = 20년 초과월 수(노령연금액 산정 시에만 출산 및 군복무 크레딧을 포함한 전체 가입월 수). 기본연금액은 20년을 기준으로 산정하므로, 20년 초과기간에 대해서는 매년 0.05씩 가산하므로 20년을 초과하는 기간이 20년(총 40년 가입)이 되면 2(=1+0.05×20)가 됨
- X = 1.5~1.2까지의 비례상수 중 노령연금 수급권 취득시점의 상수
- C = 추가가입기간 12, 30, 48, 50(균분하는 경우에는 6, 15, 24, 25). 출산 및 군복무크레딧으로 인한 연금액 및 증가되는 가입기간은 노령연금액 산정 시에만 적용

표 10-11 시기에 따른 상수와 소득대체율 변화

구분	1988~1998	1999~2007	2008~2027	2028년 이후
상수	2.4	1.8	1.5(매년 0.015씩 감소)	1.2
소득대체율	70%	60%	50%(매년 0.5%씩 감소)	40%
가입월 수	P_1	P_2	$P_3 \cdots P_{22}$	P_{23}

군복무[22] 크레딧(2008. 1. 1. 이후 군에 입대하는 자부터 인정)은 병역의무를 이행한 자에게 6개월의 가입기간을 추가로 인정하고 해당 기간의 소득은 평균소득월액(A값)의 1/2을 인정한다.

출산크레딧은 출산에 대한 가입기간 추가 인정을 해 주는 제도로 2자녀 이상부터 12개월, 3자녀 이상인 경우 자녀 1명마다 18개월을 추가 산입하며 최대 50개월까지 추가 인정을 해 주는 제도이다.

표 10-12 출산크레딧 가입기간 추가 인정

자녀 수	2자녀	3자녀	4자녀	5자녀 이상
추가 인정기간[1]	12개월	30개월	48개월	50개월

주 1: 2008. 1. 1. 이후 출생한 자녀부터 인정. 2자녀 이상 출산 시 가입기간을 추가로 인정하고 해당 기간의 소득은 평균소득월액(A값)의 전액을 인정함

실업크레딧(2016. 8. 1. 시행)은 구직급여 수급자가 연금보험료[인정소득(실업 전 평균소득의 50%로 하되 상한은 70만 원)의 9%]의 납부를 희망하고 본인부담분 연금보험료(25%)를 납부하는 경우, 국가에서 보험료(75%)를 지원하고 그 기간을 최대 12개월까지 가입기간으로 추가 산입한다.

(2) 부양가족연금액

부양가족연금액은 연금급여를 지급할 때 기본연금액에 추가하여 지급되는 가족수당 성격의 부가급여이다. 부양가족연금액은 배우자, 18세 미만 또는 장애 2급 이상의 자녀, 60세 이

22 군복부기간에 대한 가입기간을 추가 산입하는 대상은 다음과 같다. 병역법에 따른 현역병[징집이나 지원에 의하여 입영한 병·현역으로 임용 또는 선발된 장교(將校)·준사관(準士官)·부사관(副士官) 및 군간부후보생], 전환복무를 한 사람(의무경찰대원 또는 의무소방원), 상근예비역[예비역에 편입된 후 지역방위(地域防衛)와 이와 관련된 업무를 지원하기 위하여 소집되어 복무하는 사람], 사회복무요원(공익목적 수행에 필요한 사회복지, 보건·의료, 교육·문화, 환경·안전 등의 사회서비스업무 및 행정업무 등의 지원을 위하여 소집되어 공익 분야에 복무하는 사람)

상 또는 장애 2급 이상의 부모를 대상으로 매년 조정된 일정금액이 지급된다.

표 10-13 부양가족연금 대상자의 범위 및 부양가족연금액(2024년 기준)

부양가족	부가급여
배우자	연 293,580원
19세 미만 또는 장애등급 2급 이상에 해당하는 자녀	연 195,660원(1인당)
60세 이상 또는 장애등급 2급 이상에 해당하는 부모	연 195,660원(1인당)
부모의 부양가족연금 대상자 연령요건 상향 조정 1953~1956년생 61세, 1957~1960년생 62세, 1961~1964년생 63세, 1965~1968년생 64세, 1969년생 이후 65세	

다만, 부양가족연금액 지원 대상에서 위의 〈표 10-13〉의 부양가족이 사망하거나 수급권자에 의한 생계유지의 상태가 끝난 때, 배우자가 이혼한 때, 자녀가 다른 사람의 양자가 되거나 파양(罷養)된 때, 자녀가 19세가 된 때(장애등급 2급 이상의 상태에 있는 자녀는 제외) 장애등급 2급 이상의 상태에 있던 자녀 또는 부모가 그 장애 상태에 해당하지 아니하게 된 때, 배우자가 혼인 전에 얻은 자녀와의 관계가 이혼으로 인하여 종료된 때, 재혼한 부 또는 모의 배우자와 수급자의 관계가 부모와 그 배우자의 이혼으로 인하여 종료된 경우 등에서는 제외된다.

7) 급여의 종류

국민연금급여의 종류로는 연금급여로 매월 지급하는 노령연금(분할연금), 장애연금, 유족연금이 있고, 일시금 급여로 지급하는 반환일시금, 사망일시금이 있다.

표 10-14 급여의 종류

연금 급여(매월 지급)		일시금 급여	
노령연금	노후 소득보장을 위한 급여로 연금의 기초가 되는 급여	반환 일시금	연금을 받지 못하거나 더 이상 가입할 수 없는 경우 지급하는 급여
장애연금	장애로 인한 소득 감소에 대비한 급여	사망 일시금	유족연금 또는 반환일시금을 받지 못할 경우 장제부조적 성격으로 지급하는 급여
유족연금	가입자의 사망으로 인해 유족의 생계 지원을 위한 급여		

표 10-15 국민연금 수급자 수[1](급여 종류별/연도별)

(기준: 해당 연도 누계, 단위: 명)

연도[2]	계	연금수급자				일시금수급자			
		소계	노령	장애	유족	소계	장애	반환	사망
2011. 12. 31.	3,166,983	3,015,244	2,489,614	75,895	449,735	151,739	3,480	136,628	11,631
2012. 12. 31.	3,499,522	3,310,211	2,748,455	75,934	485,822	189,311	2,862	175,716	10,733
2013. 12. 31.	3,633,770	3,440,693	2,840,660	75,041	524,992	193,077	2,993	179,440	10,644
2014. 12. 31.	3,748,130	3,586,805	2,947,422	75,387	563,996	161,325	2,651	146,353	12,321
2015. 12. 31.	4,028,671	3,832,188	3,151,349	75,688	605,151	196,483	2,597	179,937	13,949
2016. 12. 31.	4,362,254	4,135,292	3,412,350	75,497	647,445	226,962	2,577	207,751	16,634
2017. 12. 31.	4,692,847	4,475,143	3,706,516	75,486	693,141	217,704	2,916	201,278	13,510
2018. 12. 31.	4,769,288	4,596,690	3,778,824	75,734	742,132	172,598	3,072	157,867	11,659
2019. 12. 31.	5,163,110	4,961,143	4,090,497	77,872	792,774	201,967	3,028	186,921	12,018
2020. 12. 31.	5,588,154	5,388,022	4,468,126	78,079	841,817	200,132	2,904	184,342	12,886
2021. 12. 31.	6,070,124	5,864,373	4,894,452	77,726	892,195	205,751	2,897	189,205	13,649
2022.12.31.	6,642,643	6,424,917	5,396,729	76,718	951,470	217,726	2,722	199,170	15,834
2023.12.31.	6,822,178	6,626,552	5,543,769	75,616	1,007,167	195,626	2,911	175,279	17,436

주 1: 「국민연금법」 제49조(급여의 종류) 및 이외의 일시금 지급에 따른 수급자 수

- 해당 연도에 수급권이 발생하였으나, 사망 등으로 소멸된 자 포함
- 2003년부터 해당 연도 초일부터 말일까지 기준으로 누적한 수

주 2: 해당 연도 초일부터 말일 기준

출처: 국민연금공단(2024). 국민연금 통계연보(2023년 12월 기준), p. 8.

(1) 노령연금

노령연금은 국민연금의 핵심이 되는 급여로, 소득활동에서 은퇴한 이후 노후생활 보장으로 사망할 때까지 지급하는 급여이다. 노령연금은 가입기간, 연령, 소득활동 유무에 따라 완전노령연금, 감액노령연금, 조기노령연금, 재직자노령연금 등이 있다.

노령연금의 수급시기는 1988년 60세부터였으나 노령연금의 수급시기를 단계적으로 65세로 조정하고 있다.

표 10-16 노령연금 수급연령 조정

출생연도	수급개시연령		
	노령연금	조기노령연금	분할연금
1952년생 이전	60세	55세	60세
1953~56년생	61세	56세	61세
1957~60년생	62세	57세	62세
1961~64년생	63세	58세	63세
1965~68년생	64세	59세	64세
1969년생 이후	65세	60세	65세

노령연금은 가입기간이 10년(120개월 이상) 이상이어야 하고 노령연금 수급연령이 되면 연금을 받을 수 있다.

표 10-17 수급요건 및 급여수준

구분	수급요건	급여수준
완전 노령연금	•가입기간 20년 이상, 60세에 도달한 자 - 특수직종노동자 광부, 선원 등은 55세부터 지급 - 65세 미만이면 소득이 없는 경우에 한함	•기본연금액(100%)+부양가족연금액
감액 노령연금	•가입기간 10년 이상 20년 미만으로 60세에 도달한 자(65세 미만이면 소득이 없는 경우에 한함)	•가입기간 10년의 경우 - 기본연금액의 50%+부양가족연금액 - 가입기간 1년 증가할 때마다 기본연금액의 5%를 증액
조기 노령연금	•가입기간 10년 이상, 55세 이상인 자가 소득 있는 업무에 종사하지 아니하고, 60세 도달 전에 청구한 경우 - 65세 이전에 소득 있는 업무에 종사하면 재직자 노령연금 지급	•가입기간 10년, 55세인 경우 - 기본연금액의 50%[1]×70%[2]+부양가족연금액
재직자 노령연금	•노령연금 수급권자가 60세 이상 65세 미만(특수직종노동자는 55세 이상 60세 미만)인 기간에 소득이 있는 업무에 종사하는 경우 - 소득 있는 업무에 종사하지 않으면 노령연금으로 전환	•가입기간 10년, 60세인 경우 - 기본연금액의 50%[3]×50%[4] ※ 부양가족연금액은 지급되지 않음

구분	수급요건	급여수준
분할연금	• 가입기간 중 혼인기간이 5년 이상인 이후 이혼하여 노령연금 수급권자의 배우자가 60세 이상이 된 경우	• 배우자였던 자의 노령연금액(부양가족연금액 제외) 중 혼인기간에 해당하는 연금액의 1/2

주 1: 가입기간이 1년 증가할 때마다 기본연금액의 6%를 증액

주 2: 55세 70%, 56세 76%, 57세 82%, 58세 88%, 59세 94%

주 3: 가입기간이 1년 증가할 때마다 기본연금액의 5%를 증액

주 4: A값(균등부문)을 초과하는 소득월액에 따라 감액하여 지급(최대 50%까지 감액)

예 노령연금액-초과소득월액(노령연금 수급권자의 소득월액에서 3년간 평균소득월액 A값을 뺀 금액)이 100만 원 미만인 사람: 초과소득월액의 5% 감액

노령연금 지급현황을 보면 연금수급시기의 특성상 60대의 비중이 높고 70대 이후로 점차 줄어드는 구조를 가진다.

표 10-18 노령연금 성별/연령별 수급자 수[1](2023년 12월 기준, 당월)

(단위: 명)

노령연금 수급 연령[2]	계	남자	여자
계	5,457,689	3,364,826	2,092,863
20세 미만	0	0	0
20~30세 미만	0	0	0
30~40세 미만	0	0	0
40~50세 미만	0	0	0
50~60세 미만	16,675	10,711	5,964
60~65세 미만	1,186,124	679,502	506,622
65~70세 미만	1,856,939	1,110,504	746,435
70~75세 미만	1,035,683	690,875	344,808
75~80세 미만	773,019	512,853	260,166
80세 이상	589,249	360,381	228,868

주 1: 노령연금 수급자 수: 2023. 12. 1.~2023. 12. 31. 동안 연금 지급에 따른 수급자 수

주 2: 연령: 10세 단위로 구분하되, 수급자 수가 많은 60세 이상은 5세 단위로 구분

출처: 국민연금공단(2023. 12.). 국민연금 공표통계(2023년 12월 말 기준), p. 11.

(2) 장애연금

장애연금은 가입자[23] 또는 가입자였던 자가 질병이나 부상으로 신체상 또는 정신상의 장애가 있고 아래의 요건을 모두 충족하는 경우에는 장애 정도를 결정하는 기준이 되는 날(장애결정 기준일)부터 그 장애가 계속되는 기간 동안 장애 정도에 따라 장애연금을 지급하는 제도이다.

1. 해당 질병 또는 부상의 초진일 당시 연령이 18세(다만, 18세 전에 가입한 경우에는 가입자가 된 날) 이상이고 노령연금의 지급 연령 미만일 것
2. 다음의 어느 하나에 해당할 것
   ① 해당 질병 또는 부상의 초진일 당시 연금보험료를 낸 기간이 가입대상기간의 1/3 이상일 것
   ② 해당 질병 또는 부상의 초진일 5년 전부터 초진일까지의 기간 중 연금보험료를 낸 기간이 3년 이상일 것. 다만, 가입대상기간 중 체납기간이 3년 이상인 경우는 제외한다.
   ③ 해당 질병 또는 부상의 초진일 당시 가입기간이 10년 이상일 것

장애연금은 신체적 또는 정신적 장애가 남았을 때 이에 따른 소득 감소부분을 보전함으로써 자신과 가족의 안정된 생활을 보장하기 위한 급여로서 장애 정도(1~4급)에 따라 일정한 급여를 지급하는 제도이다.

표 10-19 장애 등급에 따른 급여수준

장애등급	급여수준(장애연금액)
1급	기본연금액 100%+부양가족연금액
2급	기본연금액 80%+부양가족연금액
3급	기본연금액 60%+부양가족연금액
4급	기본연금액 225%(일시보상금)

23 장애연금을 받고 있는 수급자라도 18세 이상 60세 미만인 기간 동안은 국민연금 가입대상이 되며 노동소득이나 사업소득 등이 있는 경우에는 연금보험료를 납부해야 한다.

연령대별 장애연금 지급 현황을 보면 다음과 같다.

표 10-20 장애연금 성별/연령별 수급자 수[1](2023년 12월 기준, 당월) (단위: 명)

장애연금 수급 연령	계	남자	여자
계	69,157	52,864	16,293
20세 미만	0	0	0
20~30세 미만	236	140	96
30~40세 미만	2,503	1,531	972
40~50세 미만	10,673	7,443	3,230
50~60세 미만	24,725	19,664	5,061
60~65세 미만	12,950	10,387	2,563
65~70세 미만	6,523	4,969	1,554
70~75세 미만	5,680	4,339	1,341
75~80세 미만	3,986	3,043	943
80세 이상	1,881	1,348	533

주 1: 장애연금 수급자 수: 2023. 12. 1.~2023. 12. 31. 동안 연금 지급에 따른 수급자 수

출처: 국민연금공단(2023. 12.). 국민연금 공표통계(2023년 12월 말 기준), p. 11.

(3) 유족연금

유족연금은 국민연금에 가입하고 있는 사람 또는 연금을 받던 사람이 사망하면 그에 의하여 생계를 유지하던 유족[24]에게 가입기간에 따라 기본연금액의 일정률(40~60%)의 기본연금액에 부양가족연금액을 합한 금액을 지급하여 남아 있는 가족들이 안정된 삶을 살아갈 수 있도록 하기 위하여 지급하는 제도이다.

24 유족의 범위는 1. 배우자, 2. 자녀(다만, 25세 미만이거나 장애등급 2급 이상인 자만 해당), 3. 부모(배우자의 부모 포함, 다만, 60세 이상이거나 장애등급 2급 이상인 자만 해당), 4. 손자녀(다만, 19세 미만이거나 장애등급 2급 이상인 자만 해당), 5. 조부모(배우자의 조부모 포함, 다만, 60세 이상이거나 장애등급 2급 이상인 자만 해당)이고, 유족연금은 순위에 따라 최우선 순위자에게만 지급한다.

표 10-21 유족연금 수급요건 및 급여수준

<table>
<tr><th>수급요건</th><th>가입기간</th><th>급여수준(연금액)</th></tr>
<tr><td rowspan="3">• 다음의 자가 사망한 때 유족연금 조건이 됨
- 노령연금 수급권자
- 가입기간이 10년 이상인 가입자 또는 가입자였던 자
- 연금보험료를 낸 기간이 가입대상기간의 3분의 1 이상인 가입자 또는 가입자였던 자
- 사망일 5년 전부터 사망일까지의 기간 중 연금보험료를 낸 기간이 3년 이상인 가입자 또는 가입자였던 자(다만, 가입대상기간 중 체납기간이 3년 이상인 사람은 제외)
- 장애등급이 2급 이상인 장애연금 수급권자</td><td>10년 미만</td><td>기본연금액 40% +
부양가족연금액</td></tr>
<tr><td>10년 이상
20년 미만</td><td>기본연금액 50% +
부양가족연금액</td></tr>
<tr><td>20년 이상</td><td>기본연금액 60% +
부양가족연금액</td></tr>
</table>

유족연금을 받고 있는 수급권자가 다음과 같은 사유가 있을 때에는 수급권이 소멸한다.

1. 수급권자가 사망한 때
2. 배우자인 수급권자가 재혼한 때
3. 자녀나 손자녀인 수급권자가 파양된 때
4. 장애등급 2급 이상에 해당하지 아니한 자녀인 수급권자가 25세가 된 때 또는 장애등급 2급 이상에 해당하지 아니한 손자녀인 수급권자가 19세가 된 때

연령대별 유족연금의 지급 현황을 보면 다음과 같다.

표 10-22 유족연금 성별/연령별 수급자 수[1](2024년 12월 기준, 당월)

(단위: 명)

유족연금 수급 연령	계	남자	여자
계	986,694	89,710	896,984
20세 미만	7,300	3,642	3,658
20세~30세 미만	15,131	7,754	7,377
30세~40세 미만	5,027	1,082	3,945
40세~50세 미만	27,590	4,781	22,809
50세~60세 미만	107,161	11,141	96,020

유족연금 수급 연령	계	남자	여자
60세~65세 미만	117,800	9,595	108,205
65세~70세 미만	159,868	11,480	148,388
70세~75세 미만	175,507	10,705	164,802
75세~80세 미만	171,334	10,418	160,916
80세 이상	199,976	19,112	180,864

주 1: 유족연금 수급자 수: 2023. 12. 1.~2023. 12. 31. 동안 연금 지급에 따른 수급자 수

출처: 국민연금공단(2023. 12.). 국민연금 공표통계(2023년 12월 말 기준), p. 11.

(4) 반환일시금

반환일시금은 가입자 또는 가입자였던 자가 가입기간이 10년 미만이면서 60세가 된 때, 가입자 또는 가입자였던 자가 사망한 때(유족연금이 지급되는 경우에는 제외), 국적을 상실하거나 국외로 이주하려고 할 때 일시금으로 받을 수 있다. 반환일시금은 그동안 납부한 보험료에 이자를 더해 일시금으로 지급하는 급여이다.

(5) 사망일시금

사망일시금은 가입자 또는 가입자였던 사람, 노령연금 수급권자, 장애등급이 3급 이상인 장애연금 수급권자가 사망하였으나 「국민연금법」에 따른 유족이 없어서 유족연금 또는 반환일시금을 지급받을 수 없는 경우에는 그 배우자, 자녀, 부모, 손자녀, 조부모, 형제자매, 또는 4촌 이내 방계혈족(傍系血族)에게 지급하는 장제부조적·보상적 성격의 급여이다.

표 10-23 일시금[1] 종류별/연령별 수급자 수(2023년 12월 기준, 당월)

(단위: 명)

일시금 수급 연령	계	장애일시금	반환일시금	사망일시금
계	15,032	250	13,381	1,401
20세 미만	91	0	91	0
20세~30세 미만	659	6	547	106
30세~40세 미만	1,323	36	1,038	249
40세~50세 미만	864	63	724	77
50세~60세 미만	1,137	100	711	326
60세~65세 미만	9,614	45	9,379	190
65세~70세 미만	860	0	723	137
70세~75세 미만	174	0	70	104
75세~80세 미만	115	0	26	89
80세 이상	195	0	72	123

주1: 장애일시금은 「국민연금법」 제68조(장애연금액)에 따른 장애등급 4급
반환일시금은 「국민연금법」 제77조(반환일시금)에 따른 반환일시금
사망일시금은 「국민연금법」 제80조(사망일시금)에 따른 사망일시금

출처: 국민연금공단(2023. 12.). 국민연금 공표통계(2023년 12월 말 기준), p. 17.

(6) 외국인에 대한 급여

외국인도 국민과 동일하게 노령연금, 유족연금, 장애연금을 수급할 수 있는 요건에 해당되는 경우 「국민연금법」상의 연금급여는 모두 지급받을 수 있다.

사회보장협정[25]이나 상호주의가 적용되지 않은 국가의 외국인 가입자에게는 본국 귀환 시 반환일시금을 지급하지 않았으나, E-8(연수취업), E-9(비전문취업), H-2(방문취업)에 해당하는 체류자격으로 국민연금에 가입한 외국인에 대하여는 2007년 5월 11일 이후 반환일시금을 지급한다.

25 사회보장협정은 체결국 간 연금제도의 서로 다른 점을 상호 조정하여 양 체결국 국민에게 보험료 이중가입 면제 또는 가입기간 합산을 보장하여 연금제도에서의 혜택을 부여하기 위한 것이다.

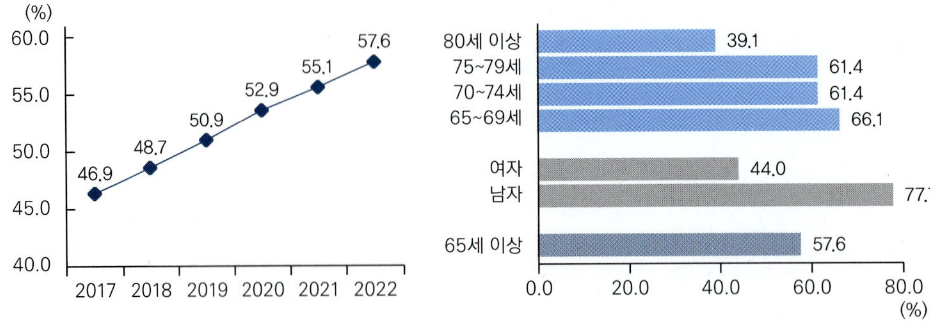

그림 10-4 공적 연금 수급률 및 성별, 연령별 수급률(2022)

출처: 통계청(2023). 2023 고령자 통계, p. 36.

8) 관리운영

국민연금의 관리는 보건복지부의 위탁을 받아 국민연금공단에서 운영한다. 단, 연금보험료에 대한 징수업무는 2011년 1월부터 사회보험 징수 통합제도에 의해 국민건강보험공단에 통합되어 운영되고 있다.

국민연금공단의 주요 업무는 국민연금 가입자에 대한 기록 관리 및 유지, 급여의 결정 및 지급, 가입자 및 수급권자를 위한 복지시설의 운영 등 복지증진사업을 하고 있다.

표 10-24 국민연금공단의 주요 업무

단위 업무	업무 내용
자격 관리	•사업장 관리 •사업장가입자 관리 •지역가입자 관리 •임의가입자·임의계속가입자 관리 •기타 자격 관리
징수 관리	•반납금 및 추납보험료 징수·정산 관리 •과오납금 정산 관리 •연금보험료 부과·정산 관리 •사업장 및 가입자의 징수원부 관리

단위 업무	업무 내용
급여 관리	•연금급여의 청구 •수급권 확인 및 지급 결정 •연금급여 지급정지 및 제한 •장애·유족연금 심사 •소멸시효 관리 •급여사후 관리 •수급권자 관리 •기타징수금 관리
기금운용	•기금운용계획 수립 •기금운용(금융, 공공, 복지부문) •자금관리 및 성과분석
사회보장협정 관리	•외국인 국민연금적용 배제 업무 •급여청구 업무

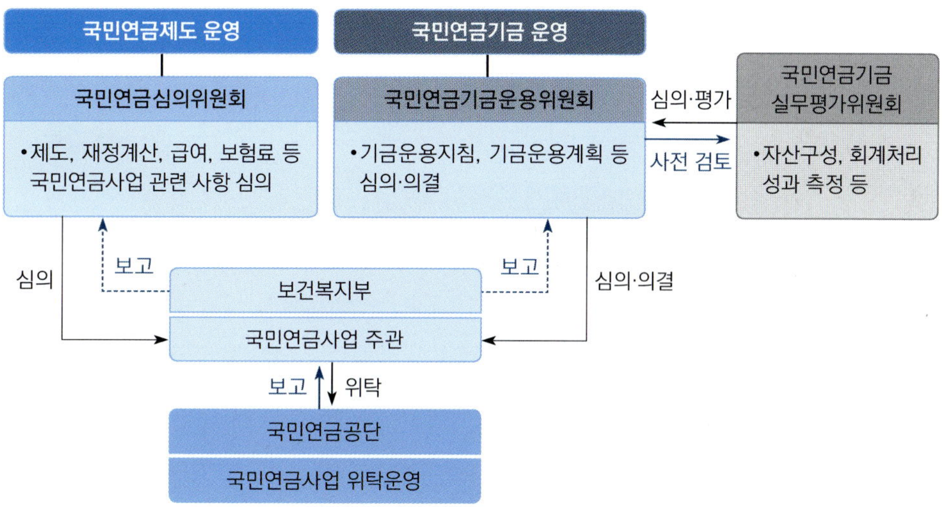

그림 10-5 국민연금 운영·관리 체계

출처: 박연서 외(2019). 2019~2060년 국민연금 재정전망, p. 14.

9) 향후 과제

국민연금은 향후 초고령사회로의 진입과 평균연령의 증가로 연금급여의 지출이 급격하게 늘어날 전망이어서 장기적으로 연금기금 고갈에 대한 조정이 필요하다. 국민연금기금의 재정 관련 박연서 등(2019)의 분석에 따르면, 2039년까지 수입이 지출을 초과하는 흑자를 보이지만 이후에서는 수입보다 지출이 급속도로 많아지면서 적자로 전환될 전망이다. 연금기금이 지속적으로 감소하여 2050년대 중반이 되면 적립금이 완전 소진될 전망이어서 연금기금 고갈에 따른 재조정이 필요하다.

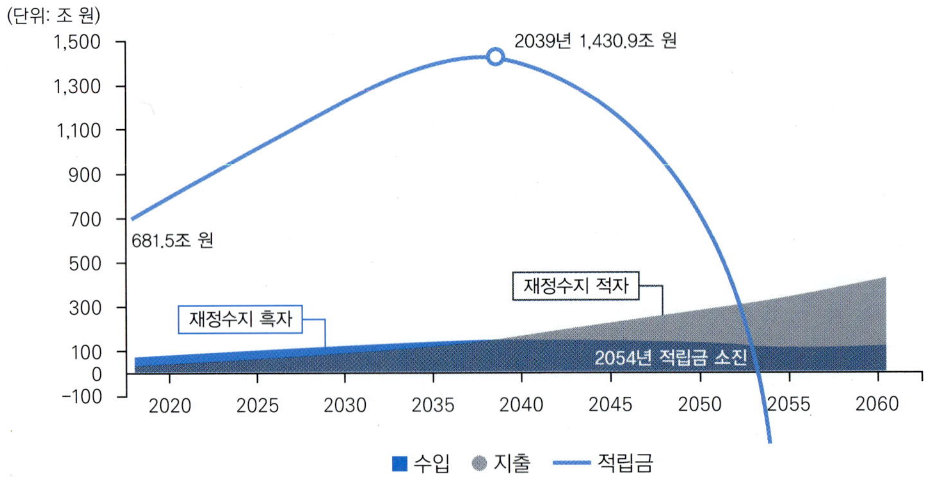

그림 10-6 국민연금기금 재정수지 및 적립금 전망(2019~2060년)

출처: 박연서 외(2019). 2019~2060년 국민연금 재정전망, p. 70.

연금기금의 고갈에 따른 대책은 결국, 연금보험료의 인상 또는 연금급여의 축소와 같은 조정으로 이어지는데, 현재 연금급여의 소득대체율이 낮은 편이어서 연금급여 지급 비율을 더 낮추는 것은 노후생활보장이라는 연금제도의 목표를 벗어나는 방향이므로 어렵다고 할 수 있다. 결국, 현재의 보험료 9%를 상향 조정하거나 보험료의 상한선 폐지 및 연금의 최대급여 상한선을 조정하는 등의 변화가 필요하다.

또한 우리나라는 다른 주요 OECD 국가들에 비해 노년층의 상대적 빈곤율(2019년 기준)이 43.2%로, 노후 소득보장제도가 여전히 제대로 작동하고 있지 못함을 알 수 있다. 국민연금의 소득대체율을 높이거나 조세로 운영하는 기초연금을 보다 확대하는 것이 필요하다.

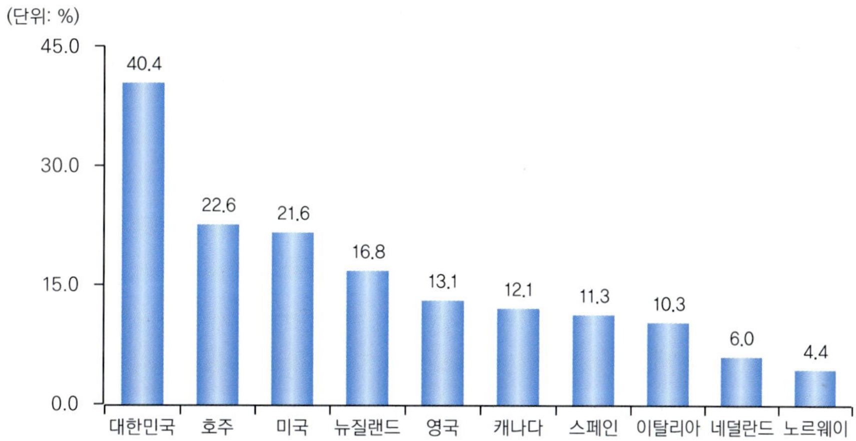

그림 10-7 OECD 주요국의 상대적 빈곤율(66세 이상, 2020)

자료: OECD(2023). Social and Welfare Statistics. (2023. 9. 1. 기준)

출처: 통계청(2023). 2023 고령자 통계, p. 3.

Point

기초연금제도

1. 목적

- 노인에게 기초연금을 지급하여 안정적인 소득기반을 제공함으로써 노인의 생활안정을 지원하고 복지를 증진하고자 함

2. 특징

- 기초연금제도는 국민연금제도와는 달리 기여 여부와 관계없이 제공되는 무기여 연금임
- 재원은 국가의 일반 재정으로 마련
- 일반적인 기초연금제도와는 달리 소득·자산조사를 실시함으로써 공공부조적 성격이 강하지만 65세 이상 노인의 70% 정도 받음으로써 사회수당적 성격을 동시에 지님

3. 지급 대상

- 65세 이상인 자로서 소득인정액이 선정기준액 이하인 자
- 2024년도 선정기준액

구분	단독가구	부부가구
선정기준액	2,130,000원	3,408,000원

- (선정기준액) 만 65세 이상인 사람 중 기초연금 수급자가 100분의 70 수준이 되도록 보건복지부장관이 정하여 고시하는 금액
- 공무원연금, 사립학교교직원연금, 군인연금, 별정우체국연금 수급권자 및 그 배우자는 원칙적으로 기초연금 수급대상에서 제외

4. 지급 금액

- 2024년 기초연금 기준연금액: 월 최대 334,810원(23년 기준 5.4% 증액)

5. 연도별 선정기준액

연도	'19년	'20년	'21년	'22년	'23년	'24년
단독가구	137만 원	148만 원	169만 원	180만 원	202만 원	213만 원
부부가구	219.2만 원	236.8만 원	270.4만 원	288만 원	323.2만 원	340.8만 원

자료: 보건복지부(보도자료 2024. 1. 2.). 2024년 노인 단독가구 월 213만 원 이하면 기초연금 받는다.

출처: 보건복지부(2024). 2024년 기초연금 사업안내, pp. 3-6.

논의거리

1. 노후의 소득보장정책의 중요성에 대해 논의해 봅시다.
2. 한국의 연금정책에서 개선되어야 할 부문에 대해 논의해 봅시다.
3. '복지국가를 가다: 노후편'을 보고, 한국사회에서 노후보장제도와 관련한 정책에는 어떤 것들이 필요한지 논의해 봅시다.

Quiz

1. 국민연금 가입 대상에 대한 설명으로 옳은 것은?
   ① 공무원도 가입대상 ② 가입대상은 15세 이상
   ③ 당연 적용 사업장은 상시고용 5인 이상 ④ 해외 이민으로 국적 상실 시 가입자격 상실
   ⑤ 대통령은 가입대상이 아님
2. 국민연금에 규정된 급여가 아닌 것은?
   ① 노령연금 ② 장애연금 ③ 유족연금 ④ 반환일시금 ⑤ 상병보상연금
3. 국민연금에서 가입대상은 국내에 거주하는 18세 이상에서 (① 60세, ② 65세, ③ 70세) 미만의 국민이다.
4. 국민연금제도에서 제외되는 사람이 아닌 자는?
   ① 사립대학 교수 ② 사회복지직 공무원 ③ 별정우체국 직원 ④ 농민 ⑤ 기초생활수급자
5. 국민연금은 최소한의 연금형태로 받기 위한 가입기간은 (　　)년이다.
6. 우리나라 국민연금은 소득재분배효과가 있다. (O, X)
7. 다음 중 가장 늦게 가입대상이 된 영역은?
   ① 10인 이상 사업장 ② 농민 ③ 농어촌 지역 주민
   ④ 도시지역 자영업자 ⑤ 5인 미만 사업장
8. 연금은 주로 (　　　), 장애, 사망 등과 같은 이유로 소득이 중단 또는 감소되었을 때를 대비한 소득보장제도이다.

Chapter 11

건강보장정책

학습목표

1. 건강보장제도의 특징을 이해할 수 있다.
2. 건강보장체계의 유형에 따른 특징을 비교할 수 있다.
3. 한국의 국민건강보험제도를 이해할 수 있다.

1 건강보장제도

1) 건강보장이란

누구에게나 건강은 중요한 문제이고, 가장 기본적인 욕구 중의 하나이다. 따라서 누구나 건강한 삶을 유지하면서 살아가기를 원한다. 국가는 이러한 건강한 삶을 보장하기 위한 체계를 구축해야 한다. 이러한 건강권을 보장하기 위해 대부분의 국가들은 건강보장제도를 운영하고 있다.

건강보장제도는 국민의 질병·부상에 대한 예방, 진단, 치료, 재활과 출산, 사망 및 건강증진에 대하여 서비스를 제공하여 국민건강을 증진시키기 위한 사회보장제도이다. 이러한 건강보장정책에는 다음과 같은 건강보장 유형으로 구분할 수 있다.

첫째, 의료수준의 보장이다. 여러 유형의 질병에 대한 충분한 치료와 양질의 의료서비스를 보장받을 수 있어야 한다. 다양한 유형의 질병과 사고에 대응할 수 있는 의료서비스체계가 필요하다.

둘째, 소득보장적 측면이 있다. 의료비의 경제적 부담이 경감될 수 있어야 하고, 의료비 또는 생활비를 지원받을 수 있어야 한다. 이러한 소득보장적 측면을 고려하여 상병수당과 같은 제도가 필요하다.

셋째, 예방·보건위생 보장이다. 예방접종, 건강검진 등을 통해 질병을 사전에 관리하고, 발생된 질병으로부터 국민을 보호할 수 있는 의료체계가 구축되어야 한다. 사후 치료 집중의 의료서비스보다 사전예방 중심의 체계는 개인과 국가 모두에게 도움이 된다.

넷째, 의료기관에 대한 보장이다. 시간과 장소에 관계없이 의료서비스를 받기 위한 적정한 배치가 필요하다. 응급사항에 대한 의료기관의 지리적 접근성은 용이한지, 야간에도 필요한 의료서비스를 지원받을 수 있는지 등을 고려하여 의료기관들이 배치되어야 한다.

다섯째, 의료전문인에 대한 보장이다. 필요한 의료서비스를 받을 수 있는 전문인이 배치되어 있어야 한다. 적정한 의료전문인이 필요한데, 전문 영역별 의료전문가들이 적정하게 배치되어야 한다.

2) 건강보장제도의 구성

건강보장제도는 크게 현물급여의 핵심인 의료서비스와 상병급여(수당) 중심의 현금급여로 구성된다.

(1) 의료서비스(medical care)

의료서비스는 질병이나 사고, 부상의 치료를 위한 진단, 치료, 수술, 재활 등의 서비스를 제공하는 것이다. 의료서비스는 국가 의료보장체계에 의해 직접 제공되기도 하고, 민간 의료기관에 의해 제공되고 비용의 일부만 본인이 부담하는 방식으로 이루어진다.

(2) 현금급여(cash benefits)

현금급여는 질병 등으로 인하여 일을 할 수 없어 소득이 중단될 경우 상실된 소득을 보전해 주는 급여이다. 일반적으로 건강보장제도에서의 현금급여는 주로 단기로 운영되고, 장기적으로 노동능력의 상실처럼 일을 하기 어려워 현금급여가 지속적으로 필요한 경우에는 장애연금 등의 다른 사회보장 프로그램으로 전환하여 지원한다.

대부분의 OECD 국가는 이러한 현금급여로 상병급여(수당)제도를 실시하고 있다(이인재 외, 2022, pp. 223-225). 영국, 덴마크, 호주, 뉴질랜드는 상병급여를 정액으로 지급하고, 대부분의 나머지 국가는 소득비례방식으로 상병급여를 지급한다.

표 11-1 주요국의 상병급여 수준

급여	급여 수준
스웨덴	15~364일간 임금손실의 80% 지급
네덜란드	104주 동안 임금의 70% 지급
독일	6주까지 고용주가 100% 지급, 동일상병으로 3년 중 78주 동안 총임금의 70% 지급
프랑스	3년 중 최대 360일까지 동안 평균임금의 50%를 기본으로 지급하고 자녀 수에 따라 증가
룩셈부르크	평균임금의 100%(처음 77일은 사용자가 지급), 104주 중 52주까지 지급 가능
벨기에	182일간 소득의 60% 지급
노르웨이	최대 52주간 임금의 100%
이탈리아	연간 최대 180일 동안 평균임금의 66.7%(처음 20일간은 50%)
포르투갈	최대 365일까지 지급, 처음 30일 평균소득의 55%, 31~90일은 70%, 91~365일은 75% 지급
캐나다	15주간 평균임금의 55% 지급
브라질	기간 제한 없이 평균임금의 91% 지급(15일간 사용자가 100% 지급)
멕시코	최대 52주간 임금 60% 지급
일본	최대 18개월까지 평균임금의 66.7% 지급

출처: 이인재 외(2022). 사회보장론, p. 225.

3) 의료보장체계

주요 의료보장체계는 크게 보험료 중심의 사회보험 방식, 조세 중심의 국민보건서비스(NHS) 방식, 민간보험 중심 방식의 세 가지 유형으로 구분할 수 있다(이인재 외, 2022, pp. 226-228).

(1) 사회보험 방식

사회보험 방식(Social Health Insurance: SHI)은 재원을 주로 노동자와 사용자가 부담하는 보험료로 운영되는 방식이다. 사회보험방식은 크게 질병보험 방식과 전국 단일 건강보험 방식으로 구분할 수 있다.

질병보험은 주로 건강보험제도가 일찍 발달한 나라들에서 나타나며 노동자들의 고용상태를 중심으로 조직된 기금들에 의해 여러 조합별로 운영된다. 정부에 대해 상대적으로 자율성을 가지고, 고용주와 노동조합의 참여가 발달된 것이 특징이다. 이러한 형태의 주요 국가로 독일, 오스트리아, 벨기에, 프랑스, 네덜란드 등이 있다.

전국 단일 건강보험 방식은 질병보험 방식과 비슷하지만 고용 상태를 중심으로 의료보험 체계를 조직하지 않고 전국적으로 통일된 단일한 체계로 정부가 운영한다. 질병보험 방식이 일하는 사람들에 초점을 둔다면, 전국 단일 건강보험 방식은 국민에 초점을 맞춰 제도를 운영한다. 건강보험제도로 운영하는 국가로 한국, 핀란드, 스페인 등이 있다. 우리나라도 초기에는 직장과 지역의 다수의 조합별로 구성된 질병보험 방식에서 2000년부터 국민건강보험체계로 전환되면서 전국 단일 건강보험 방식으로 전환하였다.

(2) 국민보건서비스 방식

국민보건서비스(NHS)로 의료보장제도를 운영하는 것은 재원을 보험료로 운영하는 것이 아니라 국가의 조세로 운영하는 형태이다. 국민보건서비스는 국민의 의료문제는 국가가 책임져야 한다는 관점에서 정부가 일반조세로 재원을 마련하고 보편적으로 모든 국민에게 의료서비스를 거의 무상으로 제공하고 국가가 의료시스템을 관리하는 방식이다. 이러한 국민보건서비스제도로 운영하는 국가로 영국, 스웨덴, 덴마크, 호주, 뉴질랜드, 노르웨이, 이탈리아, 포르투갈 등이 있다.

조세를 기반으로 한 국민보건서비스로 의료서비스를 제공하지만 현금급여제도는 이러한 국가들에서도 재원과 대상, 운영방식이 다르게 운영된다. 현금급여를 사회보험방식으로 운영하는 국가로는 이탈리아, 스웨덴, 포르투갈 등이 있고, 보편적 서비스방식으로 조세를 재원으로 지급하는 국가로 덴마크가 있다. 또한 공공부조제도처럼 일정한 기준 이하의 대상자들에게만 지원하는 국가로 호주, 뉴질랜드 등이 있다.

(3) 민간보험 방식

민간보험 방식은 국가가 주도하는 건강보험체계가 아닌 민간보험(private insurance) 중심으로 의료보장체계를 구성하고 있다. 대표적 국가로 미국을 들 수 있는데, 주로 65세 이상의 노령연금 수급자를 지원하는 메디케어(Medicare) 제도와 공공부조 수급자를 지원하는 메디케이드(Medicaid) 제도는 공공 영역에서 의료서비스를 관리하고 일반 시민들은 민간보험에 가입하여 지원하는 의료보장체계를 구성하고 있다. 또한 공공보험과 민간보험의 경쟁과 같은 혼합형으로 의료서비스를 제공하는 스위스, 칠레 등이 있다.

표 11-2 의료서비스에 대한 건강보장제도 유형

구분	사회보험 방식(NHI)	국민보건서비스 방식(NHS)	민간보험 방식
보험자	•공공기관	•정부	•민간보험사
보험자 형태	•비영리	•비영리	•대부분 영리보험사
가입방식	•전 국민 강제가입(빈곤층 일부 다른 제도로 지원)	•전 국민 일괄 적용 (집단 구분 없음)	•임의가입
의료기관 이용 (접근성)	•거의 대부분 의료기관	•거의 대부분 의료기관	•민간보험회사와 계약한 일부 의료기관
재원	•보험료, 일부 국고 지원	•조세	•민간보험료
특징	•보험료를 통해 재원을 마련하여 의료서비스를 지원하는 방식	•조세를 통해 재원을 마련하고 전 국민에게 지원하는 의료서비스 방식	•민간보험 중심의 의료서비스 방식
장점	•국가의 조세부담 최소화 •전 국민에게 균등한 의료보장	•전 국민에게 균등한 의료보장, 의료사각지대 최소화 •의료비 통제효과 강함	•연구와 임상이 풍부하고 새로운 의료기술 개발에 강함
단점	•저부담-고급여 요구로 재정 균형에 어려움이 있음. 즉, 의료비 억제기능 취약	•의료의 질이 떨어지거나 진료 대기시간이 길어질 수 있음	•고부담-저급여로 보장수준이 낮음 •보험상품별 차등화된 의료서비스와 높은 보험료 부담에 따른 무보험자 발생
주요 국가	•독일, 프랑스, 스페인, 일본, 한국 등	•영국, 스웨덴, 덴마크, 이탈리아, 포르투갈 등	•미국

4) 진료비 지불제도 유형

현물급여인 의료서비스에서 진료비 지불제도는 진료의 대가로 의료공급자에게 지급되는 보상 방식을 의미한다. 진료비 지불제도는 크게 행위별수가제, 인두제, 봉급제, 포괄수가제, 총액계약제 등이 있다(원석조, 2017, pp. 359-363).

(1) 행위별수가제

행위별수가제(fee-for-service)는 진료에 소요되는 약제 또는 재료비를 별도로 산정하고, 의료인이 제공한 진료행위 각각을 항목별로 가격을 책정하여 진료비를 지급하도록 하는 제도이다. 가장 보편적이고 시장접근적인 방법으로서, 많은 국가들이 행위별수가제를 채택하고 있다. 행위별수가제는 의료인이 제공한 의료서비스 각각의 내용에 따라 값을 정하여 의료비를 지급하는 것으로서 전문의의 치료방식에 적합하다. 예를 들어, 위중하거나 진료에 시간이 오래 걸리며 특별한 기술을 요하는 질병이나 진료재료가 많이 소요되는 질병에 대하여는 정확히 그만큼 많은 진료비를 의료인에게 지급하는 것으로, 의료인이 가장 선호하는 방식이기도 하다. 다만 적은 횟수의 더 철저한 검사보다는 짧게 자주 진료를 유도하거나 과잉진료가 나타나기도 한다. 또한, 보험급여에 대한 진료비 청구는 보험공단에 청구하기 때문에 부당청구의 가능성이 항상 있다.

(2) 인두제

인두제(capitation)는 문자 그대로 의사가 맡고 있는 환자 수, 즉 자기의 환자가 될 가능성이 있는 일정지역의 주민수에 일정금액을 곱하여 이에 상응하는 보수를 지급받는 방식이다. 주민이 의사를 선택하고 등록을 마치면, 등록된 주민이 환자로서 해당 의사의 의료서비스와 별개로 보험자 또는 국가로부터 각 등록된 환자 수에 따라 일정한 수입을 지급받게 된다. 인두제는 기본적이고 비교적 단순한 1차 보건의료에 적용되며, 의료전달체계의 확립이 필요하고, 주치의 또는 가정의의 1차 진료 후에 후송의뢰가 필요한 경우에만 전문의의 진료를 받는 체계를 구성하고 있다. 영국의 일반가정의에게 적용되는 방식이다.

(3) 봉급제

봉급제(salary)는 사회주의 국가나 영국과 같은 국영의료체계의 병원급 의료기관의 근무의에게 주로 적용되는 방식으로, 농·어촌 등 벽·오지에 거주하는 국민이라도 쉽게 필요한 때 의료서비스를 제공받을 수 있으나 그 진료수준은 떨어질 수 있다. 봉급제는 의사의 관심이 환자 진료보다는 승진 또는 더 높은 보수에 맞추어질 수도 있다.

(4) 포괄수가제

포괄수가제(bundled-payment)는 한 가지 치료행위가 기준이 아니고, 환자가 어떤 질병의 진료를 위하여 입원했는가에 따라 질병군(또는 환자군)별로 미리 책정된 일정액의 진료비를 지급하는 제도이다. 포괄수가제는 의료비용의 사전예측이 가능하기 때문에 장기입원에 대한 인센티브를 제거할 수 있다. 미국에서 의료비의 급격한 상승을 억제하기 위하여 1983년부터 DRG(Diagnosis Related Groups)에 기초를 둔 선불상환제도를 개발하였고 연방정부가 운영하는 메디케어(주로 65세 노인) 환자의 진료비 지급방식으로 사용되고 있다.

포괄수가제는 환자의 본인부담이 줄어들고, 의료서비스의 보장성은 확대될 수 있는 반면, 개별 진료 양에 관계없이 진료비를 지불하기 때문에 최소한의 의료서비스를 제공하려는 유인도 존재한다. 한국은 7개 질병군에 대해 2013년 7월부터 포괄수가제를 도입하여 시행하고 있는데, 백내장수술, 편도수술, 맹장수술, 항문수술, 탈장수술, 제왕절개분만, 자궁수술 등 7개 입원환자에게 제공되는 의료서비스에 적용하고 있다.

(5) 총액계약제

총액계약제(global budget)는 보험자와 의료기관 간에 국민에게 제공되는 의료서비스에 대한 진료비 총액을 협의한 후, 의료기관에 사전에 결정된 진료비 총액을 지급하는 방식이다. 대부분의 병원이 공공병원이거나 비영리인 유럽의 경우 병원 진료비를 총액계약제로 정산하고 있다. 독일이나 영국은 의원급에 총액계약제를 적용하고 있다.

총액계약제는 보건의료 부문의 비용에 대한 효과적 조정이 가능하므로, 진료의 가격과 양을 동시에 통제 및 조정함으로써 진료비 지출 증가를 조절할 수 있지만 의료서비스 제공자가 과소진료를 제공하거나 건강상태가 좋지 못한 환자를 기피하는 현상이 발생할 수 있다.

표 11-3 주요 국가별 진료비지불제도 방식

지불제도 방식	의원급(1차 의료기관)	병원급(2차 이상 의료기관)
한국	• 행위별수가제(일부 포괄수가제 실시)	
독일	• 총액계약제 - 보험자단체와 보험의협회가 진료비 총액을 연간 계약하고 그 총액을 보험의 협회에게 일괄하여 지불함 - 보험의협회에서 개개 의사에게 수가표를 기준으로 행위별수가제로 지불	
프랑스	• 선불 상환 방식에 의한 행위별수가제(총액규제 실시) • 의사조합과의 전국 협약을 통해 총액범위 내의 외래진료비 지급	• 공적 병원(총액계약제) • 민간병원: 환자 1일당 입원료로서 정액 지불 병원급(일부진료에 대한 포괄수가제 실시)
일본	• 행위별수가제	• 행위별수가제(포괄수가제 시범 사업 중)
미국	• 행위별수가제 • 인두제	• 포괄수가제
영국	• 인두제	• 병원 근무의는 공무원으로서 봉급제 • 포괄수가제(PbR)[1]

주 1: 활동기반지불제도(payment by result, PbR)

출처: 건강보험심사평가원(https://www.hira.or.kr). 건강보장제도-진료비지불제도 소개.

5) 주요 국가들의 건강보장 현황

OECD 국가별 국내총생산(GDP) 대비 경상의료비 비중과 국민 1인당 경상의료비 지출 관련 비교에서 OECD 평균에 비해 한국은 아직은 낮은 편이고, 미국은 의료비 지출 비중이 가장 높다.

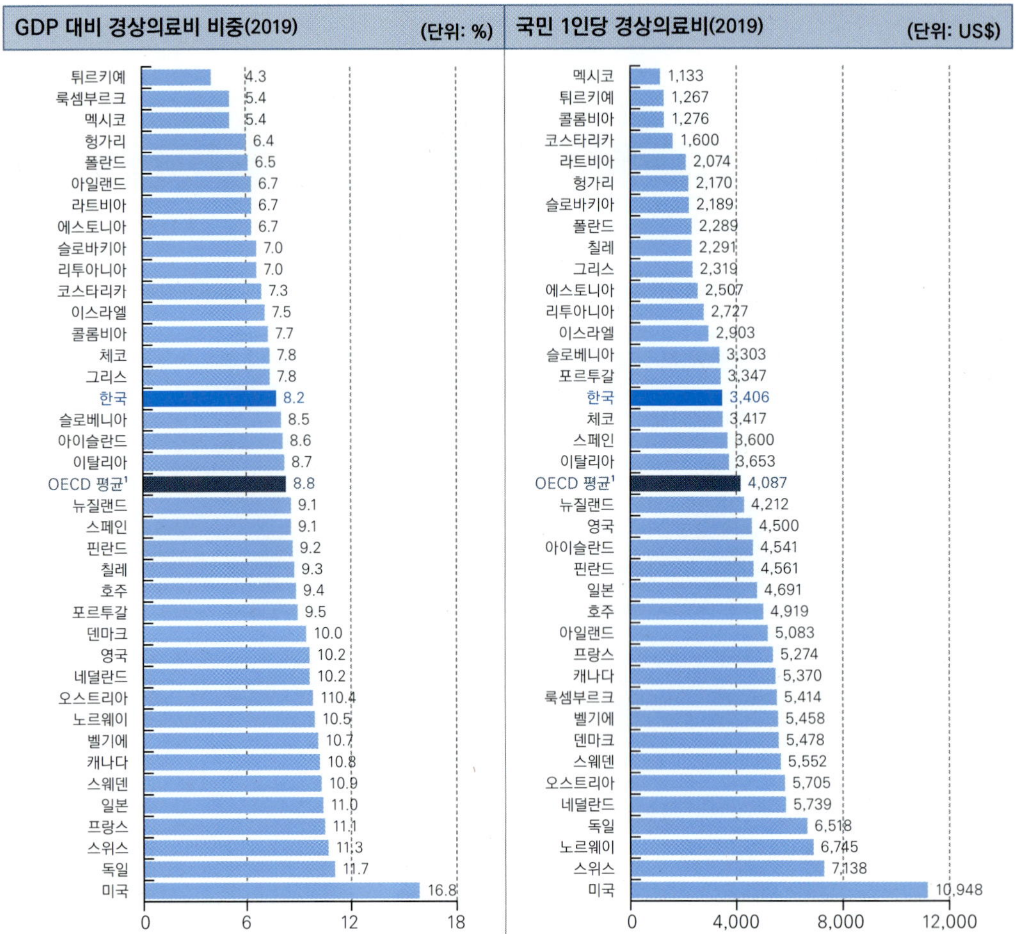

주 1: OECD 평균은 2019년(혹은 인접 과거년도) 통계가 있는 38개국의 평균임

주 1: OECD 평균은 2019년(혹은 인접 과거년도) 통계가 있는 38개국의 평균임

그림 11-1 OECD 국가별 경상의료비 비교

출처: 보건복지부(2021). OECD Health Statistics 2021, p. 124, p. 133.

OECD 국가별 건강수준을 살펴보면, 2019년 기대수명에서 OECD 평균은 81.0세이고 한국은 83.3세로 다소 높은 것으로 나타났다. 그리고 영아사망률 비교에서는 출생아 1,000명당 2.7명으로, OECD 평균인 4.2명에 비해서는 낮게 나타났다. 기대수명은 높고 영아사망률은 낮아 기본적인 건강수준은 상대적으로 높다고 볼 수 있다.

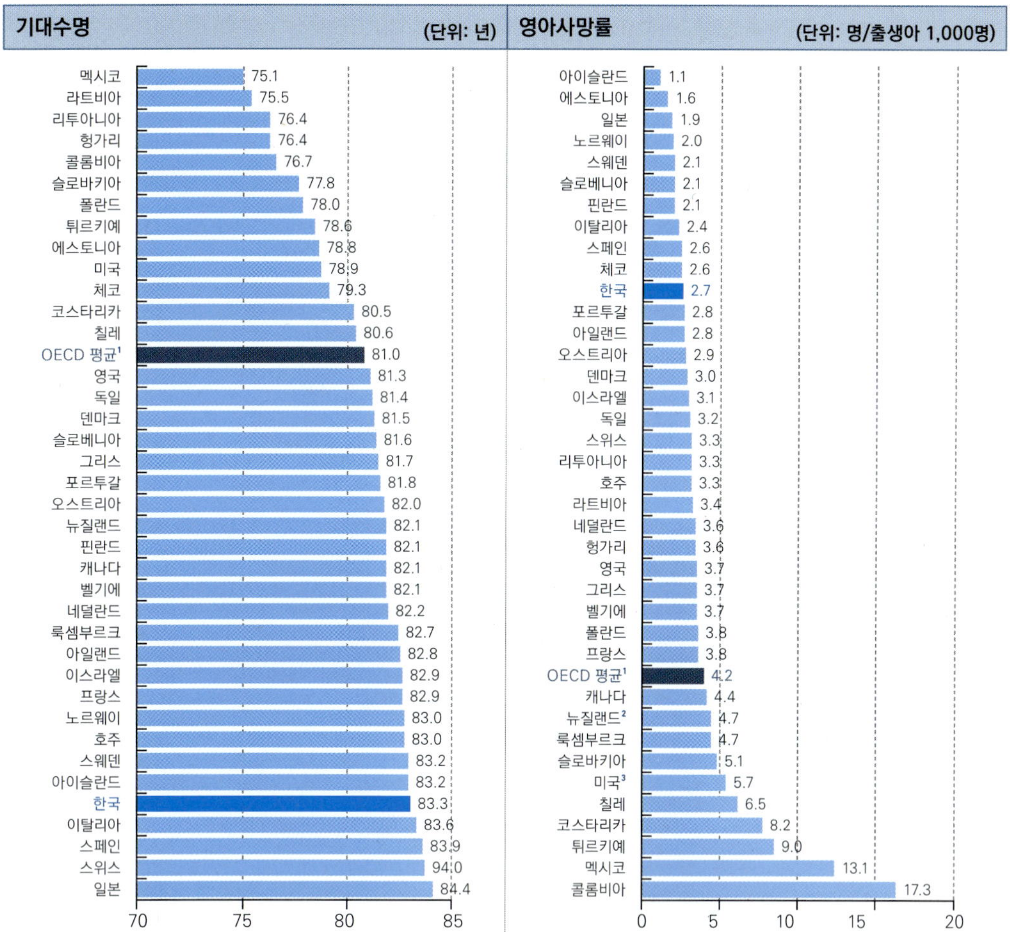

주 1: OECD 평균은 2019년(혹은 인접 과거년도) 통계가 있는 38개국의 평균임

주 1: OECD 평균은 2019년(혹은 인접 과거년도) 통계가 있는 38개국의 평균임
*뉴질랜드는 2017년 수치임
*미국은 2018년 수치임

그림 11-2 OECD 국가별 기대수명 및 영아사망률 비교(2019년)

출처: 보건복지부(2021). OECD Health Statistics 2021, p. 16, p. 20.

그에 반해 주관적 건강상태 비교에서는 15세 이상 인구 중 본인의 건강상태가 양호(좋음, 매우 좋음)하다고 생각하는 비율은 33.7%로, OECD 평균인 68.5%에 비해 매우 낮게 나타나고 있고, 통계치가 있는 국가들 중에서 제일 낮게 나타나고 있다. 또한, 인구 10만 명당 극단적 선택[26]에 의한 사망률은 24.6명으로, OECD 평균 10.9명보다 2배 이상 높고 통계치가 있는 국가들 중에서 제일 높게 나타나고 있다.

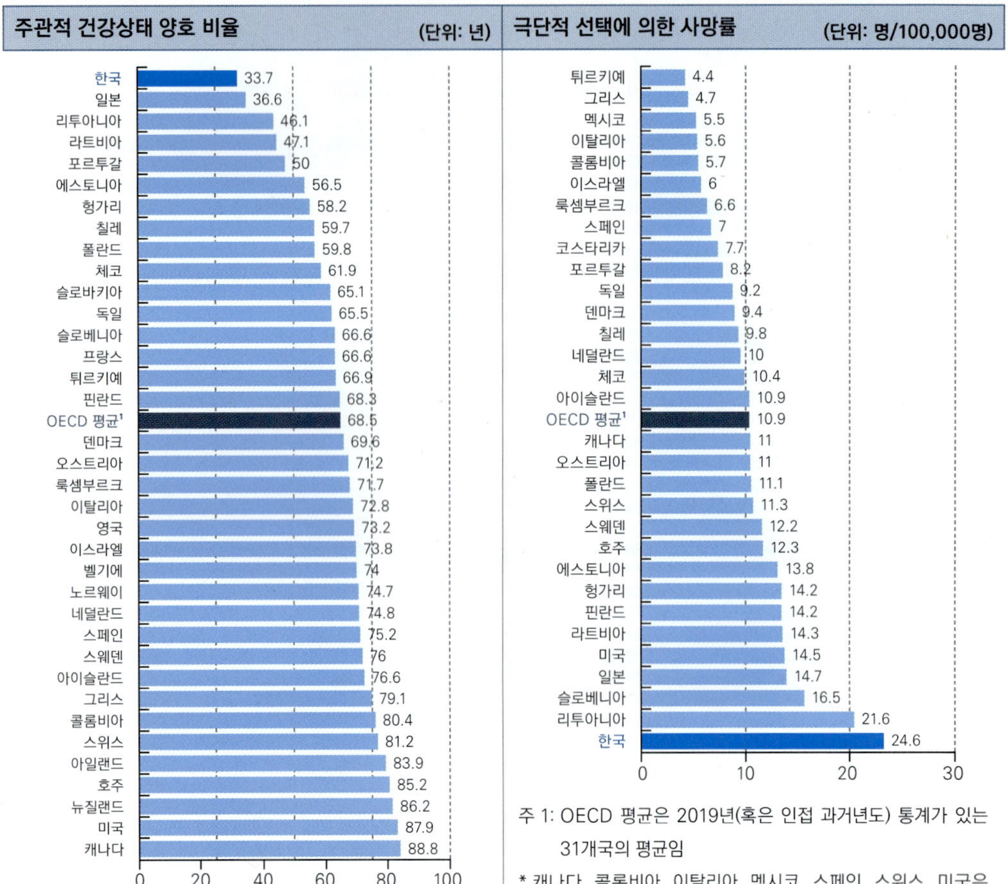

주 1: OECD 평균은 2019년(혹은 인접 과거년도) 통계가 있는 36개국의 평균임

* 호주, 칠레는 2017년, 아이슬란드, 영국, 미국은 2018년 수치임

주 1: OECD 평균은 2019년(혹은 인접 과거년도) 통계가 있는 31개국의 평균임

* 캐나다, 콜롬비아, 이탈리아, 멕시코, 스페인, 스위스, 미국은 2017년, 호주, 칠레, 덴마크, 핀란드, 그리스, 이스라엘, 일본, 라트비아, 룩셈부르크, 네덜란드, 폴란드, 포르투갈, 스웨덴은 2018년 수치임

그림 11-3 OECD 국가별 주관적 건강상태와 극단적 선택에 의한 사망률 비교(2019년)

출처: 보건복지부(2021). OECD Health Statistics 2021, p. 52, p. 45.

26 국제질병분류(ICD-10)의 X60-84(고의적 자해), Y87(의도적 재해, 가해 및 의도 미확인 사건의 휴유증에 따른 사람)에 해당하는 외인

2 국민건강보험제도

1) 건강보험의 의의

한국의 국민건강보험제도는 질병이나 부상으로 인해 발생한 고액의 진료비로 가계에 과도한 부담이 되는 것을 방지하기 위하여, 국민들이 평소에 보험료를 내고 보험자인 국민건강보험공단이 이를 관리·운영하다가 필요시 보험급여를 제공함으로써 국민 상호 간 위험을 분담하고 필요한 의료서비스를 받을 수 있도록 하는 사회보장제도이다.

(1) 건강보험의 의의

첫째, 의료서비스 형평성을 보장한다. 건강보험제도는 질병과 사고로 의료서비스가 필요한 모두에게 기본적 의료를 적정한 수준까지 보장함으로써 국민들의 의료문제를 해결하고 누구에게나 균등하게 적정수준의 급여를 제공하여 기본적 건강권을 보장한다.

둘째, 건강보험은 사회보험제도로서 사회연대의 기능을 한다. 건강보험은 사회보험으로서 건강에 대한 사회공동의 책임을 강조하여 재원인 보험료 부담은 소득과 능력에 따라 부담하고 가입자 모두에게 균등한 급여를 제공함으로써 사회적 연대를 강화하고 사회통합을 이루는 기능을 가지고 있다.

셋째, 건강보험은 소득재분배 기능을 한다. 질병은 개인의 경제생활에 영향을 주어 소득을 떨어뜨리고 다시 건강을 악화시키는 악순환을 초래하기 때문에 각 개인의 경제적 능력에 따른 일정한 부담으로 재원을 조성하고 개별부담과 관계없이 필요에 따라 균등한 급여를 제공하여 질병의 치료 부담을 경감시킴으로써 소득재분배 기능을 수행한다. 의료서비스는 동일한 질병에 동일한 처우를 의미하는 수평적 평등과도 연결된다.

(2) 국민건강보험제도의 특징

첫째, 의무적인 가입 및 보험료로 운영된다. 강제가입이 아니라 보험 가입을 기피할 수 있도록 제도화될 경우 질병 위험이 큰 사람만 보험에 가입하여 국민 상호 간 위험 분담 및 의료비 공동 해결이라는 건강보장제도의 목적을 실현할 수 없다. 그에 따라 일정한 요건이 충족되면 본인의 의사와 관계없이 건강보험 의무가입이 되고 보험료 납부에 대한 강제성이 부여된다.

둘째, 부담능력에 따른 보험료를 차등 부과한다. 민간보험은 보장의 범위, 질병 위험의 정도, 계약 내용 등에 따라 보험료를 부담하는 데 비해, 사회보험방식으로 운영되는 국민건강보험은 사회적 연대를 기초로 의료비 문제를 해결하는 것을 목적으로 하기 때문에 소득수준 등 보험료 부담능력에 따라서 보험료를 차등 부과한다. 소득이 낮은 사람은 보험료도 비례적으로 낮게, 높은 사람은 보험료를 높게 부과하는 것이다.

셋째, 균등한 의료보장을 지원한다. 민간보험은 보험료 수준과 계약내용, 즉 개인의 보험료 부담 정도와 급여혜택 수준에 따라 개인별로 다르게 보장되지만, 사회보험인 국민건강보험은 보험료 부담수준과 관계없이 균등하게 보험급여가 이루어진다.

표 11-4 건강보험과 민간보험의 비교

구분	국민건강보험	민간보험(실손의료보험)
보장범위	• 국민의 질병·부상에 대한 예방·진단·치료·재활과 출산·사망 및 건강증진에 대하여 보험급여 실시	• 보험회사가 피보험자의 질병 또는 상해로 인한 손해(의료비에 한정)를 보상하는 상품
가입대상	• 국내에 거주하는 국민 • 제외: 의료급여 수급권자 등	• 임의가입
보장사항	• 가입자와 피부양자의 질병, 부상, 출산 등에 대하여 요양급여를 실시 1. 진찰·검사 2. 약제(藥劑)·치료재료의 지급 3. 처치·수술 및 그 밖의 치료 4. 예방·재활 5. 입원 6. 간호 7. 이송	• '「국민건강보험법」에서 정한 요양급여 또는 「의료급여법」에서 정한 의료급여 중 본인부담금'과 '비급여(상급병실료차액 제외)'를 합한 금액의 80~90%에 해당하는 금액 • 「국민건강보험법」 또는 「의료급여법」에 따라 보건복지부장관이 정한 비급여대상
보장일 수	• 제한 없음 – 질병 완치 시까지 보장	• 입원: 발병일로부터 365일 • 통원: 연간 180회 • 처방조제비: 연간 180건
보장금액	• 제한 없음 • 법정본인부담금 및 비급여 제외	• 국민건강보험급여를 제외한 본인부담금 중 일부와 비급여 보상(2019년 3월 기준)
계약갱신	• 평생 의무가입	• 1년 단위

출처: 건강보험공단(https://www.nhis.or.kr). 건강보험의 이해.

2) 한국의 건강 현황과 연혁

(1) 건강 지표 현황

우리나라 국민의 기대수명은 2022년 기준 82.7년으로, 2000년(76.0년) 이후 꾸준히 증가하다가 처음으로 2021년(83.6년)보다 감소하였다. 남자와 여자의 기대수명 차이는 감소하는 추세로 그 격차가 1980년에는 8.5년이었으나, 2022년에는 5.8년까지 좁혀졌다.

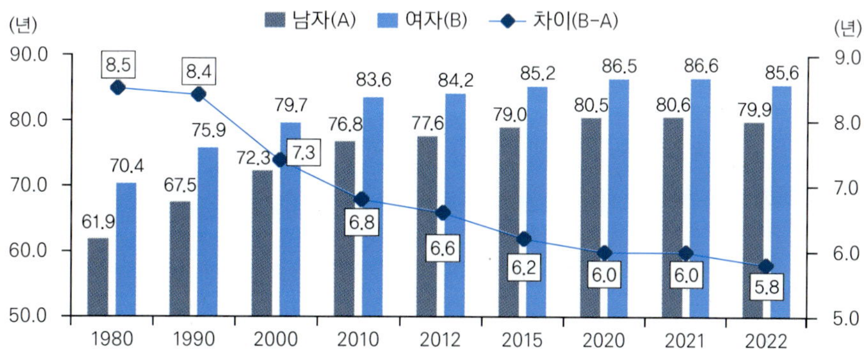

그림 11-4 성별 기대수명[1] 추이(2020년)

주 1: 0세 출생자가 향후 생존할 것으로 기대되는 평균 생존년수로 '0세의 기대여명'을 말함

출처: 통계청(2024). 2023 한국의 사회지표, p. 10.

우리나라 국민의 사망원인 2020년 1위는 악성신생물(암)로 인구 10만 명당 160.1명이 사망했고, 심장질환 63.0명, 폐렴 43.3명, 뇌혈관질환 42.6명, 극단적 선택 25.7명, 당뇨병 16.5명 순으로 나타났다.

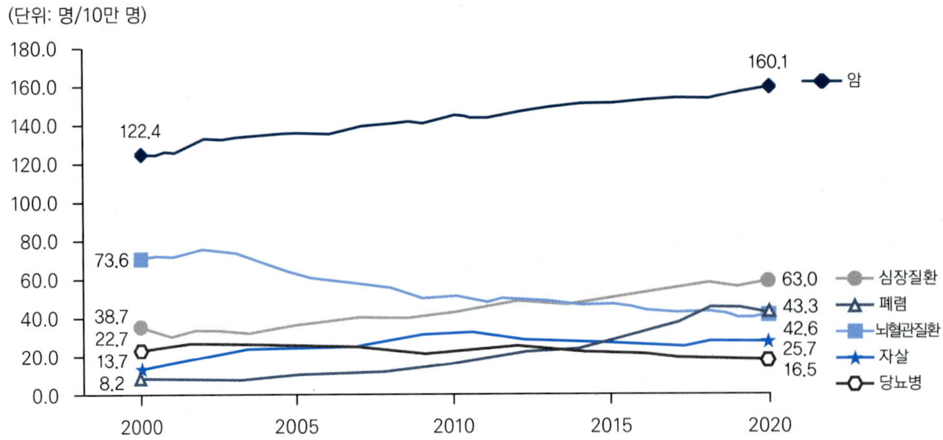

그림 11-5 주요 사망원인별 사망률[1](2020년)

주 1: 사망률 = (사망자 수 ÷ 주민등록연앙인구) × 100,000

자료: 통계청. 사망원인통계.
출처: 통계청(2022b). 2021 한국의 사회지표, p. 20.

2020년 기준으로 우리나라 19세 이상 성인 중 병·의원 진료가 필요했으나 받지 못한 사람의 비중은 7.1%로 전년도 대비 0.5%p 증가하였고, 치과 진료가 필요했으나 받지 못한 사람의 비중은 39.8%로 전년 대비 8.9%p 증가하였다.

소득수준별 연간 미충족 의료율을 보면, 병·의원에서 하층(하위 20%)은 9.9%, 치과는 47.1%로 소득수준이 낮을수록 미충족 의료율이 높은 것을 알 수 있다.

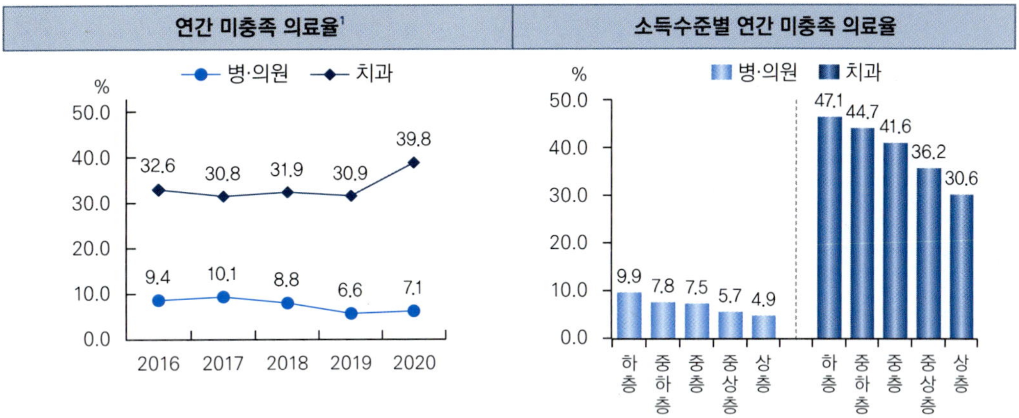

주 1: 최근 1년 동안 병·의원 및 치과 진료(검사 또는 치료)가 필요하였으나 받지 못한 사람의 비율

그림 11-6 의료서비스 미충족 의료율 추이(2020)

출처: 통계청(2022b). 2021 한국의 사회지표, p. 24.

(2) 한국의 국민건강보험 변천 과정

- 1977. 7. 500인 이상 사업장을 시작으로 의료보험 실시
- 1979. 1. 공무원 및 사립학교교직원 의료보험 실시
- 1981. 1. 100인 이상 사업장 의료보험 확대 적용
- 1988. 1. 농어촌지역 주민 적용
- 1989. 7. 도시 자영업자 적용(전 국민 의료보험 시대)
- 2000. 7. 국민건강보험공단으로 조직통합 관리
- 2003. 7. 지역, 직장 보험재정 완전통합 운영
- 2008. 7. 노인장기요양보험 실시
- 2011. 1. 사회보험 징수통합(건강보험, 국민연금, 고용보험, 산재보험)
- 2012. 7. 포괄수가제 병·의원급 의료기관 당연 적용(7개 질병군 입원환자)
- 2013. 8. 중증질환 재난적 의료비 지원사업 실시
- 2015. 1. 간호·간병통합서비스 보험급여 적용
- 2019. 7. 외국인 지역가입자 당연 적용 실시

3) 적용대상

(1) 가입 대상

건강보험은 국내에 거주하는 모든 국민을 직장가입자와 지역가입자로 적용대상을 구분하는데, 직장가입자는 사업장의 노동자 및 사용자와 공무원 및 교직원, 그리고 그 피부양자로 구성되고 지역가입자는 직장가입자를 제외한 자를 대상으로 한다. 건강보험 대상자 중 피부양자는 직장가입자에 의하여 주로 생계를 유지하는 자로서 보수 또는 소득이 없는 자를 의미하며, 직장가입자의 배우자, 직계존속(배우자의 직계존속 포함), 직계비속(배우자의 직계비속 포함) 및 그 배우자, 형제·자매를 포함한다.

표 11-5 직장 및 지역가입자 구분

구분	직장가입자	지역가입자
가입자	•상시 1인 이상 노동자가 있는 사업장에 고용된 노동자와 사용자(공무원, 교직원 포함)	•직장가입자와 피부양자를 제외한 자
피부양자[1]	•직장가입자의 배우자, 직계존비속, 형제·자매[2] 등	

주 1: 피부양자는 재산과표가 5.4억 원 이하인 경우 인정, 또는 재산과표가 5.4억 원을 초과하면서 9억 원 이하인 경우는 연간소득 1천만 원 이하이면 인정

주 2: 형제·자매의 경우에는 재산과세표준의 합이 1.8억 원 이하이어야 함(단, 만 65세 이상, 만 30세 미만, 장애인, 국가유공·보훈보상상이자만 인정)

(2) 적용 제외자

1월 미만의 기간 동안 고용되는 일용노동자, 국외에서 1월 이상 체류(국외근무 등 국내에 거주하는 피부양자가 없는 경우), 「병역법」의 규정에 의한 현역병(지원에 의하지 아니하고 임용된 하사를 포함), 전환복무된 사람 및 무관후보생, 선거에 의하여 취임하는 공무원으로서 매월 보수 또는 이에 준하는 급료를 받지 아니하는 자, 교도소 기타 이에 준하는 시설에 수용되어 있는 자, 의료급여 대상자 등은 적용대상에서 제외된다.

표 11-6 적용인구 현황(2024년 3월 기준)

(단위: 천 명)

분류		적용인구(천 명)	비율(%)
건강보험	계	51,417	100.0
	직장가입자	19,902	38.7
	피부양자	16,389	31.9
	지역가입자	15,126	29.4

출처: 건강보험공단(https://www.nhis.or.kr). 국민건강보험.

(3) 자격 취득 및 상실

직장가입자의 자격 취득은 일반적으로 실제 일하는 첫날부터 적용된다.

표 11-7 직장가입자의 자격 취득 변동 일자

구분	자격 취득(변동)일
노동자	•건강보험 적용 사업장에 사용된 날 •신규 건강보험 적용 사업장의 경우에는 사업장 적용 신고일
사용자	•건강보험 적용 사업장의 사용자가 된 날 •신규 건강보험 적용 사업장의 경우에는 사업장 적용 신고일
공무원	•공무원으로 임용된 날 •선거에 의하여 취임하는 공무원은 그 임기가 개시된 날
교직원	•해당 학교에 교원으로 임용된 날(교원) •해당 학교 또는 그 학교 경영기관에 채용된 날(직원)
일용노동자	•건강보험 적용 사업장에 1월을 초과하여 사역결의된 자는 사역결의된 날 •건강보험 적용 사업장에 최초사역일 1월 이내의 기간을 정하여 계속사역 결의되는 자는 최초 사역일로부터 1월을 초과하는 날
단시간노동자	•건강보험 적용 사업장에 1월 이상 근무하고 소정근로시간이 월 60시간 이상인 단기간 노동자는 근로(고용)개시일 •근로(고용)개시일
외국인 및 재외국민	•외국인 등록을 한 외국인 또는 국내거소신고를 한 재외국민이 건강보험 적용 사업장에 사용(임용·채용)된 날 •직장가입자 적용 사업장에 근무하는 외국인 및 재외국민 노동자는 2006. 01. 01.부터 건강보험 직장가입자로 당연 적용됨 - 단, 비전문취업(E-9)외국인 노동자는 2004 .08 .07.부터 적용됨

피부양자의 자격 취득과 상실은 다음과 같다.

표 11-8 피부양자의 자격 취득과 상실 일자

구분	피부양자의 자격 취득일자 및 상실 일자
피부양자의 자격 취득일자	•신생아의 경우에는 출생한 날 •사실혼의 경우에는 공단에 피부양자 자격 취득 신고서를 제출한 날 •직장가입자의 자격 취득과 동시에 피부양자의 자격 취득을 신고한 경우에는 그 가입자 자격을 취득한 날 •직장가입자의 자격 취득일 또는 가입자의 자격 변동일부터 90일을 초과하여 피부양자 자격 취득 신고를 한 경우에는 국민건강보험공단에 피부양자 자격 취득 신고서를 제출한 날. 다만, 공단이 정하는 본인의 책임이 없는 부득이한 사유로 90일을 초과하여 피부양자 자격 취득 신고를 한 경우에는 직장가입자의 자격 취득일 또는 가입자의 자격변동일
피부양자 자격 상실	•사망한 날의 다음 날 •대한민국의 국적을 잃은 날의 다음 날 •국내에 거주하지 아니하게 된 날의 다음 날 •직장가입자 자격을 상실한 날 •의료급여 수급권자가 된 날 •건강보험의 적용을 받고 있는 자로서 유공자 등 의료보호대상자가 된 경우에는 건강보험의 적용 배제신청을 한 날의 다음 날 •직장가입자 또는 다른 직장가입자의 피부양자 자격을 취득한 경우에는 그 자격을 취득한 날 •피부양자 자격을 취득한 자가 본인의 신고에 의하여 피부양자 자격 상실신고를 한 경우에는 신고한 날의 다음 날 •피부양자 자격 인정 기준에 해당되지 않는 것으로 확인된 경우에는 공단이 그 인정 기준에 해당되지 아니함을 확인한 날의 다음 날

4) 재원(보험료)

국민건강보험제도의 주요 재원은 국민들에게 부과하는 보험료가 제일 큰 비중을 차지한다. 그리고 「국민건강보험법」에 따른 국고지원금[27]과 「국민건강증진법」에 따른 건강증진기금,[28] 기타 수입을 재원으로 하고 있다.

연도별 건강보험료율은 매년 조정하여 적용하는데, 2024년 현재 7.09%이다.

27 국가는 「국민건강보험법」 제108조에 따라 매년 예산의 범위에서 해당 연도 보험료 예상 수입액의 100분의 14에 상당하는 금액을 국고에서 공단에 지원하도록 규정하고 있다.

28 건강보험공단은 「국민건강증진법」에서 정하는 바에 따라 국민건강증진기금에서 자금을 지원받을 수 있다.

표 11-9 연도별 건강보험료율(장기요양보험료[1]율)

연도	건강보험료율	장기요양보험료율	
		건강보험료 대비	소득 대비
2011년	5.64%	6.55%	0.37%
2012년	5.80%	6.55%	0.38%
2013년	5.89%	6.55%	0.39%
2014년	5.99%	6.55%	0.39%
2015년	6.07%	6.55%	0.40%
2016~2017년	6.12%	6.55%	0.40%
2018년	6.24%	7.38%	0.46%
2019년	6.46%	8.51%	0.55%
2020년	6.67%	10.25%	0.68%
2021년	6.86%	11.52%	0.79%
2022년	6.99%	12.27%	0.86%
2023년	7.09%	12.81%	0.91%
2024년	7.09%	-	0.92%

주 1: 장기요양보험료는 2008년 7월부터 부과
장기요양보험료 = 건강보험료율(2023년 7.09%) × 장기요양보험료율(2023년 12.81%).
장기요양보험료 경감 사유 및 경감률: 등록장애인(장애의 정도가 심한) 및 희귀난치성질환자(6종): 30%

건강보험제도에서 보험료 부과는 이원화되어 있는데, 크게 직장가입자와 지역가입자로 구분하고 있다.

(1) 직장가입자

보수월액 보험료는 가입자의 보수월액에 보험료율을 곱하여 보험료를 산정한 후, 경감률 등을 적용하여 가입자 단위로 부과한다.

보수월액 보험료=보수월액×보험료율(2024년: 7.09%)

- 보수월액 보험료: 동일사업장에서 당해 연도에 종사한 기간 중 지급받은 보수총액을 그 해당 기간의 월 수로 나눈 금액
- 보수월액 산정에 포함되는 주요 급여: 근로의 제공으로 인하여 받는 봉급, 급료, 보수, 세비, 임금 상여, 수당과 이와 유사한 성질의 금품

소득월액 보험료는 보수월액의 산정에 포함된 보수를 제외한 직장가입자의 소득, 보수 외 소득이 연간 2,000만 원을 초과하는 직장가입자는 소득월액보험료 부과대상자가 된다. 소득월액보험료는 '보수 외 소득'에서 2,000만 원을 공제한 나머지 금액을 12로 나누어 소득종류에 따른 금액비율(소득평가율)로 곱해 산정하여 부과한다.

소득월액 보험료 = 소득월액(보수 외 소득) × 보험료율(2024년: 7.09%)

- 소득월액 = {연간 보수 외 소득 − 2,000만 원(공제 금액) × 1/12} × 소득평가율
- 소득종류별 평가: 이자·배당·사업·기타소득: 100%, 근로·연금소득: 50%

직장가입자의 건강보험료는 가입자가 50%를 부담하고, 사용자 또는 국가가 50%를 부담한다.

표 11-10 직종별 부담비율(2024년)

(단위: %)

구분	가입자 부담	사용자 부담	국가 부담	계
직장가입자	3.545(50%)	3.545(50%)		7.09%
공무원, 군인	3.545(50%)		3.545(50%)	
사립학교교원	3.545(50%)	2.127(30%)	1.418(20%)	

또한, 건강보험료는 여러 가지 상황에 따라 경감 및 면제를 적용할 수 있다.

직장가입자 건강보험료 경감 종류 및 경감률

- 국외근무자 경감: 가입자 보험료의 50%(국내에 피부양자가 있는 경우)
- 섬·벽지 지역 경감: 가입자 보험료액의 50%
- 군인 경감: 가입자 보험료액의 20%(보건복지부장관이 인정하는 지역에 거주하거나 근무하는 경우)
- 휴직자 경감: 가입자 보수월액의 50%(육아휴직자는 휴직전월 정산 전 보수월액 보험료와 「국민건강보험법」 제69조제6항에 따른 보수월액 보험료 하한 금액을 적용하여 산정한 보수월액 보험료와의 차액만큼을 경감). 단, 소득월액보험료는 휴직자 경감을 적용하지 않음
- 임의계속가입자 경감: 가입자 보험료액의 50%
- 종류가 중복될 경우 최대 경감률은 50%임(육아휴직자는 예외)

건강보험료 면제 사유

- 3개월 이상 국외체류자로서 국내에 피부양자가 없는 경우 보험료 면제(다만, 국외업무종사로 국외체류 시 해당 사실을 공단에 증빙한 경우 1개월 이상임). 국외업무종사 1개월 이상 체류에 대한 면제는 2021. 10. 14. 입국부터 적용
- 「병역법」 규정에 의한 현역병, 전환복무된 사람 및 무관후보생
- 교도소, 기타 이에 준하는 시설에 수용되어 있을 때

(2) 지역가입자

지역가입자의 건강보험료는 가입자의 소득, 재산(전월세 포함)을 고려하여 정한 부과요소별 점수를 합산한 보험료 부과점수에 점수당 금액을 곱하여 보험료를 산정한 후, 경감률 등을 적용하여 세대 단위로 부과한다.

1. 부과요소

(1) 소득: 「소득세법」에 따라 산정한 이자·배당·사업·기타소득금액, 「소득세법」에 따른 근로·연금소득의 금액 합계액

(2) 재산: 토지, 주택, 건축물, 선박, 항공기, 전월세

2. 부과체계

(1) 소득월액 28만 원 이하 세대

건강보험료 = 소득월액최저보험료(19,780원) + {재산(전월세 등 포함)보험료 부과점수 × 부과점수당 금액(208.4원)}

(2) 소득월액 28만 원 초과 세대

건강보험료 = (소득월액 × 건강보험료율) + {재산(전월세 등 포함)보험료 부과점수 × 부과점수당 금액(208.4원)}

지역가입자 건강보험료도 경감 및 면제 사유가 있을 때에는 다음과 같이 적용할 수 있다.

지역가입자 건강보험료 경감 종류 및 경감률

- 섬·벽지 경감: 50%(울릉도 등 보건복지부 고시지역)
- 농어촌 경감: 22%
- 세대 경감: 10~30%[노인, 장애인, 국가유공자 중 상이자, 보훈보상대상자 중 상이자 등(세대경감 사유가 중복될 경우 유리한 경감률 하나만 적용)]
- 재난 경감: 30~50%(재난지역에 거주하는 지역가입자)
- 경감 종류가 중복될 경우 최대 경감률은 50%임
- 섬·벽지 경감 → 농어촌 경감(농어업인경감) → 세대 경감 순으로 적용

(3) 장기체류 재외국민 및 외국인 가입자

재외국민 및 외국인은 내국인인 지역가입자와 동일한 기준에 따라 산정한다. 다만, 세대주의 체류자격이 영주(F-5) 또는 결혼이민(F-6)인 지역가입자 세대는 제외한다.

부과 대상(체류자격)

- 재외국민일반(C-0), 재외국민유학(C-9), 재외동포유학(C-10), 문화예술(D-1), 유학(D-2), 산업연수(D-3), 일반연수(D-4), 취재(D-5), 종교(D-6), 주재(D-7), 기업투자(D-8), 무역경영(D-9), 구직(D-10), 교수(E-1), 회화지도(E-2), 연구(E-3), 기술지도(E-4), 전문직업(E-5), 예술흥행(E-6), 특정활동(E-7), 비전문취업(E-9), 선원취업(E-10), 방문동거(F-1), 거주(F-2), 동반(F-3), 재외동포일반(F-4), 기타(G-1), 관광취업(H-1), 방문취업(H-2)
- 기타는 인도적 체류허가자(G-1-6) 및 그 가족(G-1-12)의 경우만 해당

또한, 국내에 영주하는 외국인인 영주(F-5, 국민에 준하는 법적 지위가 보장되는 체류자격), 결혼이민(F-6)으로 있는 사람들도 내국인 지역가입자와 동일한 기준으로 부과한다. 영주 외국인은 내국인 지역가입자와 동일하게 경감(10~50%)도 받을 수 있다.

건강보험료는 월별 보험료액의 상한액과 하한액을 다음과 같이 정하고 있다.

표 11-11 월별 보험료액의 상한액과 하한액(2024년)

보험료	상한액	하한액
직장가입자의 보수월액 보험료	8,481,420원	19,780원
직장가입자의 소득월액 보험료 및 지역가입자의 월별 보험료액	4,240,710원	-
지역가입자의 월별 보험료액	-	19,780원

5) 보험급여의 형태

보험급여란 가입자 및 피부양자의 질병·부상에 대한 예방·진단·치료·재활과 출산·사망 및 건강증진에 대하여 법령이 정하는 바에 따라 공단이 현물 또는 현금 형태로 제공하는 서비스를 의미한다. 현물급여는 가입자 및 피부양자에게 요양기관(병·의원 등)을 통하여 직접 의료서비스를 제공하는 것으로, 요양급여, 건강검진 등이 해당한다. 현금급여는 가입자 및 피부양자의 신청에 의하여 국민건강보험공단에서 현금으로 지급하는 것으로, 요양비, 본인부담액 상한제, 장애인 보장구 급여비, 부가급여(임신·출산 진료비)[29] 등이 있다.

(1) 현물급여

현물급여의 대표적인 서비스는 요양급여이다. 일반적으로 진찰, 검사, 치료, 수술 등 대부분의 의료서비스에 해당하는 것이 요양급여이다. 그리고 예방적 차원의 건강검진제도로 일반건강검진과 암검진, 영유아건강검진 등이 있다.

요양급여는 진찰·검사, 약제·치료재료의 지급, 처치·수술 및 그 밖의 치료, 예방·재활 입원, 간호, 이송 서비스 등을 포함하고 있다.

건강검진은 2년에 1회 무료 건강검진(단, 사무직에 종사하지 아니하는 직장가입자에 대하여는 1년에 1회 실시)과 같은 일반건강검진, 암검진(위암, 유방암, 대장암, 간암, 자궁경부암, 폐암 등), 영유아건강검진(8차시기로 나누어 검진 지원), 학교 밖 청소년 건강검진(9~18세 이하) 등이 있다.

29 요양급여 외에 대통령령으로 정하는 바에 따라 임신·출산 진료비, 장제비, 상병수당, 그 밖의 급여를 실시할 수 있다. 다만 2023년 1월 현재 부가급여는 임신·출산(유산 및 사산을 포함) 진료비만 시행하고 있다.

① 요양급여의 본인부담금

입원 진료에 따른 본인부담금은 다음과 같다.

표 11-12 입원 진료에 따른 본인부담금

구분	본인 일부 부담률 및 부담액	
	요양급여 비용 총액	식대총액
일반환자	요양급여 비용 총액의 20%	식대총액 (기본식대+가산식대)의 50%
15세 이하(신생아 제외)	요양급여 비용 총액의 5%	
신생아(28일 이내)	면제	
자연분만	면제	
고위험 임신부	요양급여 비용 총액의 10%	
제왕절개분만	요양급여 비용 총액의 5%	
선택입원군(요양병원 해당)	요양급여 비용 총액의 40%	
장기 등 기증자의 장기 등 적출	면제	면제

주: 본인부담률을 달리 운영하고 있는 특정 항목 및 본인부담률

• 일반환자 해당 항목
  - 격리입원료: 해당 비용의 10%
  - 16일 이상 입원료 본인부담률 차등: (16~30일) 5% 상향, (31일~) 10% 상향(단, 제외대상: 장기입원 불가피 환자(F014), 보훈, 산정특례 및 차상위 등 본인부담경감환자), 확대('20. 1. 1.~): 4인실 이상 입원료(단, 상급종합병원: 5인실 이상)→병원급 이상 2인실 이상 입원료(단, 치과병원 및 요양병원, 정신병원 제외)
  - 18세 이하 치아 홈 메우기: 해당 비용의 10%
  - 상급종합병원 4인실 입원료: 해당 비용의 30%

• 공통 적용 항목
  - 선별급여 항목: 해당 비용의 30·50(60)·80·90%
  - 2·3인실 입원료
    (상급종합병원) 2인실: 해당 비용의 50%, 3인실: 해당 비용의 40%
    (종합병원) 2인실: 해당 비용의 40%, 3인실: 해당 비용의 30%
    (병원·한방병원) 2인실: 해당 비용의 40%, 3인실: 해당 비용의 30%
    (요양병원 중 의료재활시설, 정신병원) 2인실: 해당 비용의 40%, 3인실: 해당 비용의 30%

외래 진료에 따른 2차 이상 의료기관의 본인부담금은 다음과 같다.

표 11-13 외래 진료에 따른 본인부담금

구분	소재지	환자구분	본인일부부담률 및 부담
상급종합병원	모든 지역	일반환자	•(일반) 진찰료비용의 100%+나머지 요양급여 비용의 60% •(임신부) 요양급여 비용 총액의 40% •(1세 미만) 요양급여 비용 총액의 20%
		의약분업 예외환자[1]	•(일반) 진찰료비용의 100%+약값 총액의 30%+나머지 요양급여 비용의 60% •(임신부) 약값 총액의 30%+나머지 요양급여 비용의 40% •(1세 미만) 약값 총액의 21%+나머지 요양급여 비용의 20%
종합병원	동지역	일반환자	•(일반) 요양급여 비용 총액의 50% •(임신부) 요양급여 비용 총액의 30% •(1세 미만) 요양급여 비용 총액의 15%
		의약분업 예외환자	•(일반) 약값 총액의 30%+나머지 요양급여 비용의 50% •(임신부) 약값 총액의 30%+나머지 요양급여 비용의 30% •(1세 미만) 약값 총액의 21%+나머지 요양급여 비용의 15%
	읍면 지역	일반환자	•(일반) 요양급여 비용 총액의 45% •(임신부) 요양급여 비용 총액의 30% •(1세 미만) 요양급여 비용 총액의 15%
		의약분업 예외환자	•(일반) 약값 총액의 30%+나머지 요양급여 비용의 45% •(임신부) 약값 총액의 30%+나머지 요양급여 비용의 30% •(1세 미만) 약값 총액의 21%+나머지 요양급여 비용의 15%
병원	동지역	일반환자	•(일반) 요양급여 비용 총액의 40% •(임신부) 요양급여 비용 총액의 20% •(1세 미만) 요양급여 비용 총액의 10%
		의약분업 예외환자	•(일반) 약값 총액의 30%+나머지 요양급여 비용의 40% •(임신부) 약값 총액의 30%+나머지 요양급여 비용의 20% •(1세 미만) 약값 총액의 21%+나머지 요양급여 비용의 10%
	읍면 지역	일반환자	•(일반) 요양급여 비용 총액의 35% •(임신부) 요양급여 비용 총액의 20% •(1세 미만) 요양급여 비용 총액의 10%
		의약분업 예외환자	•(일반) 약값 총액의 30%+나머지 요양급여 비용의 35% •(임신부) 약값 총액의 30%+나머지 요양급여 비용의 20% •(1세 미만) 약값 총액의 21%+나머지 요양급여 비용의 10%

주 1: 자신 또는 타인을 해할 우려가 있는 정신질환자, 국가유공자, 제1군 감염병환자, 장애인, 한센병 환자 등

1차 의료기관인 의원급은 다음과 같다.

표 11-14 1차 의료기관 본인부담금

<table>
<tr><th>구분</th><th colspan="3">내용</th></tr>
<tr><td rowspan="2">65세 미만</td><td>일반환자</td><td colspan="2">(일반) 요양급여 비용 총액의 30%
(임신부) 요양급여 비용 총액의 10%
(1세 미만) 요양급여 비용 총액의 5%</td></tr>
<tr><td>의약분업
예외환자</td><td colspan="2">(일반) 약값 총액의 30% + 나머지 요양급여 비용의 30%
(임신부) 약값 총액의 30% + 나머지 요양급여 비용의 10%
(1세 미만) 약값 총액의 21% + 나머지 요양급여 비용의 5%</td></tr>
<tr><td rowspan="3">65세 이상</td><td>의원·치과의원
(의약분업 예외지역 제외) 및
보건의료원(한방과 제외)</td><td colspan="2">• 15,000원 이하: 1,500원
• 15,000원 초과~20,000원 이하: 요양급여 비용 총액의 10%
• 20,000원 초과~25,000원 이하: 요양급여 비용 총액의 20%
• 25,000원 초과: 요양급여 비용 총액의 30%</td></tr>
<tr><td rowspan="2">의원·치과의원
(의약분업 예외지역만 해당) 및
보건의료원(한방과만 해당)
및 한의원</td><td>투약처방을
하는 경우</td><td>• 15,000원 이하: 1,500원
• 15,000원 초과~25,000원 이하: 요양급여 비용 총액의 10%
• 25,000원 초과~30,000원 이하: 요양급여 비용 총액의 20%
• 30,000원 초과: 요양급여 비용 총액의 30%</td></tr>
<tr><td>투약처방을
하지 않는 경우</td><td>• 15,000원 이하: 1,500원
• 15,000원 초과~20,000원 이하: 요양급여 비용 총액의 10%
• 20,000원 초과~25,000원 이하: 요양급여 비용 총액의 20%
• 25,000원 초과: 요양급여 비용 총액의 30%</td></tr>
<tr><td rowspan="2">보건소 등</td><td colspan="2">요양급여 비용 총액이 12,000원을 넘는 경우</td><td>• 6세 이상: 30%
• 6세 미만: 21%</td></tr>
<tr><td colspan="2">요양급여 비용 총액이 12,000원을 넘지 않는 경우</td><td>• 처방전 발급, 투약 등에 따른 정액제 적용</td></tr>
<tr><td rowspan="3">약국</td><td rowspan="2">처방조제</td><td>65세 이상</td><td>• 10,000원 이하: 1,000원
• 10,000원 초과, 12,000원 이하: 요양급여 비용 총액의 20%
• 12,000원 초과: 요양급여 비용 총액의 30%</td></tr>
<tr><td>65세 미만</td><td>• 요양급여 비용 총액의 30%</td></tr>
<tr><td>직접조제</td><td colspan="2">• 4,000원 초과: 요양급여 비용 총액의 40%
• 4,000원 이하: 1일분(1,400원), 2일분(1,600원), 3일분 이상(2,000원)</td></tr>
</table>

② 건강검진

건강검진은 건강보험 가입자들의 건강을 유지·증진하고, 경제적 손실을 최소화하며 장기적으로 보험급여의 지출을 줄이고자 1980년에 시작되었다. 건강검진제도의 주요 연혁은 다음과 같다.

- 1980년 건강검진 제도 시작
- 1988년 직장가입 피부양자 건강검진 실시
- 1990년 공무원 및 사립학교교직원 피보험자 건강검진 실시(특정암 검진 포함)
- 1995년 지역조합 피보험자 건강검진 실시
- 2000년 특정암 검사 실시
- 2006년 특정암 검진 본인부담 인하: 50% → 20%
- 2007년 생애전환기 건강진단: 만 40세, 만 66세, 영유아 건강검진: 생후 4개월~5세
- 2008년 「건강검진기본법」 제정(시행 2009. 3. 22.)
- 2009년 건강검진제도 개선: 1·2차 항목 통합
- 2010년 영유아 검진대상 확대(4세) 암검진 본인부담률 인하: 20% → 10%
- 2011년 영유아 구강검진 검진기간 5개월 연장, 자궁경부암검진 대상 확대: 30대 모든 여성
- 2012년 의료급여 수급권자 일반검진, 공휴일검진
- 2014년 영유아 검진대상 확대(66~71개월)
- 2015년 의료급여 수급권자 자궁경부암 20대 이상 확대
- 2016년 자궁경부암 20대 이상 확대, 간암검진 주기 연 2회(상하반기 각 1회) 확대, 학교 밖 청소년 건강검진 실시
- 2018년 일반건강검진 2차·생애전환기 건강진단을 일반건강검진으로 통합, 66세 이상 의료급여 생애전환기검진 실시
- 2019년 20~30대 직장 피부양자 및 지역세대원 건강검진 확대, 폐암검진 실시
- 2021년 영유아 검진대상 확대(14~35일)

(2) 현금급여

현금급여는 요양비 지원, 장애인보장구 지원, 본인부담 상한액 환급 지원, 부가급여 중 임신·출산 진료비 지원 등이 있다.

표 11-15 현금급여의 종류

구분	내용
요양비	• 긴급, 기타 부득이한 사유로 질병·부상·출산 등에 대하여 요양을 받거나 요양기관 외의 장소에서 출산을 한 때에는 그 요양급여에 상당하는 금액을 지급 1. 요양기관을 이용할 수 없거나 요양기관이 없는 경우 2. 만성신부전증환자가 의사의 처방전에 의하여 복막관류액 또는 자동복막투석에 사용되는 소모성 재료를 요양기관 외의 의약품판매업소에서 구입·사용한 경우 3. 산소치료를 필요로 하는 환자가 의사의 산소치료처방전에 의하여 보건복지부장관이 정하여 고시하는 방법으로 가정에서 산소치료를 받는 경우
장애인보장구 급여비	• 장애인(「장애인복지법」에 의해 등록한 장애인)이 기준액 이내의 보장구를 구입한 경우 지원(휠체어, 보청기 등)
본인부담 상한액	• 연간 환자가 부담한 본인부담액이 연도별 상한액 기준을 초과할 경우 초과분을 가입자에게 환급하는 제도(소득수준에 따라 7단계 차등 적용)
부가급여	• 임신·출산 진료비, 장제비, 상병수당 기타의 급여를 실시할 수 있음 • 2024년 1월 현재 임신·출산 진료비만 부가급여로 실시 - 장제비 및 상병수당은 실시되고 있지 않음

① 본인부담 상한액 제도

본인부담 상한액 제도는 보험급여 중 본인부담금이 소득분위별 상한액을 초과할 경우 가입자에게 환급하는 제도이다. 보험급여 중 본인부담의 총비용이 소득분위별 상한액을 초과할 경우에 그 부담비용을 환급해 주는 것이다. 예를 들어, 2022년 현재 6분위에 해당하는 보험가입자(피부양자 포함) 가구의 보험급여 중 본인부담 총액이 289만 원을 넘으면 그 액수는 현금으로 환급해 준다.

표 11-16 연도별 본인부담 상한액 분위별 기준

연도	요양병원 입원일 수	연평균 보험료 분위(저소득 → 고소득)						
		1분위	2~3분위	4~5분위	6~7분위	8분위	9분위	10분위
2009~2013년		연간 200만 원(하위 50%)			300만 원(중위 30%)		400만 원(상위 20%)	
2014년		120만 원	150만 원	200만 원	250만 원	300만 원	400만 원	500만 원
2020년	120일 이하	81만 원	101만 원	152만 원	281만 원	351만 원	431만 원	582만 원
	120일 초과	125만 원	157만 원	211만 원				
2021년	120일 이하	81만 원	101만 원	152만 원	282만 원	352만 원	433만 원	584만 원
	120일 초과	125만 원	157만 원	212만 원				
2022년	120일 이하	83만 원	103만 원	155만 원	289만 원	360만 원	443만 원	598만 원
	120일 초과	128만 원	160만 원	217만 원				
2023년	120일 이하	87만 원	108만 원	162만 원	303만 원	414만 원	497만 원	780만 원
	120일 초과	134만 원	168만 원	227만 원	375만 원	538만 원	646만 원	1,014만 원
2024년	120일 이하	87만 원	108만 원	167만 원	313만 원	428만 원	514만 원	808만 원
	120일 초과	138만 원	174만 원	235만 원	388만 원	557만 원	669만 원	1,050만 원

*참고: 「국민건강보험법 시행령」 제19조제4항(별표 3 요양급여 비용 중 본인이 부담하는 상한액)

② 상병수당 제도

노동자가 업무 외 질병·부상[30]으로 인하여 경제활동이 불가한 경우, 치료에 집중할 수 있도록 소득을 보장하는 제도이다. 의료서비스는 건강보험제도로 지원이 가능하지만 소득활동을 못함에 따른 생활에 문제가 있을 수 있는 가입자들에 대해 현금급여가 필요하다. 이를 위해 시행하고 있는 제도가 상병수당 제도이다.

상병수당 제도는 1883년 독일의 「질병보험법(Sickness Insurance law)」에서 사회보험 급여의 하나로, 최초 도입된 이후 현재는 OECD 주요 국가들 중 한국, 미국(뉴욕 등 일부 주는 도입)을 제외하고 모두 도입하였고, 국제사회보장협회(ISSA) 182개 회원국 중 163개국이 도입(2019년 현재)하고 있다.

30 업무로 인한 질병이나 부상은 산업재해 보상보험제도에 따른 급여를 받게 된다.

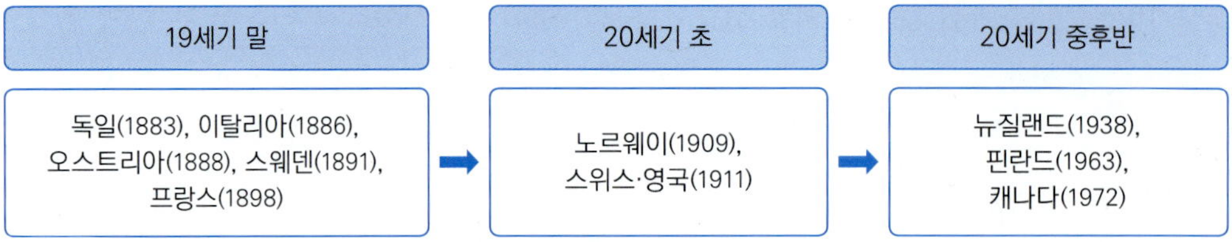

그림 11-7 상병수당 제도 주요 국가별 도입 시기

출처: 국민건강보험(https://www.nhis.or.kr). 국민건강보험-보험급여-상병수당.

상병수당은 다음과 같은 도입의 필요성이 있다.

- 아픈 노동자에 대한 소득 안전망 강화: 질병·부상으로 인한 가계 소득이 중단되어 생활의 불안정을 완화하여 '질병 → 빈곤 → 건강 악화'로 이어지는 악순환을 차단하고, 빈곤을 사전에 예방하는 효과가 있다.
- 질병의 조기 발견·치료를 통해 건강권 보장: 아플 때 소득의 중단을 걱정하지 않고 치료받을 수 있도록 지원하여 질병의 중증화·만성화 방지 및 추가 의료비용 감소에 기여할 수 있다.
- 건강 문제로 인한 노동생산성 손실 방지: 아픈 노동자의 무리한 출근으로 인한 생산성 저하를 방지하고 질병 악화로 인한 조기 퇴직 사례를 줄여 기업의 비용 절감에 기여할 수 있다.
- 지역사회 감염병 확산 차단: 감염병 유행 시기 유증상자의 무리한 출근으로 사업장 내 감염 확산이 될 수 있는 상황을 예방하고, 증상 발견 시 휴식할 수 있는 제도적 환경 정착에 기여할 수 있다.

이러한 상병수당 제도를 1단계 시범사업을 2022년 7월부터 서울 종로구, 경기 부천시, 충남 천안시, 전남 순천시, 경북 포항시, 경남 창원시 등 6개 지역에서 사업장가입자의 노동자 대상(만 15세 이상~만 65세 미만 국민)을 시작으로 2023년 7월 2단계 4개 지역, 2024년 7월 3단계 4개 지역에서 시범사업을 진행하고 있다.

③ 재난적 의료비 지원제도

재난적 의료비 지원제도는 건강보험제도 내에 있는 것은 아니지만 의료서비스에 따른 의료비 부담이 과중할 때 지원하는 제도이다. 의료비 부담은 보험급여 중 본인부담만 있는 것은 아니다. 보험급여가 적용되지 않는 비보험급여, 즉 비급여부문은 본인부담이 100%인 비용이다. OECD 국가의 평균에 비해 의료보장성이 떨어지는 상황에서 비급여 부분 역시 의료비에서 부담이 클 수밖에 없는데, 이를 지원하는 제도가 재난적 의료비 지원제도[31]이다.

표 11-17 재난적 의료비 지원제도

<table>
<tr><td>지원 대상</td><td colspan="3">•질환, 소득, 재산, 의료비부담수준 기준이 충족된 자로, 과도한 의료비로 인한 경제적 부담을 겪는 가구에 의료비 지원
① 질환기준: 입원, 외래 구분 없이 모든 질환 합산 지원
다만, 질환특성과 의료적 필요성을 고려해야 하는 경우(치과, 한방병원, 정신병원 진료 등) 개별심사를 통해 선별 지원
② 소득기준: 기준 중위소득 100%(소득하위 50%) 이하 중심
③ 재산기준: 지원 대상자가 속한 가구의 재산 과세표준액이 7억 원 이하(2024년)</td></tr>
<tr><td rowspan="5">지원 범위</td><td>기초생활 수급자, 차상위계층</td><td colspan="2">본인부담의료비 총액 80만 원 초과 시 80% 지원</td></tr>
<tr><td rowspan="2">기준 중위소득 50% 이하</td><td>(1인 가구) 연 소득 10% 초과</td><td rowspan="2">70% 지원</td></tr>
<tr><td>(그 외) 본인부담의료비 총액 160만 원 초과</td></tr>
<tr><td>기준 중위소득 100% 이하</td><td colspan="2">본인부담의료비 총액이 연 소득 대비 10% 초과 시 60% 지원</td></tr>
<tr><td>기준 중위소득 100% 초과~200% 이하</td><td colspan="2">본인부담의료비 총액이 연소득 20% 초과(개별심사 대상)</td></tr>
<tr><td>지원 내용</td><td colspan="3">•지원금액: 연간 5천만 원 한도 내 지원. 단, 지원기준에 따라 산정한 금액이 10만 원 미만인 경우 제외
•지원수준: 소득기준에 따라 지원 제외 항목을 차감한 본인부담 의료비(건강보험 적용된 본인부담금 제외)의 50~80% 차등 적용</td></tr>
<tr><td>신청방법</td><td colspan="3">•국민건강보험공단에 방문하여 신청</td></tr>
</table>

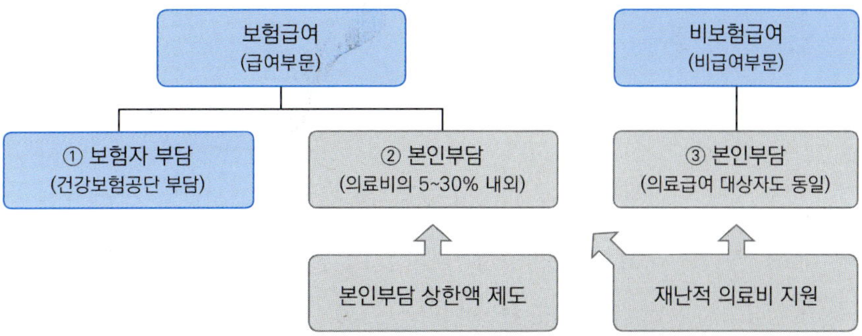

그림 11-8 의료비 구성 및 의료비 부담 지원제도

31 과도한 의료비 지출로 경제적 어려움을 겪는 가구의 의료비 부담 완화를 위한 건강보장성 강화 대책의 일환으로 「재난적의료비 지원에 관한 법률('18. 7. 1.)」을 통해 국민들의 의료 접근성을 보장하고, 건강보장성을 강화하기 위해 시행하고 있다.

6) 관리운영

(1) 관리체계

① 보건복지부

보건복지부는 건강보험제도 관련 총괄 정책결정을 담당하는 부서이다. 보험료율 및 보험료 부과기준, 요양급여의 범위 등을 결정하며 건강보험제도 관리·운영 주체인 건강보험공단의 예산 및 규정 등을 승인한다. 세부적으로 급여결정 영역에 있어 신의료기술평가, 급여의 기준(방법, 절차, 범위, 상한 등)과 약제, 치료재료의 상한금액 결정 및 급여의 상대 가치를 결정하고 고시하는 역할을 한다.

② 국민건강보험공단

국민건강보험공단은 건강보험 보험자, 건강보험 가입자 및 피부양자 자격 관리를 담당한다. 보험료 부과 및 징수, 보험급여 관리, 건강검진, 예방 및 건강증진사업 수행, 요양기관에 대한 비용 지급, 제약회사와 협상을 통해 약가 결정 등을 수행한다.

③ 건강보험심사평가원

건강보험심사평가원은 요양급여에 대한 심사·평가를 담당하는 전문기관이다. 요양급여 비용의 심사 및 요양급여의 적정성 평가, 심사기준 및 평가기준의 개발 등을 담당한다.

(2) 사회보험 징수 통합

사회보험료 징수업무를 통합하는 것은 기업들 입장에서는 보험료를 3개 공단에 각각의 보험료를 납부하는 불편이 있고, 보험료 징수업무의 비효율을 개선하기 위해 진행되었다. 그에 따라 국민건강보험공단이 4대 사회보험료 징수업무를 통합하여 업무를 담당하고 있다. 보험료가 대체로 소득과 연동하고, 업무의 유사성이 높고, 전국적으로 접근성이 제일 높아 국민건강보험공단이 징수업무를 담당하게 된 것이다.

국민건강보험공단, 국민연금공단, 근로복지공단에서 각각 수행하였던 건강보험, 국민연금, 고용보험, 산재보험의 업무 중 유사·중복성이 높은 보험료 징수업무를 2011년 1월부터 국민건강보험공단이 통합하여 운영하고 있다.

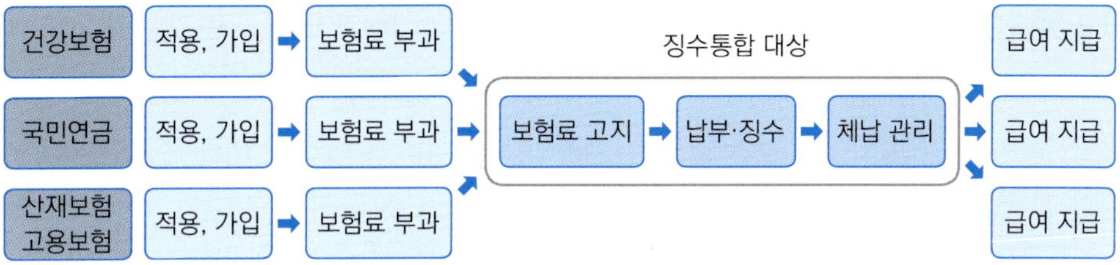

그림 11-9 사회보험 징수 통합 체계

7) 향후 과제

첫째, 건경보험제도의 의료보장성 강화가 필요하다. 의료보장성은 전체 의료비에서 본인부담의 비중은 줄고, 정부를 포함한 공공부담의 비중은 높아지는 것을 말한다.

지난 10여 년간 전체 환자와 암환자 건강보험 보장률을 보면, 간강보험 보장률은 2011년 63.0%에서 2020년 65.3%로 점진적이지만 의료보장성이 확대되고 있다.

표 11-18 연도별 전체 환자 및 암환자 건강보험 보장률[1]

연도별	2011	2012	2013	2014	2015	2016	2017	2018	2019	2020
건강보험보장률	63.0	62.5	62.0	63.2	63.4	62.6	62.7	63.8	64.2	65.3
암환자 건강보험보장률[2]	72.6	74.1	72.7	72.6	76.0	76.3	78.2	79.1	78.5	79.8

주 1: 건강보험환자의 치료목적으로 발생된 전체 진료비 중 공단부담금이 차지하는 비중

주 2: 2013년도에 원외처방적용(포함/미포함) 여부로 산출방식을 변경. 2010~2012년도 암환자 보장률도 2013년 산출방식을 소급하여 적용(해당 값은 원외처방 미포함 기준)

자료: 국민건강보험공단, 건강보험환자진료비실태조사.

출처: 통계청(2022. 7. 13.)(https://www.index.go.kr). 건강보험 보장률.

OECD 주요 국가들에 비해 한국은 아직 본인부담의 비중이 높은 편이다. OECD 평균에 비해 한국은 경상의료비 중 정부·의무가입 제도의 비중이 2019년 기준 61.0%로 10% 이상 낮은 것을 알 수 있다. 또한, 가계직접부담의 비중은 반대로 OECD 평균에 비해 10% 이상 높은 30.2%로 높은 것을 알 수 있다.

이러한 건강보장성과 관련한 것을 높이기 위해서는 건강보험제도의 의료서비스에서 급여

부문을 확대하여 본인부담의 비중을 줄여 나가야 한다. 그리고 본인부담 상한액 제도와 재난적 의료비 지원제도의 급여 지원 폭을 점차 확대해 나감으로써 의료비에 대한 부담을 줄여 나갈 수 있다. 상대적으로 소득이 낮은 계층의 의료서비스 미충족 비율이 높은 것도 이러한 의료비 부담이 크게 작동할 수밖에 없는 것이다.

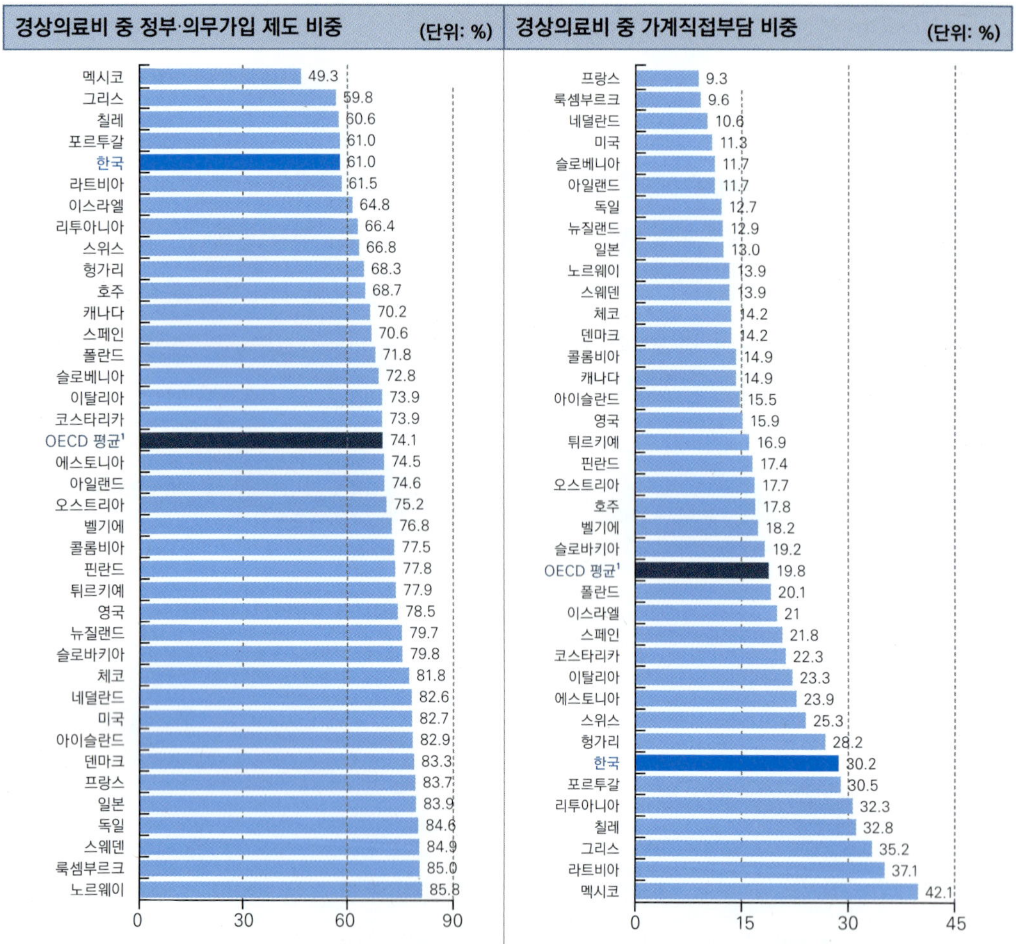

주 1: OECD 평균은 2019년(혹은 인접 과거년도) 통계가 있는 38개국의 평균임

주 1: OECD 평균은 2019년(혹은 인접 과거년도) 통계가 있는 38개국의 평균임

*호주, 일본, 뉴질랜드는 2018년 수치임

그림 11-10 OECD 국가별 국가부담 및 가계직접부담 비교(2019)

출처: 보건복지부(2021). OECD Health Statistics 2021, p. 127, p. 133.

둘째, 상병수당 제도의 도입이 필요하다. 업무 외 질병과 사고로 인한 의료서비스는 건강보험의 요양급여로 지원이 되지만 그로 인해 일을 하지 못하는 기간 동안에 소득지원을 하는 상병수당 제도가 아직은 도입되지 못하고 일부 지역에서만 시범사업으로 하고 있다. OECD 주요 국가들 중 한국, 미국을 제외하고는 모두 도입하고 있는 제도로서 일반 질병과 사고와 같은 사회적 위험에 대한 안전망 확보를 위해서라도 상병수당 제도가 도입되어야 한다.

셋째, 공공의료부문의 확대가 필요하다. 한국은 총병원 병상 수는 OECD 평균 4.4개에 비해 12.4개로 2.8배로 많지만, 반대로 공공병원 병상 수는 OECD 평균 2.8개에 비해 1.2개로 절반에도 미치지 못한다. 한국의 의료시스템 중 민간 병원의 병상 수는 많지만 공공병원의 병상 수는 절대적으로 부족하여 공공병원의 적정한 확보가 필요하다.

또한, 임상 의사 수(한의사 포함)에서 한국은 인구 1,000명당 2.5명으로 OECD 평균 3.6명에 비해 적고, 폴란드, 멕시코 다음으로 적다. 임상 간호인력인 간호사의 수도 OECD 평균에 비해 적어서 의료 영역에서의 필요 의료인력 확보는 의료서비스의 접근성을 높이는 데 중요한 문제이다. 특히 응급·외상·심뇌혈관 등 중증의료 필수 의료 영역 등 기피하는 분야가 나오면서 전문인력 확보에 어려움을 겪고 있다. 전문의료인 확보는 대학 정원과 필수의료 과목에 대한 지원 등과 연계하여 전문인력 배치와 공공병원 확대가 논의되어야 한다.

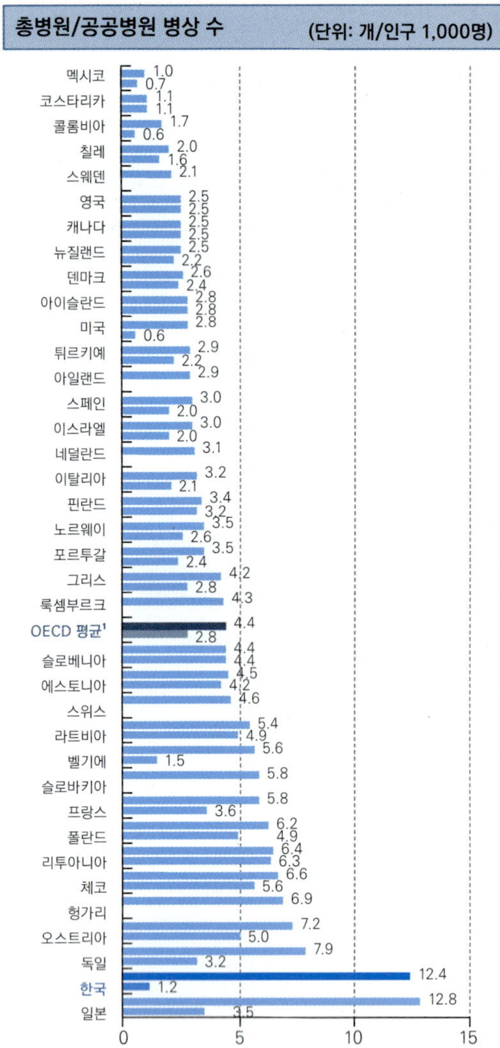

주 1: OECD 평균은 2019년(혹은 인접 과거년도) 통계가 있는 37개국의 평균임

* 미국은 2018년 수치임. 헝가리, 아일랜드, 룩셈부르크, 네덜란드, 슬로바키아, 스웨덴, 스위스는 공공병원 병상 수 통계를 별도로 제공하지 않음

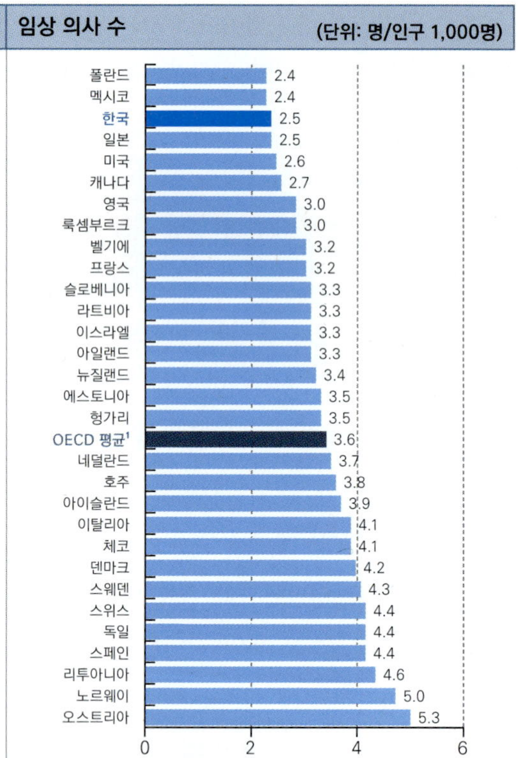

주 1: OECD 평균은 2019년(혹은 인접 과거년도) 통계가 있는 30개국의 평균임

* 룩셈부르크, 폴란드는 2017년 수치임

그림 11-11 공공병원 병상 수 및 의사 수 비교(2019)

출처: 보건복지부(2021). OECD Health Statistics 2021, p. 88, p. 72.

Point

노인장기요양보험제도

1. 목적

- 노인장기요양보험제도는 고령이나 노인성 질병(치매, 뇌혈관성질환 등) 등의 사유로 일상생활을 혼자서 수행하기 어려운 노인 등에게 제공하는 신체활동 또는 가사활동 지원 등을 통해 노후의 건강증진 및 생활안정을 도모하고 그 가족의 돌봄에 대한 부담을 지원해 주는 제도이다.

2. 특징

- 사회보험방식으로 재원을 마련하고 국가와 지방자치단체가 일부 지원
- 국민건강보험제도와 함께 국민건강보험공단으로 관리운영기관 일원화
- 노인 중심의 급여. 65세 이상의 노인 또는 65세 미만의 자로서 치매·뇌혈관성 질환 등 노인성 질병을 가진 사람 중 6개월 이상 혼자서 일상생활을 수행하기 어렵다고 인정되는 사람을 수급대상자로 함

3. 적용대상

- 건강보험 가입자는 장기요양보험의 가입자가 됨. 건강보험의 적용에서와 같이 강제 가입이 원칙임
- 공공부조의 영역에 속하는 의료급여 수급권자의 경우 건강보험과 장기요양보험의 가입자에서는 제외되지만, 국가 및 지방자치단체의 부담으로 장기요양보험의 적용대상으로 하고 있음

4. 재원

- 노인장기요양보험 운영에 소요되는 재원은 가입자가 납부하는 장기요양보험료(2024년 소득대비 0.9182%)
- 국고지원금(장기요양보험료 예상수입액의 100분의 20)
- 국가 및 지방자치단체 부담금(의료급여 수급권자에 대한 장기요양급여 비용, 관리운영비 등)
- 장기요양급여 이용자가 부담하는 본인부담금(재가급여: 장기요양급여 비용의 100분의 15, 시설급여: 장기요양급여 비용의 100분의 20, 의료급여 수급자는 본인부담금 전액 면제)

5. 주요 급여(서비스)

- 재가급여: 가정에 머물면서 받을 수 있는 서비스(방문요양, 방문간호, 방문목욕, 주야간보호, 복지용구)
- 시설급여: 노인요양시설, 노인요양공동생활가정 등 입소
- 특별현금급여: 도서·벽지 등 장기요양기관이 현저히 부족한 지역에 거주하는 자 등에 대한 가족요양비

6. 노인장기요양보험제도와 기존 노인복지서비스 비교

구분	노인장기요양보험	기존 노인복지서비스
관련 법	「노인장기요양보험법」	「노인복지법」
서비스 대상	• 보편적 제도 • 장기요양이 필요한 65세 이상 노인 및 치매 등 노인성질병을 가진 65세 미만 자	• 취약계층 노인 우선 • 기초생활보장 수급자를 포함한 저소득층 위주
서비스 선택	• 수급자 및 부양가족의 선택에 의한 서비스 제공	• 지방자치단체장의 판단(공급자 위주)
재원	• 장기요양보험료 + 국가 및 지방자치단체 부담 + 이용자 본인부담	• 정부 및 지방자치단체 부담

출처: 보건복지부 보도자료(2023. 10. 31.). 2024년도 장기요양보험료율 0.9182%(소득대비).

논의거리

1. 영화 '식코(Sicko)'와 '복지국가를 가다: 의료편'을 보고, 우리의 삶에서 왜 건강보장제도가 중요한지에 대해 토론해 봅시다.
2. 한국사회의 건강불평등에 대해 논의해 봅시다.
3. 한국의 건강보장정책에서 개선되어야 할 부문에 대해 논의해 봅시다.

Quiz

1. 건강보험제도에서 제외되는 사람이 아닌 자는?

   ① 국외 업무 종사자 ② 학생 ③ 교정시설 수감자 ④ 현역병 ⑤ 의료급여 대상자

2. 국민건강보험에 관한 설명으로 옳은 것은?

   > 가. 가입자는 직장가입자와 지역가입자로 구분
   > 나. 고의 또는 중대한 과실로 인한 사고에는 급여를 제공하지 않는다.
   > 다. 보험자는 국민건강보험공단
   > 라. 직장가입자와 지역가입자의 보험료는 동일한 기준으로 산정한다.

   ① 가나다 ② 가다 ③ 나라 ④ 라 ⑤ 가나다라

3. 한국의 국민건강보험제도에는 상병수당이 제도화되어 있다. (O, X)
4. 국민건강보험의 직장가입자는 공무원도 포함된다. (O, X)
5. 국민건강보험의 특징이 아닌 것은?

   ① 강제 적용 ② 조세로 재원 마련 ③ 의료서비스의 현물급여 중심
   ④ 보험료 부담의 형평성 고려 ⑤ 의료급여 대상자는 제외

6. 본인부담 상한액 제도는 보험급여 중 본인부담이 일정 지출 이상을 때 지원하는 제도이다. (O, X)

Chapter 12

산업재해보상정책

학습목표

1. 산업재해와 그에 따른 보상제도의 필요성에 대해 이해할 수 있다.
2. 업무상 재해의 개념 변화를 비교할 수 있다.
3. 한국의 산업재해보상보험제도에 대해 이해할 수 있다.

1 산업재해보상제도

1) 산업재해보상제도의 개념

산업재해보상보험(industrial injury insurance)은 업무상 재해로 인해 노동자에게 의료서비스 지원과 상실한 임금을 보상해 주는 사회보험제도이다. 일을 하다가 다치거나 사망했을 때 산업재해가 되려면 그 재해가 업무상의 사유에 따른 노동자의 부상, 질병, 장해 또는 사망이어야 한다. 산업재해로 인정될 때, 소득상실을 보장하고 충분한 요양서비스와 재활서비스를 제공하고 다시 일상생활과 경제활동의 복귀를 지원하는 제도인 것이다.

산재보험은 다른 사회보험제도와 달리 보험 가입자와 급여 수급자가 일치하지 않는다. 산재보험의 가입자, 즉 보험료는 고용주에게 부과하지만 산재급여는 고용되어 있는 노동자들이 업무상 재해를 당했을 때 지원하기 때문이다. 산재보험제도는 노동자의 업무상 재해와 관련하여 국가가 사업주로부터 소정의 보험료를 징수하여 그 재원으로 사업주를 대신하여 보상함으로써 재해 노동자에게는 치료와 생계, 사회복귀를 지원하여 노동자 및 그 가족의 생활 안정을 지원하고, 사업주에게는 일시에 소요되는 과중한 보상비용을 분산시켜 기업의 부담을 분산시키는 역할을 한다.

이와 유사하게 「산업안전보건법」에서 산업재해는 노무를 제공하는 사람이 업무에 관계되는 건설물·설비·원재료·가스·증기·분진 등에 의하거나 작업 또는 그 밖의 업무로 인하여 사망 또는 부상하거나 질병에 걸리는 것으로 규정하고 있다. 중대재해는 산업재해 중 사망 등 재해 정도가 심하거나 다수의 재해자가 발생한 경우로서, 사망자가 1명 이상 발생한 재해, 3개월 이상의 요양이 필요한 부상자가 동시에 2명 이상 발생한 재해, 부상자 또는 직업성 질병자가 동시에 10명 이상 발생한 재해를 말한다.

산재보험의 주요 특성은 다음과 같다. 첫째, 보험료는 사용자가 부담한다. 둘째, 주된 적용 대상이 임금노동자이다. 특히 산업재해 위험이 높은 생산직 노동자가 주요 대상이고, 일반적 자영업자는 제외된다. 셋째, 급여수혜자(노동자)와 산재보험료 납부자(사용자)가 다르다. 가입자와 급여수혜자가 다른 보험제도이다. 넷째, 보험료는 수지상등의 원칙, 즉 보험 가입자(사용자)가 납입하는 보험료의 총액과 보험회사가 지급한 보험금(근로복지공단이 지급하는 산재급여)과 경비의 총액이 같은 수준에서 결정되어야 한다는 원칙을 따른다. 다섯째, 보험료는 위험발생률, 즉 산재발생률에 비례하여 결정된다.

2) 산재 관련 현황

연도별 산업재해 사망자 수는 지난 10여 년간 줄어드는 추세보다는 증가하는 추세이다. 2012년 산업재해 사망자 수는 1,864명에서 2021년 2,080명으로 증가하였다. 그러나 노동자 만 명당 사망률은 2012년 1.20에서 2021년 1.07로 감소하였다.

표 12-1 산업재해 사망자 수[1] 및 사망률[2]

[단위: 천 명, 명, 노동자 만 명당 사망률(‱)]

연도	2012	2013	2014	2015	2016	2017	2018	2019	2020	2021
산재 적용대상 근로자 수 (천 명)	15,548	15,449	17,062	17,969	18,432	18,560	19,073	18,725	18,975	19,379
사망자 수(명)	1,864	1,929	1,850	1,810	1,777	1,957	2,142	2,020	2,062	2,080
사망률(만 명당)	1.20	1.25	1.08	1.01	0.96	1.05	1.12	1.08	1.09	1.07

주 1: 사망자 수에는 사업장 외 교통사고, 체육행사, 폭력행위, 사고발생일로부터 1년 경과, 통상 출퇴근 사망자는 제외(다만, 운수업, 음식숙박업의 사업장 외 교통사고 사망자는 포함)

주 2: 산재사망률 = (산재 사망자 수 ÷ 산재 적용대상 근로자 수) × 10,000

출처: 고용노동부(2022a). 2021년 산업재해 현황분석, p. 19.

산업별 사고사망자를 보면, 건설업, 제조업, 서비스업, 기타 업종 순으로 사망자가 많음을 알 수 있다.

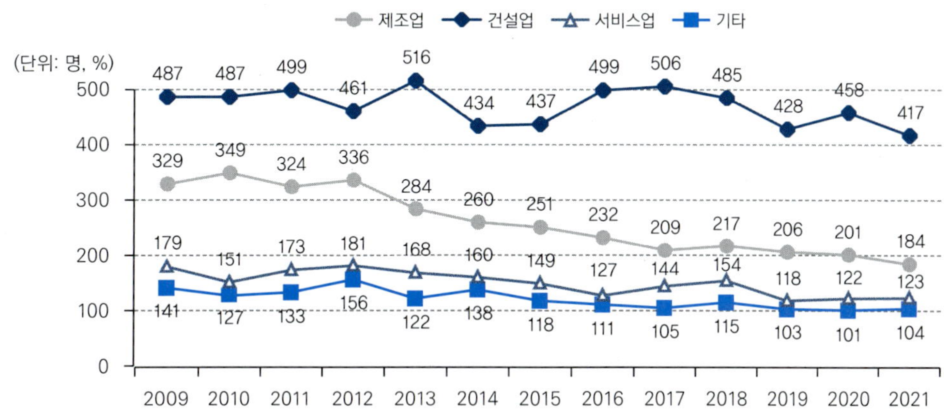

그림 12-1 산업별 사고사망자 추이

자료: 고용노동부(각연도). 산업재해현황.
출처: 고용노동부(http://eboard.moel.go.kr). 산업별 사고사망자 추이.

OECD 국가별 인구 10만 명당 산업재해 사망자 수(치명적 산업재해 수)를 보면 한국은 2010년대 지속적으로 십만 명당 치명적 산업재해 수는 줄어들고 있으나 OECD 주요국들과 비교하면 튀르키예, 미국과 함께 높은 국가군에 포함된다고 할 수 있다.

표 12-2 OECD 주요국 치명적 산업재해[1] 수

(단위: 십만 명당)

국가별	2013	2014	2015	2016	2017	2018	2019	2020
대한민국(II/a)[2]	7.1	5.8	5.3	5.3	5.2	5.1	4.6	4.6
일본(I)	-	-	-	2.0	2.0	2.0	1.4	1.3
튀르키예(I)	8.3	9.4	6.9	7.5	8.2	7.9	5.9	6.0
캐나다(II/c)	2.0	2.0	1.7	1.8	1.8	1.9	4.9	-
미국(I)	5.0	5.3	4.8	5.2	5.3	5.3	-	-
오스트리아(I)	3.4	3.1	3.2	2.0	-	-	-	-
벨기에(I)	2.5	1.5	1.4	-	-	-	-	-
덴마크(I)	1.5	1.4	1.0	-	-	-	-	-
핀란드(I)	0.9	1.4	1.4	-	-	-	-	-
프랑스(II)	2.4	2.7	2.6	-	-	-	-	-
독일(I)	1.0	1.2	1.0	-	-	-	-	-
그리스(I)	0.6	0.8	1.2	0.9	-	-	-	-
리투아니아(I)	4.5	4.7	3.8	4.2	3.6	3.6	3.7	3.3
네덜란드(I)	0.6	0.6	0.5	-	-	-	-	-
노르웨이(I)	1.9	1.7	1.5	-	-	-	-	-
포르투갈(I)	3.6	3.6	3.5	-	-	-	-	-
스페인(I)	1.9	2.0	2.3	1.9	2.0	2.0	1.8	2.1
스웨덴(I)	0.8	0.9	0.7	1.0	-	-	-	-
스위스(I)	1.7	1.6	1.3	-	-	-	-	-
영국(I)	0.9	0.8	0.8	-	-	-	-	-
오스트레일리아(II)	1.7	1.6	1.7	-	1.6	-	-	-

주 1: 치명적 산업재해는 사고 발생일로부터 1년 이내에 사망이 발생한 산업 사고의 결과로, 재해도수율, 재해강도율, 사망십만인율 등이 있음

주 2: I: 보고된 재해건수, II: 보상된 재해 건수, a: 보험 가입자 십만 명당, b: 취업자 십만 명당, c: 임금근로자 십만 명당, d: 준상용근로자 십만 명당. 국가에 따라 총근로자 수의 경우 산재보험 가입자, 취업자, 임금근로자 또는 위험수반 근로자 등으로 포괄 범위가 다르고, 총사망자 수 또한 산재보상자 또는 보고된 자 등으로 포괄범위가 달라 비교에 유의를 요함

출처: 통계청(KOSIS)(2022. 10. 5.)(https://kosis.kr.). 근로자 10만 명당 치명적 산업재해 수(OECD).

2 산업재해 보상보험제도

1) 산재보험의 발전과 연혁

산재보험제도는 다른 사회보험제도에 비해 역사가 가장 오래되었다. 산재보험은 1963년 「산업재해보상보험법(약칭: 산재보험법)」이 제정되었고, 1964년 7월부터 시행되었다. 우리나라의 산업재해 보상체계는 다른 나라들과 유사하게 「민법」에 의한 손해배상, 1953년 제정된 「근로기준법」에 따른 사업주의 보상책임 부과와 같은 고용주책임법, 업무상 재해에 대한 사용자의 책임을 강화한 「산업재해보상보험법」으로 변화되어 왔다.

산재보험은 500인 이상 기업 중 광업, 제조업을 시작으로 적용 기준과 업종을 확대해 왔다.

표 12-3 산재보험 기업규모별 및 업종별 적용

연도	기업 규모	적용 업종
1964. 7.	500인 이상	광업, 제조업
1965. 1.	200인 이상	전기가스업, 운수보관업 추가
1967. 1.	100인 이상	유기사업[1](연간 25,000인 이상)
1968. 1.	50인 이상	유기사업(연간 13,000인 이상)
1969. 1.		건설업, 수도업, 위생시설서비스업, 상업, 통신업, 서비스업 추가
1972 .1.	30인 이상	
1976. 1.	16인 이상	광업, 제조업 중 화학, 석유, 석탄, 고무, 플라스틱 제조업은 5인 이상
1982. 1.	10인 이상	임업 중 벌목업 추가
1992. 7.	5인 이상	광업, 임업, 수렵업, 도소매업, 부동산업 추가
1996. 1.	5인 이상	교육서비스업, 보건 및 사회복지사업 추가
2000. 1.	1인 이상	농업, 임업, 어업, 수렵업은 5인 이상
2005. 1.	1인 이상	농업, 임업(벌목업 제외), 어업, 수렵업 중 법인이 아닌 경우 상시노동자 수 5인 이상

주 1: 건설공사나 벌목업 등과 같이 일정한 기간이 경과되면 당연히 목적을 이루어서 종료되는 사업

2) 수급요건: 업무상 재해의 인정범위

산재보험은 '업무상 재해'에 대해 지원하는 제도이다. 1964년 도입 당시에는 산재보험은 크게 두 가지 요건주의(要件主義)를 원칙으로 채택하였다(이성기·원석조, 2020, p. 284; 이인재 외, 2022, pp. 524-525). 즉, 업무상 재해가 되기 위해서는 업무수행성과 업무기인성이라는 두 가지 요건을 모두 충족해야 한다는 것이다. 업무수행성(in the course of employment)은 노동자의 재해가 업무 수행과정에서 발생한 재해여야 한다는 것이고, 업무기인성(out of employment)은 업무로 인하여 재해가 발생하였는가, 즉 업무로 인해 입은 재해여야 한다는 것이다.

이러한 두 가지 요건주의는 업무상 재해의 범위를 지나치게 까다롭게 하여 외근이나 출장, 출퇴근 시 사고, 회사가 제공한 기숙사, 재택근로 등 업무수행성을 적용하기가 쉽지 않을 뿐만 아니라 장기적 진행과정을 거치는 직업병은 업무기인성을 입증하는 것이 어려웠다.

그에 따라 1982년부터 두 가지 요건주의를 폐기하고 '업무상 사유'라는 단일 요건으로 업무상 재해의 인정기준을 변경하였다. 여기에서 업무상 사유라 함은 업무와 재해 사이에 상당 정도 인과관계가 있음을 의미한다. 따라서, 산재보험의 급여 요건은 업무상 재해를 업무상의 사유에 따른 노동자의 부상·질병·장해 또는 사망으로 규정하고 있다.

「산업재해보상보험법」 제37조의 '업무상 재해의 인정 기준'을 보면 다음과 같다.

표 12-4 업무상 재해 인정 기준

구분	내용
업무상 사고	1. 근로자가 근로계약에 따른 업무나 그에 따르는 행위를 하던 중 발생한 사고 2. 사업주가 제공한 시설물 등을 이용하던 중 그 시설물 등의 결함이나 관리소홀로 발생한 사고 3. 사업주가 주관하거나 사업주의 지시에 따라 참여한 행사나 행사준비 중에 발생한 사고 4. 휴게시간 중 사업주의 지배관리하에 있다고 볼 수 있는 행위로 발생한 사고 5. 그 밖에 업무와 관련하여 발생한 사고
업무상 질병	1. 업무수행 과정에서 물리적 인자(因子), 화학물질, 분진, 병원체, 신체에 부담을 주는 업무 등 근로자의 건강에 장해를 일으킬 수 있는 요인을 취급하거나 그에 노출되어 발생한 질병 2. 업무상 부상이 원인이 되어 발생한 질병 3. 「근로기준법」에 따른 직장 내 괴롭힘, 고객의 폭언 등으로 인한 업무상 정신적 스트레스가 원인이 되어 발생한 질병 4. 그 밖에 업무와 관련하여 발생한 질병
출퇴근 재해	1. 사업주가 제공한 교통수단이나 그에 준하는 교통수단을 이용하는 등 사업주의 지배관리하에서 출퇴근하는 중 발생한 사고 2. 그 밖에 통상적인 경로와 방법으로 출퇴근하는 중 발생한 사고

(1) 업무상 사고

업무상 사고는 노동자가 노동계약에 따른 업무나 그에 따르는 행위를 하던 중 발생한 사고를 말한다. 여기에서 통상적 직접 업무행위뿐만 아니라 부수적인 필요 행위, 예를 들어 작업의 준비, 작업 종료 후 정리 과정, 생리적 행위 등을 하는 과정에서 발생한 사고 등을 포함한다. 또한, 사업주의 직접적 관리를 벗어나 업무를 수행하는 과정에서의 사고, 예를 들어 출장이나 외근 시 발생한 사고나 휴무일에 출근해서 발생한 사고도 포함된다. 사업주의 관리하에 있지만 업무를 수행하지 않는 경우의 사고도 업무상 재해로 인정하는데, 사내체육대회, 회사 주체의 산행, 회식 등 사내행사도 업무상 사고로 인정한다. 사업주가 제공한 시설물 등을 이용하던 중 그 시설물 등의 결함이나 관리소홀로 발생한 사고인 경우에도 업무상 사고로 인정한다.

한국의 산재사고 중 사망재해 추이를 보면, 사고사망자는 2011년 1,129명에서 2021년 828명으로 줄었고, 사고사망 만인율도 2011년 0.79%에서 2021년 0.43으로 낮아졌다.

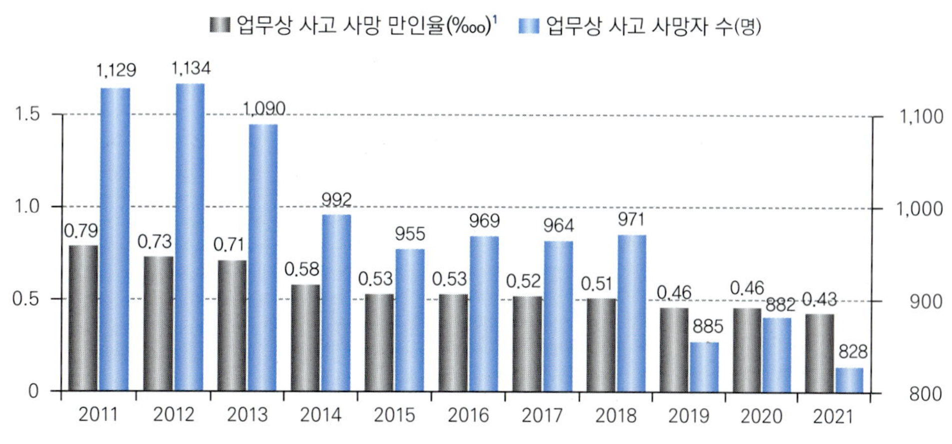

주 1: 노동자 10,000명당 발생하는 업무상 사고 사망자 수

그림 12-2 연도별 사망재해 추이(업무상사고 사망만인율)

자료: 고용노동부(각연도). 산업재해현황

출처: 고용노동부(e-고용노동지표). http://eboard.moel.go.kr/. 사고사망자와 사고사망 만인율.

(2) 업무상 질병

업무상 질병은 주로 직업병과 관련된다. 업무상 질병은 위험물질을 취급하다가 발생한 질병으로, 업무수행 과정에서 유해·위험요인을 취급하다가 노출되어 발생한 질병이어야 한다. 또한 업무상 부상이 원인이 되어 발생한 질병이나 업무가 질병의 악화에 영향을 끼쳤다면 업무상 질병으로 인정된다. 예를 들어, 고혈압 약을 복용하던 노동자가 과로로 인하여 뇌출혈이 발생하였다고 할 때, 고혈압과 과로 중 어느 요인으로 뇌출혈이 나타났느냐를 따질 수 있지만 업무(과로)가 지병(고혈압)의 악화를 촉진하여 뇌출혈을 발생시킨 것이라면 업무상 질병에 따른 재해로 인정된다(이인재 외, 2022, p. 528), 직장 내 괴롭힘, 업무상 스트레스가 원인이 되어 발생한 질병도 업무상 질병으로 인정하고 있다.

(3) 출퇴근 재해

출퇴근 재해는 업무상 재해와 관련하여 쟁점이 되어 왔다. 사업주가 제공한 교통수단(통근버스 등)으로 출퇴근 과정에서 발생한 사고는 업무상 재해로 인정되었지만, 개인적 수단(대중교통, 자가용, 도보, 자전거 등)의 출퇴근 과정에서의 사고는 업무상 재해로 인정되지 못했다. 그러다가 2016년 9월 이후 개인적 교통수단으로 출퇴근 과정에서 발생한 사고도 산재보험 적용에 따른 보상이 가능하도록 확대되었다. 다만 통상적인 경로와 방법으로 출퇴근 과정 중 발생한 사고여야 한다.

통상의 출퇴근 재해 인정 기준

1. 출퇴근 중 발생한 사고이고,
   출퇴근이란 취업과 관련하여 주거에서 취업장소 사이의 이동 또는 한 취업장소에서 다른 취업장소로의 이동을 말한다.
2. 통상적인 경로와 방법으로 이동 중 발생한 사고여야 하며,
   통상적인 경로 및 방법이란 사회통념상 이용할 수 있다고 인정되는 경로 및 방법으로 이동한 경우를 말한다.

3. 경로의 일탈 또는 중단이 없어야 한다.
   출퇴근을 위해 이동 중 개인적인 이유로 경로를 벗어나거나 멈춘 경우 출퇴근재해로 인정되지 않는다. 다만, 출퇴근과정에서 일어날 수 있는 일상생활에 필요한 행위*로의 일탈 또는 중단이 발생한 경우 예외적으로 발생한 사고도 산재보상이 가능하다.

> * 일상생활에 필요한 행위란?(「산업재해보상보험법 시행령」 제35조제2항)
> ① 일상생활에 필요한 용품을 구입하는 행위
> ② 「고등교육법」에 따른 학교 또는 「직업교육훈련 촉진법」에 따른 직업교육훈련기관에서 직업능력 개발향상에 기여할 수 있는 교육이나 훈련 등을 받는 행위
> ③ 선거권이나 국민투표권의 행사
> ④ 근로자가 사실상 보호하고 있는 아동 또는 장애인을 보육기관 또는 교육기관에 데려다주거나 해당 기관으로부터 데려오는 행위
> ⑤ 의료기관 또는 보건소에서 질병의 치료나 예방을 목적으로 진료를 받는 행위
> ⑥ 노동자의 돌봄이 필요한 가족 중 의료기관 등에서 요양 중인 가족을 돌보는 행위
> ⑦ 제①호부터 제⑥호까지의 규정에 준하는 행위로서 고용노동부장관이 일상생활에 필요한 행위라고 인정하는 행위

3) 적용 대상

산재보험의 적용 범위는 노동자를 사용하는 모든 사업 또는 사업장에 적용하고 있다(「산재보험법」 제6조). 산재보험의 적용 대상은 노동자가 중심이 아니라 노동자를 고용한 모든 사업과 사업장이다. 이는 다른 사회보험이 개별 노동자를 가입 대상으로 한다면, 산재보험은 산업재해에 대한 보상 책임이 고용주이기 때문에 고용주가 가입자가 되고, 그에 따라 사업과 사업장이 가입단위가 된다.

(1) 일반 사업 적용 대상

1964년 500인 이상 사업장을 출발로 2000년 7월 1인 이상의 전 사업장으로 적용범위가 확대되었다. 2018년 7월부터는 건설공사의 규모제한도 폐지하여 소규모 공사도 적용범위에 포함되었다.

표 12-5 적용 대상(계속 사업)

~2000. 6.	2000. 7.~2004. 12.	2005. 1.~2018. 6.	2018. 7.~
상시근로자 수 5명 이상	상시근로자 수 1명 이상 [다만, 농업, 임업(벌목업 제외), 어업, 수렵업은 상시근로자 수 5명 이상]	상시근로자 수 1명 이상 [다만, 농업, 임업(벌목업 제외), 어업, 수렵업 중 법인이 아닌 경우 상시근로자 수 5명 이상]	상시근로자 수 1명 미만 [다만, 농업, 임업(벌목업 제외), 어업, 수렵업 중 법인이 아닌 경우 상시근로자 수 5명 이상]

표 12-6 건설공사 및 벌목업 등

<table>
<tr><th>구분</th><th colspan="2">건설공사</th><th>유기사업</th><th>벌목업</th></tr>
<tr><td>~2000. 6.</td><td>총공사 금액 4천만 원 이상인 공사</td><td>주거용 건축물 연면적 661㎡ 초과 또는 기타의 건축물 연면적 495㎡ 초과하는 건축물의 건축 또는 대수선에 관한 공사</td><td>기간의 정함이 있는 사업(벌목업 및 건설공사 제외) 또는 계절사업: 연간 연인원 1,350명 이상</td><td>벌목 재적량 800㎥ 이상</td></tr>
<tr><td>2000. 7.~ 2004. 12.</td><td>총공사 금액 2천만 원 이상인 공사</td><td>연면적 330㎡ 초과하는 건축물의 건축 또는 대수선에 관한 공사</td><td rowspan="3">상시근로자 수 1명 이상 (유기사업 적용기준 삭제)</td><td rowspan="3">상시 근로자 수 1명 이상</td></tr>
<tr><td>2005. 1.~ 2008. 12.</td><td colspan="2">주택건설사업자, 건설업자, 전기공사업자, 정보통신공사업자, 소방시설업자, 문화재수리업자가 아닌 자가 시공하는 총공사 금액 2천만 원 미만 건설공사 또는 연면적 330㎡ 이하의 건축물의 건축 및 대수선공사를 제외한 모든 공사로 확대 적용</td></tr>
<tr><td>2009. 1. ~2018. 6.</td><td colspan="2">주택건설사업자, 건설업자, 전기공사업자, 정보통신공사업자, 소방시설업자, 문화재수리업자가 아닌 자가 시공하는 총공사 금액 2천만 원 미만 건설공사 또는 연면적이 100㎡ 이하인 건축물의 건축 또는 연면적이 200㎡ 이하인 건축물의 대수선에 관한 공사를 제외한 모든 공사로 확대 적용</td></tr>
<tr><td>2018. 7.~</td><td colspan="3">주택건설사업자, 건설업자, 전기공사업자, 정보통신공사업자, 소방시설업자, 문화재수리업자가 아닌 자가 시공하는 총공사 금액 2천만 원 미만 건설공사 또는 연면적이 100㎡ 이하인 건축물의 건축 또는 연면적이 200㎡ 이하인 건축물의 대수선에 관한 공사를 포함한 모든 공사로 확대 적용</td><td>상시 근로자 수 1명 이상</td></tr>
</table>

(2) 특례에 따른 적용 범위

특수형태근로종사자란 계약의 형식에 관계없이 노동자와 유사하게 노무를 제공함에도 「근로기준법」 등이 적용되지 아니하여 업무상의 재해로부터 보호할 필요가 있는 사람으로, 주로 하나의 사업에 그 운영에 필요한 노무를 상시적으로 제공하고 보수를 받아 생활하고, 노무를 제공함에 있어서 타인을 사용하지 아니하는 요건에 해당하는 사람이다. 여기에 해당하는 보험설계사 등 15개 직종 종사자에 대하여는 노무를 제공하는 시점부터 특수형태근로종사자 적용 특례에 따라 산재보험의 당연 적용 대상이 된다. 다만 업무의 특수성을 고려하여 고용주가 보험료의 1/2, 특수형태근로종사자가 1/2씩 부담하게 하고, 종사자가 적용을 원하지 않을 경우 적용 제외 신청이 가능하다.

표 12-7 특수형태근로종사자 적용 추이

시행일	해당 직종
2008. 7.	보험설계사, 콘크리트 믹서트럭 자차기사, 학습지 교사, 골프장 캐디
2012. 5.	택배기사, 전속 퀵서비스기사
2016. 7.	대출 모집인, 신용카드 모집인, 전속 대리운전기사
2019. 1.	건설기계 자차기사
2020. 7.	방문강사, 방문판매원, 대여제품 방문점검원, 가전제품 설치원, 화물차주(수출입컨테이너, 시멘트, 철강재, 위험물질을 운송하는 사람)
2021. 7.	소프트웨어 기술자(프리랜서)
2022. 7.	유통배송기사, 택배 지·간선기사, 화물차주(자동차, 곡물가루·곡물·사료 운송)

출처: 근로복지공단(https://www.comwel.or.kr). 특수형태근로종사자 산재보험.

또한, 특례 적용 대상에 중·소기업사업주,[32] 현장실습생, 학생연구자, 「국민기초생활 보장법」에 따른 자활급여 수급자, 무급가족종사자[33] 등이 포함되었다.

(3) 적용 제외 대상

산재보험 적용 제외 대상은 다른 법령에 의하여 재해보상이 이루어지는 사업(공무원, 군인,

32 300인 미만 근로자를 사용하는 사업주 및 1인 자영업자

33 중·소기업 사업주의 배우자(사실혼 관계 포함) 또는 4촌 이내의 친족으로, 노무 제공을 대가로 보수를 받지 않고 해당 사업에 노무를 제공하는 사람

사립학교 교직원, 선원 등), 가구 내 고용활동 종사자, 상시노동자 수 5인 미만 비법인 농업·임업·어업 등에 종사하는 사람 등이 있다.

적용 제외 대상

1. 「공무원 재해보상법」 또는 「군인 재해보상법」에 따라 재해보상이 되는 사업
2. 「선원법」, 「어선원 및 어선 재해보상보험법」 또는 「사립학교교직원 연금법」에 따라 재해보상이 되는 사업
3. 가구 내 고용활동
4. 농업·임업(벌목업 제외)·어업 및 수렵업 중 법인이 아닌 자의 사업으로서 상시근로자 수가 5명 미만인 사업

4) 보험료

산재보험의 재원은 전액 고용주가 부담하는 보험료로 운영된다. 산재보험료율은 민간보험처럼 각 사업마다 재해 발생의 위험성에 따라 차등적으로 부과한다. 이러한 산재보험료율은 현재 사업종류별 산재보험료율을 기본으로 하되, 개별실적 요율을 병행하여 사용하고 있다.

(1) 사업종류별 산재보험료율

산재보험은 먼저 사업별 등급 요율체계를 기본으로 하여 업종에 따라 보험료를 차등부과하는 것이다. 따라서, 산재보험료율은 매년 6월 30일 현재, 과거 3년간의 보수 총액에 대한 보험급여 총액의 비율을 기초로 재해 발생의 위험성에 따라 분류된 업종별 보험료율을 세분화하여 매년 12월 말경에 고용노동부가 고시하고 적용하게 된다.

2024년 사업종류별 산재보험료율에서 석탄광업 및 채석업이 185‰, 임업 58‰, 석회석·금속·비금속·기타광업 57‰ 순으로 높은 편이다.

표 12-8 2024년도 사업종류별 산재보험료율

(단위: 천분율, ‰)

사업 종류	요율	사업 종류	요율
1. 광업		5. 운수·창고·통신업	
석탄광업 및 채석업	185	철도·항공·창고·운수관련서비스업	8
석회석·금속·비금속·기타광업	57	육상 및 수상운수업	18
2. 제조업		통신업	9
식료품 제조업	16		
섬유 및 섬유제품 제조업	11	6. 임업	58
목재 및 종이제품 제조업	20	7. 어업	27
출판·인쇄·제본업	9	8. 농업	20
화학 및 고무제품 제조업	13	9. 기타의 사업	
의약품·화장품·연탄·석유제품 제조업	7	시설관리 및 사업지원 서비스업	8
기계기구·금속·비금속광물제품 제조업	13	기타의 각종사업	8
금속제련업	10	전문·보건·교육·여가관련 서비스업	6
전기기계기구·정밀기구·전자제품 제조업	6	도소매·음식·숙박업	8
선박건조 및 수리업	24	부동산 및 임대업	7
수제품 및 기타제품 제조업	12	국가 및 지방자치단체의 사업	9
3. 전기·가스·증기·수도사업	7	0. 금융 및 보험업	5
4. 건설업	35	* 해외파견자: 14/1,000	

* 2024년도 통상적인 경로와 방법으로 출퇴근하는 중 발생한 재해에 관한 산재보험료율: 전 업종 0.6/1,000 동일

출처: 고용노동부(2024. 1. 5.). 2024년도 사업종류별 산재보험료율 고시(제2024-1호).

(2) 개별실적 요율

사업종류별 산재보험료율에서 개별실적 요율에 의한 보험료율 조정이 가능하다. 이는 동종사업의 보험료율을 적용함에 있어서 재해방지 노력을 기울인 사업주 간의 형평의 원칙을 실현하기 위하여 산재보험료율을 인상 또는 인하하는 제도로, 매년 최대 20% 인상, 또는 20% 인하할 수 있도록 하고 있다.

개별실적 요율 = 해당사업종류의 일반 요율 ± (해당사업종류의 일반 요율 × 수지율에 의한 증감비율) −
수지율 = 3년간의 산재보험 급여총액/3년간의 산재보험료 총액 × 100(최대 + 20.0%)

산업별 산업재해 현황을 보면, 사망률(사망만인율)은 2020년 기준 1.09‱이고, 산업별로는

석탄광업을 포함한 광업에서 397.60‱, 건설업 2.48‱로 높게 나타나고 사회복지가 포함되어 있는 전문·보건·교육·여가 관련 서비스업은 0.20‱로, 금융 및 보험업 분야와 함께 낮은 편에 속한다. 사망자 수로는 건설업, 제조업, 광업(특히 석탄광업 및 채석업) 분야에서 많이 발생한 것으로 나타난다.

표 12-9 전체 재해 현황 및 분석-업종별(산업별 중분류)(2020)

산업 중분류별 (1)	산업 중분류별 (2)	사업장 수 (개소)	근로자 수 (명)	요양재해자 수 (명)	사망자 수[1] (명)	요양재해율[2] (%)	사망만인율[3] (‱)
총계		2,719,308	18,974,513	108,379	2,062	0.57	1.09
광업	소계	1,087	10,664	2,753	424	25.82	397.60
	석탄광업 및 채석업	58	2,504	2,395	381	95.65	1,521.57
	석회석·금속·비금속 광업 및 기타광업	1,029	8,160	358	43	4.39	52.70
제조업		395,141	4,012,541	28,840	469	0.72	1.17
전기·가스·증기 및 수도사업		3,103	79,034	105	9	0.13	1.14
건설업		329,279	2,284,916	26,799	567	1.17	2.48
운수·창고 및 통신업		87,059	936,449	7,251	150	0.77	1.60
임업		12,919	101,404	1,030	17	1.02	1.68
어업		1,898	4,973	48	1	0.97	2.01
농업		19,382	78,940	639	10	0.81	1.27
금융 및 보험업		42,858	782,173	341	16	0.04	0.20
기타의 사업	소계	1,826,582	10,683,419	40,573	399	0.38	0.37
	시설관리 및 사업 지원 서비스업	249,030	2,019,544	8,267	131	0.41	0.65
	해외파견자	5,000	44,208	21	4	0.05	0.90
	전문·보건·교육·여가 관련 서비스업	423,927	3,638,317	7,014	71	0.19	0.20
	도소매·음식·숙박업	878,114	3,306,155	18,592	117	0.56	0.35

산업 중분류별 (1)	산업 중분류별 (2)	사업장 수 (개소)	근로자 수 (명)	요양재해자 수 (명)	사망자 수[1] (명)	요양재해율[2] (%)	사망만인율[3] (‱)
기타의 사업	부동산업 및 임대업	58,911	131,325	230	3	0.18	0.23
	국가 및 지방자치단체의 사업	33,406	608,270	4,700	22	0.77	0.36
	주한미군	175	21,535	38	1	0.18	0.46
	기타의 각종사업	178,019	914,065	1,711	50	0.19	0.55

주 1: 사망자 수: 재해당시의 사망자 수에 요양 중 사망자 수 및 업무상 질병에 의한 사망자 수를 포함한 것임

주 2: 요양재해율 = 요양재해자 수/근로자 수×100

주 3: 사망만인율 = 사망자 수/근로자 수×10,000

자료: 고용노동부. 산업재해현황.

출처: 통계청(2022. 3. 14.)(https://kosis.kr). 전체 재해 현황(2020, 산업별 중분류).

5) 급여의 종류

산재보험에서의 보험급여 종류는 요양급여, 휴업급여, 장해급여, 간병급여, 유족급여, 상병(傷病) 보상연금, 장례비, 직업재활급여가 있다.

(1) 요양급여

노동자가 업무상의 사유에 의하여 부상을 당하거나 질병에 걸린 경우 그에 따른 요양으로 인해 발생된 치료비 등에 대하여 의료기관이나 재해자에게 지급되는 보험급여로서 현물로 지급한다. 요양급여에는 진찰 및 검사, 약제 또는 진료재료와 의지(義肢)나 그 밖의 보조기의 지급, 처치, 수술, 그 밖의 치료, 재활치료, 입원, 간호 및 간병, 이송 등이 있고 요양급여에 들어가는 일체의 비용을 지급한다.

$$평균임금 = \frac{산정사유\ 발생일\ 이전\ 3개월\ 동안에\ 지급된\ 임금\ 총액}{산정사유\ 발생일\ 이전\ 3개월\ 동안\ 총일\ 수}$$

(2) 휴업급여

휴업급여는 업무상 사유에 의하여 부상을 당하거나 질병에 걸린 노동자에게 요양으로 취업하지 못한 기간에 대하여 지급하는 급여제도이다. 1일당 지급액은 평균임금[34]의 100분의 70에 상당하는 금액을 지급한다. 다만, 취업하지 못한 기간이 3일 이내이면 지급하지 아니한다.

평균임금이 낮아 생활에 어려움이 예상되는 저소득 노동자의 휴업급여는 지급액이 최저 보상기준 금액의 100분의 80보다 적거나 같으면 그 노동자에 대하여는 평균임금의 100분의 90에 상당하는 금액을 1일당 휴업급여를 지급하되, 그 노동자의 평균임금의 100분의 90에 상당하는 금액이 최저 보상기준 금액의 100분의 80보다 많은 경우에는 최저 보상기준 금액의 100분의 80에 상당하는 금액을 1일당 휴업급여로 지급한다. 또한, 산정한 휴업급여 지급액이 최저임금액보다 적으면 그 최저임금액을 1일당 휴업급여로 지급한다. 또한, 연령이 61세 이상의 고령자의 휴업급여는 연령에 따라 일부 감액하여 휴업급여를 지급한다.

표 12-10 주요 국가의 산재보험 휴업급여 수준

국가	휴업급여 수준
스웨덴	• 15~364일간 임금손실의 80% 지급(14일까지는 고용주가 80% 지급) • 중증질환일 경우 최대 500일까지 75% 추가 지급
노르웨이	• 최대 52주간 임금의 100%(처음 16일은 사용자가 지급)
네덜란드	• 104주 동안 임금의 70% 지급
독일	• 78주 동안 총임금의 80% 지급
프랑스	• 평균임금의 80%(처음 28일간은 60%)
이탈리아	• 평균임금의 75%(처음 90일간은 60%)
캐나다	• 지역에 따라 순소득의 75~90% 지급
미국	• 3~7일 대기기간 후 임금의 66.6% 지급
뉴질랜드	• 총소득의 80%(7일간 사용자가 100% 지급)
호주	• 주마다 다양하지만 13주간 최소 임금의 95% 이상 지급
일본	• 평균임금의 80%(휴업보상급부 60% + 휴업특별지급금 20%)

출처: 이인재 외(2022). 사회보장론, p. 307 재정리.

34 평균임금은 휴업급여, 장해급여, 유족급여, 상병보상연금 및 장례비 등의 산재보험 급여의 산정기초가 되는 금액으로서 「근로기준법」에 의한 평균임금 또는 고용노동부장관이 고시한 임금이다. 이러한 평균임금 산정기간에서 제외되는 기간은 수습 사용 중인 기간, 산전 후 휴가 기간, 업무상 부상 또는 질병으로 요양하기 위하여 휴업한 기간, 육아휴직 기간 등이다.

(3) 장해급여

장해급여는 업무상의 사유로 부상을 당하거나 질병에 걸려 치유되었으나 신체에 정신적 또는 육체적 장해가 남아 장해급여 지급 대상에 해당될 경우 장해등급에 해당되는 지급일수에 평균임금을 곱하여 지원하는 급여제도이다. 장해급여는 등급에 따라 지급되는 보험급여를 연금 또는 일시금으로 지급한다.

장해급여의 등급이 장해 1~3급까지는 연금으로만 지급되고, 1~4년분의 1/2에 해당하는 금액을 선급으로 지급받을 수 있다. 장해 4~7급까지는 일시금과 연금 중에 선택할 수 있고, 연금으로 선택할 시 그 연금의 2년분의 1/2에 해당하는 금액을 선급받을 수 있다. 장해급여의 등급이 장해 8~14급까지는 일시금으로만 지급하게 된다.

표 12-11 장해등급에 따른 장해급여표(평균임금 기준)

장해등급	장해보상연금	장해보상일시금
제1급	329일분(90.1%)	1,474일분
제2급	291일분(79.9%)	1,309일분
제3급	257일분(70.4%)	1,155일분
제4급	224일분(61.4%)	1,012일분
제5급	193일분(52.9%)	869일분
제6급	164일분(44.9%)	737일분
제7급	138일분(37.8%)	616일분
제8급		495일분
제9급		385일분
제10급		297일분
제11급		220일분
제12급		154일분
제13급		99일분
제14급		55일분

출처: 「산업재해보상보험법」 [별표 2] 제57조제2항 관련.

(4) 상병보상연금

상병보상연금은 요양급여를 받는 노동자가 요양을 시작한 지 2년이 지난 날 이후에도 그 부상이나 질병이 치유되지 아니하고, 그 부상이나 질병에 따른 중증요양상태의 정도가 중증요양상태등급(1~3급) 기준에 해당되며, 요양으로 인하여 취업하지 못하였을 때와 같은 상태가 계속되면 휴업급여 대신 지급되는 보험급여이다.

표 12-12 상병보상연금표

중증요양상태등급	상병보상연금
제1급	평균임금의 329일분
제2급	평균임금의 291일분
제3급	평균임금의 257일분

출처: 「산업재해보상보험법」 [별표 4] 제66조제2항 관련.

저소득 노동자의 상병보상연금은 산정할 때 그 노동자의 평균임금이 최저임금액에 70분의 100을 곱한 금액보다 적을 때에는 최저임금액의 70분의 100에 해당하는 금액을 그 근로자의 평균임금으로 산정한다. 또한, 산정한 상병보상연금액을 365로 나눈 1일당 상병보상연금 지급액이 1일당 휴업급여 지급액보다 적으면 그 휴업급여 지급액을 1일당 상병보상연금 지급액으로 지원한다. 상병보상연금 지급에서 고령자 상병보상연금 역시 61세에 도달한 시점부터 감액 지급한다.

(5) 간병급여

간병급여는 치료가 끝난 후에도 간병인이 상시 또는 수시로 필요하여 간병이 실제행하여지면 그 장해 및 간병 필요성 정도에 따라 간병 비용을 지급하는 급여제도이다.

(6) 유족급여

유족급여는 노동자가 업무상의 사유에 의하여 사망한 경우에 유족에게 지급되는 급여제도이다. 유족급여는 연금으로 지급되는 것이 원칙이나 연금 수급권자가 없는 경우 일시금 지급이 가능하다. 즉, 유족급여는 유족보상연금이나 유족보상일시금으로 하되, 유족보상일시금은 노동자가 사망할 당시 유족보상연금을 받을 수 있는 자격이 있는 사람이 없는 경우에 지급한다. 유족보상연금을 받을 수 있는 자격이 있는 사람이 원하면 유족보상일시금의 100분의 50에 상당하는 금액을 일시금으로 지급하고 유족보상연금은 100분의 50을 감액하여 지급할 수 있다.

표 12-13 유족급여의 종류

유족급여의 종류	유족급여의 금액
유족보상연금	유족보상연금액은 다음의 기본 금액과 가산 금액을 합한 금액으로 한다. 1. 기본 금액 - 급여기초연액(평균임금에 365를 곱하여 얻은 금액)의 100분의 47에 상당하는 금액 2. 가산 금액 - 유족보상연금 수급권자 및 근로자가 사망할 당시 그 근로자와 생계를 같이하고 있던 유족보상연금 수급자격자 1인당 급여기초연액의 100분의 5에 상당하는 금액의 합산액. 다만, 그 합산금액이 급여기초연액의 100분의 20을 넘을 때에는 급여기초연액의 100분의 20에 상당하는 금액으로 한다.
유족보상일시금	평균임금의 1,300일분

출처: 「산업재해보상보험법」 [별표 3] 제62조제2항 관련.

(7) 장례비

장례비는 노동자가 업무상 사유로 사망한 경우 장례 실행자에게 그 장례에 소요되는 비용을 지급하는 급여제도이다. 장례비 수급권자가 유족인 경우, 산정된 장례비(평균임금의 120일분)가 최고고시 금액을 초과하거나, 최저고시 금액 미만이면 최고 또는 최저고시 금액을 적용한다. 장례를 지낼 유족이 없거나 그 밖에 부득이한 사유로 유족이 아닌 자가 장례를 실행할 경우에도 평균임금의 120일분에 해당하는 금액 범위에서 실제소요되는 비용을 지급한다.

표 12-14 장례비 고시 금액(2024년)

구분	금액
장례비 최고고시 금액	18,125,360원
장례비 최저고시 금액	13,053,080원

(8) 직업재활급여

직업재활급여는 산재노동자의 직업재활을 촉진시키기 위한 보험급여로, 직업훈련 비용 및 수당을 비롯하여 직장복귀 지원금, 직장적응훈련비, 재활운동비 등이 있다. 직업재활급여는 장해급여 또는 진폐보상연금을 받은 사람이나 장해급여를 받을 것이 명백한 사람으로서, 취업을 위하여 직업훈련이 필요한 사람에 대하여 실시하는 직업훈련에 드는 비용 및 직업훈련 수당을 지원하거나 업무상의 재해가 발생할 당시의 사업에 복귀한 장해급여자에 대하여 사업주가 고용을 유지하거나 직장적응훈련 또는 재활운동을 실시하는 경우에 각각 지급하는 직장복귀 지원금, 직장적응훈련비 및 재활운동비 등이다.

훈련대상자에 대한 직업훈련은 공단과 계약을 체결한 직업훈련기관에서 실시하게 되고, 직업훈련비용은 직업훈련을 실시한 직업훈련기관에 지급하되, 직업훈련비용을 지급하는 훈련기간은 12개월 이내로 한다.

직업훈련수당은 직업훈련을 받는 훈련대상자에게 그 직업훈련으로 인하여 취업하지 못하는 기간에 대하여 지급하되, 1일당 지급액은 최저임금액에 상당하는 금액으로 한다. 다만, 휴업급여나 상병보상연금을 받는 훈련대상자에게는 직업훈련수당을 지급하지 아니한다.

직장복귀 지원금, 직장적응훈련비 및 재활운동비는 장해급여자에 대하여 고용을 유지하거나 직장적응훈련 또는 재활운동을 실시하는 사업주에게 각각 지급한다. 직장복귀 지원금은 사업주가 장해급여자에게 지급한 임금액으로 하되, 그 지급기간은 12개월 이내로 한다. 직장적응훈련비 및 재활운동비는 실제 드는 비용으로 하되, 그 지급기간은 3개월 이내로 한다.

표 12-15 직업재활급여 지원 수준

구분	지원 수준
직업훈련비용	훈련비(정부지원승인 훈련비, 기타 훈련은 600만 원/연)
직장복귀 지원금	제1급~제3급(80만 원/월) 제4급~제9급(60만 원/월) 제10급~제12급(45만 원/월)
직장적응훈련	최대 45만 원/월
재활운동지원	최대 15만 원/월

(9) 진폐보상연금 등

진폐보상연금은 진폐노동자가 진폐로 장해등급을 판정받거나 사망한 경우 최저임금의 60%인 기초연금과 장해등급별 진폐장해연금(24~132일분)을 합산한 금액을 지급한다.

표 12-16 진폐장해연금표(평균임금 기준)

진폐장해등급	진폐장해연금
제1급	132일분
제3급	
제5급	72일분
제7급	
제9급	24일분
제11급	
제13급	

출처: 「산업재해보상보험법」 [별표 6] 제91조의3제2항 관련.

표 12-17 산재보험 급여별 수급자 수 및 지원 금액

(단위: 명, 백만 원, %)

구분	2020년		2021년		증감률(급여액)
	수급자 수	금액	수급자 수	금액	
총계[1]	350,363	5,996,819	386,260	6,452,940	7.61
요양급여	256,611	1,309,810	291,475	1,360,677	3.88
휴업급여	138,675	1,413,340	153,252	1,583,963	12.07
장해급여	103,768	2,257,947	108,780	2,434,528	7.82
유족급여	31,846	761,244	33,425	821,770	7.95
상병보상연금	3,800	146,043	3,646	143,921	△1.45
장례비	2,566	34,179	2,542	34,781	1.76
간병급여	5,143	52,003	5,070	52,582	1.11
재활급여	2,945	22,253	2,581	20,717	△6.90

주 1: 급여별 수급자 수 중복되어 급여별 수급자 수 합계와 총계 차이가 남

출처: 고용노동부(2022b). 고용노동백서, p. 647.

6) 관리운영

산재보험제도의 주무부서는 고용노동부로, 산업재해보상보험과 관련한 주요 정책들을 결정한다. 고용노동부는 보험적용 대상이나 보험급여의 조정과 결정, 산재보험료율의 결정, 기금 관리, 산업안전 관리, 산재예방사업, 중대산업재해 감독 등의 업무를 총괄한다.

근로복지공단은 실무집행을 담당하는 조직으로 다음과 같은 업무를 수행한다.

- 보험 가입자와 수급권자에 관한 기록의 관리·유지
- 보험료와 그 밖의 징수금의 징수
- 보험급여의 결정과 지급
- 보험급여 결정 등에 관한 심사 청구의 심리·결정
- 산업재해보상보험 시설의 설치·운영
- 업무상 재해를 입은 노동자 등의 진료·요양 및 재활
- 재활보조기구의 연구개발·검정 및 보급
- 보험급여 결정 및 지급을 위한 업무상 질병 관련 연구
- 노동자 등의 건강을 유지·증진하기 위하여 필요한 건강진단 등 예방 사업
- 노동자의 복지 증진을 위한 사업

또한, 산재보험료 징수업무는 4대 사회보험 징수통합에 따라 국민건강보험공단이 하고 있다.

논의거리

1. 한국사회는 「산재보험법」과 「중대재해 처벌 등에 관한 법률(일명: 김용균법)」 등이 있음에도 산재로 인한 사망률이 높은지 그 이유에 대해 논의해 봅시다.
2. 다른 사회보험제도에 비해 산재보험에서 소송이 많은 이유가 무엇일까요?
3. 건강보험에서의 요양급여와 산재보험에서의 요양급여의 차이에 대한 논의해 봅시다.

Quiz

1. 산재보험에서 보험료는 사용자만 부담한다. (O, X)

2. 산재보험의 급여 요건은 (　　　　　　)로 '업무상의 사유에 의한 노동자의 부상, 질병, 신체장해 또는 사망'이라고 규정하고 있다.

3. 한국의 산재보험의 적용대상에서 제외되는 사람은?

가. 공무원	나. 택배기사	다. 개인 농업종사자	라. 방문판매원

4. 우리의 산재급여에서 휴업급여는 평급임금의 100분의 (　　)에 해당하는 금액을 지급한다.

5. 다음 중 산재보험료율이 가장 높은 사업의 종류는?
① 석탄광업　② 출판업　③ 사회복지사업　④ 금융업　⑤ 교육서비스업

6. 다음 중 산재급여의 종류가 아닌 것은?
① 요양급여　② 휴업급여　③ 상병보상연금
④ 상병급여　⑤ 유족급여

Chapter 13

실업과 고용보장정책

학습목표

1. 현대 사회에서 실업의 의미와 지원제도의 필요성에 대해 이해할 수 있다.
2. 실업급여제도의 유형을 비교할 수 있다.
3. 한국의 고용보험제도에 대해 이해할 수 있다.

1 실업과 실업지원제도

현대를 살아가는 다수는 성인이 되면 일을 필요로 한다. 자본주의사회는 이러한 기본적 삶을 유지하기 위해 노동을 제공하고 그에 대한 대가로 받은 소득을 통해 살아가는 것이다. 그러나 일을 원한다고 해서 누구에게나 필요한 일이 생기거나 일을 하다가 그만두게 되어 다시 취업을 하려고 할 때 일이 늘 확보되는 것은 아니다. 일반적으로 실업은 노동의 의사와 능력이 있음에도 불구하고 취업하지 못한 상태에 있는 것을 의미한다. 이러한 실업이 일정 기간 지나게 되면 소득이 중단되어 개인과 가족의 경제적 어려움을 가중하게 되어 부정적 영향들이 커질 수 있다.

이러한 실업의 문제는 어느 사회에도 존재하고 개인이나 가족의 차원을 넘어서 국가에도 위협이 될 수 있기 때문에 여러 차원의 대응이 필요하다. 실업의 문제는 개인적 차원에서 해결하기가 어려운 문제이기 때문에 국가의 대응 정책이 반드시 필요한 것이다.

고용(실업)보험은 실직자에게 상실된 소득을 지원해 주는 소득보장정책의 일환이면서 동시에 새로운 일을 연계해서 다시 일을 할 수 있도록 지원하는 적극적 노동시장정책의 일환이기도 하다.

1) 고용보험의 개념

고용(실업)보험은 일을 하던 사람이 본인의 의사와 무관한 이유로 실업자가 되어 상실한 소득의 일부를 보전해 주는 사회보험제도이다. 나아가 재취업이 가능하도록 일이 필요한 사람에 재취업 일자리를 연계하거나 새로운 분야로 전직을 위해 교육·훈련 지원 등을 하고, 사업주에게 고용을 유지하거나 실직자를 채용하였을 때 인센티브를 지원하는 것을 포함한다.

이러한 고용보험은 몇 가지 주요한 특징을 가지고 있다.

첫째, 비자발적 실업기간에 현금급여를 제공하여 실직자와 그 가족의 생활을 유지하도록 지원한다.

둘째, 재취업에 필요한 사업을 통해 노동자가 새로운 일자리를 찾도록 지원한다.

셋째, 노동자의 새로운 직업능력개발 활성화로 노동생산성을 향상시키고, 기업경쟁력을 강화하는 데 기여한다.

넷째, 산업구조 변화에 따른 인력수급 조절과 고용조정을 원활하게 하는 데 기여한다.

2) 실업급여제도 유형

실직자에 대한 소득 지원정책은 크게 보험료에 기반한 보험원리에 따른 사회보험으로서의 지원과 조세에 기반한 부조원리에 따른 실업지원제도로 구분할 수 있다.

(1) 보험원리에 따른 실업급여제도

보험원리에 따른 실업급여제도는 실직자가 실직 전 고용경력이나 보험료에 대한 기여에 근거하여 지원하는 제도이다. 보험료는 주로 소득에 비례하기 때문에 실직을 하게 되면 실업급여 수준도 실직 전 소득에 비례해서 결정된다. 재원인 보험료는 고용주와 노동자가 부담한다.

(2) 부조원리에 따른 실업급여제도

부조원리에 따른 실업급여제도는 실직 전 고용경력이나 기여와는 무관하게 자산조사와 같은 조건을 충족하면 지원하는 제도이다. 상대적으로 소득이 낮은 사람들에게 급여수준과 기간을 결정하여 기본 생활을 할 수 있도록 지원하는 것이다. 실업부조는 재원을 일반재정으로 운영한다.

표 13-1 실업보상제도의 유형

유형	주요 국가
보험형 제도 중심형(실업보험)	벨기에, 덴마크, 아이슬란드, 이탈리아, 일본, 룩셈부르크, 노르웨이, 스위스, 미국
부조형 제도 중심형(실업부조)	호주, 뉴질랜드
보험-부조 이중형 (실업보험-실업부조)	오스트리아, 캐나다, 핀란드, 프랑스, 독일, 그리스, 아일랜드, 네덜란드, 포르투갈, 스페인, 스웨덴, 영국

출처: 이인재 외(2022). 사회보장론, p. 250.

주요 국가들의 실업보험은 20세기 초에 프랑스가 1905년, 노르웨이가 1906년에 도입하였고, 주요 OECD 국가들은 2차 세계대전이 끝나는 1945년 이전에 실업보험을 도입하였다. 그에 비해 한국은 1993년 법을 제정하고 1995년 시행하여 실업문제에 대한 사회보장 구축은 많이 늦었음을 보여 주고 있다.

표 13-2 주요 국가별 실업보험 도입시기

국가	도입시기	국가	도입시기
프랑스	1905	오스트리아	1920
노르웨이	1906	스위스	1924
덴마크	1907	독일	1927
영국	1911	스웨덴	1934
아일랜드	1911	미국	1935
네덜란드	1916	뉴질랜드	1938
핀란드	1917	캐나다	1940
이탈리아	1919	호주	1945
벨기에	1920	한국	1993

출처: Pierson, C. (2007). 전환기의 복지국가(현외성·강욱모 옮김), p. 151 재정리.

OECD 국가들의 실업률(unemployment rate)을 살펴보면 다음과 같다. 한국은 지난 10여 년간 실업률이 3%대로, OECD 다른 국가들에 비해 대체로 낮은 편에 속한다. 실업률 지표는 조사방법이나 기준이 국가마다 달라서 비교해서 볼 때 유의해서 볼 필요는 있다.

표 13-3 OECD 국가별 실업률[1] 추이

(단위: %)

국가별	2012	2013	2014	2015	2016	2017	2018	2019	2020	2021
대한민국(LFS, 15+)	3.2	3.1	3.5	3.6	3.7	3.7	3.8	3.8	4.0	3.7
이스라엘(LFS, 15+)	6.9	6.2	5.9	5.3	4.8	4.2	4.0	3.8	4.3	-
일본(LFS, 15+)	4.4	4.0	3.6	3.4	3.1	2.8	2.5	2.4	2.8	2.8
튀르키예(LFS, 15+)	8.2	8.7	9.9	10.2	10.8	10.8	10.9	13.7	13.1	-
캐나다(LFS, 15+)	7.3	7.1	6.9	6.9	7.0	6.3	5.8	5.7	9.5	7.5
멕시코(LFS, 15+)	4.9	4.9	4.8	4.3	3.9	3.4	3.3	3.5	4.5	4.1
미국(LFS, 16+)	8.1	7.4	6.2	5.3	4.9	4.4	3.9	3.7	8.1	5.4
칠레(LFS, 15+)	6.6	6.2	6.7	6.5	6.7	7.0	7.2	7.3	11.1	9.4
콜롬비아(LFS, 15+)	9.7	9.1	8.6	8.3	8.7	8.9	9.1	10.0	15.0	13.9
코스타리카(LFS, 15+)	9.1	8.2	8.5	8.4	8.1	7.7	9.0	10.8	16.4	15.1
오스트리아(LFS, 15+)	4.9	5.3	5.6	5.7	6.0	5.5	4.9	4.5	5.4	6.2
벨기에(LFS, 15+)	7.5	8.4	8.5	8.5	7.8	7.1	6.0	5.4	5.6	6.3
체코(LFS, 15+)	7.0	7.0	6.1	5.1	4.0	2.9	2.2	2.0	2.6	2.8
덴마크(LFS, 15+)	7.8	7.4	6.9	6.3	6.0	5.8	5.1	5.0	5.6	5.1
에스토니아(LFS, 15+)	10.0	8.6	7.4	6.4	6.9	5.8	5.4	4.5	7.0	6.2
핀란드(LFS, 15+)	7.7	8.2	8.7	9.4	8.8	8.6	7.4	6.7	7.8	7.6
프랑스(LFS, 15+)	9.4	9.9	10.3	10.4	10.1	9.4	9.0	8.4	8.0	7.9
독일(LFS, 15+)	5.4	5.2	5.0	4.6	4.1	3.8	3.4	3.1	3.9	3.6
그리스(LFS, 15+)	24.4	27.5	26.5	24.9	23.5	21.5	19.3	17.3	16.3	14.7
헝가리(LFS, 15+)	11.0	10.2	7.7	6.8	5.1	4.2	3.7	3.4	4.3	4.1
아이슬란드(LFS, 15+)	6.0	5.4	4.9	4.0	3.0	2.7	2.7	3.5	5.5	6.0
아일랜드(LFS, 15+)	15.5	13.7	11.9	9.9	8.4	6.7	5.7	5.0	5.6	6.2
이탈리아(LFS, 15+)	10.7	12.2	12.7	11.9	11.7	11.2	10.6	10.0	9.2	9.5
라트비아(LFS, 15+)	15.1	11.9	10.9	9.9	9.6	8.7	7.4	6.3	8.1	7.5

국가별	2012	2013	2014	2015	2016	2017	2018	2019	2020	2021
리투아니아(LFS, 15+)	13.4	11.8	10.7	9.1	7.9	7.1	6.2	6.3	8.5	7.1
룩셈부르크(LFS, 15+)	5.1	5.9	5.9	6.7	6.3	5.5	5.6	5.6	6.8	5.3
네덜란드(LFS, 15+)	5.8	7.2	7.4	6.9	6.0	4.8	3.8	3.4	3.8	4.2
노르웨이(LFS, 15+)	3.1	3.4	3.5	4.3	4.7	4.2	3.8	3.7	4.4	4.4
폴란드(LFS, 15+)	10.1	10.3	9.0	7.5	6.2	4.9	3.9	3.3	3.2	3.4
포르투갈(LFS, 15+)	15.5	16.2	13.9	12.5	11.1	8.9	7.0	6.5	6.8	6.6
슬로바키아(LFS, 15+)	14.0	14.2	13.2	11.5	9.7	8.1	6.5	5.8	6.7	6.8
슬로베니아(LFS, 15+)	8.8	10.1	9.7	9.0	8.0	6.6	5.1	4.5	5.0	4.7
스페인(LFS, 15+)	24.8	26.1	24.4	22.1	19.6	17.2	15.3	14.1	15.5	14.8
스웨덴(LFS, 15+)	8.0	8.1	8.0	7.4	7.0	6.7	6.4	6.8	8.3	8.7
스위스(LFS, 15+)	4.5	4.8	4.8	4.8	4.9	4.8	4.7	4.4	4.8	5.1
영국(LFS, 15+)	7.9	7.5	6.1	5.3	4.8	4.3	4.0	3.7	-	-
오스트레일리아(LFS, 15+)	5.2	5.7	6.1	6.1	5.7	5.6	5.3	5.2	6.5	5.1
뉴질랜드(LFS, 15+)	6.9	5.8	5.4	5.4	5.2	4.7	4.3	4.1	4.6	3.8

주 1: 실업자가 경제활동인구(취업자+실업자)에서 차지하는 비율

* 실업자: 15세 이상 인구 중 조사대상기간에 수입이 있는 일을 하지 않았고, 적극적으로 구직활동을 하였으며, 조사대상기간에 일이 주어지면 즉시 취업이 가능한 사람
* 각 국가마다 조사방법 및 작성기준이 상이하고, 조사 연령의 차이가 있어 국가 간 비교를 위해 연령 계층별 자료 중 15세 이상의 자료를 수록. 단, 관련 자료가 없는 경우에는 자국의 기준에 따라 관련 자료를 수록. 국가명 우측 괄호 안의 내용은 조사방법, 해당연령을 의미함. 예를 들어, 한국(LFS, 15+)는 (노동력 조사, 15세 이상)을 의미하는 것임. LFS(Labour Force Surveys: 노동력 조사), HS(Other Household Survey: 가구조사), HIES(Household Income/Expenditure Survey: 가계조사), ADM-EOR(Employment Office Records: 취업사무소 기록), OE(Official Estimates: 공식 추계치), PC(Population Census: 인구센서스)

출처: 통계청(2022. 10. 5.)(https://kosis.kr). 실업률(OECD).

2 한국의 고용보험제도

1) 고용보험의 의미

고용보험은 전통적 의미의 실업보험사업을 비롯하여 고용안정사업과 직업능력사업 등의 노동시장 정책을 적극적으로 연계하여 통합적으로 실시하는 사회보험제도이다. 고용보험제도는 실업의 예방, 고용의 촉진 및 노동자의 직업능력의 개발과 향상을 꾀하고, 국가의 직업지도와 직업소개 기능을 강화하며, 노동자가 실직한 경우에 생활에 필요한 급여를 지급하여 노동자의 생활 안정과 구직활동을 촉진함으로써 일을 원하는 모든 사람을 지원하는 사회보험제도이다. 이러한 고용보험은 실업이 산업사회의 모든 노동자에게 발생할 수 있는 사회적 위험이기 때문에 노동자와 그 가족을 보호하기 위해서는 강제가입이 불가피하다.

80년대까지 우리 사회는 거의 완전고용에 가까운 사회여서 실업의 문제가 다른 국가들에 비해 사회적 위협이 덜 한 문제였다. 그러나 우리나라도 90년대 이후 세계경제의 변화, 산업조정 등으로 실업의 문제가 커지기 시작하면서 1993년에 고용보험을 제정하고 1995년부터 시행하였다. 고용보험이 시행되고 제도가 정착되기도 전에 IMF 외환위기라는 경제적 충격으로 산업 전반의 구조조정과 대량 실업이 발생하면서 고용보험의 적용 확대와 공공일자리 사업, 재취업 지원 프로그램 등 적극적 노동시장정책을 확대하였다.

고용보험의 사업체계는 실업급여사업, 고용안정사업, 직업능력개발사업으로 분류할 수 있다. 고용안정사업과 직업능력개발사업은 2006년 1월부터 통합하여 고용안정·직업능력개발사업으로 운영되고 있다.

2) 고용보험 주요 연혁

- 1993. 12. 「고용보험법」 제정·공포
- 1995. 7. 고용보험 시행 및 기금설치 운용
- 1998. 10. 1인 이상 전 사업장으로 고용보험 적용 확대
- 2001. 11. 고용보험을 통해 모성보호급여(육아 휴직, 산전 후 휴가 급여) 지급

- 2002. 12. 일용근로자 고용보험 적용
- 2003. 12. 고용보험과 산재보험 보험료 통합징수를 위한 관련 규정 정비
- 2006. 1. 영세자영업자 고용안정, 직업능력개발사업 임의 가입
- 2012. 1. 자영업자 고용보험(실업급여) 적용
- 2012. 7. 두루누리 사회보험 지원제도 시행
- 2013. 6. 65세 이후 이직(離職)한 고용보험 피보험자 실업급여 지급
- 2016. 5. 실업크레딧 제도 도입
- 2016. 12. 생계급여를 받지 못하는 기초생활수급자에게 구직급여 지급
- 2020. 1. 피보험자 관리 이관(고용부→근로복지공단)
- 2020. 6. 긴급고용안정 지원금 지급

2010년대 실업률은 3%대로 코로나바이러스감염증-19(코로나19)로 경제가 위축된 2020년 4.0%를 제외하고 유사한 경향을 보이고 있다.

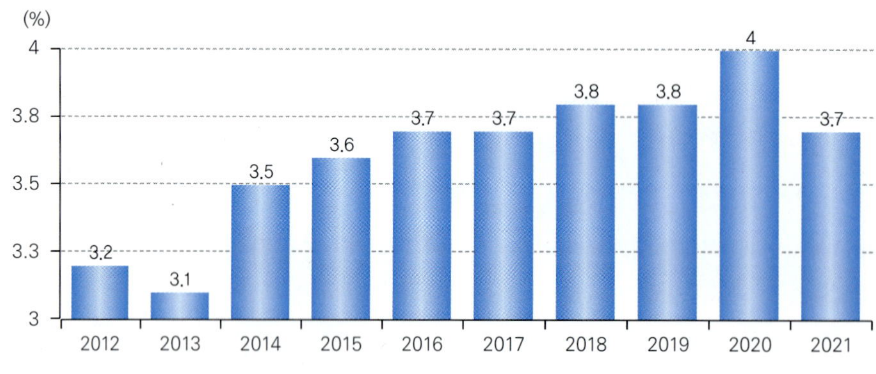

그림 13-1 연도별 실업률 추이

자료: 통계청(각연도). 경제활동인구조사.

출처: 고용노동부(e-고용노동지표)(http://eboard.moel.go.kr). 연도별 실업률.

실업률 지표와 고용률 지표는 서로 역상관관계를 지닌다. 지난 10여 년간의 고용률을 보면 대체로 60% 중반대에서 실업률이 높았던 2020년에 고용률이 조금 떨어지고 대체로 비슷

한 비율을 보이고 있다.

표 13-4 성별 및 연령집단별 고용률

(단위: %)

연도별 고용률[1]		2011	2012	2013	2014	2015	2016	2017	2018	2019	2020	2021	2022
전체		63.9	64.3	64.6	65.6	65.9	66.1	66.6	66.6	66.8	65.9	66.5	68.5
성	남성	74.6	75.1	75.2	76.0	75.9	75.9	76.3	75.9	75.7	74.8	75.2	76.9
	여성	53.1	53.5	54.0	55.0	55.7	56.1	56.9	57.2	57.8	56.7	57.7	60.0
연령 집단	15~19세	6.8	7.0	6.9	7.7	7.8	8.0	8.4	7.4	7.6	6.6	7.4	8.0
	20~29세	58.4	58.2	56.8	57.4	57.9	58.2	57.6	57.9	58.2	55.7	57.4	60.4
	30~39세	72.2	72.8	73.3	74.1	74.4	74.7	75.3	75.7	76.0	75.3	75.3	77.3
	40~49세	78.4	78.3	78.4	79.1	79.1	79.3	79.4	79.0	78.4	77.1	77.3	78.1
	50~59세	71.6	72.3	73.2	74.2	74.4	74.3	75.3	75.2	75.4	74.3	75.1	77.1
	60~64세	55.3	56.3	57.4	58.5	59.6	59.7	60.6	59.4	59.8	60.4	59.9	62.6

주 1: 고용률 = (15~64세 취업자 수 ÷ 15~64세 인구) × 100

자료: 통계청(각연도). 경제활동인구조사.
출처: 통계청(지표누리)(2023. 1. 11.)(https://www.index.go.kr). 고용률.

3) 적용 대상

고용보험의 적용범위는 산업별 특성 및 규모 등을 고려한 일부 사업을 제외하고, 노동자를 사용하는 모든 사업 또는 사업장에 적용한다.

(1) 적용 대상(당연 적용 사업장)

고용보험제도가 실시된 1995년 7월에는 실업급여사업은 30인 이상, 고용안정·직업능력개발사업은 70인 이상 사업장부터 적용되었다. 1997년 IMF 외환위기 이후 「고용보험법」을 여러 차례 개정하여 1998년 10월에는 실업급여와 고용안정·직업능력개발사업이 1인 이상으로 확대되었다.

표 13-5 당연 적용 대상 사업장

구분	1995. 7.	1997. 7.	1998. 1.	1998. 3.	1998. 7.	1998. 10.	2004. 1.
실업급여	30인 이상		10인 이상	5인 이상		1인 이상	
고용안정·직업능력개발	70인 이상		50인 이상		5인 이상	1인 이상	
건설업의 총공사 금액	40억 원	44억 원	34억 원		3억 4천만 원		2천만 원

(2) 적용 특례 대상

특수형태근로종사자는 노동자가 아니면서 자신이 아닌 다른 사람의 사업을 위하여 자신이 직접 노무를 제공하고 해당 사업주 또는 노무수령자로부터 일정한 대가를 지급받기로 하는 계약(노무제공계약)을 체결한 사람이다. 일하는 형태가 사용자와 노동자의 중간적 어디 위치에 있어서 고용보험 적용이 제외되었다가 점차 적용이 되는 형태의 종사자이다.

표 13-6 특수형태근로종사자

연도	적용 대상
2021. 7. 1.	보험설계사, 신용카드 회원 모집인, 대출모집인, 학습지 방문교사, 교육교구 방문강사, 택배기사, 대여제품 방문점검원, 가전제품 배송·설치기사, 방문판매원, 화물차주(수출입컨테이너, 시멘트, 철강재, 위험물질), 건설기계조종사, 방과 후 학교 강사(초·중등)
2022. 1. 1.	플랫폼 노무제공자(퀵서비스기사, 대리운전기사)
2022. 7. 1.	관광통역안내사, 소프트웨어 기술자, 화물차주(유통배송기사, 택배지·간선 기사, 자동차·곡물가루·곡물·사료 운반기사), 골프장 캐디, 어린이 통학버스 기사

* 65세 이후에 신규로 노무제공계약을 체결한 경우, 노무제공계약에 따른 월보수액 80만 원을 충족하지 못한 경우는 제외
[보수액 = 총수입 금액(사업소득, 기타소득) − 비과세소득 − 경비]

자영업자 중 적용대상은 노동자를 사용하지 아니하거나 50인 미만 노동자를 사용하는 자영업자, 즉 개인사업장은 사업주, 법인은 대표이사가 포함된다.

예술인에 대한 고용보험 적용은 「예술인 복지법」에 따른 예술인 중 문화예술용역 계약을 체결하고, 다른 사람을 사용하지 않고 자신이 직접 노무를 제공하는 사람은 포함된다. 다만 문화예술용역 계약의 월평균 소득 50만 원 미만이거나, 65세 이상 신규계약자는 포함되지 않는다.

(3) 적용 제외 사업 및 노동자

고용보험제도에 적용되지 않는 사업으로는 법인이 아니면서 농업, 임업, 어업 등에서 상시 4명 이하의 사업장, 전문사업자가 아니면서 규모가 작은 공사, 가구 내 고용활동 등은 포함되지 않는다. 또한 적용 제외 노동자로는 노동시간이 1개월간 60시간 미만, 공무원, 사립학교교직원, 별정우체국 직원, 65세 이후 고용된 사람 등은 포함되지 않는다. 외국인 노동자는 고용보험 적용 제외 대상이지만, 체류자격에 따라 당연, 임의, 상호주의로 구분 적용한다.

표 13-7 적용 제외 대상

구분	내용
적용 제외 사업	1. 농업·임업 및 어업 중 법인이 아닌 자가 상시 4명 이하의 노동자를 사용하는 사업 2. 「주택법」에 따른 주택건설사업자, 「건설산업기본법」에 따른 건설업자, 「전기공사업법」에 따른 공사업자, 「정보통신공사업법」에 따른 정보통신공사업자, 「소방시설공사업법」에 따른 소방시설공사업자 또는 「국가유산수리 등에 관한 법률」에 따른 국가유산수리업자가 아닌 자가 시공하는 다음의 공사 가. 총공사 금액이 2천만 원 미만인 공사 나. 연면적이 100㎡ 이하인 건축물의 건축 또는 연면적이 200㎡ 이하인 건축물의 대수선에 관한 공사 3. 가구 내 고용활동 및 달리 분류되지 아니한 자가소비 생산활동
적용 제외 대상	1. 1개월간 소정근로시간이 60시간 미만인 자, 1주간의 소정근로시간이 15시간 미만인 자(다만, 3개월 이상 계속하여 근로를 제공하는 자와 1개월 미만 동안 고용되는 일용근로자는 적용 대상임) 2. 국가 또는 지방직 공무원(다만, 별정직공무원, 임기제공무원의 경우는 본인의 의사에 따라 실업급여만 가입 가능) 3. 사립학교교직원, 별정우체국 직원 4. 65세 이후에 고용되거나 자영업을 개시한 사람(실업급여와 육아휴직 급여 등은 제외, 고용안정·직업능력개발 사업은 적용) 5. 외국인 노동자[국내거주 자격(F-2) 및 영주 자격(F-5), 결혼이민(F-6)을 가지고 있는 외국인은 취업활동에 아무런 제한이 없어 당연적용 대상이 됨]

표 13-8 고용보험 피보험자 현황

(단위: 천 명)

구분	2017년	2018년	2019년	2020년	2021년
상용[1]	12,959	13,432	13,864	14,112	14,550
일용[2]	4,959	4,274	4,173	3,825	4,168

주 1: 자영업자 포함

주 2: 1일 이상 근로내용이 신고된 근로자 수(자료추출일: 2021. 9.)

출처: 고용노동부(2022b). 고용노동백서, p. 172.

4) 보험료

고용보험제도의 재원은 보험료이다. 보험료는 사업내용에 따라 다르게 부과하고 있다. 실업급여사업은 보험료를 사업주와 노동자가 각각 50% 부담하고, 고용안정·직업능력개발사업은 100% 사업주가 부담한다.

(1) 보험료율

고용보험의 보험료율은 보험수지의 동향과 경세상황 등을 고려하여 1,000분의 30 범위 내에서 고용안정, 직업능력개발사업의 보험료율 및 실업급여의 보험료율로 구분·결정한다. 고용안정·직업능력개발사업의 보험료율은 '사업단위'로 결정되는 것이므로 당해 사업주가 행하는 '모든 사업'의 규모(법인, 단체, 기업 등)로 결정(단, 국외 현지에서 급여가 지급되는 사업은 제외)하므로 기업규모 판단을 위해 상시 근로자 수는 각 사업장의 근로자 수를 모두 합한 수를 기준으로 한다.

- 실업급여 월별보험료 = 노동자 개인별 월평균 보수[35](전년도 보수총액을 전년도 근무개월 수로 나눈 금액) × 실업급여 보험료율
- 고용안정·직업능력개발사업 월별보험료 = 노동자 개인별 월평균 보수(전년도 보수총액을 전년도 근무개월 수로 나눈 금액) × 고용안정·직업능력개발사업 보험료율

고용보험제도 중 실업급여사업의 보험료율은 22년 7월 현재 18‰로, 노사가 각각 50%인 9‰씩 부담하고, 고용안정·직업능력개발사업의 보험료율은 사업규모에 따라 사업주가 100% 부담하는데, 150인 미만 기업은 2.5‰, 1,000인 이상 기업과 국가와 지방자치단체는 8.5‰을 부담한다.

35 보수는 「소득세법」에 따른 근로소득에서 비과세 근로소득을 공제한 총급여액. 「소득세법」에 따른 '근로소득'은 「근로기준법」에 의한 '임금'보다 광의의 개념으로, 고용관계 기타 이와 유사한 계약에 의해 근로를 제공하고 지급받는 모든 경제적 가치들을 말한다.

표 13-9 보험료율

(단위: 천분율, ‰)

구분		'06~'10		~'11.3.31.		~'13.6.30.		~'13.7.1. 이후		~'19.10.1. 이후		~'22.7.1. 이후	
		근로자	사업주	근로자	사업주	근로자	사업주	근로자	사업주	근로자	사업주	근로자	사업주
실업급여		4.5	4.5	4.5	4.5	5.5	5.5	6.5	6.5	8	8	9	9
고용안정, 직업능력개발사업	150인 미만 기업		2.5		2.5		2.5		2.5		2.5		2.5
	150인 이상 (우선 지원 대상 기업)[35]		4.5		4.5		4.5		4.5		4.5		4.5
	150인 이상~ 1,000인 미만 기업		6.5		6.5		6.5		6.5		6.5		6.5
	1,000인 이상 기업, 국가·지방자치단체		8.5		8.5		8.5		8.5		8.5		8.5

*2006년 1월부터 고용안정사업 및 직업능력개발사업을 통합하여 고용안정·직업능력개발사업으로 운영

*예술인, 노무제공자(특수형태근로종사자)의 경우 2022년 7월부터는 실업급여에 대한 보험료는 16‰로 사업주와 노동자가 각각 8‰씩 부담

(2) 고용보험료 지원 사업

고용보험료 지원 사업은 주로 노무제공자(특수형태근로종사자)나 예술인 등 직업적 안정성이 상대적으로 떨어 보험료를 정기적으로 부담하기가 쉽지 않은 대상자들에게 보험료의 일부를 정부가 부담함으로써 사회보험 사각지대를 줄이고 안전망을 확대하기 위한 사업이다.

노무제공자(특수형태근로종사자), 예술인, 건설·벌목업 고용보험료 지원 사업은 노동자인 피보험자 수가 10인 미만인 사업의 월 보수액 260만 원 미만인 대상자와 그 사업주에게 보험료의 80%를 지원하고, 최대 36개월까지 지원한다. 10인 이상 사업장인 경우에는 예술인, 노무제공자 등 종사자 부담분에 한해서는 사업 규모와 상관없이 고용보험료를 지원한다.

다만, 지원신청일이 속한 보험연도의 전년도 재산의 과세표준액 합계가 6억 원 이상인 자, 또는 지원신청일이 속한 보험연도의 전년도(소득자료 입수 시기에 따라 보험연도의 전년도 또는 전

36 고용보험 우선 지원 대상 기업의 범위는 광업: 300명 이하, 제조업: 500명 이하, 건설업: 300명 이하, 운수업: 300명 이하, 출판, 영상, 방송통신 및 정보서비스업: 300명 이하, 사업시설관리 및 사업지원 서비스업: 300명 이하, 전문, 과학 및 기술 서비스업: 300명 이하, 보건업 및 사회복지 서비스업: 300명 이하, 도매 및 소매업: 200명 이하, 숙박 및 음식점업: 200명 이하, 금융 및 보험업: 200명 이하, 예술, 스포츠 및 여가 관련 서비스업: 200명 이하, 그 밖의 업종: 100명 이하이다.

전년도) 종합소득이 4,300만 원 이상인 자는 보험료 지원에서 제외된다.

5) 급여의 종류

고용보험제도의 급여의 종류는 크게 고용안정·직업능력개발 사업, 실업급여, 육아휴직급여 등으로 나눌 수 있다.

(1) 실업급여

고용보험제도의 핵심은 비자발적 실직을 당한 노동자에게 실업급여를 지급함으로써 실직자와 그 가족의 생활안정을 지원하는 것이다. 실업급여가 전통적인 실직자를 지원하는 실직 전 소득과 비례하는 현금급여를 지원한다.

실업급여를 세분화하면, 실업급여는 구직급여와 취업촉진 수당으로 구분한다. 구직급여는 상병급여, 연장급여 등으로 구분되고, 취업촉진 수당은 조기(早期) 재취업 수당, 직업능력개발 수당, 광역 구직활동비, 이주비로 구성되어 있다.

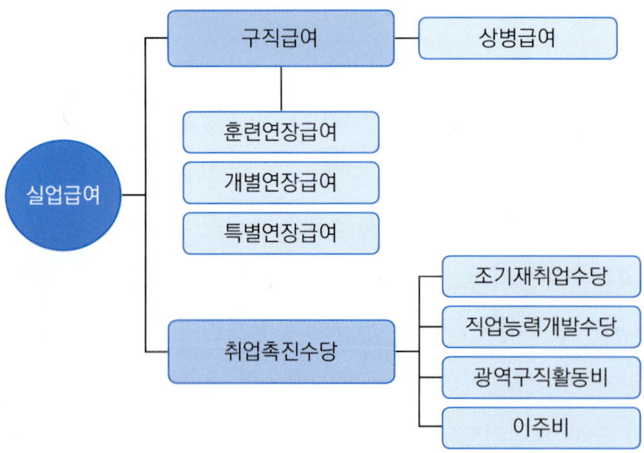

그림 13-2 실업급여의 종류

출처: 고용노동부(2022b). 고용노동백서, p. 630.

실업급여의 대표적인 급여는 구직급여이다. 구직급여의 자격조건은 다음과 같다.

첫째, 이직일 이전 18개월간(초단시간근로자의 경우, 24개월) 피보험단위기간이 통산하여 180일 이상일 것

둘째, 근로의 의사와 능력이 있음에도 불구하고 취업(영리를 목적으로 사업을 영위하는 경우 포함)하지 못한 상태에 있을 것

셋째, 재취업을 위한 노력을 적극적으로 할 것

넷째, 이직사유가 비자발적인 사유일 것

구직급여는 연령과 피보험기간에 따라 실직 전 평균임금의 60%를 지원하는데, 구직급여의 소정급여일 수는 120일에서 최대 270일까지 지원한다. 다만, 실업의 신고일부터 계산하기 시작하여 7일간은 대기기간으로 보아 구직급여를 지급하지 아니한다.

표 13-10 구직급여의 소정급여일 수[1]

연령 및 가입기간	1년 미만	1년 이상~3년 미만	3년 이상~5년 미만	5년 이상~10년 미만	10년 이상
50세 미만	120일	150일	180일	210일	240일
50세 이상 및 장애인[2]	120일	180일	210일	240일	270일

주 1: 이직일 2019. 10. 1 이후 기준

주 2: 「장애인고용촉진 및 직업재활법」에 따른 장애인

주요 국가의 실업보험제도를 보면 대체로 수급자격요건은 실직 전 고용경력과 기여를 필요로 한다. 한국은 실직 전 18개월의 기준기간 동안 최소 180일 이상 보험료 기여를 해야 하고, 벨기에는 468일 동안 3개월의 기여가 필요하다. 실업급여는 실직한 날로부터 대기기간이 없는 국가는 벨기에, 독일, 네덜란드 등이 있고, 대기기간이 7일이 있는 국가로 한국, 캐나다, 프랑스 등이 있다. 실업급여의 소득대체율은 한국은 60%, 벨기에는 65%, 프랑스는 57~75%, 스웨덴은 80% 수준이다.

표 13-11 주요 OECD 국가 실업보험제도 비교(2020)

국가	수급자격요건: 고용경력(E)+기여(C)	대기 기간 (일)	최대급여 수급기간 (개월)	소득대체율(%)	
				최초기간	이후기간
한국	E+C: 18개월(180일 이상)	7	270일	60%	연장급여에 따라 다름
벨기에	E+C: 468일(3개월)	없음	무제한	3개월 65%	49개월부터 정액(AW[1]의 26%)
캐나다	E+C: 1년 420시간	7	10.4(45주)	55%	-
프랑스	E: 24개월 동안 130일 또는 910시간 노동	7	24	57~75%	-
독일	E: 12개월 C: 2년 동안 12개월	없음	12	60%	-
네덜란드	E+C: 36주 동안 26주	없음	24	2개월 75%	3개월부터 70%
스웨덴	E: 전년(1년) 기준 6개월(월 최소 80시간 이상) 또는 6개월 연속기간 동안 480시간(월 최소 50시간 이상) C: 12개월 동안 보험기금 회원	6	13.8(60주) 직업개발 프로그램 21.8(90주)	40주 80%	41주부터 70% 60주 후 직업개발 프로그램 65%
영국	C: 2년 동안 12개월	7	6	정액급여 (AW의 9.1%)	-

주 1: 평균임금(average wage)

자료: https://www.oecd.org/els/soc/benefits-and-wages.
출처: 이인재 외(2022). 사회보장론, p. 272 재정리.

상병수당은 실업신고를 한 이후 질병·부상·출산으로 취업이 불가능하여 실업의 인정을 받지 못한 경우에 지원받을 수 있다. 7일 이상의 질병·부상으로 취업할 수 없는 경우 증명서를 첨부하여 청구가 가능하고, 출산의 경우는 출산일로부터 45일간 지급한다.

연장급여에는 훈련연장급여, 개별연장급여, 특별연장급여 등 사유가 있을 때 구직급여를 연장하여 받을 수 있다.

표 13-12 구직급여 요건 및 지급 금액

<table>
<tr><th colspan="2">구분</th><th>급여 요건</th><th>지급 금액</th></tr>
<tr><td colspan="2">구직급여</td><td>• 이직일 이전 18개월간 피보험단위기간이 통산하여 180일 이상일 것
• 근로의 의사와 능력이 있음에도 불구하고 취업하지 못한 상태에 있을 것
※ 자발적 이직, 중대한 귀책사유로 해고된 경우는 제외
• 적극적인 재취업활동을 할 것
• 일용직 근로자의 경우 수급자격 신청일 이전 1개월 동안의 근로일 수가 10일 미만일 것
• 건설일용근로자는 수급자격 신청일 이전 14일간 연속하여 근로내역이 없는 경우에도 신청 가능
• 일용직 근로자의 경우 피보험단위기간 180일 중 다른 사업에서 수급자격의 제한 사유에 해당하는 사유로 이직한 사실이 있는 경우는 그 피보험단위기간 중 90일 이상을 일용직 근로자로 근로하였을 것</td><td>• 이직 전 평균임금의 60%
- 최고/1일: 66,000원
- 최저/1일: 시간급 최저임금의 80%
• 연령, 피보험기간, 장애 유무에 따라 120~270일간 지급</td></tr>
<tr><td colspan="2">상병급여</td><td>• 실업신고를 한 이후 질병·부상·출산으로 실업의 인정을 받지 못한 날
- 출산의 경우는 출산일로부터 45일간 지급</td><td>• 구직급여일액과 동일
- 7일 이상의 상병</td></tr>
<tr><td rowspan="3">연장급여</td><td>훈련 연장급여</td><td>• 실업급여 수급자로서 직업안정기관의 장의 직업능력개발훈련 지시에 따라 훈련을 수강하는 자</td><td>• 구직급여일액의 100%(최대 2년)</td></tr>
<tr><td>개별 연장급여</td><td>• 직업안정기관의 장의 직업소개에 3회 이상 응하였으나 취업되지 못하는 등 취직이 특히 곤란하고 생활이 어려운 수급자격자</td><td>• 구직급여일액의 70%
- 60일 범위 내</td></tr>
<tr><td>특별 연장급여</td><td>• 실업 급증 등으로 재취업이 특히 어렵다고 인정되는 경우 고용노동부장관이 고시한 기간 동안 실업급여의 수급이 종료된 자</td><td>• 구직급여일액의 70%
- 60일 범위 내</td></tr>
</table>

출처: 고용노동부(2022b). 고용노동백서, p. 631.

연도별 실업급여 신규 신청자는 2021년 1,290천 명, 2022년 1,204천 명, 2023년 1,254천 명으로 신청자가 2022년은 전년도에 비해 줄었다가 2023년 다시 증가하였다.

표 13-13 연도별 실업급여 신규 신청자[1] 수 현황

(단위: 천 명)

구분	2021년	2022년	2023년
신규 신청자 수	1,290	1,204	1,254

주 1: 신규 신청자: 해당 기간에 실업급여를 신청한 자(임금근로자만 포함)

출처: 고용노동부(2024). 고용노동백서, p. 7.

취업촉진수당은 구직급여 수급자가 대기기간(7일)이 경과한 후 소정급여일 수를 절반 이상 남겨 두고 재취업하여 12개월 이상 계속 고용되거나 사업을 영위하였을 때 조기재취업수당

을 받을 수 있고, 직업능력개발훈련을 받는 경우 직업능력개발수당, 광역구직활동비, 이주비 등으로 구성되어 있다.

표 13-14 취업촉진수당 요건 및 지급 금액

구분	급여 요건	지급 금액
조기재취업수당	• 대기기간(실업신고일부터 7일)이 지난 후 안정된 직업에 12개월 이상 계속하여 고용된(사업을 영위한) 경우로서 잔여 급여일 수가 1/2 이상인 경우 - 사업을 영위한 경우에는 1회 이상 자영업 준비활동으로 실업인정을 받아야 함	• 구직급여 미지급일 수의 1/2
직업능력개발수당	• 수급자격자가 직업안정기관의 장의 지시에 의한 직업능력개발훈련 등을 받는 경우	• 훈련기간 중의 교통비, 식대 등 - 7,530원/1일
광역구직활동비	• 직업안정기관의 소개에 의해 구직활동을 거주지에서 멀리 떨어진 지역(25km 이상)에서 할 경우	• 숙박료: 실비 • 운임: 실비(교통수단별 중등급 수준)
이주비	• 취업하거나 직업안정기관의 장이 지시한 직업능력개발 훈련 등을 받기 위해 주거를 이전할 필요가 있는 경우	• 5톤까지는 실비[5톤 초과: 5톤까지 실비+7.5톤까지(실비의 50%), 7.5톤 한도]

출처: 고용노동부(2022b). 고용노동백서, p. 631.

(2) 고용안정·직업능력개발 사업

고용안정·직업능력개발 사업은 피보험자 및 피보험자였던 사람, 그 밖에 취업할 의사를 가진 사람에 대한 실업의 예방, 취업의 촉진, 고용기회의 확대, 직업능력개발·향상의 기회 제공 및 지원, 그 밖에 고용안정과 사업주에 대한 인력 확보를 지원하기 위하여 실시하는 사업이다.

고용안정지원사업은 기업이 노동자를 신규로 고용하거나, 일하고 있는 노동자의 고용안정을 위한 조치를 하거나, 경기 변동·산업구조의 변화 등으로 고용 조정이 불가피한 상태에서도 노동자를 감원하지 않고 고용을 유지하는 경우 고용보험에서 사업주에게 지원금을 지원하여 노동자의 고용기회를 확대하고 고용을 안정시키기 위한 사업이다. 고용안정사업으로는 고용창출, 고용조정, 고용안정 및 취업 촉진 사업 등이 있다.

고용창출 지원 사업은 고용환경 개선, 근무형태 변경 등으로 고용의 기회를 확대한 사업주에게 필요한 지원을 하는 제도이다. 고용창출 장려금은 취약계층 고용, 청년 추가고용, 시간 선택제 일자리 및 일자리 함께하기 제도 도입 등을 통해 일자리를 창출한 사업주에게 인건비를 지원한다.

표 13-15 고용창출 장려금 지원 사업

지원 종류	주요 내용
고용촉진 장려금	고용노동부장관이 지정하는 취업지원프로그램(국민취업 지원제도 등)을 이수하고 직업안정기관 등에 구직 등록한 실업자를 노동계약기간의 정함이 없는 노동자로 고용한 경우, 1인당 연 360만 원~연 720만 원 지원
시간 선택제 신규고용 지원	무기계약, 최저임금 이상 임금 지급, 주 15시간 이상 30시간 이하 근로, 4대 사회보험 가입, 전일제근로자와 균등대우(근로시간비례 원칙), 전자·기계적 방법에 의한 출퇴근 관리 전일제근로자 채용 시, 전일제전환기회 우선 부여 등 지원요건을 만족하는 시간 선택제 근로자를 신규 고용한 경우, 1인당 연 360만 원~연 840만 원
일자리 함께하기 지원금	교대제, 일자리순환제, 실근로시간단축제, 주근로시간단축제를 도입하고 새로 만든 일자리에 실업자를 고용하여 노동자 수가 증가한 경우, 고용증가 노동자 1인당 연 480만 원~연 1,200만 원의 증가노동자 인건비 지원, 사업주가 근로시간 단축으로 임금이 감소한 재직노동자의 임금을 보전하기 위해 보전한 임금의 80% 범위 내에서 노동자 1인당 최대 40만 원 한도 지원
국내복귀기업 지원	산업부 장관이 지정한 국내복귀 제조업으로 지정일 후 5년 이내인 우선 지원 대상 기업과 중견기업에서 신규로 노동자를 채용하여 노동자 수가 증가한 경우, 1인당 연 360만 원~720만 원 지원
신중년 적합직무 고용지원	만 50세 이상 실업자를 신중년 적합직무에 신규 고용한 경우, 1인당 연 480만 원~연 960만 원 지원
청년 추가고용 장려금	5인 이상 중소·중견기업(성장유망업종, 벤처기업 등은 5인 미만도 가능)이 청년 정규직을 신규 채용하여 노동자 수가 증가한 경우, 신규 고용 청년노동자 증가 1명당 연 900만 원 지원

출처: 고용노동부(2022b). 고용노동백서, p. 543.

고용조정 지원 사업은 경기의 변동, 산업구조의 변화 등에 따른 사업 규모의 축소, 사업의 폐업 또는 전환으로 고용조정이 불가피하게 된 사업주가 노동자에 대한 휴업, 휴직, 직업전환에 필요한 직업능력개발 훈련, 인력의 재배치 등을 실시하거나 그 밖에 노동자의 고용안정을 위한 조치를 하면 그 사업주[37]에게 필요한 지원을 할 수 있다. 또한, 고용조정으로 이직된 노

37 고용조정이 불가피한 사업주가 휴업·휴직 등의 고용유지 조치를 하는 경우 고용유지조치 기간 동안 사업주가 노동자에 지급한 휴업·휴직수당의 2/3(대규모 기업 1/2~2/3)를 지원한다.

동자를 고용하는 등 고용이 불안정하게 된 노동자의 고용안정을 위한 조치를 하는 사업주에게 필요한 지원을 할 수 있는 제도이다.

고용안정 및 취업 촉진 사업은 피보험자 등의 고용안정 및 취업을 촉진하기 위하여 고용관리 진단 등 고용개선 지원 사업, 피보험자 등의 창업을 촉진하기 위한 지원 사업, 그 밖에 피보험자 등의 고용안정 및 취업을 촉진하기 위한 사업에 지원을 할 수 있는 제도이다. 이 외에도 지역 고용의 촉진 지원, 고령자 등 고용촉진 지원, 건설근로자 등의 고용안정 지원 사업 등이 있다.

직업능력개발사업으로는 크게 사업주에 대한 직업능력개발 훈련의 지원과 피보험자 등에 대한 직업능력개발 훈련의 지원, 직업능력개발 훈련 시설에 대한 지원 등이 있다. 사업주에 대한 직업능력개발 훈련 지원사업은 피보험자 등의 직업능력을 개발·향상시키기 위하여 직업능력개발 훈련을 실시하는 사업주에게 그 훈련에 필요한 비용을 지원하는 제도이다. 피보험자 등에 대한 직업능력개발 훈련 지원사업은 피보험자 등이 직업능력개발 훈련을 받거나 그 밖에 직업능력 개발·향상을 위하여 노력하는 경우에 필요한 비용을 지원하거나 직업능력개발 훈련을 실시할 수 있는 제도이다.

표 13-16 고용안정 장려금 지원 사업

지원 종류	주요 내용
워라밸일자리 장려금	전일제노동자가 필요한 때(임신, 육아, 가족돌봄, 본인 질병, 은퇴 준비, 학업 등)에 노동시간을 단축하여 근무할 수 있도록 허용하는 우선 지원 대상 기업·중견기업 사업주에게 단축노동자 1인당 간접노무비 월 30만 원, 임금감소액 보전금 월 20만 원 지원
출산육아기 고용안정 장려금	노동자에게 육아휴직 또는 육아기 노동시간 단축을 허용한 사업주에게 육아휴직 등 부여 지원금으로 노동자 1인당 월 10~40만 원 지원, 노동자에게 출산 전후 휴가, 유산·사산 휴가, 육아휴직 또는 육아기 노동시간 단축을 30일 이상 부여하거나 허용하고 대체인력을 고용한 사업주에게 대체인력 지원금으로 월 30~120만 원 지원
일·가정 양립 환경개선 지원	선택근무제·원격근무제·재택근무제를 도입·확대하여 소속노동자가 활용하도록 하는 우선 지원 대상 기업 및 중견기업의 사업주에게 유연근무제활용노동자 1인당 간접노무비 1년간 최대 360만 원 지원, 재택·원격근무 인프라 구축비 최대 2천만 원 지원
정규직 전환 지원	6개월 이상 2년 이하 근속한 비정규직노동자 및 특수형태근로종사자를 정규직으로 전환한 우선 지원 대상 기업 및 중견기업의 사업주에게 전환노동자 1인당 임금증가액 보전금 월 최대 60만 원, 간접노무비 월 30만 원 지원

출처: 고용노동부(2022b). 고용노동백서, p. 544.

직업능력개발 훈련 시설에 대한 지원 사업은 피보험자 등의 직업능력 개발·향상을 위하여 필요하다고 인정하면 직업능력개발 훈련 시설의 설치 및 장비 구입에 필요한 비용의 대부, 직업능력개발 훈련 시설의 설치 및 장비 구입·운영에 필요한 비용을 지원하는 제도이다.

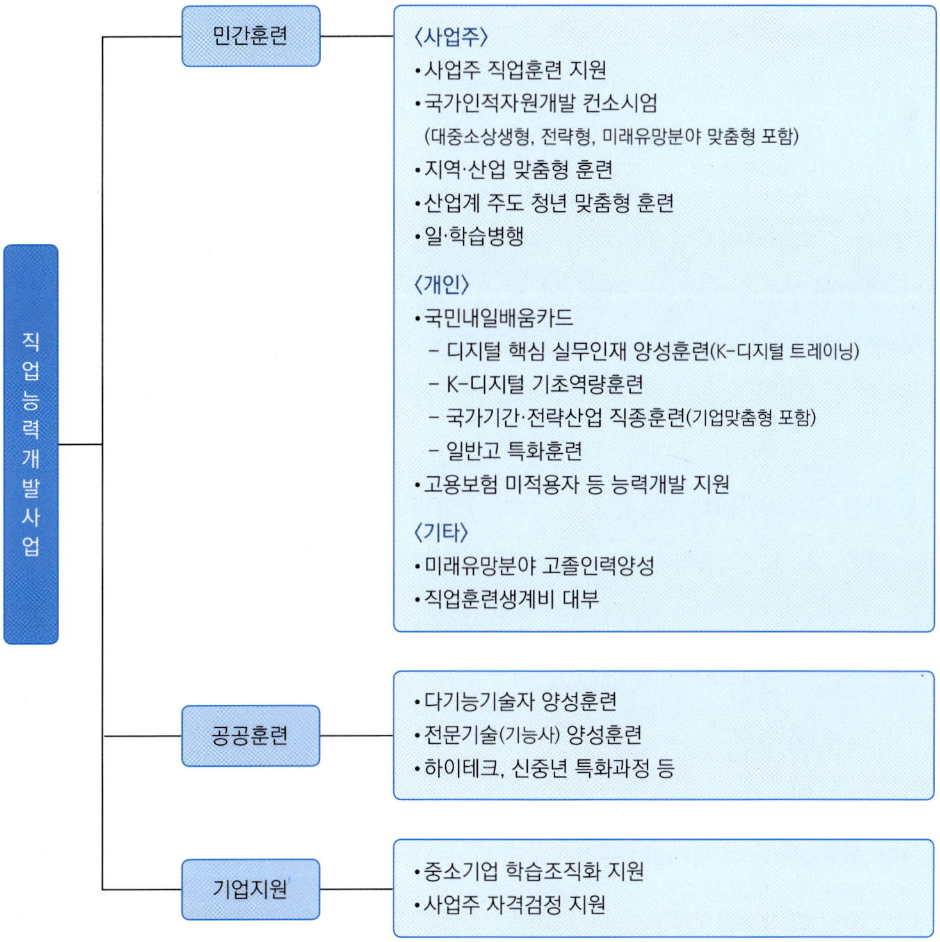

그림 13-3 직업능력개발 훈련 종류

출처: 고용노동부(2022b). 고용노동백서, p. 558.

(3) 육아휴직 급여 등

육아휴직 급여 등에는 육아휴직 급여, 육아기 근로시간 단축 급여, 출산 전후 휴가 급여 등이 있다.

육아휴직 급여는 「남녀고용평등과 일·가정 양립 지원에 관한 법률」에 따른 육아휴직을 30일(「근로기준법」 제74조에 따른 출산 전후 휴가기간과 중복되는 기간 제외) 이상 부여받은 피보험자 중 육아휴직을 시작한 날 이전에 피보험단위기간이 합산하여 180일 이상인 피보험자에게 육아휴직 급여를 지급하는 제도이다. 주요 대상은 1인 이상 전 사업장에서 임신 중인 여성 노동자, 만 8세 이하 또는 초등학교 2학년 이하의 자녀(입양한 자녀 포함)가 있는 남·녀 노동자가 해당되고, 당해 사업장 6개월 이상 근무를 하고 있어야 한다. 육아휴직 기간은 최대 1년 이내로, 통상임금의 80%(2022년 기준 상한 150만 원, 하한 70만 원)를 지원받을 수 있다.

육아기 근로시간 단축 급여는 육아휴직 급여의 대상과 같고, 최대 1년까지 지원받을 수 있고, 단축 후 근로시간은 주 5~35시간 범위 내에서 단축할 수 있다.

출산 전후 휴가 급여는 피보험자가 「근로기준법」에 따른 출산 전후 휴가 또는 유산·사산 휴가를 받은 경우와 「남녀고용평등과 일·가정 양립 지원에 관한 법률」에 따른 배우자 출산 휴가를 받은 경우로서, 휴가가 끝난 날 이전에 피보험단위기간이 합산하여 180일 이상이고, 휴가를 시작한 날 이후 1개월부터 휴가가 끝난 날 이후 12개월 이내에 신청할 경우에 출산 전후 휴가 급여를 지원하는 제도이다.

(4) 기타 지원제도

고용보험제도는 주로 사업장에 고용되어 있는 노동자를 중심으로 하고 있어서 자영업자는 적용대상에서 제외되어 있었다. 그러나 노동자를 사용하지 않거나 50명 미만의 노동자를 사용하는 사업주인 자영업자[38]도 임의가입하면 지원을 받을 수 있다. 자영업자가 실업급여를 지원받기 위해서는 최소 폐업일 이전 24개월 간 1년 이상 보험료를 납부해야 하고, 매출액 감소, 적자 지속, 자연재해 등 불가피한 사유로 비자발적 폐업한 경우 기준보수의 60%에 해당하는

38 다만, 부동산임대업자 및 만 65세 이후 창업자는 가입 제외

실업급여를 지원한다. 자영업자는 가입기간에 따라 다음의 표와 같이 최소 120일에서 최대 210일까지 실업급여를 지원받을 수 있다.

표 13-17 자영업자 실업급여의 소정급여일 수

자영업자 가입기간	1년 이상~3년 미만	3년 이상~5년 미만	5년 이상~10년 미만	10년 이상
급여일 수	120일	150일	180일	210일

*지급기준: 기초일액(납부한 기준보수의 합/피보험기간의 총일 수)의 60%

Point

1. 사용개요

- 고용보험 등 기존 고용안전망의 사각지대에 있는 저소득 구직자·청년·경력단절여성 등 취업취약계층 대상 취업지원, 소득지원을 함께 제공하는 한국형 실업부조(2021. 1. 1. 시행)

2. 취업지원 대상 및 지원 내용

	국민취업 지원제도 I	국민취업 지원제도 II(기존 취성패)
대상	•중위소득 60% 이하 저소득층, 비경활인구 •중위소득 120% 이하 청년 (공통) 재산 4억 원 이하, (요건심사형) 취업경험 필요	•국민취업 지원제도 I의 지원을 받지 못하는 영세자영업자, 조건부 수급자, 청년 등
지원 내용	•맞춤형 취업지원서비스 •구직활동 이행 시 구직촉진수당 지원 (50만 원×6개월, 최대 300만 원)	•맞춤형 취업지원서비스 •소정의 취업활동비용 지원(최대 195.4만 원)

- 개인별 역량·의지에 따른 직업훈련·일경험·복지 프로그램 연계 등 취업지원서비스 제공
  - 취업 지원: 직업훈련, 일경험, 복지프로그램(생계, 의료, 금융, 돌봄서비스 등) 연계
  - 구직활동 지원: 동행면접, 이력서·면접 컨설팅, 일자리정보 제공, 채용박람회, 취업알선 등
- 구직촉진수당(I유형) 최대 300만 원(50만 원×6개월)(2023년부터 부양가족 1인당 10만 원씩 월 최대 40만 원 추가 지원), 취업활동비용(II유형) 월 최대 284천 원 지원
- 조기취업성공수당 지원 확대: 취업활동계획 수립 후 3개월 이내 취업 시
  - I유형: 잔여 구직촉진수당의 50% 지급
  - II유형 중 조건부 수급자: 50만 원 지급

출처: 고용노동부(2022b). 고용노동백서, p. 552; 국민취업제도(https://www.kua.go.kr)

6) 관리운영

고용보험의 주무부처는 고용노동부이다. 고용노동부가 고용보험제도 전반을 총괄하고, 고용노동부 고용센터에서 수급자격 인정, 실업인정, 실업크레딧 등 실업급여 관리업무, 고용창출 장려금, 고용안정 장려금, 고용유지 지원금 신청 등 고용안정사업 관련 업무, 육아휴직 급여, 출산 전후 휴가 급여, 육아기 근로시간 단축 급여 등 모성보호 관리업무, 직업능력개발 훈련 비용 지원, 수강장려금 지급 등 직업능력개발 관련 업무 등을 담당한다.

근로복지공단은 고용보험 가입과 부과 업무, 보험관계 신고(성립·소멸·변경), 고용보험일괄적용관계신고 및 신청, 고용보험 피보험자격관리(취득, 상실, 변경, 전근, 휴직 등), 임의가입 신청 관리 업무 등을 담당한다. 보험료 고지 및 수납은 사회보험료 통합 징수제도에 따라 국민건강보험공단이 담당한다.

표 13-18 고용보험 업무담당기관

구분	내용
고용노동부 고용센터	•실업급여 지급, 고용안정사업 관련 각종 지원 업무 •실업급여 관련 업무는 수급자의 거주지 관할 고용센터에서 담당 •직업능력개발 관련 각종 지원업무
근로복지공단	•보험관계 신고(성립/소멸/변경) •고용보험 일괄적용 관계 신고 및 신청 •보험사무 대행기관 인가 등 담당 •피보험자격 관리
국민건강보험공단	•보험료 고지 및 수납, 체납관리

논의거리

1. 현대 사회에서 일이 의미하는 것과 실직이 개인에게 미치는 영향에 대해 논의해 봅시다.
2. 각자가 생각하는 은퇴의 연령에 대해 토론해 봅시다.
3. 구직급여는 왜 복지급여를 지원하면서 동시에 적극적 취업활동을 하도록 강제할까요?

Quiz

1. 고용보험은 1993년 제정되어 1995년 시행되었고, 실업급여는 (　　)인 이상으로 출발하게 된다.

2. 다음 중 한국의 고용보험제도에서 적용대상에 포함되지 않는 사람은?

   가. 학습지교사　　나. 공무원　　다. 보험설계사　　라. 사립학교교원

3. 한국의 고용보험 중 실업급여의 핵심은 (　　　　　)이다.

4. 구직급여는 실직 전 18개월 중 피보험단위기간이 통산하여 (　　)일 이상 근무하고 비자발적 실직인 경우에 지급한다.

5. 구직급여는 이직 전 평균임금의 (① 50, ② 60, ③ 70)%를 기준으로 지급한다.

6. 구직급여는 현재 최대 (① 150, ② 210, ③ 270)일까지 받을 수 있다.

7. 고용보험의 보험료 중 노동자도 보험료를 부담해야 하는 것은?

   ① 실업급여　　② 고용안정사업　　③ 능력개발사업

8. 자영업자는 고용보험에 가입하지 못한다. (O, X)

Chapter 14

빈곤과 공공부조정책

학습목표

1. 빈곤의 개념과 유형에 대해 이해할 수 있다.
2. 빈곤측정의 방법을 비교할 수 있다.
3. 한국의 국민기초생활보장제도에 대해 설명할 수 있다.

1 빈곤의 개념 및 유형

1) 빈곤 개념

빈곤(poverty)은 자원이 부족하여 기본 욕구를 충족하기 어려운 상태와 관련된다. 즉, 빈곤은 일반적으로 최소한의 인간다운 삶을 유지하는 데 있어 필요한 자원이 부족한 상태라고 할 수 있다. 현대 사회에서 누구나 의식주를 포함하여 기본적 생활에 필요한 자원이 있어야 하는데, 이러한 자원이 부족하여 어려움을 겪는 사람들이 존재한다. 이러한 상태에 놓여 있는 사람들을 빈곤층이라고 한다. 빈곤은 최소한의 생존수준에도 미치지 못하는 상태, 즉 먹을 것과 안전한 물과 집과 신체적 건강과 같은 기본적인 욕구조차 충족하지 못하는 상태라고 할 수 있다(Fitzpatrick, 2013, p. 222).

전통적 빈곤의 개념을 확장하면서 논의되고 있는 용어가 박탈(deprivation)이다. 박탈은 개인이나 가족 또는 집단, 공동체에 속해 있는 사회나 국가에서 '일반적으로 관습적이거나 널리 권장되고 인정되는 음식, 의복, 주거 등의 활용이 결여되었거나 노동조건을 포함한 사회경제적 조건이나 관계, 활동 등의 참여가 제한되어 있는 상태를 말한다(윤홍식 외, 2019, p. 294). 타운센드(Townsend)는 기존의 빈곤 개념이 주로 삶에 필요한 소득(자원)의 부족으로 간주한다고 보고, 이를 보완하여 개인과 가구, 공동체에 분배되는 여러 종류의 자원의 총가용량에 달려 있다고 보았다. 따라서, 빈곤을 현금소득뿐만 아니라 자본자산, 부가 급여, 공공서비스, 기타 개인소득 등을 포함하여 판단해야 한다고 보았다(이정우, 2010, p. 334). 또한 자원의 상이한 유형이 생활수준을 결정한다고 보고, 의식주, 환경, 노동, 오락, 교육 등 여러 지표의 요소들이 결핍되어 있다면 그러한 상황을 박탈이라고 보았다.

사회적 배제(social exclusion)는 소득 중심의 개념인 빈곤을 보다 다차원적으로 정의하는 개념이라고 할 수 있다. 빈곤이 주로 경제적 측면을 강조하는 개념이라면, 사회적 배제는 보다 복합적인 측면을 강조한다. 사회적 배제는 그 개념이 포괄하는 범위가 빈곤 개념의 범위를 넘어서서 소득의 부족에서 비롯되는 물질적 빈곤 이외에 다양한 영역에서의 자원과 기회의 박탈을 포함한다. 따라서, 사회적 배제는 자원이 결핍하여 한 사회의 구성원으로서 의식주와 같은 기본적인 생활을 하는 데 어려움이 있거나 다양한 활동에 참여할 기회가 박탈되거나 배제된 상태라고도 할 수 있다.

사회적 배제는 다차원성, 동태성, 관계성의 측면을 강조하는 개념으로, 자원의 결핍이라는 단일한 요소가 아니라 사회적 상호작용 속에서 차별과 불평등을 유발하는 다양한 메커니즘으로 보려고 한다(윤홍식 외, 2019, p. 295; 이성균, 2022, pp. 13-14). 즉, 사회적 배제는 사회구성원에게 나타나는 빈곤의 역동성과 다차원적인 불리함으로 작용하는 사회적 기제를 분석하려는 것이다. 예를 들어, 전통적 빈곤에서 주로 강조하였던 저소득과 경제적 결핍의 범주뿐만 아니라 건강문제, 노동시장에서의 배제, 가족해체, 교육에서의 불리함, 열악한 주거환경, 사회와의 관계망 단절, 문화적·심리적 단절, 공공서비스에서의 차별, 사람에 대한 존중, 민주적 참여 등을 다차원적이고 복합적으로 보려는 것이다.

표 14-1 빈곤과 사회적 배제개념 특성 비교

구분	정태적 결과(static outcome)	동태적 결과(dynamic process)
소득 중심	빈곤	궁핍화(impoverishment)
다차원적	박탈	사회적 배제

출처: 남기철 외(2005). 빈곤정책의 전환모색, p. 18.

또한 유사한 용어로 양극화(polarization)는 사전적 의미로는 '중간 부분이 해체되면서 양극단으로 모여 격차가 벌어지는 현상'으로, 사회계층 간 분리를 강조하는 개념이다. 양극화는 내부적 동질성을 가진 상호이질적 집단(예를 들어, 흑인과 백인) 간의 격리나 격차가 증대되어 양극단으로 집중되는 현상(투표 행위, 사회적 행태 등)과 그에 따른 정치·사회적 문제의 심화를 말하는 것이기도 하다. 이러한 양극화는 집단 간의 사회적 분리와 격차, 빈부 간의 갭 확대를 의미하는 개념으로 사용하고 있다.

계층적 이동의 개념으로서의 양극화는 주로 중산층이 엷어지는 현상, 즉 중산층의 다수가 낮은 쪽으로 하향 이동하여 빈곤층의 폭이 넓어지고 일부만 높은 쪽으로 상향 이동하면서 양극단으로 흩어지는 현상에 관심을 두고 있다. 소득과 자산의 양극화를 중심으로 고용의 양극화, 노동시장의 양극화, 산업의 양극화와 같은 현상에도 다층적으로 사용되는데, 양극화는 이러한 흐름의 이동에 중점을 두고 있다.

2) 빈곤의 유형

빈곤은 세 가지 유형으로 나눌 수 있다. 첫째, 객관적으로 규정된 기준보다 낮은 위치에 있는 것, 둘째, 그 사회의 다른 사람들보다 상대적으로 적게 가지고 있는 것, 셋째, 스스로가 주관적으로 생활이 어렵다고 느끼는 것이다. 이러한 분류에 따라 빈곤의 개념은 주로 절대적 빈곤, 상대적 빈곤, 주관적 빈곤으로 나눌 수 있다.

(1) 절대적 빈곤

절대적 빈곤은 한 개인이나 가구의 소득 또는 지출이 최저생활을 유지하는 데 필요한 생계비와 같은 자원이 부족한 상태에 있는 것을 의미한다. 영국의 1889년 런던의 찰스 부스와

1899년 요크시의 라운트리는 각각 빈곤에 대한 근대적 연구의 효시로 평가받는데 그 시절의 절대적 빈곤 관련 연구라고 볼 수 있다. 이러한 절대적 빈곤은 현대 사회에서도 주로 경제발전이 진행되는 국가들에 적용될 수 있다. 예를 들어, 우리나라에서 저소득층의 지출을 중심으로 측정하는 최저생계비 계측조사를 통해 어떤 기준선을 설정하여 그 이하의 상태에 있는 계층을 빈곤층으로 간주하는 것이다.

(2) 상대적 빈곤

상대적 빈곤은 특정사회 구성원 대다수가 누리는 생활수준에 미치지 못한 상태에 있는 것을 의미한다. 상대적 빈곤은 타인의 생활수준과 비교하여 부적절한 자원, 특히 부적절한 소득으로 인해 사회에서 보편적으로 받아들여지는 생활양식으로부터 배제된 상태와도 관련된다(Fitzpatrick, 2013, p. 223).

영국의 타운센드는 시대가 변화하면서 절대적 빈곤 개념의 변화가 필요하다고 보고 '절대적 필요(absolute needs)'라는 개념 대신 '필요의 사회적 결정(social determination of needs)'이란 개념을 도입하면서 어떤 사회의 생활필수품이란 고정불편한 것이 아니라 공간적·시간적 상대성을 가진다고 보았다(이정우, 2010, p. 333). 따라서 상대적 빈곤은 상대적 박탈(relative deprivation) 또는 불평등의 개념과도 연결된다. 상대적 빈곤을 정의할 때 일정 기준 이하 또는 비율의 상태에 있는 것을 빈곤하다고 판단하는 것과 관련된다. 예를 들어, 전체 국민의 하위 10% 소득계층을 빈곤층이라고 규정할 수 있고, 중위소득(평균소득) 50% 이하에 위치한 계층을 빈곤층이라고 규정할 때 이러한 개념에 따라 판단하는 빈곤을 상대적 빈곤이라고 할 수 있다.

(3) 주관적 빈곤

주관적 빈곤은 개인이 가지고 있는 자원의 양과는 별개로 자신이 자원을 충분히 갖고 있지 않다고 느끼는 상태에 있는 것을 의미한다. 주관적 빈곤은 자신의 생활 상태에 대해 본인이 가지는 느낌이 중요한 의미를 가지는 것이다. 예를 들어, 주관적 빈곤은 스스로의 소득이 평균소득(중위소득) 이상이더라도 스스로 생활이 어렵다고 생각한다면 절대적 빈곤 또는 상대적 빈곤에 해당되지 않을 수도 있지만 주관적 빈곤에는 해당한다고 할 수 있다.

2 빈곤측정

1) 절대적 빈곤측정

(1) 전물량방식

전물량방식(market basket 방식, Rowntree[39] 방식)은 의식주 등 일상생활에 필요한 필수품 전 품목을 선정하여 이를 합산해서 계산하는 방식이다. 즉, 모든 품목에 대하여 최저한의 수준을 정하고, 이를 화폐가치로 환산하여 총합으로 최저생계비를 구하는 방식인 것이다. 이러한 전물량방식은 시민들, 또는 일하는 사람들의 현실적 지출의 생활실태를 조사하여 이를 근거로 기본생활에 실제적인 비용을 산출하고 결정하는 방식인 가계실태조사에서도 많이 활용하는 방식이다. 예를 들어, 한국의 최저생계비 계측조사도 이러한 방식에 따라 측정한다.

전물량 방식은 의료비, 교육비 등 급여종류별 기준액 산정과 장애인, 노인 등의 가구유형별 부가급여 기준 결정에 유용한 반면, 필수품 선정에 있어서 자의성을 배제하기가 어려운 측면도 있다.

(2) 반물량방식

반물량방식(Engel 방식, Orshansky 방식)은 생활의 필요한 모든 품목을 기준으로 하는 것이 아니라 주로 식품비를 기준으로 최저생계비를 계산하는 방식이다. 오샨스키 방식은 미국 사회보장청의 오샨스키가 1964년 제안한 방식으로, 미국의 3인 이상 가구의 엥겔계수(Engel's coefficient)[40]가 대략 3분의 1 수준이어서 간편하게 최저한의 식품비를 측정한 뒤 여기에 3을 곱해 빈곤선을 계산하는 것이다. 이러한 오샨스키 방식은 생활에 필요한 최소한의 식품비를 구하여 여기에 엥겔계수(식료품비/총소득)의 역수를 곱한 금액을 최저생계비로 규정하는 방식

39 라운트리는 빈곤을 '순수하게 신체적 능률을 유지하기 위한 최저한의 필수품'으로 정의하고, 이러한 필수품을 사는 데 필요한 소득에 미달할 때를 '일차적 빈곤'이라고 규정한다(이정우, 2010, p. 328).

40 엥겔계수는 가구소득 또는 가구지출 중에서 식품비가 차지하는 비중을 말한다. 엥겔법칙은 가구소득이 높을수록 식품비에 대한 지출의 비중, 즉 엥겔계수가 낮아진다는 법칙을 말한다.

이어서 엥겔방식이라고 부르기도 한다(이정우, 2010, p. 330). 미국은 식품비 중심의 반물량방식을 활용하고, 매년 물가 상승률을 감안하여 기준선을 조정하고 있다.

이러한 반물량방식은 전물량방식보다 계측이 간편하고 필수품목의 자의성을 줄일 수 있으나, 엥겔계수를 도출하고 상수값을 설정하는 것에 자의성을 배제하기 어렵고, 전물량방식에 비해 장애인 가구, 노인가구 등 가구유형별 특성을 고려한 최저생계비 계측에 어려움이 있다.

Point

국민생활실태조사(2021~2022년)

1. 국민생활실태조사(최저생계비 계측 포함 3년마다 실시)

- 「2021년 국민생활실태조사」는 일반 및 저소득층 가구의 생활실태, 복지욕구 실태, 전물량·상대적·주관적 최저생계비 추정을 위한 기초자료 생산에 초점을 두고 구성

2. 실태조사 절차

- 「2021년 국민생활실태조사」는 17개 시도별로 다단계 층화군집표집으로 총 18,000가구 추출하여 진행. 심층조사로 기초생활보장 가구, 4인, 1인 가구, 서비스대상조사로 장애인, 노인, 한부모 가구를 포함하여 진행

3. 조사표 구성

- 가구일반조사: 가구일반사항, 월평균 생활비, 소득, 부채·이자, 자산 주거, 생활여건, 건강 및 의료, 에너지
- 국민기초생활보장제도 심층조사: 월평균 생활비, 국민기초생활보장 관련 일반, 기간별 수급여부 등
- 가구유형별 부가조사: 노인, 장애인, 한부모 가구, 4인, 1인 가구

국민생활실태조사(일부)

2021년 12월 31일 기준으로 생계를 같이 한 가구원 모두의 지출을 포함합니다.

1. 총생활비	식료품비, 주거 및 광열수도비, 가정용품 및 가사서비스비, 의료신발비, 보건의료비, 오락문화비, 교통비, 통신비, 기타지출, 비소비지출 등
2. 주거비	월세(전세, 자가인 경우 '0'), 주거관리비 및 수선비 등
3. 보건의료비	입원비, 외래진료비, 치과진료비, 수술비, 약값, 간병비, 산후조리비, 건강진단비, 건강보조식품, 보건의료용품비, 보장구 등
4. 세금	소득세, 종합부동산세, 재산세, 자동차세, 주민세, 취등록세 등
5. 사회보장부담금	가족 모두의 연금보험료, 건강보험료, 고용보험료 등 본인부담의 보험료만 합산(사보험료 제외)
6. 귀 가구가 1달 동안 '근근이' 살아가는 데 필요한 생활비는 얼마라고 생각합니까?	
7. 귀 가구가 1달 동안 '그럭저럭' 살아가는 데 필요한 생활비는 얼마라고 생각합니까?	
8. 귀 가구가 1달 동안 '건강하고 문화적인 생활'로 살아가는 데 필요한 '최소한'의 생활비는 얼마라고 생각합니까?	

출처: 임완섭 외(2023). 2021~2023년 기초생활보장 실태조사 및 평가연구, pp. 112-114, pp. 738-749.

2) 상대적 빈곤측정

상대적 빈곤측정은 평균(또는 중위) 소득(또는 지출)의 '일정비율' 이하에서는 그 사회의 대다수가 일반적으로 누리고 있는 생활수준을 향유하지 못한다고 보고, 그 수준을 최저생계비로 보는 방식이다. 상대적 빈곤선 계측이 가장 간단명료하고, 절대 빈곤 문제를 어느 정도 해결한 국가에서 유용하게 사용될 수 있으나, 무엇을 기준으로 하고 그 기준선의 어떤 수준을 최저생계비로 설정할 것인지가 문제가 될 수 있다.

(1) 순수 상대 빈곤선

순수 상대 빈곤선은 소득이 낮은 사람부터 순위대로 일렬로 세우고 소득하위의 일정한 비율 10%, 20% 이하를 빈곤층이라고 규정하는 방식이다. 예를 들어, 전체 시민 중에서 소득 하위 5%를 빈곤층으로 규정할 때 이러한 방식의 기준선을 순수 상대 빈곤선이라고 할 수 있다.

(2) 유사 상대 빈곤선

유사 상대 빈곤선은 전체 구성원의 중위소득(또는 평균소득)이 일정 수준에 미치지 못하는 사람을 빈곤층으로 보는 방식이다. 예를 들어, 중위소득 50% 이하를 빈곤층으로 규정할 때 이러한 방식의 기준선을 유사 상대 빈곤선이라고 할 수 있다.

우리나라의 국민기초생활보장제도가 시행된 1999년부터 2015년 상반기까지는 전물량방식의 최저생계비 계측조사를 기반으로 기준선을 설정할 때는 절대 빈곤선 측정방식이라고 할 수 있고, 현재는 상대 빈곤선(유사 상대 빈곤선) 방식에 따라 기준선을 규정하고 있다. 생계급여는 기준 중위소득의 30% 이하, 의료급여는 40% 이하, 교육급여는 50% 이하로 규정하고 있다.

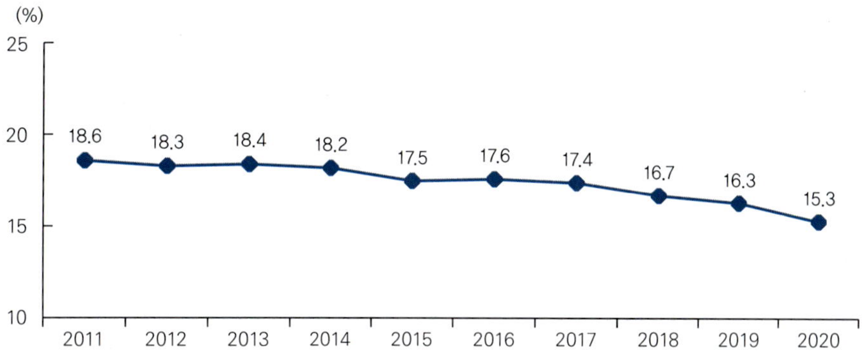

그림 14-1 연도별 상대적 빈곤율[1] 추이

주 1: 상대적 빈곤율(Poverty Rate after Taxes and Transfers, Poverty Line 50%)
- 중위소득의 50% 이하에 해당하는 가구의 비율임(처분 가능 소득 기준)

자료: 통계청(각연도). 가계금융·복지조사.
출처: 통계청(KOSIS)(2022. 10. 5. 갱신일). 상대적 빈곤율.

표 14-2 OECD 국가별 상대적 빈곤율 비교

(단위: 전체인구 중 비율)[1]

국가별		2015	2016	2017	2018	2019
아시아	대한민국	0.175	0.176	0.173	0.167	0.163
	이스라엘	0.195	0.177	0.179	0.169	0.173
	일본	-	-	-	0.157	-
	튀르키예	0.172	-	0.144	0.144	-
북아메리카	캐나다	0.142	0.124	0.120	0.118	0.116
	멕시코	-	0.166	-	0.159	-
	미국	0.168	0.178	0.178	0.181	0.180
남아메리카	칠레	0.161	-	0.165	-	-
	코스타리카	0.206	0.209	0.204	0.209	0.199
유럽	오스트리아	0.087	0.098	0.094	0.094	0.100
	벨기에	-	-	-	0.082	0.081
	체코	0.064	0.056	0.056	0.061	0.056
	덴마크	0.055	0.058	0.061	0.064	-
	에스토니아	0.160	0.158	0.158	0.163	0.149

국가별		2015	2016	2017	2018	2019
유럽	핀란드	0.063	0.058	0.063	0.065	-
	프랑스	0.081	0.083	0.081	0.085	0.084
	독일	0.101	0.104	0.104	0.098	-
	그리스	0.149	0.144	0.126	0.121	0.115
	헝가리	0.085	0.077	0.080	0.087	0.092
	아이슬란드	0.054	0.060	0.049	-	-
	아일랜드	0.098	0.091	0.090	0.074	-
	이탈리아	0.144	0.137	0.139	0.142	-
	라트비아	0.162	0.167	0.166	0.175	0.162
	리투아니아	0.165	0.168	0.173	0.155	0.154
	룩셈부르크	0.109	0.111	0.122	0.114	0.105
	네덜란드	0.077	0.081	0.079	0.078	0.082
	노르웨이	0.081	0.082	0.084	0.084	0.084
	폴란드	0.111	0.103	0.096	0.098	-
	포르투갈	0.125	0.125	0.107	0.104	0.106
	슬로바키아	0.085	0.085	0.073	0.077	0.078
	슬로베니아	0.092	0.086	0.085	0.075	0.074
	스페인	0.153	0.156	0.148	0.142	0.147
	스웨덴	0.092	0.091	0.093	0.089	0.093
	스위스	0.091	0.104	0.092	0.105	0.099
	영국	0.109	0.111	0.119	0.117	0.124
오세아니아	오스트레일리아	-	0.121	-	0.124	-
	뉴질랜드	0.130	0.141	0.153	0.137	0.129

주 1: 전체인구 중 비율(가처분소득 기준), 세금을 내고 소득 이전을 받은 뒤, 국민 상위 50% 소득(중앙값)의 절반 이하 인구가 차지하는 비율

자료: OECD(2022. 8.). https://stats.oecd.org.

출처: 통계청(KOSIS)(2022. 10. 5. 갱신일). 상대적 빈곤율(OECD).

3) 주관적 빈곤측정

주관적 빈곤 개념에 근거한 최저생계비 계측은 설문조사방식을 활용해 스스로의 기준이나 제3자의 평가에 의해 측정될 수 있다. 최소한의 생활비에 대한 주관적 생각과 해석에 따라 결정하는 방식이기 때문에 기준선에 대한 판단과 결정이 어려울 수 있다.

(1) 설문조사 방식에 따른 주관적 빈곤측정 방식

개인 또는 그 가구에 필요한 최저한의 생활에 필요한 소득은 어느 정도인지를 조사하여 평균을 내어 빈곤선을 결정하는 방식이다. 예를 들어, 3년마다 최저생계비 계측조사를 할 때 전물량방식과 비교하기 위해 "4인 가구가 '근근이' 살아가는 데 필요한 최소한의 소득(혹은 지출)은 어느 정도입니까?"라는 질문을 통해 최저생계비의 기준선을 추정하는 것이다. 또한 최근에 도시에 청년 1인 가구가 증가하고 있는데, 도시에서 1인 가구가 생활하는 데 최소한의 비용은 어느 정도인지를 묻는 방식도 주관적 빈곤 측정방식이라고 할 수 있다.

미국의 사회학자 레인워터(Rainwater)의 갤럽 여론조사 문항 중 하나인 "4인 가족이 '빠듯이' 살아가는 데 필요한 최저한의 소득은 얼마입니까?"라는 질문에 대한 대답을 1946~1969년까지의 조사 결과를 분석해 보면 대체로 그해의 가구당 평균 소득의 46~58% 범위에 들어 있으며, 평균치는 52%라는 것을 알 수 있다(이정우, 2010, p. 339). 즉, 시민들이 생각하는 생계비의 수준이 전문가들의 빈곤측정방식과 매우 유사한 상관관계를 보여 주는 결과들이 나타났다.

(2) 라이덴 방식

라이덴(Leyden) 방식은 사람들에게 인간다운 생활을 하는 데 필요하다고 생각하는 최소소득에 대한 응답과 실제 그 사람(가구)의 소득(혹은 지출)과의 관계를 분석(회귀분석)하여 결정하는 방식이다(이정우, 2010, pp. 339-341). 또한 델릭(Deleeck) 방식은 각자가 대답한 최저생계비와 자신의 실제소득이 같은 가구를 골라 그들 가구소득의 평균을 구해 그것을 최저생계비로 간주하는 방식이다. 이 두 가지 방식은 서로 대안적인 방법이지만 대체로 라이덴 방식이 더 많이 사용되고 있다.

표 14-3 빈곤의 정의와 최저생계비의 계측

빈곤의 정의	최저생계비 계측 방식
절대적 빈곤	•전물량방식 - 마켓 바스켓 방식: 1단계: 필수품 선정, 2단계: 필수품의 단가, 사용량 결정
	•반물량방식 - 오샨스키 방식: 저소득층 최소 식료품 지출비에 '3'을 곱한 화폐액을 빈곤선으로 규정 - 엥겔 방식: 최저생활수준에 해당하는 엥겔계수를 설정하여, 식료품 구입비용을 소득으로 나눈 비율이 엥겔계수와 일치하는 지점을 빈곤선으로 정의
상대적 빈곤	•박탈지표 방식 - 타운센드 방식: 객관적 박탈지표와 주관적 박탈지표를 통한 측정 - 소득과 지출을 활용한 상대적 빈곤선 추정 방식: 소득 또는 지출의 특정 비율을 빈곤선으로 규정
주관적 빈곤	•주관적 방식 - 제3자의 평가에 의한 최저생계비 계측 - 본인의 평가에 의한 최저생계비 계측(라이덴 방식, 델릭 방식 등)

출처: 김문길·김태완 외(2020). 2020년 기초생활보장 실태조사 및 평가연구, p. 24.

4) 빈곤 정도

빈곤선이 결정되면 그에 따른 한 사회의 빈곤의 정도를 나타낼 수 있다. 보통 빈곤율, 빈곤 갭 등의 지표를 활용한다(구인회 외, 2010, pp. 420-421).

(1) 빈곤율

빈곤율(poverty rate)은 그 사회의 빈곤 정도를 파악하는 데 있어 가장 일반적인 방법이다. 빈곤율은 전체 인구 중 빈곤선 이하에 있는 사람이 어느 정도 있는지 비율을 확인하는 것이다. 이러한 빈곤율은 빈곤층의 규모를 파악하거나 측정하기가 간편하고 국가 간 비교분석하기는 쉽지만 개인의 소득이 빈곤선과 어느 정도 차이가 나는지를 파악하기는 어렵다.

(2) 빈곤 갭

빈곤 갭(poverty gap)은 빈곤선 이하의 모든 빈곤층의 소득을 그 기준선으로 끌어올리는 데 필요한 총소득으로 빈곤의 심도(차이)에 관심을 가진다. 또한, 이러한 빈곤 갭을 빈곤층의 수로 나누어 구해지는 빈곤선과 빈곤층 소득의 평균 차이를 제시하기도 한다. 빈곤 갭은 빈곤층이 빈곤선 기준에 부족한 소득의 정도를 보여 주지만, 빈곤층의 규모를 반영하지는 못한다.

한국 사회는 1997년 IMF 외환위기 이후 절대 빈곤율은 1998년, 1999년에 급증하다가 다시 줄어들었지만, 상대 빈곤율은 전반적 추세가 2000년대 중반까지는 계속 높아지고 있음을 알 수 있다.

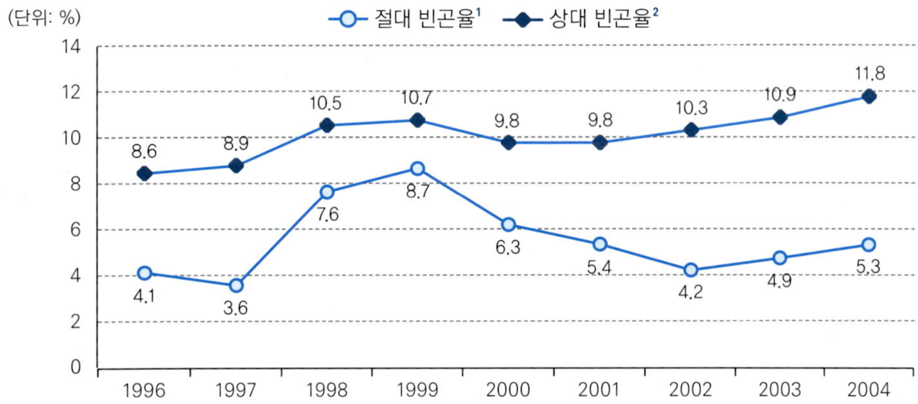

주 1: 최저생계비 기준 이하 가구(2000년 이전은 소비자물가지수를 적용하여 계산)

주 2: 중위소득 50% 미만 가구

그림 14-2 연도별 빈곤율 변화

출처: 남기철 외(2005). 빈곤정책의 전환모색, p. 29.

한국사회에서 전통적인 의미의 빈곤은 주로 구빈곤을 일컫는다. 구빈곤은 주로 1980~1990년대 이전의 빈곤으로, 1차 산업 중심에서 2차 산업으로 전환되는 과정에 산업화, 도시화가 진행되면서 나타나는 빈곤의 현상들을 의미한다. 주로 경제발전과정에서 경제활동을 하지 못함에 따른 빈곤, 물질적 자원의 부족에 따른 절대 빈곤을 의미한다. 그리고 열심히 일을 하면 미래에는 지금보다 생활과 삶이 나아지리라는 희망이 있는 빈곤이라고 할 수 있다.

신빈곤은 90년대 이후 세계화 시대에 경제성장으로 과거와 같이 물질적 결핍에 따른 절대 빈곤보다 상대적 빈곤, 불평등의 개념을 보다 중요하게 보는 것을 말한다. 신빈곤에서는 일을 하면서도 노동의 양극화, 즉 비정규 노동의 불안정성으로 일을 해도 생활이 어려운 노동빈곤층이 다수 존재하거나 교육에서의 격차 확대, 물질적 결핍 외의 다차원적인 형태의 결핍과 배제 등의 현상에 중점을 둔다.

표 14-4 구빈곤과 신빈곤의 비교

구분	구빈곤	신빈곤
사회적 특성	• 초기 도시적 산업화 속의 빈곤 • 인구의 지리적 배치에 따른 빈곤 • 비공식부문의 빈곤 • 인구 다수가 하층빈곤	• 세계화·첨단산업화 속의 빈곤 • 도시계층화의 고착화에 따른 빈곤 • 공식부문의 주변부에 있는 빈곤 예 영세 하청업체의 노동자 • 중산층화 속의 빈곤
빈곤 양상	• 절대 빈곤 • 물질적 결핍 • 빈곤의 상대성이 적음 • 생계·생필품의 빈곤 • 절대소득이 적음 • 개인적 빈곤 • 희망의 빈곤	• 상대 빈곤 • 비물질적 결핍 • 빈곤의 상대성이 급격히 증대 • 비생계(주택, 교육, 여가부분)적 빈곤 • 소득 및 고용활동이 불안정함 • 사회적 빈곤, 지역적 빈곤 • 전망이 결여된 빈곤

출처: 조명래(2006). 한국사회의 신빈곤, p. 84.

3 국민기초생활보장제도

1) 기초생활보장제도의 의의

(1) 의의

국민기초생활보장제도는 기존의 생활보호제도를 대체한 공공부조제도로서, 1999년 9월 7일 제정되고 2000년 10월 1일부터 시행되었다. 기존의 생활보호제도는 인구학적 연령기준(65세 이상, 18세 미만)으로 인해 생활이 빈곤함에도 불구하고 노동능력이 있다는 이유로 생존권을 보장받지 못하는 빈곤층이 존재하였다. 1997년 외환위기 이후 사회안전망이 제대로 구축되어 있지 않아 실직자와 빈곤층이 급증하였고, 새로운 국민기초생활보장제도는 노동능력의 유무와 관계없이 저소득층에 대한 국가책임을 강화하는 종합적 빈곤제도로 전환되었다.

이러한 국민기초생활보장제도는 일정한 소득수준 이하에 있어 자력으로 인간다운 생활을 유지할 수 없는 사람들을 위한 최후의 사회보장제도의 성격을 가진다. 이는 수급권자의 권리성을 부각하고 빈곤에 대한 사회적 책임을 강조하는 것이다. 또한, 생활이 어려운 절대 빈곤층의 기초생활을 국가가 보장하되, 노동능력이 있는 빈곤층에게 자립·자활할 수 있는 지원체계도 구축하였다.

2015년 7월 1일부터 그간 절대 빈곤선의 기준이었던 최저생계비 이하의 가구에 대해 하나의 단일 기준선으로 모든 급여를 통합하여 지원하던 방식에서 기준 중위소득이라는 상대 빈곤선을 도입하고, 급여별 선정기준을 다층화하여 욕구(생계, 의료, 주거, 교육급여)별 지원을 강화하기 위한 '맞춤형 기초생활보장제도'로 개편하였다.

또한, 국민기초생활보장제도의 문제로 지적되었던 부양의무자 기준을 단계적으로 폐지하는 등 제도적 개선이 이루어졌다. 2017년 부양의무자 기준 단계적 폐지 등을 골자로 한 「제1차 기초생활보장 종합계획」을 발표하고, 비수급 빈곤층 등 복지사각지대를 최소화하기 위한 다양한 제도 개선을 시행하였으며, 2022년까지 생계급여 부양의무자 기준 단계적 폐지 등을 포함한 「제2차 기초생활보장 종합계획('21~'23)」을 수립하고 제도의 보장수준을 지속적으로 확대하고 있다.

표 14-5 국민기초생활보장제도와 생활보호제도 비교

구분	국민기초생활보장제도	생활보호제도
법적 용어	•저소득층의 권리적 성격 – 수급권자, 보장기관	•국가에 의한 보호적 성격 – 보호대상자, 보호기관
대상자 구분	•대상자 구분 폐지 – 노동능력이 있는 조건부 생계급여 대상자는 구분	•인구학적 기준에 의한 대상자 구분 – 거택보호자: 18세 미만 아동, 65세 이상의 노인 등 근로무능력자 – 자활보호자: 인구학적으로 경제활동 가능한 근로능력자
대상자 선정기준	•소득인정액이 최저생계비 이하인 자	•소득과 재산이 기준 이하인 지

구분	국민기초생활보장제도	생활보호제도
급여내용	•생계급여 - 모든 대상자에게 지급 •주거급여 신설 - 임대료, 유지수선비 등 주거안정을 위한 수급품 •긴급급여 신설 - 긴급필요시에 우선 급여 실시 •의료·교육·해산·장제급여 등은 동일	•생계보호 - 거택보호자에게만 지급 •의료보호 - 거택보호: 의료비 전액 지원 - 자활보호: 의료비의 80% •교육보호 - 중고교생 자녀 학비 전액 지원 •해산보호, 장제보호 등

(2) 기초생활보장 수급자 주요 현황

국민기초생활보장 수급자는 2022년 12월 말 기준 약 245만 명(170만 가구)으로, 수급자의 종류별로 보면 일반수급자가 96.2%이며, 시설수급자는 3.8%이다.

표 14-6 연도별 기초생활보장 수급자 현황 (단위: 명, 가구)

구분	총수급자		일반수급자		시설수급자
	가구	인원	가구	인원	
2011	850,689	1,469,254	850,689	1,379,865	89,389
2012	821,879	1,394,042	821,879	1,300,499	93,543
2013	810,544	1,350,891	810,544	1,258,582	92,309
2014	814,184	1,328,713	814,184	1,237,386	91,327
2015	1,014,177	1,646,363	1,014,177	1,554,484	91,879
2016	1,035,435	1,630,614	1,035,435	1,539,539	91,075
2017	1,032,996	1,581,646	1,032,996	1,491,650	89,996
2018	1,165,175	1,743,690	1,165,175	1,653,781	89,909
2019	1,281,759	1,881,357	1,281,759	1,792,012	89,345
2020	1,459,059	2,134,186	1,459,059	2,046,213	87,973
2021	1,637,569	2,359,672	1,637,569	2,268,852	90,820
2022	1,699,497	2,451,458	1,699,497	2,359,228	92,230

출처: 보건복지부(2023a). 2023년 보건복지통계연보, p. 432.

인구 대비 기초생활보장 수급자의 비율인 수급률(2021년 12월 말 기준)은 4.6%이며 17개 광역지방자치단체별 수급률을 보면, 전북 7.0%, 부산이 6.5%, 광주 6.4%로 높은 편이고, 세종이 2.1%, 경기 3.1%, 울산 3.4% 순으로 낮은 편이다.

표 14-7 지역별 국민기초생활보장 수급률[1]

(단위: %)

전국	서울	부산	대구	인천	광주	대전	울산	세종
4.6	4.2	6.5	6.0	5.4	6.4	5.0	3.4	2.1
경기	**강원**	**충북**	**충남**	**전북**	**전남**	**경북**	**경남**	**제주**
3.1	5.5	4.8	4.0	7.0	5.5	5.4	4.7	4.8

주 1: 수급률 = (지역의 수급자 수/지역의 주민등록인구 통계) × 100
- 지역의 수급자 수: 시설수급자 포함
- 지역의 주민등록인구: 통계청, 연령별(시도) 주민등록인구(51,638,809명)

출처: 보건복지부(2022a). 2021년 국민기초생활보장 수급자 현황(2021. 12월 말 기준), p. 19.

기초생활보장 일반수급자 비율(2012년 말 기준)을 생애주기별로 보면 노년기(65세 이상) 37.6%가 가장 높고, 중년기(40~64세)가 35.0%, 청년기(20~39세) 10.5%의 순이며 영유아기(0~5세)는 가장 낮은 1.6%이다. 총인구수 대비 수급자 비율은 전체적으로 4.4% 중 노년기가 9.6%로 가장 높은 반면, 청년기가 가장 낮은 1.8%이다.

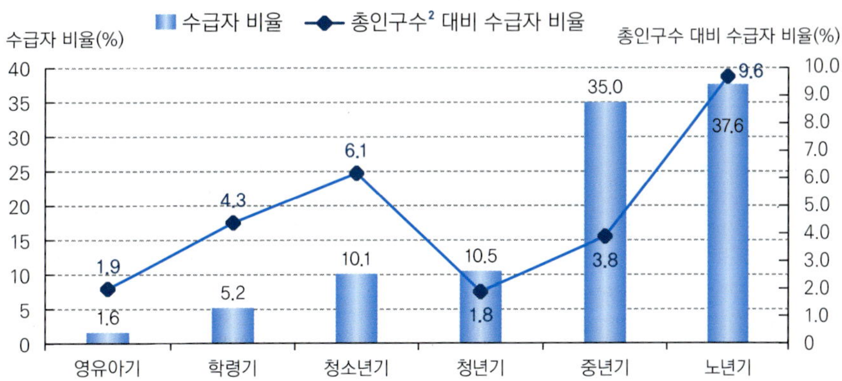

그림 14-3 생애주기별[1] 일반수급사 분포(2021)

주 1: 생애주기: 영유아기(0~5세), 학령기(6~11세), 청소년기(12~19세), 청년기(20~39세), 중년기(40~64세), 노년기(65세 이상)로 분류함
주 2: 통계청(행정자치부 주민등록인구 현황), 주민등록인구(51,829,809명)

출처: 보건복지부(2022a). 2021년 국민기초생활보장 수급자 현황(2021. 12월 말 기준), p. 22.

기초생활보장 수급자의 가구원 수별 현황을 보면 총가구 수는 1,637,569가구(2021년 12월 말 기준)에서 1인 가구가 1,160,708가구 70.9%로 2/3 이상이고, 다음으로 2인 가구 274,502가구 16.8%, 3인 가구 116,797가구 7.1% 순이다.

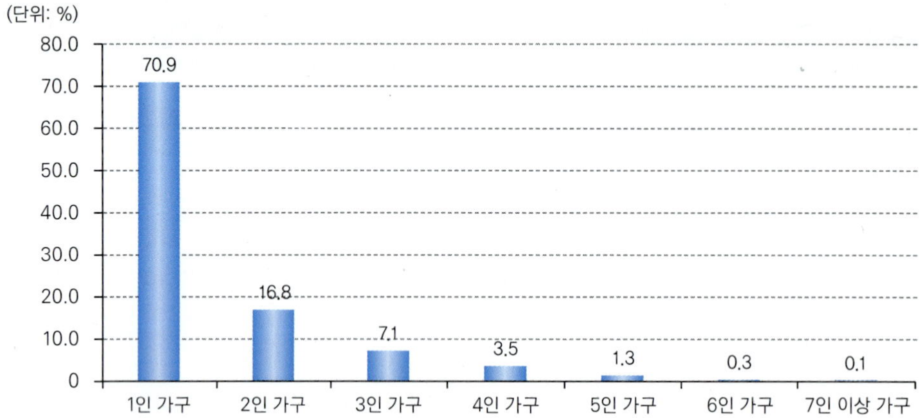

그림 14-4 기초생활보장 수급자의 가구원 수별 분포

출처: 보건복지부(2022a). 2021년 국민기초생활보장 수급자 현황(2021년 12월 말 기준), p. 27.

가구유형별 수급자 현황은 대부분 노인가구가 31.7%, 일반가구 27.0, 장애인가구 14.4, 조손세대 등 기타 13.0, 모자가구 10.8% 순이다.

표 14-8 수급자의 가구유형별 현황

(단위: 가구, %)

구분	계	노인 가구	소년소녀 가장가구	모자 가구	부자 가구	장애인 가구	일반 가구	기타[1]
가구 수	1,637,569	518,799	1,892	176,319	48,824	236,581	442,202	212,952
비율	100.0	31.7	0.1	10.8	3.0	14.4	27.0	13.0

주 1: 미혼부모세대, 조손세대 등

출처: 보건복지부(2022a). 2021년 국민기초생활보장 수급자 현황(2021. 12월 말 기준), p. 28.

기초생활보장 맞춤형 급여별 수급자 현황을 살펴보면, 총 기초생활수급자 236만 명 중 생계급여를 받는 수급자는 149만 명(117만 가구), 의료급여를 받는 수급자는 143만 명(110만 가구), 주거급여를 받는 수급자는 216만 명(153만 가구), 교육급여를 받는 수급자는 31만 명(21만 가구)으로, 기준선이 높은 주거급여의 수급자 수가 제일 많고, 교육급여는 기준선(중위소득 50%)은 제일 높지만 해당 학생이 있는 가구를 지원하는 급여이기 때문에 수급자 수는 가장 적게 나타난다.

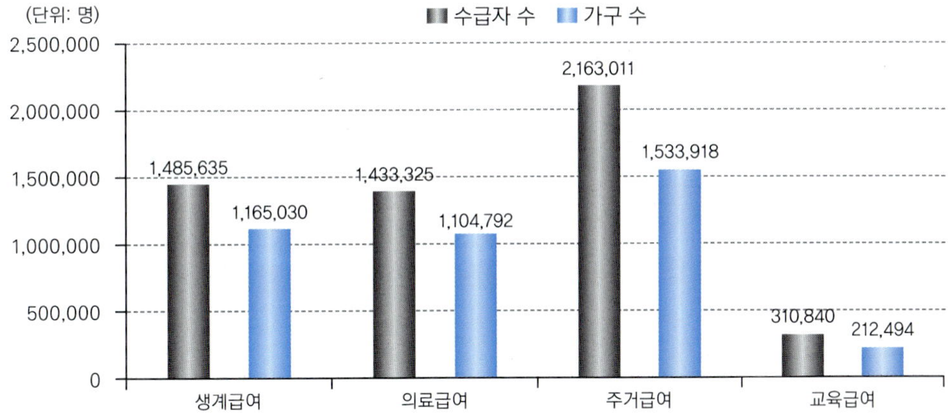

그림 14-5 맞춤형 급여별 수급자 수(2021, 단위: 수)

출처: 보건복지부(2022a). 2021년 국민기초생활보장 수급자 현황(2021. 12월 말 기준), p. 21.

2) 공공부조제도의 기본원칙

공공부조제도의 핵심이 국민기초생활보장제도이다. 이 제도에 따른 급여의 기본원칙을 살펴보면 다음과 같다(보건복지부, 2023a, pp. 233-234).

(1) 최저생활보장의 원칙

생활이 어려운 자에게 생계, 주거, 의료, 교육, 자활 등 필요한 급여를 행하여 이들의 최저생활을 보장한다.

(2) 보충급여의 원칙

생계급여 수급자에 대한 최저보장수준은 생계급여액과 수급자 가구의 소득인정액을 합한 수준이 생계급여 선정기준 이상이 되도록 지원한다.

(3) 자립지원의 원칙

근로능력이 있는 생계급여 수급자가 근로활동에 종사하지 않는 경우에는 자활사업에 참여할 것을 조건으로 생계급여를 지급한다. 근로능력이 있는 생계급여 수급자가 조건부과 유예사유에 해당되지 않는 경우에는 수급자 가구별로 자활지원계획을 수립하고 자활사업에 참여하도록 조건을 부과한다. 조건불이행자에게는 수급자 본인의 생계급여 일부 또는 전부를 지급하지 아니한다.

(4) 개별성의 원칙

급여수준을 정함에 있어서 수급자의 개별적 특수 상황을 최대한 반영한다. 이를 위해 수급자 및 부양의무자의 소득·재산, 수급자의 근로능력·취업상태·자활욕구 등 자활지원계획 수립에 필요한 사항, 기타 수급자의 건강상태·가구특성 등 생활실태에 관한 사항 등을 조사할 수 있다.

(5) 가족부양 우선의 원칙

급여신청자가 부양의무자로부터 부양될 수 있으면 기초생활보장 급여에 우선하여 부양의무자의 보호가 먼저 행해져야 한다. 다만, 수급자에게 부양능력을 가진 부양의무자가 있음에도, 이 법에 따른 급여를 수급자에게 계속 지급하기로 결정하는 경우에는 부양의무자로부터 지급된 급여만큼 보장비용을 징수할 수 있다. 여기에서 교육급여는 보편적 서비스에 해당하며 사회적 투자의 개념이 강하므로 부양의무자의 우선보호 원칙을 적용하지 않으며, 교육급여 수급자 가구의 소득인정액만으로 보장 여부를 결정한다.

(6) 타급여 우선의 원칙

급여신청자가 다른 법령에 따라 보장을 받을 수 있는 경우에는 기초생활보장급여에 우선하여 다른 법령에 의한 보장이 먼저 행해져야 한다.

(7) 보편성의 원칙

국민기초생활보장제도에 규정된 요건을 충족시키는 국민에 대하여는 성별, 직업, 연령, 교육수준, 소득원 기타의 이유로 수급권을 박탈하지 아니한다.

3) 최저보장수준 등

(1) 최저보장수준

국민기초생활보장제도는 빈곤층을 지원하는 사회보장제도로서 매년 8월 1일까지 급여의 종류별 수급자 선정기준 및 최저보장수준을 결정하여야 한다. 최저보장수준은 상대적 빈곤선 측정에 따라 기준 중위소득을 매년 발표하고 그에 따른 기준선 이하의 가구를 지원하게 된다. 기준 중위소득[41]은 통계청이 공표하는 통계자료의 가구 경상소득(근로소득, 사업소득, 재산소득, 이전소득을 합산한 소득)의 중간값에 최근 가구소득 평균 증가율, 가구규모에 따른 소득수준의 차이 등을 반영하여 가구규모별로 산정하여 공표한다.

기준 중위소득은 2015년 제도가 개정되면서 발표되기 시작하였고, 2024년 현재 1인 가구의 중위소득은 2,228,445원으로 공표하고 있다.

41 예를 들어, 중위소득은 전 국민을 100명이라고 가정 시 소득이 낮은 사람부터 순서대로 줄을 섰을 때, 50번째 사람의 소득이 된다.

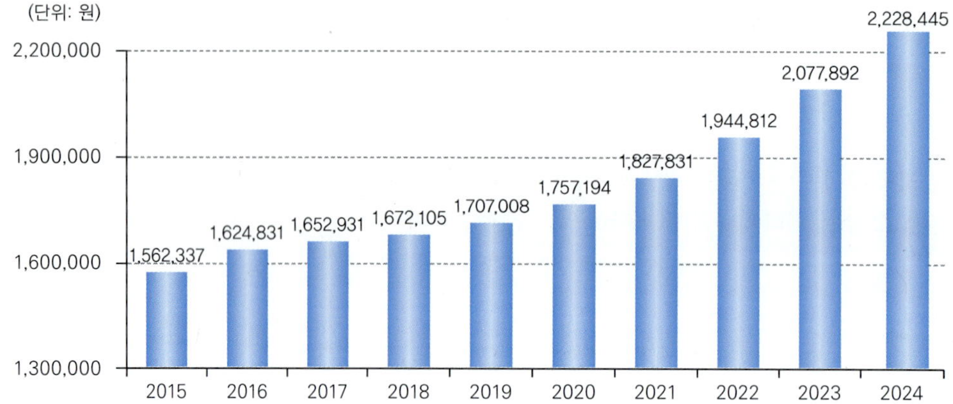

그림 14-6 기준 중위소득[1](1인 가구) 2015~2024

주 1: 기준 중위소득은 가구별 소득의 중간값

출처: 보건복지부(2023a). 2023년 보건복지통계연보, p. 442.
보건복지부고시(제2023-150호)(2023. 8. 16.). 2023년 기준 중위소득 및 생계·의료급여 선정기준과 최저보장수준(시행 2024. 1. 1.).

기준 중위소득은 4인 가구를 기준으로 가구 규모에 따라 지난 3년간 중위소득 증가율 평균과 가구 균등화 지수[42]를 반영하여 기준 중위소득을 산정한다.

표 14-9 2023년도 및 2024년도 기준 중위소득 (단위: 원/월)

가구원 수		1인	2인	3인	4인	5인	6인
기준 중위소득	'23년	207만7,892	345만6,155	443만4,816	540만964	633만688	722만7,981
	'24년	222만8,445	368만2,609	471만4,657	572만9,913	669만5,735	761만8,369

출처: 중앙생활보장위원회 보도자료(2023. 7. 28.). 2024년도 생계급여 지원기준 역대 최대인 13.16% 인상, p.3.

국민기초생활보장제도가 1999년 시행되면서 가계실태조사에 기반한 절대 빈곤선인 최저생계비로 수급자 선정기준선을 규정하였고, 2015년 이후부터는 기준 중위소득을 기준으로 네

42 2022년 가구균등화 지수는 4인 가구를 1로 하였을 때, 1인 가구는 0.400, 2인 가구는 0.650, 3인 가구는 0.827, 5인 가구 1.159로 조정하여 반영한다.

가지 기준선을 규정하였다.

급여별 선정기준에서 생계급여는 중위소득의 2024년도는 2% 인상되어 32%로 1인 가구는 713,102원, 4인 가구 기준 1,833,572원, 의료급여는 중위소득의 40%, 주거급여도 1% 인상되어 48%, 교육급여는 중위소득의 50%를 기준으로 하고 있다.

표 14-10 2023/2024년도 급여별 선정기준

(단위: 원/월)

가구원 수		1인	2인	3인	4인	5인	6인
교육급여 (중위 50%)	'23년	103만8,946	172만8,077	221만7,408	270만482	316만5,344	361만3,991
	'24년	111만4,222	184만1,305	235만7,328	286만4,956	334만7,867	380만9,184
주거급여 (중위 48%)	'23년	97만6,609	162만4,393	208만4,364	253만8,453	297만5,423	339만7,151
	'24년	106만9,654	176만7,652	226만3,035	275만358	321만3,953	365만6,817
의료급여 (중위 40%)	'23년	83만1,157	138만2,462	177만3,927	216만386	253만2,275	289만1,193
	'24년	89만1,378	147만3,044	188만5,863	229만1,965	267만8,294	304만7,348
생계급여 (중위 32%)	'23년	62만3,368	103만6,846	133만445	162만289	189만9,206	216만8,394
	'24년	71만3,102	117만8,435	150만8,690	183만3,572	214만2,635	243만7,878

출처: 중앙생활보장위원회 보도자료(2023. 7. 28.). 2024년도 생계급여 지원기준 역대 최대인 13.16% 인상, p.3.

기준 중위소득 발표는 보건복지부 사업뿐만 아니라 교육부, 고용노동부, 국토교통부, 여성가족부 등 여러 부처에 걸쳐 총 73개 사업(2023년 기준)에 활용되고 있다. 기준 중위소득 활용 사업은 다음과 같다.

표 14-11 기준 중위소득 활용 사업 현황

연번	부처	사업명
1	고용부	국민취업지원제도
2		산재 근로자 생활안정자금융자
3		근로자 생활안정자금대부
4		식업훈련 생계비 대부

연번	부처	사업명
5	교육부	(기초생활) 교육급여
6		한부모가족자녀 교육비 지원
7		초중고 교육비 지원사업(학비 및 급식비, 방과후학교 자유수강권 등)
8		국가장학금
9		평생교육바우처
10		교육복지우선지원사업
11		복권기금 꿈사다리 장학사업
12		우수고등학생 해외유학 장학금
13	보훈부	국가유공자 등 생활조정수당
14		참전유공자 등 생계지원금('22년 신설)
15		독립유공자 손·자녀 생활지원금
16		(보훈대상자) 요양지원
17	국토부	(기초생활) 주거급여
18		행복주택 공급
19		청년 월세 한시 특별지원(22~24년 지급)
20	농림부	학교우유급식
21		취약농가 인력지원(행복나눔이)
22	문체부	예술인 창작준비금 지원
23		통합문화이용권
24		스포츠강좌이용권
25	법무부	법률 구조 제도
26	복지부	(기초생활) 생계급여
27		해산장제급여
28		긴급복지
29		장애수당(기초)
30		장애수당(차상위)
31		차상위본인부담 경감
32		(기초생활) 의료급여
33		장애인연금
34		재난적 의료비 지원

연번	부처	사업명
35		지역사회 통합건강증진사업(영양플러스)
36		자활근로
37		고위험 임산부 의료비 지원
38		선천성 난청검사 및 보청기 지원
39		선천성 대사이상검사 및 환아관리 지원
40		장애인 자립자금 대여
41		취학전아동 실명예방
42		노인실명예방사업
43		미숙아 및 선천성이상아 등 영유아 의료비 지원
44		발달재활서비스
45	〃	언어발달지원
46		근로능력 있는 수급자의 탈수급 지원
47		장애아가족양육지원
48		장애인 거주시설 실비 입소 이용료 지원
49		장애인 보조기기 지원
50		지역사회서비스투자사업
51		치매 검진 지원
52		저소득층 기저귀 조제분유 지원
53		가사간병 방문지원사업
54		노인 무릎인공관절 수술 지원
55		장애정도심사제도 운영
56	산림청	산림복지서비스 이용권
57		산림일자리(숲가꾸기, 산림재해, 산림서비스도우미)
58	여가부	매체 활용 능력 증진 및 역기능 해소(청소년인터넷·스마트폰중독치료비지원)
59		청소년특별지원
60		청소년한부모 자립 지원(양육비, 교육비)
61		다문화가족 방문교육 서비스
62		아이 돌봄 서비스
63		한부모가족 복지시설 지원
64		가족역량강화지원사업

연번	부처	사업명
65	〃	청소년 부모 아동양육비 지원 시범사업(내역사업)
66		여성청소년 생리용품 바우처 지원
67		한부모가족자녀 양육비 등 지원
68		미혼모부 초기지원(청소년한부모자립지원패키지시범사업포함)
69	질병청	희귀질환자 의료비 지원사업
70		입원명령결핵환자 지원(부양가족 생계비)
71	통일부	(북한이탈주민) 의료비 지원
72		(북한이탈주민) 취약계층 긴급 생계비 지원
73	해수부	어촌생활돌봄지원

출처: 중앙생활보장위원회 보도자료(2023. 7. 28.). 2024년도 생계급여 지원기준 역대 최대인 13.16% 인상, pp. 11-12.

(2) 소득인정액

국민기초생활보장제도의 수급조건이 되려면 각 선정기준선과 비교하여 소득인정액이 그보다 낮아야 한다. 소득인정액은 가구의 소득평가액과 재산의 소득환산액을 합산한 금액이다.

소득인정액 = 소득평가액 + 재산의 소득환산액

- 재산의 소득환산액 = (재산 - 기본재산액 - 부채) × 소득환산율
- 소득평가액 = 실제소득 - 가구특성별 지출비용 - 근로소득공제

① 소득평가액

소득평가액은 근로소득, 사업소득, 재산소득(임대소득, 이자소득 등), 이전소득[43] 등 실제소득에서 가구특성별 지출비용, 예를 들어 장애아동수당, 장애인연금, 만성질환 의료비, 한부모가구의 아동양육비 등 추가 지출을 필요로 하는 가구의 경우 소득에서 차감하며, 노동유인을 위

43 이전소득에는 연금·수당 등 공적 이전소득과 친족·후원자 등으로부터 정기적으로 받는 사적 이전소득을 포함한다.

하여 노동소득의 일정비율을 차감해 주는 근로소득공제로 산정한다.

② 재산의 소득환산액

재산의 소득환산액은 재산가액에서 기본재산액과 부채를 공제하고 난 금액에 소득환산율을 곱하여 산정한다. 기본재산액은 기본적 생활 유지에 필요하다고 인정하여 보건복지부장관이 정하여 고시하는 금액으로, 소득 환산에서 제외하는 재산가액이다. 주거용 재산한도액은 지역에 따라 한도까지만 주거용 재산[44]으로 인정하고 한도액을 초과하는 주택가액은 일반재산으로 산정한다.

표 14-12 수급(권)자의 주거용 재산 한도액과 재산의 소득환산에세 제외되는 기본재산액(2024년)

구분		서울	경기	광역·세종·창원	그 외 지역
생계·의료·주거·교육급여	주거용 재산 한도액	17,200만 원	15,100만 원	14,600만 원	11,200만 원
	재산의 소득환산에서 제외되는 기본재산액	9,900만 원	8,000만 원	7,700만 원	5,300만 원

출처: 보건복지부(2024a). 2024년 국민기초생활보장사업안내, p. 136, p. 171.

표 14-13 재산의 종류별 소득환산율(2024년 기준)

구분	주거용 재산	일반재산	금융재산	일반 자동차[1]
수급(권)자	월 1.04%	월 4.17%	월 6.26%	월 100%
부양의무자[2]	월 1.04%	월 2.08%		

주 1: 장애인 사용자동차와 생업용 자동차는 제외

주 2: 부양의무자의 자동차는 부양의무자가 장애의 정도가 심한 등록장애인으로, 장애인 사용자동차를 보유한 경우 동 자동차는 재산가액 산정에서 제외(배기량 기준 없음)하고, 그 외 자동차는 일반재산 환산율 적용

출처: 보건복지부(2024a). 2024년 국민기초생활보장사업안내, p. 172.

44 세종시 거주 수급(권)자의 재산이 주거용재산 1억 6,600만 원과 일반재산 3천만 원을 보유한 경우
① 세종시 주거용 재산한도액 1억 4,600만 원을 초과하는 2천만 원과 일반재산 3천만 원은 우선 일반재산 소득환산율 월 4.17% 적용
② 세종시 주거용 재산한도액 1억 4,600만 원에서 세종시 기본재산액 7,700만 원 공제
③ 주거용 재산한도액에서 기본재산액 공제 후 차액 6,900만 원은 주거용재산 소득환산율 월 1.04% 적용

4) 기초생활보장 급여

국민기초생활보장제도에서는 급여별 선정기준에 따라 생계급여, 의료급여, 주거급여(국토부 소관), 교육급여(교육부 소관), 해산급여, 장제급여, 자활급여와 같은 급여를 지원한다.

(1) 생계급여

생계급여는 대상자에게 의복·음식물 및 연료비, 기타 일상생활에 기본적으로 필요한 금품을 지원하는 급여이다. 생계급여 최저보장수준은 생계급여와 소득인정액을 포함하여 생계급여 선정기준 이상이 되도록 지원한다. 이에 따라 생계급여는 노동능력[45]의 유무와 상관없이 해당연도 기준 중위소득 30%(2024년은 32%)에 해당하는 급여기준과 가구의 소득인정액과의 차액을 지급하는 보충급여 방식을 따른다. 생계급여는 지정된 기초수급통장에 현금지급을 원칙으로 하고, 매월 20일 정기적으로 지급한다.

(2) 의료급여

의료급여는 수급자가 건강한 생활을 유지하는 데 필요한 각종 검사 및 치료 등 의료서비스를 지원하는 급여이다. 의료급여 선정기준은 기준 중위소득의 100분의 40 이상으로 한다. 의료급여는 건강보험 요양급여의 의료서비스와 동일하게 진찰·검사, 약제·치료재료 지급, 처치·수술, 예방·재활, 간호, 이송 등이 포함된다. 급여 범위 및 비용은 건강보험과 유사하지만 본인부담 비용이 건강보험 대상자에 비해서는 낮은 부담을 하도록 설계되어 있다.

노동능력 유무에 따라 노동능력이 없는 수급자는 1종, 노동능력이 있는 수급자는 2종으로 구분하여 지원한다.

---

45 노동능력이 있는 수급자는 조건부 생계급여를 지급한다. 조건부 수급자로 결정된 자에게는 자활지원계획에 따라 자활에 필요한 사업에 참가할 것을 조건(노동연계복지, workfare)으로 생계급여를 지원한다. 조건부 수급자가 자활사업에 참가한 달의 다음 달부터 매 3월마다 조건 이행 여부를 정기적으로 확인하여 생계급여 지급 여부를 결정하게 된다.

표 14-14 의료급여 본인부담[1] 비용(2024년)

구분		1차 (의원)	2차 (병원, 종합병원)	3차 (상급종합병원)	약국[2]	본인부담 보상제	본인부담 상한액
1종	입원	없음	없음	없음	-	매월 2만 원 초과 시 초과 금액의 50% 보상	매월 5만 원
	외래	1,000원	1,500원	2,000원	500원		
2종	입원	10%	10%	10%	-	매월 20만 원 초과 시 초과 금액의 50% 보상	연간 80만 원
	외래	1,000원	15%	15%	500원		

주 1: 상기 본인부담금은 급여청구분에 대한 것으로 비급여 청구분은 전액 본인이 부담해야 하며 선별 급여 시에는 급여항목별로 30~90% 본인이 부담해야 함

주 2: 보건복지부장관이 고시하는 경증질환으로 종합병원 이상급 기관에서 원외 처방전을 발급받아 약국에서 조제받는 경우 약국약제비 본인부담은 급여 비용 총액의 3%

출처: 보건복지부(2024e). 2024 의료급여 사업안내, p. 6.

(3) 주거급여

주거급여는 수급자에게 주거 안정에 필요한 임차료, 수선유지비, 그 밖의 수급품을 지원하는 급여이다. 임차급여는 다른 사람의 주택 등에 거주하는 사람에게 지역별, 가구원 수별 기준 임대료를 상한으로 소득수준에 따라 차등 지원하는 현금급여이다.

표 14-15 임차가구의 기준임대료(임차급여의 지급기준: 2024년)

(단위: 만 원/월)

구분	1급지 (서울)		2급지 (경기·인천)		3급지 (광역·세종시·수도권 외 특례시)		4급지 (그외 지역)	
1인	34.1	+1.1	26.8	+1.3	21.6	+1.3	17.8	+1.4
2인	38.2	+1.2	30.0	+1.5	24.0	+1.4	20.1	+1.6
3인	45.5	+1.4	35.8	+1.7	28.7	+1.7	23.9	+1.9
4인	52.7	+1.7	41.4	+2.0	33.3	+2.0	27.8	+2.2
5인	54.5	+1.7	42.8	+2.1	34.4	+2.1	28.7	+2.3
6인	64.6	+2.0	50.7	+2.5	40.6	+2.4	34.0	+2.7

* 괄호는 '23년 대비 증가액
* 가구원 수가 7인이 경우 6인 기준임대료와 동일하고, 가구원 수가 8~9인의 경우 6인 기준임대료의 10%를 가산

출처: 중앙생활보장위원회 보도자료(2023. 7. 28.). 2024년도 생계급여 지원기준 역대 최대인 13.16% 인상, p. 5.

수선유지 급여는 주택 등을 소유하고 그 주택에 거주하는 사람에게 가구규모, 소득인정액, 수선유지비 소요액, 주택의 노후도 등을 고려해서 주택개보수(경, 중, 대)를 지원하는 현물급여이다.

표 14-16 수선유지급여 지원 금액과 주기(2024년)

구분	경보수	중보수	대보수
지원 금액[1]	457만 원	849만 원	1,241만 원
수선 주기	3년	5년	7년
수선 내용	마감재 개선	기능 및 설비 개선	구조 및 거주공간 개선
수선 예시	도배, 장판 및 창호 교체 등	창호, 단열, 난방공사 등	지붕, 욕실개량, 주방개량 공사 등

주 1: 생계급여 기준 금액 이하 수급자는 지원율 100%, 중위소득 35% 이하는 90%, 중위소득 46% 이하는 80% 지원

출처: 국토교통부(2024). 2024년 주거급여 사업안내, p. 177 재정리.

(4) 교육급여

교육급여는 수급자에게 입학금, 수업료, 학용품비, 그 밖의 수급품(교과서대, 부교재비 포함, 교육활동지원비) 등을 지원하는 급여이다. 교육급여 선정기준은 기준 중위소득의 100분의 50 이상으로 한다. 교육급여 중 교육활동지원비(23년 3월부터는 현금에서 바우처로 개편)는 초·중·고등 학생에게 연 1회 지원하고, 고등학생이 무상교육 미실시 학교에 재학 시 교과서 지원과 입학금, 수업료 등을 지원한다.

표 14-17 최저교육비 대비 교육활동지원비 보장수준 (단위: 천 원)

구분	최저교육비 (A)	교육활동지원비							
		'21(B)	B/A	'22(C)	C/A	'23(D)	D/A	'24(E)	E/A
초	461	286	62.2%	331	72.0%	415	90.2%	461	100%
중	654	376	57.5%	466	71.3%	589	90.1%	654	100%
고	727	448	61.6%	554	76.2%	654	90.0%	727	100%

출처: 중앙생활보장위원회 보도자료(2023. 7. 28.). 2024년도 생계급여 지원기준 역대 최대인 13.16% 인상, p. 6.

(5) 해산급여

해산급여는 조산(助産) 및 분만 전과 분만 후의 필요한 조치와 보호를 위해 생계·의료급여·주거급여 수급자(교육급여만 받는 수급자는 제외)에게 필요한 금품을 지원하는 급여이다. 수급자가 출산(출산 예정, 사산, 유산한 경우도 포함)한 경우 지원하는데, 출산 1인당 70만 원을 현금으로 지급하고 추가 출생영아(쌍둥이 출산 시 140만 원) 1인당 70만 원을 지원한다.

(6) 장제급여

장제급여는 생계·의료·주거급여 수급자(교육급여만 받는 수급자는 제외)가 사망한 경우 사체의 검안·운반·화장 또는 매장, 그 밖의 장제조치를 행하는 데 필요한 금품을 지원한다. 장제급여는 장제를 실제 행하는 자에게 지급하는 것을 원칙으로 하고, 80만 원을 지원한다. 다만, 현금 지급이 적당하지 아니하다고 인정되는 경우에는 물품으로 지원할 수 있다.

(7) 자활급여

자활급여는 노동능력이 있는 수급자와 차상위계층 등[46]이 자활사업에 참여할 때 지원하는 급여이다. 자활급여의 주요 사업은 자활에 필요한 금품의 지급 및 대여, 자활에 필요한 기능습득 지원, 취업알선 등 정보의 제공, 공공근로 등 자활을 위한 노동기회의 제공, 기타 자활 조성을 위한 각종 지원 등이 있다.

5) 향후 과제

공공부조제도는 그 사회의 빈곤층과 사회적 취약계층 등이 건강하고 문화적인 기본 생활을 할 수 있도록 보장하는 제도이다. 공공부조제도의 핵심이 국민기초생활보장제도이고 최후의 사회보장제도로서의 역할을 해야 한다. 그러나 국민기초생활보장제도는 수급자격을 통과하기가 쉽지 않다. 2014년 송파 세 모녀 사건 이후, 기초생활보장제도가 기준 중위소득의 상대 빈곤선으로 전환하고 맞춤형 급여로 전면 개편하였다. 또한, 「사회보장급여의 이

46 자활사업 참여 자격은 조건부 수급자, 자활급여 특례자(수급자가 자활사업 등의 소득의 기준 중위소득 40%를 초과한 자), 노동능력이 없는 일반수급자 중 참여 희망자, 특례수급가구의 가구원, 차상위자 등이 있다(보건복지부, 2022b, p. 12).

용·제공 및 수급권자 발굴에 관한 법률(약칭: 사회보장급여법)」을 2014년 말에 제정하여 전달체계를 개선하고 복지정보망을 구축하여 사각지대를 지속적으로 개선하려 하였다. 그러나 그 이후에도 유사한 사건들이 전국적으로 계속 나타났다. 2022년 8월 수원 세 모녀 사건이 발생하여 이에 대한 대책을 2022년 11월 보건복지부가 발표하였지만 다음 날 서울 서대문구에서 또다시 유사한 사건이 발생하였다. 이러한 생활의 어려움을 이유로 극단적 선택을 하는 사람들이 계속 나오는 것도 공공부조제도로서의 국민기초생활보장제도가 문턱이 높기 때문이다.

다음의 표에서도 복지패널조사의 응답에서 생계급여 탈락 사유 중 제일 높은 것이 '부양의무자의 소득 및 재산이 기준보다 많아서'이고, 두 번째로 높은 것이 '소득이 기준보다 많아서'와 관련한 것이다.

표 14-18 국민기초생활보장 신청 후 탈락 사유(생계급여)　(단위: %)

구분	내용
소득이 기준보다 많아서	29.96
자동차가 있어서	0.00
살고 있는 집의 가격이 높아서	9.45
살고 있는 집 이외에 재산이 기준보다 많아서	4.09
부양의무자의 소득 및 재산이 기준보다 많아서	37.45
기타	1.13
모르겠다	17.92

출처: 이태진 외(2023). 2023년 한국복지패널조사·분석 보고서, p. 178.

결국, 자격조건의 까다로움을 해결하기 위해서는 먼저, 생계급여의 기준선을 상향해야 한다. 기존의 30%를 단계적으로 상향 조정해야 하고 의료급여와 같이 40%로 통합하는 것도 고려해야 한다. 그리고 본인뿐만 아니라 부양의무자인 '1촌의 직계혈족 및 그 배우자'의 조건을 완화하거나 단계적 폐지(교육급여와 주거급여는 부양의무자 폐지)를 진행하였고 2021년 9월 생계급여에서 부양의무자 조건이 폐지되었다고 정부는 발표하였으나 실제로는 부모 또는 자녀 가구가 연 기준 1억 원을 초과하는 고소득이거나, 9억 원을 초과하는 재산이 있으면 탈락하게 된다. 부양의무자 가구의 인원수나 맞벌이 가구와 같은 특성, 그리고 재산은 지역에 따른 특성을 제대로 고려하지 않고 폐지되었다고 하는 부양의무자 조건이 여전히 문제가 되고 있다.

국민기초생활보장제도는 우리 사회의 빈곤층이 생존권과 기본적 인권을 보장받고 기본 생활을 누릴 수 있는 제도로서 역할을 해야 한다.

Point

제3차 기초생활보장 종합계획 추진방향

(목표)
약자복지 강화로
국민의 기초생활 실질적 보장

세부 추진 과제

1. 기초생활보장 급여 보장수준 강화	• (생계급여) 국민 생활의 최저수준 향상 • (의료급여) 수급자의 건강을 지키는 필수건강투자 확대 • (주거급여) 수급자의 최저주거보장 수준 제고 • (교육급여) 보장수준 확대를 통한 실질적 교육기회 보장
2. 빈곤 사각지대 적극 해소	• 부양의무자 기준 완화 • 재산기준 완화 • 주거 취약계층 지원 확대 • 차상위 등 빈곤 사각지대 지원 강화
3. 탈수급 및 빈곤완화 적극 지원	• 수급자 대상 근로유인 강화 • 맞춤형 자활복지 강화 • 자산형성 지원을 통한 근로·자립 유인 확대
4. 제도 내실화 및 관리 강화	• 기초생활보장제도 관리 내실화 • 필요도 기반 합리적 의료이용 체계 구축 • 교육급여 바우처 현장 안착 지원 • 자활 지원 인프라 고도화

출처: 관계부처합동(2023. 9.). 제3차 기초생활보장 종합계획(2024~2026년), p. 26.

Point

국민기초생활보장제도 3년 후 달라지는 모습

「제3차 기초생활보장 종합계획(2024~2026년)」

	2023년 현재	2026년
생계급여 수급자 수 선정기준: 2024년 기준 중위소득 30% → 32%까지 상향 * 향후 35%까지 단계적 상향 재산기준: 자동차·주거용 재산 기준 완화	159.3만 명	180.7만 명 (+21만 명 + α)
의료급여 수급자 비율 의료급여 부양의무자 기준 의료 필요도에 따라 중증장애인부터 단계적으로 완화	2.9%	3.0% (+5만 명 + α)
주거급여 수급자 수 선정기준: 2024년 기준 중위소득 47% → 48%까지 상향 * 향후 50%까지 단계적 상향	233.3만 명	252.8만 명 (+20만 명)
자산형성 지원 수혜자 수 청년층 맞춤형 자산형성 지속 확대	누적 11만 명	누적 15만 명 (+4만 명)
교육급여 보장수준 교육활동 지원비 보장수준 확대	최저교육비의 90% 지원	최저교육비의 100% 지원

출처: 관계부처합동(2023. 9.). 제3차 기초생활보장 종합계획(2024~2026년). p. 61

Point

긴급복지 지원제도

1. 목적

- 갑작스러운 위기상황으로 생계유지가 곤란한 저소득층에게 생계·의료·주거지원 등 필요한 복지서비스를 신속하게 지원하여 위기상황에서 벗어날 수 있도록 지원하는 제도이다.

2. 지원 대상

- 갑작스러운 위기상황(주소득자의 소득 상실, 중한 질병 또는 부상을 당한 경우 등)으로 생계유지 등이 곤란한 저소득 가구

3. 지원 기준(2024년 기준)

① 소득기준: 기준 중위소득 75%(1인 기준 1,671천 원, 4인 기준 4,297천 원 이하)
② 재산기준: 대도시 241백만 원 이하, 중소도시 152백만 원 이하, 농어촌 130백만 원 이하
③ 금융재산기준: 가구원수별 일상생활유지를 위해 필요한 금액(생활준비금)에 600만 원을 합산한 금액 이하(단, 주거지원은 가구원수별 금융재산 금액에 200만 원을 추가한 금액 이하)
(1인 기준: 8,228천 원, 4인 기준 11,729천 원 이하)

4. 주요 급여 및 지원 금액(2024년 기준)

종류			지원 내용	지원 금액	최대횟수
금전·현물 지원	위기상황 주지원[1]	생계	•식료품비, 의복비 등 1개월 생계유지비	•713.1천 원/월(1인 기준) •1,833.5천 원/월(4인 기준)	6회
		의료	•각종 검사, 치료 등 의료서비스 지원 – 300만 원 이내(본인부담금 및 비급여 항목)	•300만 원 이내	2회
		주거	•국가·지자체 소유 임시거소 제공 또는 타인 소유의 임시거소 제공 – 제공자에게 거소사용 비용 지원	•398.9천 원/월 이내(대도시 1인 기준) •662.5천 원/월 이내(대도시 4인 기준)	12회
		복지시설 이용	•사회복지시설 입소 또는 이용서비스 제공 – 시설운영자에게 입소 또는 이용비용 지급	•552천 원/월 이내(1인 기준) •1,494.1천 원/월 이내(4인 기준)	6회
	부가 지원[2]	교육	•초·중·고등학생 중 수업료 등이 필요하다고 인정되는 사람에게 학비 지원	•초 127.9천 원/분기 •중 180천 원/분기 •고 214천 원/분기 및 수업료·입학금	2회 (4회)[3]
		그 밖의 지원	•위기사유 발생으로 생계유지가 곤란한 자에게 지원 – 동절기(10~3월) 연료비: 150천 원/월 – 해산비(70만 원)·장제비(80만 원)·전기요금(50만 원 이내): 각 1회		1회 (연료비 6회)
민간기관·단체 연계지원 등			•사회복지공동모금회, 대한적십자사 등 민간의 긴급지원프로그램으로 연계 •상담 등 기타 지원		횟수제한 없음

주 1: 위기상황이 복합(複合)으로 나타난 경우 주지원 종류별 복합지원 가능
주 2: 부가지원은 해당사항이 있을 경우 주지원과 병행 지원이 가능하나 반드시 지원해야 하는 것은 아니며, 예산여건 등을 고려하여 지자체에서 병행 지원 여부 결정
주 3: 주거지원(최대 12개월) 대상의 교육지원 횟수는 최대 4회로, 주거지원 기간과 교육 분기를 일치시킬 것

출처: 보건복지부(2024c). 2024년 긴급복지사업안내, pp. 3-4.

Point

장애인연금제도

1. 목적

- 장애로 인하여 노동상실 또는 현저한 감소로 생활이 어려운 중증장애인에게 매월 일정 금액을 연금으로 지급하여 생활안정을 지원하는 공공부조성 사회보장제도이다.

2. 지원 대상 및 선정기준액

- 지원 대상: 18세 이상의 「장애인연금법」상 중증장애인(종전1급, 2급 및 3급 중복) 중 본인과 배우자의 소득과 재산을 합산한 금액(소득인정액)이 선정기준액 이하인 사람
- 선정기준액: 2024년도 장애인연금 선정기준액은 단독가구 130만 원, 부부가구 208만 원으로 결정

3. 주요 급여

- 기초급여: 노동능력의 상실 또는 현저한 감소로 인하여 줄어드는 소득을 보전해 주기 위하여 지급하는 급여
- 부가급여: 장애로 인하여 추가로 드는 비용의 전부 또는 일부를 보전해 주기 위하여 지급하는 급여

4. 지급 금액('24년 기준)

<table>
<tr><th rowspan="2">구분</th><th colspan="3">18~64세</th><th colspan="3">65세 이상</th></tr>
<tr><th>기초급여[1]</th><th>부가급여</th><th>합계</th><th>기초급여</th><th>부가급여</th><th>합계</th></tr>
<tr><td>생계·의료급여 수급자(재가)</td><td>334,810원</td><td>90,000원</td><td>424,810원</td><td rowspan="4">기초 연금으로 전환</td><td>424,810원[2]</td><td>424,810원</td></tr>
<tr><td>생계·의료급여 수급자(시설)</td><td>334,810원</td><td>-</td><td>334,810원</td><td>-</td><td>-</td></tr>
<tr><td>주거·교육급여 수급자, 차상위</td><td>334,810원</td><td>80,000원</td><td>414,810원</td><td>80,000원</td><td>80,000원</td></tr>
<tr><td>차상위초과</td><td>334,810원</td><td>30,000원</td><td>364,810원</td><td>50,000원</td><td>50,000원</td></tr>
</table>

주 1: 감액 없는 최고지급액(차상위와 차상위 초과자는 선정기준액 초과분 감액, 부부가 모두 받는 경우 20% 감액)

주 2: 기초연금 수급액이 기초생활보장급여에서 차감됨에 따른 전체 수급액 감소분을 보전하기 위해 기초연금 수급액에 해당하는 금액을 부가급여로 추가 지급

출처: 보건복지부(보도자료 2024. 1. 8.). 2024년 장애인연금 월 최대 42만 4,810원 수령, pp. 3-5.

논의거리

1. 수강하는 학생들의 주관적 빈곤을 측정해 봅시다.
2. 현대 사회에서 공공부조제도의 필요성에 대해 논의해 봅시다.
3. 현대 사회에서 기본소득이 필요한지에 대해 논의해 봅시다.

Quiz

1. 상대적 박탈, 불평등과 연결되는 빈곤의 개념은 (① 절대적, ② 상대적, ③ 주관적) 빈곤이다.
2. 절대적 빈곤 측정의 반물량 방식은 주로 (　　　　)를 기준으로 최저생계비를 계산하는 방식이다.
3. 우리나라의 최저생계비 계측조사에서 생활에 필요한 생필품을 전부 포함하여 조사하는 (① 반물량, ② 전물량) 방식을 활용한다.
4. 다음 중 국민기초생활보장제도를 잘못 설명한 것은?
   ① 최저보장수준은 상대적 빈곤선을 기준으로 한다.
   ② 생계급여와 의료급여의 기준은 동일하지 않다.
   ③ 주거급여는 현금급여 지원도 있다.
   ④ 의료급여는 기초수급자 외의 대상도 포함한다.
   ⑤ 생계급여 대상자는 모두 자활사업에 참여해야 한다.
5. 다음 중 절대적 빈곤에 대한 설명으로 옳은 것은?
   ① 상대적 박탈의 개념이 중요하다.
   ② 불평등 해소가 주요 목적이다.
   ③ 유럽국가의 대부분이 채택하고 있는 개념이다.
   ④ 사회의 전반적인 생활수준과 관련된다.
   ⑤ 측정방식으로 전물량방식과 반물량방식이 있다.
6. 다음 중 공공부조의 특성으로 보기 어려운 것은?
   ① 공공부조의 재원은 일반조세로 한다.
   ② 보편주의에 가깝다.
   ③ 일반적으로 자산조사가 필요하다.
   ④ 한국은 부양자기준이 있다.
   ⑤ 근로능력이 있는 사람도 대상자가 될 수 있다.
7. 생계급여의 수준은 기준 중위소득의 (　　　)%이고, 의료급여는 (　　　)%이다.

참고 문헌

국내 서적

감정기, 최원규, 진재문(2002). 사회복지의 역사. 나남출판.

고용노동부(2022a). 2021년 산업재해 현황분석. 고용노동부.

________(2022b). 고용노동백서. 고용노동부.

________(2024). 고용노동백서. 고용노동부.

________(2024. 1. 5.). 2024년도 사업종류별 산재보험료율 고시 제2024-1호. 고용노동부.

관계부처합동(2023. 9.). 제3차 기초생활보장 종합계획(2024~2026년). 관계부처합동.

________(2023. 12. 19.). 제3차 사회보장 기본계획(2024-2028). 관계부처합동.

구인회, 손병돈, 안상훈(2010). 사회복지정책론. 나남.

국민연금공단(2023. 12.). 국민연금 공표통계(2023년 12월 말 기준). 국민연금공단.

________(2024). 국민연금 통계연보(2023년 12월 기준). 국민연금공단.

국토교통부(2023. 12. 22.). 2022년도 주거실태조사 결과. 국토교통부.

________(2024). 2024년 주거급여 사업안내. 국토교통부.

국토해양부(2011). 최저주거기준 공고 제2011-490호. 국토해양부.

기획재정부(2024). 2024 나라살림 예산개요. 기획재정부.

김문길, 김태완, 여유진, 김미곤, 임완섭, 황도경, 정해식, 오미애, 김기태, 정세정, 이원진, 김성아, 이주미, 신재동, 최준영, 홍성운, 박형존, 윤상용, 김민희, 이길제, 김정훈, 송치호(2020). 2020년 기초생활보장 실태조사 및 평가연구. 한국보건사회연구원.

김영화, 공정원, 박태정, 장경은(2005). 사회정의 실현을 위한 사회복지정책론. 삼우사.

김영화, 박태정, 장경은(2015). 사회복지정책론. 공동체.

김태성(2003). 사회복지정책입문. 청목출판사.

김태성, 류진석, 안상훈(2005). 현대복지국가의 변화와 대응. 나남출판.

김태성, 성경륭(2014). 복지국가론. 나남출판.

남기철, 성은미, 유의선, 황형욱(2005). 빈곤정책의 전환모색. 진보정치연구소.

박병현(2019). 사회복지정책론. 정민사.

박연서, 유선주, 이은영(2019). 2019~2060년 국민연금 재정전망. 국회예산정책처.

박종현(2016). 신자유주의와 복지. 김윤태 엮음. 복지와 사상. 한울아카데미.

보건복지부(2005). 희망한국21-함께하는 복지. 보건복지부.

________(2021). OECD Health Statistics 2021. 보건복지부.

________(2022a). 2021년 국민기초생활보장 수급자 현황. 보건복지부.

________(2022b). 2022년 자활사업안내. 보건복지부.

________(2023a). 2023년 보건복지통계연보. 보건복지부.

________(2023b). 2023년 부모급여 사업안내. 보건복지부.

________(2023c). 2023년 주요 업무 추진계획. 보건복지부.

________(2024a). 2024년 국민기초생활보장사업안내. 보건복지부.

________(2024b). 2024년 기초연금 사업안내. 보건복지부.

________(2024c). 2024년 긴급복지 사업안내. 보건복지부.

________(2024d). 2024년 주요 업무 추진계획. 보건복지부.

________(2024e). 2024 의료급여 사업안내. 보건복지부.

보건복지부 보도자료(2023. 10. 31.). 2024년도 장기요양보험료율 0.9182%(소득대비). 보건복지부.

________________(2024. 1. 8.). 2024년 장애인연금 월 최대 42만 4,810원 수령. 보건복지부.

송근원(1994). 사회복지와 정책과정. 대영문화사.

송근원, 김태성(1995). 사회복지정책론. 나남출판.

신광영(2016). 사회민주주의 복지 사상. 김윤태 엮음. 복지와 사상. 한울아카데미.

오세영(2021). 사회복지정책론. 신정.

오정수, 최해경, 정연택, 류진석, 유채영(2020). 사회복지학개론. 양서원.

원석조(2017). 사회복지정책론. 공동체.

윤홍식, 남찬섭, 김교성, 주은선(2019). 사회복지정책론. 사회평론아카데미.

이성균(2022). 한국사회의 불평등과 빈곤 현실. 박영사.

이성기, 원석조(2020). 사회보장론. 공동체.

이윤경(2021). OECD 주요국의 공공사회복지지출 현황. NABO Focus. 제30호. 국회예산정책처.

이인재, 류진석, 권문일, 김진구(2022). 사회보장론. 나남.

이정우(2010). 불평등의 경제학. 후마니타스.

______(2016). 케인스주의와 복지. 김윤태 엮음. 복지와 사상. 한울아카데미.

이태진, 하은솔, 류진아, 김지원, 신재동, 강예은, 이지혜, 박나영, 이원진, 손창균, 김현규, 정유림, 이봉주, 강상경, 박정민, 정원오, 김화선, 임은정, 김건(2023). 2023년 한국복지패널조사·분석 보고서. 한국보건사회연구원.

임완섭, 김문길, 김태완, 김기태, 황도경, 오미애, 정해식, 김성아, 이원진, 이아영, 임덕영, 정세정, 윤상용, 박형존, 김민희, 이길제, 이용하, 신봉하, 이주미, 최준영, 정주성, 한수진, 신재동(2023). 2021~2023년 기초생활보장 실태조사 및 평가연구. 한국보건사회연구원.

임채원(2007). 사회투자국가. 한울아카데미.

조명래(2006). 신자유주의적 산업구조정과 신빈곤. 한국도시연구소 엮음. 한국사회의 신빈곤. 한울아카데미.

중앙생활보장위원회 보도자료(2023. 7. 28.). 2024년도 생계급여 지원기준 역대 최대인 13.16% 인상. 중앙생활보장위원회.

통계청(2022a). 세계와 한국의 인구현황 및 전망. 통계청.

______(2022b). 2021 한국의 사회지표. 통계청.

______(2022c). 2022 고령자 통계. 통계청.

______(2023). 2023 고령자 통계. 통계청.

______(2024). 2023 한국의 사회지표. 통계청.

행정안전부, 보건복지부(2022). 읍면동 찾아가는 보건복지서비스 매뉴얼. 행정안전부, 보건복지부.

현외성(2016). 사회복지정책강론. 양서원.

______(2019). 사회복지정책론. 양서원.

국외 서적

Ackeman, B., Alstott, A., Parijs, & P. V. (2010). 분배의 재구성[*Redisigning distribution*]. (너른복지연구모임 옮김). 나눔의집. (원저 2006년 출판)

Beveridge, W. (2022). 베버리지 보고서[*Beveridge report: Social insurance and allied services*]. (김윤태 외 옮김). 사회평론아카데미. (원저 1942년 출판)

Esping-Andersen, G. (2006a). 복지자본주의의 세 가지 세계[*The three worlds of welfare capitalism*]. (박형신, 정헌주, 이종선 옮김). 일신사. (원저 1990년 출판)

______ (2006b). 복지체제의 위기와 대응: 포스트 산업경제의 사회적 토대[*Social foundations of postindustrial economies*]. (박시종 옮김). 성균관대학교출판부. (원저 1999년 출판)

Fitzpatrick, T. (2013). 사회복지사를 위한 정치사회학[*Welfare theory*]. (남찬섭, 김병철 옮김). 나눔의집. (원저 2001년 출판)

Garland, D. (2022). 복지국가란 무엇인가[*The welfare state: A very short introduction*]. (남찬섭 옮김). 밀알서원. (원저 2016년 출판)

George, V., & Wilding, P. (1994). 이데올로기와 사회복지[*Ideology and social welfare*]. (남찬섭 옮김). 한울아카데미. (원저 1985년 출판)

______ (1999). 복지와 이데올로기[*Welfare and ideology*]. (김영화, 이옥희 옮김). 한울아카데미. (원저 1994년 출판)

______ (2004). 세계화와 인간복지[*Globalization and human welfare*]. (김영화 외 옮김). 삼우사. (원저 2002년 출판)

Gilbert, N., & Terrell, P. (2020). 사회복지정책론: 분석틀과 선택의 차원[*Dimensions of social welfare policy*]. (남찬섭, 조성은, 김기태, 민기채, 김수정 옮김). 지식공동체. (원저 2013년 출판)

Hudson, J., Kühner. S., & Lowe, S. (2010). 복지국가를 향한 짧은 안내서[*The short guide to social policy*]. (김보영 옮김). 나눔의집. (원저 2008년 출판)

International Social Security Association (2020). Social Security Programs Throughout the World: The Americas, 2019.

Marshall, T. H., & Bottomore, T. (2014). 시민권[*Citizenship and social class*]. (조성은 옮김). 나눔의집. (원저 Part Ⅰ: 1950, Part Ⅱ: 1992년 출판)

Merrien, F. X. (2000). 복지국가[*L'état providence*]. (심창학, 강봉화 옮김). 한길사. (원저 1997년 출판)

Mishra, R. (1996). 복지국가의 사상과 이론[*Society and social policy: Theories and practice of welfare*]. (남찬섭 옮김). 한울아카데미. (원저 1981년 출판)

Pierson, C. (2007). 전환기의 복지국가[*Beyond the welfare state?*]. (현외성, 강욱모 옮김). 학현사. (원저 1998년 출판)

Pizzigati, S. (2018). 최고임금[*The case of maximum wage*]. (허윤정 옮김). 루아크. (원저 2017년 출판)

Powell, M. 편(2011). 복지혼합[*Understanding the mixed economy of welfare*]. (김기태 옮김). 나눔의집. (원저 2007년 출판)

Rimlinger, G. V. (1997). 사회복지의 사상과 역사[*Welfare policy and industrialization in Europe, America and Russia*]. (한국사회복지학연구회 옮김). 한울아카데미. (원저 1971년 출판)

참고사이트

건강보험심사평가원. https://www.hira.or.kr. 건강보장제도-진료비지불제도 유형.

고용노동부. http://eboard.moel.go.kr. 산업별 사고사망자 추이.

_________(e-고용노동지표). http://eboard.moel.go.kr. 연도별 실업률.

_________(e-고용노동지표). http://eboard.moel.go.kr. 사고사망자와 사고사망 만인율.

고용노동통계(2024. 5. 16. 갱신일). http://laborstat.moel.go.kr. 고용형태별 사회보험 가입률.

__________(2024. 5. 16. 갱신일). http://laborstat.moel.go.kr. 기업규모별 사회보험 가입률.

국가바우처. http://www.voucher.go.kr. 국가바우처사업.

국민건강보험. http://www.nhis.or.kr. 국민건강보험.

국민취업제도. https://www.kua.go.kr.

국세청. https://www.nts.go.kr. 근로·자녀장려금 제도.

근로복지공단. https://www.comwel.or.kr. 특수형태근로종사자 산재보험.

두루누리 사회보험. http://insurancesupport.or.kr. 두루누리 소개.

마이홈. https://www.myhome.go.kr. 내게 맞는 주거복지(주택지원).

_____. https://www.myhome.go.kr. 주거복지란?

보건복지부. http://www.mohw.go.kr. 사회서비스사업.

_________. http://www.mohw.go.kr. 사회서비스정책.

사회서비스 전자바우처. https://www.socialservice.or.kr. 사회서비스란.

에너지바우처. http://www.energyv.or.kr. 에너지바우처란?

최저임금위원회. http://www.minimumwage.go.kr. 최저임금제도.

통계청(지표누리)(2022. 7. 13. 갱신일). https://www.index.go.kr. 건강보험 보장률.

_____(지표누리)(2023. 1. 11. 갱신일). https://www.index.go.kr. 고용률.

_____(지표누리)(2023. 12. 7. 갱신일). https://www.index.go.kr. 소득 5분위 배율.

_____(지표누리)(2023. 12. 7. 갱신일). https://www.index.go.kr. OECD 주요국의 소득5분위배율.

_____(e-나라지표)(2022. 12. 29. 갱신일). https://www.index.go.kr. 조세부담률.

_____(KOSIS)(2022. 3. 14. 갱신일). https://kosis.kr. 전체 재해 현황(2020. 산업별 중분류).

_____(KOSIS)(2022. 6. 20. 갱신일). https://kosis.kr. 기초수급 탈락 사유.

_____(KOSIS)(2022. 10. 5.). https://kosis.kr. 근로자 10만 명당 치명적 산업재해 수(OECD).

_____(KOSIS)(2022. 10. 5. 갱신일). https://kosis.kr. 공공사회복지 지출(OECD).

_____(KOSIS)(2022. 10. 5. 갱신일). https://kosis.kr. 국민부담률(OECD).

_____(KOSIS)(2022. 10. 5. 갱신일). https://kosis.kr. 상대적 빈곤율.

_____(KOSIS)(2022. 10. 5. 갱신일). https://kosis.kr. 실업률(OECD).

_____(KOSIS)(2022. 10. 5. 갱신일). https://kosis.kr. 지니계수(OECD).

_____(KOSIS)(2022. 12. 1. 갱신일). https://kosis.kr. 백분위율(한국).

_____(KOSIS)(2022. 12. 2. 갱신일). https://kosis.kr. 지니계수.

4대사회보험 정보연계센터. www.4insure.or.kr. 사회보험 소개.

Quiz 정답

chapter 01	1 욕구 2 ① 3 독일 4 ② 5 ④ 6 ① 7 사회안전망
chapter 02	1 엘리자베스 2 열등처우 3 질병보험 4 사회보험 5 베버리지 6 노동(근로)연계복지 7 ① 8 ④
chapter 03	1 가치 2 형평(공평) 3 × 4 ① 5 빈곤함정 6 공공부조제도 7 ③
chapter 04	1 시장 2 ② 3 욕구(필요) 4 ③ 5 ① 6 ① 7 ① 8 ②
chapter 05	1 ② 2 사회권 3 산업화이론(수렴이론) 4 ② 5 확산이론 6 정당화 7 ⑤
chapter 06	1 사회권 2 탈상품화 3 전국적 수준 4 미국 5 사민주의 6 ④ 7 ⑤
chapter 07	1 ① 2 ① 3 재화 4 ② 5 ① 6 ⑤ 7 ② 8 ④
chapter 08	1 이슈 2 아젠다 3 ① 4 ④ 5 정책결정 6 결과평가
chapter 09	1 ③ 2 ③ 3 ② 4 ⑤ 5 ④ 6 ⑤ 7 ② 8 ② 9 ③
chapter 10	1 ④ 2 ⑤ 3 ① 4 ④ 5 10 6 ○ 7 ⑤ 8 노령
chapter 11	1 ② 2 ① 3 × 4 ○ 5 ② 6 ○
chapter 12	1 ○ 2 업무상 재해 3 가, 다 4 70 5 ① 6 ④
chapter 13	1 30 2 나, 라 3 구직급여 4 180 5 ② 6 ③ 7 ① 8 ×
chapter 14	1 ② 2 식품비 3 ② 4 ⑤ 5 ⑤ 6 ② 7 30, 40

저자 소개

김구 경북대학교 사회과학대학 사회복지학과 문학사
경북대학교 대학원 사회복지학과 문학석사
경북대학교 대학원 사회복지학과 박사 수료
경북대학교, 계명대학교 사회복지학과 강사 역임
가톨릭상지대학교 초빙교수 역임
현, 대덕대학교 사회복지학과 교수

개정판

사회복지정책론

첫째판 1쇄 발행 | 2023년 3월 2일
개정판 1쇄 발행 | 2024년 7월 26일

지 은 이 김구
펴 낸 이 어진용
책임편집 태선옥
디 자 인 이초롱
펴 낸 곳 어가
10449 경기도 고양시 일산동구 장백로 20, 102동 202호(백석동, 동문굿모닝힐1차)
전화 031) 901-4222, 6318
팩스 031) 901-6319
이메일 uhga@uhga.co.kr
홈페이지 www.uhga.co.kr
등 록 2016년 7월 4일·제2016-000133호

ISBN 979-11-7075-102-1 (93330)
정가 22,000원